Anne-Laure Garcia
Geschlechterordnung zwischen Wandel und Permanenz

Anne-Laure Garcia

Geschlechterordnung zwischen Wandel und Permanenz

Symbolische Tiefenstrukturen in Erzählungen männlicher Ärzte

Die Autorin

Dr. habil. rer. pol. Anne-Laure Garcia ist Vertretungsprofessorin für Mikrosoziologie an der Technischen Universität Dresden. Ihre Forschungsschwerpunkte liegen unter anderem in der Soziologie der Geschlechter und der Elternschaft sowie in der Anwendbarkeit von Auswertungstechniken aus der strukturalen Semiotik in sozialwissenschaftlichen Studien.

Dieses Buch ist erhältlich als:
ISBN 978-3-7799-6800-9 Print
ISBN 978-3-7799-6801-6 E-Book (PDF)

1. Auflage 2022

© 2022 Beltz Juventa
in der Verlagsgruppe Beltz · Weinheim Basel
Werderstraße 10, 69469 Weinheim
Alle Rechte vorbehalten

Herstellung: Ulrike Poppel
Satz: Helmut Rohde, Euskirchen
Druck und Bindung: Beltz Grafische Betriebe, Bad Langensalza
Beltz Grafische Betriebe ist ein klimaneutrales Unternehmen (ID 15985-2104-100)
Printed in Germany

Weitere Informationen zu unseren Autor:innen und Titeln finden Sie unter: www.beltz.de

Inhalt

1 Einleitung

Die Spannung zwischen Wandel und Permanenz, die seit den Anfängen der Soziologie immer wieder durchscheint, zieht sich in aktuellen Studien über Männlichkeit(en) besonders stark durch. Gleichzeitig beobachtet werden u. a. Brüche mit der zweigeschlechtlichen Ordnung der Geschlechter oder mit der Hegemonialität vom Modell des männlichen Ernährers, Verschiebungen auf der Ebene der reflexiven Diskurslogik oder der Thematisierung von Geschlecht sowie Resistenzen betreffend alltägliche Handlungen oder naturalisierende Deutungen von Neigungen und Kompetenzen. Je nach analytischer Ebene und theoretischer Prägung wird mehr oder weniger auf eine Pluralisierung von Männlichkeiten (u. a. Baur/Luedtke 2008a; Buschmeyer 2013; Lengersdorf/Meuser 2016a), Prozesse der rhetorischen Modernisierung (u. a. Wetterer 2003, 2005), habituelle Beharrungseffekte (u. a. Meuser 2010a; Baar 2010) oder eine Modularisierung des Mannseins (u. a. Böhnisch 2018) rekurriert. In der vorliegenden Studie wird vorgeschlagen, Wandel und Permanenz nicht oppositionell zu deuten, sondern ihre Gleichzeitigkeit als Ergebnis von Spielräumen innerhalb symbolischer Tiefenstrukturen zu betrachten. Dieser Blickwinkel versteht sich keineswegs als eine grundsätzliche Kritik gegen bisherige Forschungsperspektiven, sondern als eine Erweiterung der Analysestränge.

Diese Perspektive entstand einerseits unter der Prägung französischer epistemologischer, theoretischer und methodischer Ansätze und andererseits mit Blick auf den deutsch- und englischsprachigen männlichkeitssoziologischen Forschungsstand.[1] Ziel der vorliegenden Schrift ist es nicht, eine durchgereifte neue Theorie des Männlichen auszubreiten, sondern es geht darum, in die ‚Tiefe der Köpfe' sozialer Akteur:innen[2] einzutauchen, um die Gleichzeitigkeit von Wandel und Permanenz mikrosoziologisch zu untersuchen.

Diesem Vorhaben wird in der vorliegenden Studie am Beispiel der Humanmedizin in Deutschland nachgegangen. Den Wandel der Geschlechterverhältnisse betreffend ist dieses Feld besonders untersuchenswert, denn (1) die Ausübung der Heilkunde wurde lange Zeit mithilfe von Zulassungsverboten an deutschen Universitäten sowie Approbationsanordnungen für Ärzte den Frauen verwehrt;

---

1   Die Fundamente meiner eigenen Position sind ein Einstieg in das soziologische Denken in Frankreich, eine jahrelange Auseinandersetzung mit geschlechtersoziologischen Studien sowie meine Spezialisierung auf die Mikroebene bei der Analyse des Sozialen.

2   In dieser Arbeit wird im Sinne einer geschlechtergerechten Schreibweise der Gender-Doppelpunkt verwendet. Diese gegenderte Schreibweise symbolisiert den Abstand gegenüber dem kulturellen System der Zweigeschlechtlichkeit.

(2) Soziolog:innen betrachten die Medizin häufig als den Archetyp der männlich codierten Professionen; (3) die starke Erhöhung des Frauenanteils während der letzten Jahrzehnte lassen Infragestellungen und Umformungen der *bis dato* vorherrschenden Deutungsmuster vermuten; (4) die medizinischen Subspezialisierungen und Hierarchiegefüge ermöglichen eine Fokussierung auf Akteure, die in ihrem beruflichen Alltag an verschiedenen Konstellationen teilhaben, sodass die Gleichzeitigkeit von Wandel und Permanenz in ihrer Komplexität analysiert werden kann.

1.1 Rückblick auf arbeitsteilige Differenzierungen im westlichen medizinischen Berufsfeld

Im Herrschaftsbereich der römisch-deutschen Kaiser wurde die Heilkunde vom Frühmittelalter bis zum Hochmittelalter vor allem durch Mitglieder männlicher und weiblicher Klöster ausgeübt. Dem christlichen Gebot der Barmherzigkeit und der Nächstenliebe folgend behandelten Ordensmenschen alle um Hilfe bittenden Kranken. Die medizinische Versorgung lag hauptsächlich in den Händen von Mönchen und Nonnen, denen ein Wissen zur Heilwirkung von Kräutern und Pflanzen innerhalb ihres Ordens weitergegeben worden war. Der Zugang zur klostermedizinischen Ausbildung hing zu dieser Zeit nicht von der Geschlechtszugehörigkeit[3] ab, sondern von der Zugehörigkeit zu einem Orden, welcher sich der Erlangung des Seelenheils der Armen- und Krankenversorgung widmete. Innerhalb der Hospitäler herrschte eine vertikale Arbeitsteilung zwischen den Geistlichen und den meistens aus den ärmsten Schichten der Bevölkerung stammenden Nicht-Geistlichen – sogenannte Wärter:innen, die im Rahmen des Lohnwartsystems Aufgaben ausführten, die als zu grob oder zu schmutzig für Ordensmitglieder gehalten wurden (Bischoff 1984, S. 16 ff.).[4] Außerhalb der Hospitäler wurden die Kranken durch zahlreiche Kategorien von Heilkundigen mit höchst unterschiedlichen Wissenshintergründen behandelt. Bader, Barbiere, Scherer, Bruchschneider und Knocheneinrenker besaßen handwerkliche Fertigkeiten, die sie anwendeten, um bestimmte Leiden aufzuheben. Sogenannte ‚weise Frauen‘ nutzten mittels Erfahrungen über Generationen von Frauen gesammelte Kenntnisse, um Beschwerden von Schwangeren und Gebärenden zu lindern sowie um den Geburtsprozess zu fördern. Medikusse stützten sich auf die Lehre von

---

3   Eine der bekanntesten Figuren der Klostermedizin war die Benediktinerin Hildegard von Bingen. Sie genoss lange Zeit eine besonders hohe Anerkennung aufgrund der zwei natur- und heilkundlichen Abhandlungen, die sie im 12. Jahrhundert verfasste.

4   Nach der Auflösung zahlreicher Klöster infolge der Reformation gewann das Lohnwartsystem an Relevanz für die Krankenversorgung in evangelischen Gemeinden (Bischoff 1984, S. 22).

den vier Körpersäften – die Humoralpathologie, um Krankheiten zu verhindern und gegebenenfalls zu heilen.[5]

Im 18. Jahrhundert geht der politische und wirtschaftliche Wandel mit Erneuerungen gesellschaftlicher Idealvorstellungen und Deutungsmuster einher. Während die feudalen Agrargesellschaften im Verschwinden begriffen sind, gerät die Legitimität der Einteilung und Hierarchisierung der Gesellschaftsmitglieder nach ihrer Standeszugehörigkeit ins Wanken. Die vormoderne Sozialordnung löst sich sukzessive auf, während andere Kategorisierungs- und Zuordnungsprinzipien an gesellschaftlicher Relevanz dazugewinnen. In den bürgerlichen Gesellschaften wird etwa ab dem letzten Drittel des 18. Jahrhunderts insbesondere die Geschlechtszugehörigkeit zu einem fundamentalen Element sozialer Differenzierung. Das hier dazugehörende ideologische Gerüst beruht auf einem polarisierten Leitbild. Dieses Deutungsmuster, das als „Ordnung der Geschlechter" (Honegger 1991) bezeichnet wird, ist durch homologe Gegensätze charakterisiert. Die sogenannten Geschlechtercharaktere werden dabei als naturgegebene Merkmale verstanden und verschärfen so die binäre Opposition der Geschlechter. Mit Blick auf historische Arbeiten von Karin Hausen (1976) und Ute Frevert (1995) können u. a. folgende Eigenschaften zum Weiblichen bzw. Männlichen zugeordnet werden: Als ‚weiblich' gelten Passivität, Emotionalität, Subjektivität sowie Schwäche; als ‚männlich' gelten Aktivität, Rationalität, Objektivität und Stärke. Frauen werden der Sphäre der Natur und Männer der Sphäre der Kultur zugeordnet.

Diese Geschlechtercharaktere korrelieren mit einer normativen Neuformung der geschlechtlichen Arbeitsteilung, insofern der Übergang in den Industriekapitalismus auch eine neue Verteilung und Verortung der Erwerbsarbeit mit sich bringt. Die Sphären der Produktion und der Reproduktion werden dabei deutlicher voneinander getrennt. Dem Idealbild der bürgerlichen Kleinfamilie entsprechend, bedeutet dies eine strikte Separierung und Hierarchisierung der beruflichen und familialen Funktionen. Frauen sollen ihren ‚natürlichen' Pflichten' im Bereich des Privaten nachgehen. Männer hingegen sind durch die Ausübung ihres Berufs sowohl für das Haushaltseinkommen als auch für den gesellschaftlichen Fortschritt verantwortlich.[6] Auf kognitiver Ebene wird die

---

5   Von der Antike bis ins 18. Jahrhundert erklärten Anhänger:innen dieser Theorie Krankheiten mittels Störungen in der Zusammensetzung und im Fluss von gelber Galle *(cholera)*, schwarzer Galle *(melancholia)*, Blut *(sanguis)* und Schleim *(phlegma)*. Da sie die Prozesse der Diagnosestellung und der Aufhebung von Säfteungleichgewichten in erster Linie theoretisch erfassten und vermittelten, bestrebten sie eine Akademisierung der medizinischen Ausbildung.

6   Dieses Leitbild hatte nur wenig mit der Lebensrealität der Familien der Arbeiter:innenklasse zu tun. So nahm die Mehrheit der weiblichen Bevölkerung vielmehr aktiv an der Bestreitung des Lebensunterhaltes teil; etwa als Näherin, Amme, Feldarbeiterin oder auch als Fabrikarbeiterin (u. a. Perrot 1978; Cockburn 1985/1988; Hausen 1993; Wikander 1998, S. 28 f.; Battagliola 2008).

Zugehörigkeit zu einem Geschlecht eng mit bestimmten Kompetenzen für einen Beruf verknüpft, was zu einer vergeschlechtlichten Einteilung der Funktionen der Gesellschaftsmitglieder führt. In der industriellen Moderne war somit die Orientierung an Erwerbsarbeit und beruflichem Erfolg ein prägendes männliches Denkmuster (u. a. Hanisch 2005, S. 353 f.; Meuser 2007, S. 34 f.): Im Sinne des *breadwinner-housemaker*-Modells gehörten bezahlte Arbeit und männliche Identität zusammen.

Neben philosophischen und pädagogischen Schriften[7] dienten auch zahlreiche wissenschaftliche Texte zur normativen Absicherung des neuen bürgerlichen Geschlechterarrangements. Im Verlauf des 18. Jahrhunderts begann sich der medizinische Diskurs auf ein Zwei-Geschlechter-Modell (Laqueur 1992)[8] zu stützen, um die bürgerliche Arbeitsteilung der Geschlechter naturwissenschaftlich zu

---

7   Etwa von Jean-Jacques Rousseau oder Johann Heinrich Pestalozzi (Garcia/Wobbe 2011).

8   In der erstmals 1990 veröffentlichten Studie *Making Sex*, die auf Deutsch unter dem Titel *Auf den Leib geschrieben* (Laqueur 1992) erschienen ist, zeichnete der US-amerikanische Historiker Thomas Laqueur einen Wechsel vom Ein-Geschlecht-Modell zum Zwei-Geschlechter-Modell nach. Demnach dominierte von der Antike bis ins 18. Jahrhundert ein Ein-Geschlecht-Modell, wonach die männlichen und weiblichen Körperteile verschiedene Ausprägungen eines Geschlechtskörpers seien. In dieser Anschauungsweise unterscheiden sich Frauen- und Männerkörper nicht substanziell, sondern graduell voneinander. Hier wird von einem eingeschlechtlichen Leib (ibid., S. 39 ff.) ausgegangen, in welchem zwischen den Geschlechtsorganen eine spiegelbildliche Ähnlichkeit bestand. Die Fortpflanzungsorgane werden als graduell ähnlich gesehen und unterscheiden sich vor allem durch ihre Lage (innen/außen). Mit anderen Worten: Im vormodernen medizinischen Diskurs galten Männer und Frauen als unterschiedliche Ausprägungen eines und desselben anatomischen Geschlechts. Die Wurzeln dieser Vorstellung liegen in der Kosmologie – der Lehre von der Welt, die Frauen und Männer nicht als grundsätzlich unterschiedliche Geschlechtswesen, sondern als unterschiedliche Intensitäten metaphysischer Vollkommenheit verstand. In dieser Auffassung wurde die Frau als ein minderwertigeres unvollkommeneres Wesen als der Mann betrachtet. Ihr Mangel wurde auf ihre Körperwärme zurückgeführt. Folgendes Zitat des griechischen Anatomen und Arztes Galenus von Pergamon illustriert diese hierarchische nicht-dichotomische Vorstellung: „So wie der Mensch von allen Geschöpfen das vollkommenste ist, ist unter den Menschen wiederum der Mann vollkommener als die Frau. Der Grund aber dieser Vollkommenheit ist sein Überfluss an Hitze. Denn diese ist das wichtigste Werkzeug der Natur … So ist die Frau auch in ihren Zeugungsorganen weniger vollkommen als der Mann. Denn diese Teile wurden im Innern gebildet, als sie noch im Uterus war. Und aus Mangel an Hitze konnten sie nicht nach vorn treten und frei nach außen gelangen" (zitiert in: Schiebinger 1993, S. 234). Thomas Laqueurs Abgrenzung zwischen zwei Geschlechtermodellen wurde aufgrund vollzogener Vereinfachungen stark diskutiert. Hauptkritikpunkte sind das Verschweigen der Vielfalt an biologisch-medizinischen Vorstellungen innerhalb eines Zeitraums sowie die Darstellung des Übergangs von dem einen zu dem anderen dominanten Modell als Zäsur statt als komplexen langfristigen Wandelprozess (u. a. Park/Nye 1991; Cadden 1993; Schnell 2002; Stolberg 2003; Voß 2009, 2010).

begründen. Mediziner teilten mit Biologen, Phrenologen[9] und Evolutionstheoretikern die Auffassung einer biologischen universellen Divergenz zwischen den Geschlechtern (Schmersahl 1998). Die Unterordnung aller Frauen und die Aufgabenverteilung zwischen Frauen und Männern wurde dadurch gerechtfertigt, dass die Geschlechtlichkeit jede einzelne Körperzelle und die gesamte Psyche durchdringe:

> „Schon der schwächere Körper *bedeutet* das schwächere Geistesvermögen, die weicheren Fibern weisen auf den weicheren Charakter hin. Die kleineren Lungen *künden* von der größeren Frucht, die schlafferen Muskeln vom schlafferen Willen, der stete Wechsel der Geschlechtsverrichtung kündet von der Launenhaftigkeit, das Unvollkommene des Geschlechtsapparates vom Schamgefühl usw." (Honegger 1991, S. 206; Herv. i. O.)

Diese „monokausale Struktur" verankerte sich tief in die „kognitiven Grundarrangements der Humanwissenschaften" (ibid., S. 212), bspw. der Anthropologie oder der Psychologie. Im späten 19. Jahrhundert wird diese Vorstellung einer radikalen Differenz zwischen Frauen und Männern durch eine sich in der Institutionalisierung befindende Wissenschaft übernommen: die Soziologie (u. a. Wobbe/Berribi-Hoffmann/Lallement 2011; Gildemeister/Hericks 2012, S. 45 ff.). Soziale Physiker:innen legitimierten eine gesellschaftliche Aufgabenzuweisung in modernen Gesellschaften und stilisierten die Berufsfelder der Ökonomie, der Bildung und der Wissenschaft zu männlichen Monopolen.

Der human-, sozial- und naturwissenschaftliche Diskurs des 18. und 19. Jahrhunderts argumentiert zugunsten eines Geschlechterarrangements, das die Vernunft und Rationalität als Merkmal des Männlichen definiert. Entsprechend sind die qualifizierten Berufe und Professionen nicht nur – wie sämtliche Erwerbstätigkeiten – tragende Säulen der männlichen Identitätskonstruktion, sondern sie sind darüber hinaus das männliche Distinktionsmerkmal schlechthin. Indem die Zugangsbedingungen zur Bildung und zum Beruf eine dauerhafte Exklusion der Frauen aus den qualifizierten Erwerbssphären garantieren, bekommen sie

---

9   Die Phrenologie war eine der Naturwissenschaften, die beim Ausbau des Zweigeschlecht-
     lichkeitsmodells mitwirkte. In dieser vom deutschen Arzt und Anthropologen Franz
     Joseph Gall Anfang des 19. Jahrhunderts entwickelten Wissenschaft wird der Schädel zum
     Erkennungsmerkmal menschlicher Entwicklung postuliert. Die Angehörigen dieses Wis-
     senschaftszweigs maßen und analysierten Schädelknochen (Form, Größe, Gewicht usw.),
     um den Anzeichen von Intelligenz und Vernunft auf die Spur zu kommen (Renneville
     2000). Sie verglichen dabei hierarchisch geordnete Menschenkategorien, insbesondere
     ‚Frauen' mit ‚Männern' und ‚Weiße' mit ‚Schwarzen'. In diesem Zusammenhang wurden
     u. a. physiologische Ähnlichkeiten von Frauen und Kindern hervorgehoben und Analo-
     gien zwischen Geschlecht und Rasse betont. Der männliche weiße Mensch wurde zum
     Höchstmaß der Entwicklung erklärt, denn es sei bewiesen, dass das Gehirn von farbigen
     Männern kaum schwerer als das Gehirn von weißen Frauen sei, und dass beide leichtere
     Gehirne als die weißen Männer besäßen.

gleichzeitig eine besondere Stellung im Vorstellungskomplex der Männlichkeit zugewiesen: Die Abwesenheit von Frauen wird zum Beweis, dass nur der Mann die treibende Kraft des menschlichen Fortschritts sein kann.

Als Prototyp dieses bürgerlichen Arrangements gilt das medizinische Berufsfeld, in welchem die Dichotomie der Geschlechter die Komplementarität sowie die Hierarchie zwischen dem männlichen Experten – dem Arzt – und der ihn unterstützenden Frau – der Krankenschwester – zugrunde liegt. Die Etablierung des Arztberufes als Profession beruhte auf einer ethischen Orientierung am Allgemeinwohl der Bevölkerung sowie auf einer naturwissenschaftlichen Fundierung der medizinischen Handlungen. Die Darstellung der ärztlichen Expertise verlief über eine Abgrenzung und Abwertung vom Laienwissen. Der Zugang zum elitären Kreis der Ärzteschaft wurde sowohl durch universalistische als auch individualistische Kriterien (vgl. Wetterer 2002, S. 273) geregelt, die auf den ersten Blick dem meritokratischen Ideal entsprechen. Diese Logik der Exklusivität erhob aber nicht nur ausgezeichnete Bildungsergebnisse zur Vorbedingung für die Zulassung zur ärztlichen Ausbildung, sondern auch die Zugehörigkeit zum männlichen Genus, denn Frauen waren *per se* vom Hochschulwesen ausgeschlossen. „Der Zusammenhang von Geschlechtsexklusivität und Zugehörigkeit zur Elite" (ibid., S. 227) bedeutete, dass die Professionalisierung des Arztberufes u. a. über die Vergeschlechtlichung der Hierarchie unter Heilkundigen erfolgte: Die medizinischen Spitzenpositionen waren Männern vorbehalten. Das über Generationen von Frauen zu Frauen weitergegebene erfahrungsbasierte Wissen wurde entweder zum „bloß laienhaften Verständnis […] physiologischer Prozesse" (ibid., S. 258) degradiert oder wissenschaftlich legitimiert, indem es von Ärzten ‚neu erfunden' wurde. Kurz gefasst: Die Vereinheitlichung und Verwissenschaftlichung der medizinischen Ausbildung, die im 19. Jahrhundert[10] erfolgte, brachte eine Differenzierung zwischen Medizin und Pflege sowie eine hierarchische Arbeitsteilung zwischen diesen beiden Tätigkeitsbereichen mit sich.

Die Darlegung der medizinischen Profession als männlicher Expertenberuf erfolgte darüber hinaus mittels einer Umcodierung der Pflege als weiblich, d. h. als komplementäre und subordinierte Tätigkeit. Die Vergeschlechtlichung der Versorgung am Krankenbett geschah über die Umdefinierung der Pflege als „Beruf für die bürgerliche Frau" (Bischoff 1984, S. 71). Die Polarisierung der Geschlechtercharaktere in der bürgerlichen Ordnung schrieb Frauen Eigenschaften bzw. Tugenden – bspw. die Wärme, die Empathie, die Geduld und die Mitmenschlichkeit – zu, die als berufliche Kompetenz aufgewertet wurden (u. a. ibid., S. 75;

10　Im Jahr 1852 verankerte der ärztliche Einheitsstand eine rechtliche Codifizierung der Approbation zum praktischen Arzt für Preußen.

Heintz et al. 1997, S. 72 f.; Wetterer 2002, S. 299 ff.). Diese Übereinstimmung zwischen dem neu erfundenen Idealbild der Krankenschwester und der bürgerlichen Frauenrolle begünstigte die Vergeschlechtlichung der hierarchischen Arbeitsteilung zwischen Medizin und Pflege im 19. Jahrhundert:

> „Für die alltägliche Arbeit am Krankenbett, für die Ausführung seiner Verordnungen brauchte er [der Arzt] deshalb eine zuverlässige, disziplinierte, ausgebildete und gebildete Helferin, die aber gleichzeitig seine Kompetenzen nicht infrage stellen, die sich ihm willig unterordnen, die ergeben und gehorsam seine Anweisungen ausführen sollte: Er fand sie in der bürgerlichen Frau." (Bischoff 1984, S. 91)

Trotz Idealisierung der Arzt-Krankenschwester-Komplementarität verlief ihr Duett nicht wie in einem *Pas de deux*. Im medizinischen Berufsalltag spielten noch drei weitere Akteur:innenkategorien eine Rolle. In einer Randposition stand erstens eine kleine aber stabile Anzahl an Krankenwärtern, die als Mitglied des Pflegepersonals Patient:innen versorgten.[11] Wie zu der Zeit der Klostermedizin stammten diejenigen Männer aus niedrigen Schichten und wurden insbesondere in Teilbereichen eingestellt, die große körperliche Kraft benötigten, bspw. die Psychiatrie (ibid., S. 131). Die Hebammen ließen sich zweitens trotz Herabsetzung ihres Wissens als laienhaft nur mit großem Widerstand von der Hauptbühne vertreiben.[12] Drittens strebten bürgerliche Töchter danach, zum Wohle von Kindern und Frauen medizinische Untersuchungen durchzuführen und Diagnosen zu erstellen. Trotz ihres angekündigten Interesses zur Mitwirkung blieben sie jedoch bis zur Jahrhundertwende im Publikum stehen. Nachdem sie zum Medizinstudium zugelassen[13] wurden, stieg aber der Frauenanteil unter berufstätigen Ärzt:innen kontinuierlich an: 0,3% in 1909, 4,0% in 1927, 12,4% in 1942 (siehe Anhang A). Nach der Teilung Deutschlands hielt ein langsames Zuwachstempo in Westdeutschland an (siehe Tabelle 1).

---

11 Die Umcodierung der Pflege als Frauenberuf bedeutete keine Ausgrenzung von Männern aus der Ausbildung.

12 Die ‚weisen Frauen' genossen eine sehr hohe Anerkennung in der Geburtshilfe, und dies insbesondere auf dem Land. Zur Neuvermessung der Zuständigkeiten zwischen Gynäkologen und Hebammen, siehe Angelika Wetterers Habilitationsschrift (2002, S. 263 ff.).

13 1899 in Baden, 1903 in Bayern, 1904 in Württemberg, 1906 in Sachsen, 1907 in Thüringen, 1908 in Hessen, Preußen sowie Elsass-Lothringen und 1909 in Mecklenburg.

Tabelle 1: Frauenanteil unter den berufstätigen Ärzt:innen
in der BRD (Westdeutschland)

Jahr	Anteil
1955	15,8%
1965	17,2%
1975	20,2%
1985	24,7%

Statistiken der BÄK; Statistisches Jahrbuch der BRD

In der DDR wurden keine statistischen Angaben über die Geschlechtervertei-lung unter den Ärzt:innen veröffentlicht.[14] Dass sich in der DDR der Zuwachs des Frauenanteils in dieser Profession rasant beschleunigte, kann aber an der starken Steigerung des Anteils unter Medizinstudent:innen festgemacht werden. Am Ende der 1970er Jahre waren fast zwei Drittel der jährlichen Absolvent:innen in der Humanmedizin dem weiblichen Geschlecht zugeordnet. Der hohe Anteil an Frauen unter den Medizinstudent:innen wird damit erklärt, dass Männer mit überdurchschnittlichen Abschlussnoten von der Polizei, der Armee sowie anderen als strategisch erachteten Institutionen abgeworben wurden, und dass die Zulassung der Kinder von Ärzt:innen – inklusive Töchtern – als Mittel zur Bremsung der Republikflucht ihrer Eltern verwendet wurde (u. a. ibid., S. 232 ff.; Schagen 1996).

Die Steigerung des Frauenanteils unter den Medizinstudent:innen wurde aber ab den 1970er Jahren mittels „einer restriktiven Zulassungspolitik" (Budde 2003, S. 237) angehalten. Die Verwehrung von Studienplätzen an Frauen, die bessere Abschlussergebnisse als zugelassene männliche Kandidaten vorwiesen, wurde als Maßnahme zur Vorbeugung eines Ärzt:innenmangels legitimiert. Sie wurde damit begründet, dass Frauen aufgrund von Schwangerschaften und von Pflegetätigkeiten zugunsten ihrer Babys zeitweise ausfallen würden und während der folgenden Jahre ihr Arbeitszeitpensum reduzieren würden. Aus einer ausgewogenen Verteilung der Studienplätze versprach man sich eine Kon-tinuität in der Besetzung von Stellen sowie einen breiten Bewerber:innenpool für Leitungspositionen in Krankenhäusern und Universitätskliniken. Infolge der Einführung einer „Männerquote" (ibid.) bildeten die Frauen ab 1981 nur noch 55,0% der jährlichen Absolvent:innen in der Humanmedizin. 1989 lag der Frauenanteil unter den berufstätigen Ärzt:innen im Osten bei 53,5% (siehe An-hang B), im Westen bei 28,0%.

---

14   Die einzige Ausnahme ist das Statistische Jahrbuch von 1965, in dem angegeben ist, dass 34,8% der 1964 praktizierenden Ärzt:innen Frauen waren und 65,2% Männer (Budde 2003, S. 237). Im gleichen Jahr lagen die Anteile in der Bundesrepublik bei 17,2% für Frauen und 82,8% für Männer.

Durch die Wiedervereinigung erfuhr der Frauenanteil der in der Bundesrepublik berufstätigen Ärzt:innen einen Sprung (siehe Anhang A), und weist seit drei Dekaden einen kontinuierlichen Zuwachs auf (siehe Tabelle 2).

Tabelle 2: Frauenanteil unter den berufstätigen Ärzt:innen
in der BRD (vereinigtes Deutschland)

Jahr	Anteil
1990	29,0%
1995	35,6%
2000	37,1%
2005	39,2%
2010	43,0%
2015	46,0%
2020	47,6%

Statistiken der BÄK; Statistisches Jahrbuch der BRD

Mit Sicht auf aktuelle Zahlen gilt die Ärzt:inprofession als ausgewogene Berufsgruppe. Diese Einordnung muss aber stark nuanciert werden, wenn man die Männer- und Frauenanteile in den verschiedenen medizinischen Fachbereichen betrachtet. Einige von ihnen bleiben weiterhin männlich dominiert, während andere bereits überwiegend weiblich besetzt sind bzw. es in den kommenden Jahren voraussichtlich werden.[15]

Seit fünf Jahrzehnten erfolgt ein Paradigmenwechsel durch zwei Prozesse, der mit Veränderungen im Geschlechterarrangement des medizinischen Feldes einhergeht. Einerseits führte die Transformation von der Industrie- zur Wissensgesellschaft zu einer erhöhten Relevanz von Bildungsabschlüssen. Deren Ergebnisse sind heute zu einem entscheidenden Zugangskriterium für höhere Abschlüsse und qualifizierte Berufe geworden. Anders gesagt: Das Ideal der Meritokratie wird immer vehementer anhand von langfristigen objektivierten Ergebnissen – den Durchschnittsnoten – verwirklicht. Ein Beispiel für diesen Wandel ist die Abschaffung des einheitlichen Tests für medizinische Studiengänge im Jahr 1996, wodurch der Numerus-Clausus zum einzigen Zulassungskriterium für das Medizinstudium geworden ist.[16] Andererseits kann man ein Erodieren jenes Bildungsvorsprunges männlicher Schüler und Studenten beobachten, der Jahrhunderte lang bestand. Mädchen und Frauen haben heute in vielen Fächern ihre Mitschüler bzw. Kommilitonen ein- oft sogar überholt. Es ist festzuhalten, dass

---

15 Siehe 3.2.1.
16 Ein sogenannter ‚Medizinertest' wird zurzeit von einzelnen deutschen Universitäten wieder eingeführt.

besonders weibliche Erwachsene heute von einer Verknüpfung des Bildungserfolgs mit jenem meritokratischen Ideal profitieren. Gerade infolge dieser zweiten Entwicklung lässt sich von einer allmählichen ‚Feminisierung' des Bildungsbereichs und der qualifizierten Berufe sprechen. Im Zusammenhang mit diesen strukturellen Veränderungen wird die Berufswelt der Humanmediziner:innen zu einer immer weniger homosozialen Angelegenheit.

1.2 Wandlungsspielräume und -resistenzen mikrosoziologisch erklären

In Verbindung mit der Verschiebung der Geschlechterverteilung in bisher männlich dominierte Berufe wird eine Infragestellung und Umformung der *bis dato* akzeptierten Sinngebungsmuster und Geschlechterordnungen in den betroffenen Feldern erwartet. Bisherige Asymmetrien und Homologien der Geschlechter könnten vor dem Hintergrund eines solchen Prozesses nicht mehr den Status unhinterfragt gültiger Tatsachen behalten, auf die sich die kognitiven Strukturen der Akteur:innen stützen. Jedoch beobachten Sozialwissenschaftler:innen immer wieder, dass der Wandel im Geschlechterverhältnis innerhalb der Erwerbssphäre trotz klarer Verschiebungen auf der Ebene der Diskursivierung nur in sehr begrenztem Umfang mit Transformationen auf der Ebene der Alltagsroutinen einhergeht.

Das zentrale Anliegen der vorliegenden Untersuchung besteht deshalb darin, die Gleichzeitigkeit von Wandel und Stabilität auf der Mikroebene der Akteur:innen zu entschlüsseln. In Anlehnung an Pierre Bourdieus Sozialtheorie und an die strukturale Semiotik der *École de Paris* wird angenommen, dass Gesellschaftsmitglieder Träger:innen tief verwurzelter, teilweise nicht-manifester Klassifikations- und Differenzierungsmuster sind, die Verschiebungen und Erneuerungen rahmen. Die wiederkehrenden Kategorisierungen und Hierarchisierungen spiegeln *symbolische Tiefenstrukturen* wider, die ich als Komplexe von miteinander verknüpften kognitiven Elementen, die in geordneten und überindividuellen Mustern auftreten, definiere. Sie lassen sich in Erzählungen von Einzelnen wiederfinden und können mittels semiotisch orientierter Auswertungen rekonstruiert werden. Im Anschluss an Bourdieu verwende ich das Adjektiv ‚kognitiv' zur Bezeichnung von verinnerlichten mentalen Schemata der sozialen Akteur:innen, die ihre Wahrnehmung und Bewertung der Welt strukturieren. Mit dieser Arbeit versuche ich, dank der Offenlegung derartiger kognitiver Komplexe, sowohl Wandlungsspielräume wie auch -resistenzen mikrosoziologisch zu erklären.

Um dieses Vorhaben zu verwirklichen, habe ich mich dafür entschieden, den Fokus auf männliche Ärzte zu richten. Eine Fokussierung auf diese Gruppe erscheint mir besonders vielversprechend, denn es handelt sich erstens um eine

Profession, die einst männliche Autorität und Macht auf lokaler Ebene versinnbildlichte – so wie der Pfarrer und etwa auch der Bürgermeister. Zweitens stützte sich die Hierarchisierung zwischen Pflege und Medizin auf die vergeschlechtlichte Arbeitsteilung zwischen männlichem Arzt und weiblicher Krankenschwester. Drittens ist die Zulassung zum medizinischen Studiengang durch einen meritokratischen Auswahlprozess charakterisiert, der zurzeit zu einer schnellen Erhöhung des Frauenanteils unter den angehenden Ärzt:innen führt. Vor dem Hintergrund des mit der wachsenden Inklusion von Frauen in den Ärzt:inberuf verbundenen Strukturwandels sollen sowohl die verwendeten Kategorisierungen und Hierarchisierungen der im medizinischen Berufsfeld tätigen Akteur:innen als auch die professionellen Ideale, an denen sich Ärzte orientieren, rekonstruiert werden, um spannungsverursachende Widersprüchlichkeiten zwischen den offenkundigen und den nicht-manifesten Sinnschichten herauszuarbeiten.

Im Anschluss an diesen einleitenden Gedanken werden in Kapitel 2 ausgewählte soziologische Veröffentlichungen analysiert, deren Konzeptualisierungen der Zusammenhänge zwischen Männlichkeit und Arbeit die theoretische Fundierung meiner Forschungsfrage geprägt haben.[17] Da zu konstatieren ist, dass die bisherigen Forschungsarbeiten über die Geschlechterverhältnisse im medizinischen Berufsfeld Ärzte in ihrer Geschlechtlichkeit nur am Rand behandeln, erfolgt in Kapitel 3 der Überblick über für mein Vorhaben relevante Studien mittels drei komplementärer Perspektiven: Eine sozio-historische Betrachtung männlicher Distinktionspraktiken, eine soziologische Analyse intra- und interberuflicher Beziehungen und Herrschaftsverhältnisse sowie epistemologische Reflexion zur Erforschung vom Wandel der Geschlechterverhältnisse in der Berufssphäre. Das Design der empirischen Studie wird in Kapitel 4 erläutert. Das Herzstück der vorliegenden Schrift bildet das Kapitel 5, in welchem ausgewählte Interpretationen sowie aus der Auswertung rekonstruierte Kategorisierungen, Hierarchisierungen und Ideale dargestellt werden. Das Kapitel 6 dient schließlich der Zusammenfassung der erlangten Ergebnisse sowie der Präzisierung des Begriffes der symbolischen Tiefenstrukturen.

---

17   Auch wenn die Darlegung mit dem späten 19. Jahrhundert beginnt und sich bis zum frühen 21. Jahrhundert erstreckt, darf sie nicht als Überblick über die Vorstellungen und Konzeptualisierungen des Männlichen im gesamten soziologischen Diskurs gedeutet werden. Dies würde in sich ein eigenes Forschungsvorhaben darstellen.

2 Männlichkeit(en) und Arbeit im soziologischen Diskurs

Soziologische Konzeptualisierungen des Männlichen entstanden erst, nachdem die *women's studies* die Relevanz der Erforschung von Geschlechtlichkeiten unter Beweis gestellt hatte. Nichtsdestotrotz sind Vorstellungen über das Mannsein in zahlreichen soziologischen Schriften zu finden, die nicht als geschlechtssensibel eingeordnet werden können. Bis ins späte 20. Jahrhundert hielt der Großteil der Soziolog:innen die männliche Perspektive für allgemeingültig und erachtete weibliche Denk-, Handlungs- und Lebensmuster als für die Analyse vernachlässigbare Abweichungen. Die von der Wissenschaft des Sozialen erforschte Gesellschaft konnte daher lange Zeit mit einer „sozialen Welt des Mannes" (Meuser 2010, S. 9) gleichgesetzt werden. Die Arbeit bzw. die Arbeitsteilung gehört zu den Gegenständen, mit denen sich Soziolog:innen seit der Etablierung der Disziplin beschäftigen, ohne hierbei unbedingt die Geschlechterkomponente in die Analyse einzubeziehen. Die Erforschung bzw. Theoretisierung der Zuweisung von Aufgaben an verschiedenen Akteur:innenkategorien in ausdifferenzierten Gesellschaften lief im besonderen Maße über die Erläuterung von Hierarchien und Herrschaftsverhältnissen. In diesem Zusammenhang thematisierten sowohl geschlechtersensible als auch -unsensible Soziolog:innen die Aufteilung von Arbeiten zwischen den Geschlechtern sowie ihre Relevanz für die Vergesellschaftung von Männern und Frauen. Die im folgenden Kapitel vorgenommene Auseinandersetzung mit soziologischen Texten, die sowohl Arbeit als auch Männlichkeit(en) behandeln, ist daher doppelt relevant, nämlich als Grundlage für die Nachzeichnung soziologischer Konzepte zum Geschlechterverhältnis und als Wissenshintergrund zur Entwicklung meiner eigenen Perspektive als Forschende.

Ziel des Kapitels ist es nicht, einen Gesamtüberblick über geschlechter- bzw. männlichkeitssoziologische Theorien zu liefern, die zwischen dem späten 19. und dem frühen 21. Jahrhundert veröffentlicht worden sind. Vielmehr wird eine Analyse von Schriften bezweckt, die eine starke Resonanz in der Soziologie und/oder eine hohe Relevanz für die Präzisierung der in der vorliegenden Studie bearbeiteten Forschungsfrage hatten. Die Thematisierung der Zusammenhänge zwischen Männlichkeit(en) und Arbeit haben die diskutierten Texte gemeinsam. Einige von ihnen beschäftigen sich mit dem medizinischen Berufsfeld. Alle dienten als Hintergrund beim Entwerfen des eigenen Blickwinkels, der am Schluss des Kapitels skizziert wird. Folgende Seiten sollten daher als Hinführung zur Perspektiverneuerung – und nicht als *Tour d'Horizon* – gelesen werden.

2.1 Mannsein und Arbeitsteilung bei soziologischen Klassikern

Das soziologische Räsonieren der Institutionalisierungsgeneration gehörte zum komplexen wissenschaftlichen Begründungsapparat, der im Westeuropa des 19. Jahrhunderts zur normativen Absicherung des neuen bürgerlichen Geschlechterarrangements diente. Die meisten Autor:innen aus diesem Zeitraum, die sich in ihren Schriften mit den Frauen-Männer-Verhältnissen in modernen Gesellschaften auseinandersetzten, fanden zu ihren Lebzeiten kaum Beachtung, wurden nur am Rand rezipiert oder gerieten schnell in Vergessenheit. Drei Autoren, die im Nachhinein zu Klassikern der Soziologie gekürt wurden, widmeten dem Thema aber Schriften bzw. Schriftsteile: Ferdinand Tönnies (1855–1936)[18], Émile Durkheim (1858–1917) und Georg Simmel (1858–1918). Auch wenn diese Autoren keine ausformulierten Theorien über Weiblichkeit bzw. Männlichkeit entwickelt haben, sondern nur die Geschlechtercharaktere und -beziehungen in breiter angelegte Theorien des Sozialen einbezogen haben, hatten sie bestimmte Vorstellungen des Mannseins, die sich mit Blick auf ihre Veröffentlichungen herausarbeiten lassen.

2.1.1 Ferdinand Tönnies – Der Kürwille des männlichen Arbeiters

Als eines der Gründungsmitglieder der Deutschen Gesellschaft für Soziologie und erster Präsident der als Verein organisierten Fachgesellschaft (1909–1933) engagierte sich Ferdinand Tönnies für die Etablierung der Soziologie in Deutschland, ohne jemals eine Professur für Soziologie zu erhalten.[19] Sein soziologisches Denken ist durch eine dichotome Logik gekennzeichnet, die seine Konzeptualisierung der Orientierungsformen in der sozialen Welt und sein gesamtes begriffliches Instrumentarium durchgängig prägt. Die menschliche Verbundenheit abstrahiert Tönnies in zwei Typen, die er mit der zur damaligen Zeit dominanten Vorstellung zweier entgegengesetzter Geschlechter verknüpft.

In beiden Typen menschlicher Verbundenheit lässt sich ein enger Zusammenhang zwischen Mannsein und Herrschaft beobachten – ähnlich wie dies

---

18   Damit sich die Leser:innen zeitlich orientieren können, werden in diesem Kapitel die Geburts- und gegebenenfalls Todesjahre der Autor:innen in Klammern angegeben.

19   Nachdem er 1881 mit 25 Jahren habilitiert hatte, blieb Ferdinand Tönnies 27 Jahre lang Privatdozent. Obwohl er 1891 vom preußischen Kultusministerium das Professoren-Prädikat erhalten hatte, wurde er erst 1908, im Alter von 54 Jahren, zum außerordentlichen Professor der wirtschaftlichen Staatswissenschaften an der Universität Kiel ernannt. Schon 1916 ließ er sich aber emeritieren, um sich ausschließlich der Forschung widmen zu können. Der Arzt und Soziologe Franz Oppenheimer (1864–1943) – ein weiterer Mitbegründer der Deutschen Gesellschaft für Soziologie – wurde 1919 an der Johann Wolfgang Goethe-Universität in Frankfurt am Main zum ersten Inhaber eines Lehrstuhls für Soziologie in Deutschland.

auch in Max Webers Schriften[20] zu finden ist (u. a. Meuser 1991, S. 382, 2010, S. 29). In der Gemeinschaft leben die Menschen „in affektiver Nähe, persönlichen und vertrauten mitmenschlichen Beziehungen" (Gildemeister/Hericks 2012, S. 53). Als Prototyp für diese Sozialform gilt die Familie, die unter der Obhut des Mannes steht. Das ‚Vatertum' wird in Tönnies' Buch *Gemeinschaft und Gesellschaft. Grundbegriffe der reinen Soziologie* (Tönnies 1887/1991) als Idealtyp der „Idee der Herrschaft im gemeinschaftlichen Sinne" und als „allgemeine Form des Kultur-Zustandes" (ibid., S. 9 f.) verstanden. Es wird auch als Gegenbild des „am tiefsten in reinem Instinkte oder *Gefallen* begründet[en]" (ibid., S. 7; Herv. i. O.) Mutter-Kind-Verhältnisses beschrieben, das in der körperlichen Abhängigkeit von Säuglingen gegenüber der Gebärenden seinen Ursprung habe: „[D]er Mutter [obliegt] die Ernährung, Beschützung, Leitung des Geborenen […], bis es sich allein zu ernähren, zu beschützen, zu leiten fähig ist" (ibid.). Die Wurzeln der väterlichen Herrschaft befinden sich zwar auch auf der „leiblich-organischen" Ebene des Instinktes, aber dieses Mal im natürlichen Drang des Stärkeren, Schwächeren „zu helfen und [sie] zu beschützen" (ibid., S. 11). Laut Tönnies gestaltet diese „größere allgemeine Kraft" (ibid.) auch das Mann-Frau-Verhältnis in seiner

---

20 Bevor die drei genannten Autoren näher in den Blick genommen werden, scheint es nötig zu erläutern, warum das Werk Max Webers in diesem Unterkapitel nicht behandelt wird. Obwohl man nicht von einer „Soziologie ohne Geschlecht" (Wobbe 2011, S. 47) sprechen kann, kommen in Webers Veröffentlichungen die Geschlechter nur verstreut und kurz als „*Mittel* der Erklärung" (Gildemeister/Hericks 2012, S. 70; Herv. i. O.) zum Vorschein. Das fehlende Interesse von Max Weber an dieser Thematik wird in der Literatur häufig auf eine „stillschweigende Arbeitsteilung" (Lichtblau 1992, S. 201) mit Marianne Weber zurückgeführt, die im Ehepaar Weber als die eigentliche Expertin für die Frauenfrage galt. Jedoch muss angemerkt werden, dass Max Webers Herrschaftstypologie geschlechtliche Komponenten beinhaltet, nämlich die Auffassung von Sexualität als gesellschaftliche Macht (Weber 1972, S. 362). Das Thema Mannsein ist darüber hinaus in seiner Darstellung des Patriarchats als Urtyp der traditionalen Herrschaft zu finden. Allerdings entwickelt er in diesem Zusammenhang keine Reflexion zum Ursprung der familialen und ehelichen Machtverhältnisse. Die männliche Überlegenheit wird als Folge einer naturgegebenen Ungleichheit zwischen den Geschlechtern präsentiert, die zu einer Hierarchisierung zwischen den Geschlechtern geführt habe. Laut Rosalind Sydie (1987) verstehe Weber „Macht demnach als ein Arrangement zwischen Männern, während Frauen als Schutzbedürftige und Machtlose figurieren" (Wobbe 2011, S. 54). Allgemein ist zu beobachten, dass in Max Webers Gesamtwerk ein gewisser Androzentrismus herrscht, sodass Gleichsetzungen zwischen Mensch und Mann sowie zwischen Geschlechtlichkeit und Weiblichkeit auffindbar sind. Im Gegensatz dazu war seine Ehefrau, die Rechtshistorikerin Marianne Weber, zu ihrer Zeit eine anerkannte „Expertin für Ehe- und Sittlichkeitsfragen" (Wobbe 1998, S. 154). Ihr Interesse an der Frauenfrage erstreckte sich aber weit über ihre Publikationen (Weber 1907/1989, 1919) und ihre Beteiligung an akademischen Diskussionen hinaus. So setzte sie sich als Mitglied im Vorstand (1901–1933) sowie als Vorsitzende (1919–1924) des Bundes Deutscher Frauenvereine – der Dachorganisation der bürgerlich-interkonfessionellen Frauenbewegung – für die Frauenrechte ein. Im Jahr 1919 wurde sie eine der allerersten weiblichen Abgeordneten der Deutschen Demokratischen Partei im Landtag der Republik Baden.

ursprünglichen Form: „Der *Sexual-Instinkt* […] führt […] zunächst nicht so leicht zu einem gegenseitigen Verhältnisse, als zu einseitiger Unterjochung des Weibes, welches, von Natur schwächer, zum Gegenstande des bloßes Besitzes oder zur Unfreiheit herabgedrückt werden kann" (ibid., S. 8; Herv. i. O.). Die Ehe beruht Tönnies nach jedoch auf Willensbeziehungen von beiden Gatten.

Sowohl in der Gemeinschaft als auch in der Gesellschaft wird das Soziale durch individuelle Willensakte wechselseitiger Bejahung einer sozialen Verbundenheit bedingt. Mit dem Begriffspaar Wesenwille/Kürwille differenziert Tönnies zwei gegensätzliche Typen des menschlichen Wollens: „weich, zartfühlend, lebhaft, in Stimmungen und Launen leicht wechselnd" (ibid., S. 127) *vs.* „Denken auf Zwecke, auf Erkenntnis, Erlangung, Anwendung von Mitteln" (ibid., S. 113 f.). Um die Opposition der Willensformen zu erläutern, stützt sich Tönnies auf die gegensätzlichen Geschlechtercharaktere:

> „Wenn wir nun versuchen, durch diese Kategorien die erkennbaren Eigentümlichkeiten der Menschen zu begreifen, so ergeben sich, wie durch den ersten Anblick, etwa folgende Bemerkungen. Zuerst gewahren wir in großen Zügen den psychologischen Gegensatz der Geschlechter. Es ist eine verbrauchte Wahrheit, um so mehr aber wichtig, als der Niederschlag einer allgemeinen Erfahrung: daß die Weiber durch ihr Gefühl zumeist sich leiten lassen, die Männer ihrem Verstande folgen. Die Männer sind klüger. Sie allein sind des Rechnens, des ruhigen (abstrakten) Denkens, Überlegens, Kombinierens, der *Logik* fähig; die Weiber bewegen sich in der Regel nur auf mangelhafte Weise in diesen Bahnen. Also fehlt ihnen die wesentliche Voraussetzung des Kürwillens. Es ist nicht richtig, daß erst *durch* (abstraktes) Denken und *durch* Kürwillen die Menschen zu eigentlicher Aktivität, zur Unabhängigkeit von der Natur und zu irgendwelcher Herrschaft über diese gelangen; richtig ist, daß die Aktivität Kürwillen notwendig macht und entwickelt und daß sie, mit seiner Hilfe, ins Grenzenlose sich steigert." (ibid., S. 124; Herv. i. O.)

Die Teilung des menschlichen Wollens geht bei Tönnies mit einer Hierarchisierung der Individuen einher. Der Menschentyp, der sich stärker durch „Impulse des Herzens" (Meuser 2010, S. 25) leiten lässt, steht unter demjenigen, der sich in höherem Maße an der Vernunft orientiert.[21] Indem er die dichotomen Willensformen am Beispiel der Geschlechter schildert, definiert Tönnies, was das Mannsein ist bzw. nicht ist: Der Mann ist weder „seßhaft" noch „schwerfällig" (Tönnies 1887/1991, S. 125), er ist durch eine *wache Aufmerksamkeit* (ibid., S. 124; Herv. i. O.) charakterisiert und ihm wird „der Vorzug der Klugheit zugeschrieben" (ibid., S. 126). Tönnies sucht nicht nach einer soziologischen Erklärung für diese Hierarchie zwischen den Geschlechtern, denn er betrachtet sie als naturgegeben bzw. als Ergebnis der menschlichen Evolution: Die männliche Verantwortung für

---

21 Hier zeichnet sich also eine Opposition zwischen Leib und Verstand bzw. zwischen Natur und Kultur bei Ferdinand Tönnies ab.

die Nahrungssuche führe zur Planung absichtlicher und komplexer Handlungen außerhalb der vertrauten Umgebung und stehe damit am Ursprung der Bildung des Kürwillens. Die natürliche Arbeitsteilung zwischen den Geschlechtern führe dazu, dass Frauen diese Entwicklung nicht mitvollziehen, denn sie bleiben mit den Nachkommen zurück.

Diese Annahme erklärt, warum Tönnies bei seiner Erläuterung der „[m]enschliche[n] Arbeit" (ibid., S. 67) latent androzentrisch denkt, wenn er sie innerhalb der rechtsförmig geregelten Tauschbeziehungen in der Gesellschaft verortet. Die in seiner Schrift *Gemeinschaft und Gesellschaft. Grundbegriffe der reinen Soziologie* immer wiederkehrenden Kategorien von Erwerbstätigen – u. a. der Bauer, der Kaufmann, der Handwerker, der Meister, der Fabrikant sowie der Richter – weisen kognitive Kompetenzen auf, die er Frauen prinzipiell abspricht. Wenn er einräumt, dass „Weiber und den frühesten Jahren entwachsene Kinder selber Arbeitskräfte entwickeln […] können" (ibid., S. 63), betrachtet Tönnies die außerhäusliche Frauenarbeit in der Industrie und im Handel mit kritischem Blick, denn solche Tätigkeiten entsprächen nicht der „weiblich-natürlichen Arbeit" (ibid., S. 137) und brächten das Risiko einer Zersetzung der Gemeinschaft mit sich:

> „Das Weib wird aufgeklärt, wird herzenskalt, bewußt. Nichts ist ihrer ursprünglichen, trotz aller erworbenen Modifikationen immer wieder angeborenen Natur fremdartiger, ja schauderhafter. Nichts ist vielleicht für den gesellschaftlichen Bildungs- und den Auflösungsprozeß des gemeinschaftlichen Lebens charakteristischer und bedeutender." (ibid., S. 139; Herv. i. O.)

Die Tatsache, dass die Figur des Wissenschaftlers bei Tönnies rein männlich ist, kann demnach als stringent erachtet werden. Wissenschaft basiere auf der „allgemeine[n] menschliche[n] Kraft der Vernunft (d. h. des logischen Denkens)" (ibid., S. 121) und sei nur Menschen zugänglich, deren psychische Beschaffenheit durch den Kürwillen stark geprägt sei. Auch wenn die Arztprofession bei Tönnies nicht explizit erwähnt wird, kann sie in seiner Theorie als männlicher Beruf klassifiziert werden. Um Arzt werden zu können, müssen die Individuen nämlich über kognitive Fähigkeiten verfügen, die ihnen das Erlernen von komplexen Sachverhalten und das Ausüben von wissenschaftlich erprobten Techniken ermöglichen, welche als Grundlagen für das Diagnostizieren und das Behandeln dienen.

2.1.2 Émile Durkheim – Die geschlechtliche Arbeitsteilung als soziale Tatsache

Émile Durkheims analytische Perspektive wurde sowohl vom sozio-politischen Rahmen als auch vom wissenschaftlichen Kontext seiner Zeit geprägt. Als angesehener Universitätsgelehrter und überzeugter Republikaner des späten 19. Jahrhunderts beschäftigt er sich intensiv mit dem Zusammenhalt der französischen Gesellschaft.[22] In der Schwächung der Kohäsion der Teile im sozialen Ganzen *(lien social)* und in der wachsenden Regellosigkeit bzw. Normlosigkeit *(anomie)* sieht er die Ursprünge einer ungenügenden Integration der Individuen, die das Weiterbestehen der modernen Gesellschaft gefährdet. Als einer der Hauptakteur:innen der Institutionalisierung der Soziologie in Frankreich[23] verortet er seine Analyse der Solidarität konsequent in der ‚sozialen Physik‘.[24] Hierfür schlägt er vor, den Vergleich als „sekundäres Verfahren zur Veranschaulichung und Verifizierung" einzusetzen[25], denn seiner Ansicht nach sei dieser „das einzig

---

22 Dies schlug sich nicht zuletzt auch in öffentlichen Stellungnahmen, etwa zum Thema Scheidung (u. a. Durkheim 1906, 1909; Berrebi-Hoffman 2011), zur laizistischen Moral (u. a. Durkheim 1934/1974, 1922/1972, 1984), zur Sexualerziehung (u. a. Durkheim 2011) und zur Dreyfus-Affäre nieder.

23 Émile Durkheim trieb die Etablierung der Soziologie als eigenständige universitäre Disziplin auf verschiedenen Wegen voran: (1) er lehnte sie epistemologisch und methodologisch an die Naturwissenschaften an (siehe 3.3.1); (2) er gründete 1898 die Zeitschrift *L'Année Sociologique* und fungierte als ihr Herausgeber; (3) er unterstützte die Bildung einer theoretischen Schule – *l'École durkheimienne* – um ihn herum und (4) er setzte sich lange und schließlich erfolgreich für die Gründung von soziologischen Lehrstühlen an französischen Hochschulen ein. Nachdem er in Bordeaux Sozialwissenschaften gelehrt hatte, wechselte er 1902 an die Pariser Universität La Sorbonne, an welche er den ersten Lehrstuhl für Pädagogik und Soziologie in Frankreich erhielt. Anzumerken ist hier, dass die Etablierung der Soziologie in Nordamerika um einiges schneller als in Europa vonstattenging. Schon 1892 gründete die Chicagoer Universität ihr Departement für Soziologie.

24 In seinen Schriften bemühte sich Durkheim um eine „wissenschaftliche Unabhängigkeit und Alleinstellung der Soziologie" (Garcia/Dietzsch 2018, S. 103). Hierbei plädierte er für eine Herauslösung der ‚sozialen Physik‘ aus den sich mit Gesellschaften auseinandersetzenden Disziplinen, die seiner Ansicht nach durch normativ geprägtes Denken Erkenntnisse über die Gesellschaft gewinnen würden, sowie für eine Anlehnung der Soziologie am naturwissenschaftlichen Wissenschaftsverständnis. Diese epistemologische Neuverortung brachte die These mit sich, dass soziologisches Forschen das Analysieren von Untersuchungsgegenständen anhand von Denkexperimenten bedeute. Dies wurde von Jean-Michel Berthelot (1995) als „raisonnement expérimental" (experimentelles Räsonnement) bezeichnet.

25 Dabei sollen die Soziolog:innen eine vergleichende Haltung einnehmen, die sich auf drei Strategien stützen kann: (1) die Suche nach kausalen Zusammenhängen anhand systematischer Beobachtungen von konkomitanten Variationen, (2) die Gegenüberstellung unterschiedlicher Formen eines Phänomens in verschiedenen Gesellschaften im synchronen Vergleich und (3) das Nachzeichnen langfristiger Entwicklungen innerhalb einer Gesellschaft im diachronen Vergleich.

taugliche Mittel, über das wir bislang verfügten, um zum Verständnis der Dinge zu gelangen" (Durkheim 1924/1976, S. 45). Die ‚Dinge', die Soziolog:innen zu erklären versuchen, nennt er *faits sociaux* – soziale Tatsachen. Er definiert sie als „jede mehr oder minder festgelegte Art des Handelns, die die Fähigkeit besitzt, auf den Einzelnen einen äußeren Zwang auszuüben; oder auch, die im Bereiche einer gegebenen Gesellschaft allgemein auftritt, wobei sie ein von ihren individuellen Äußerungen unabhängiges Eigenleben besitzt" (Durkheim 1895/1984a, S. 114). Die Arbeitsteilung ist eine der sozialen Tatsachen, anhand derer Durkheim soziale Solidaritätsformen konzeptualisiert. Hierbei entwickelt er ein spezifisches Verständnis der Kategorien ‚Frauen' und ‚Männer' sowie der hierarchischen Verhältnisse zwischen diesen beiden.

Zur Darstellung der Geschlechterkomponente der Arbeitsteilungstheorie Durkheims muss angemerkt werden, dass sich die folgende Analyse auf die Originalschriften des Autors stützt, dass aber zwecks besserer Lesbarkeit deutsche Übersetzungen zitiert werden. Wenn die deutschen Fassungen der angeführten Texte Sinnverschiebungen beinhalten, wurde entschieden, die Originalwörter sowie eine korrekte Übersetzung in Klammern hinzuzufügen. Dies ist besonders wichtig für Durkheims Dissertationsschrift *Über soziale Arbeitsteilung. Studie über die Organisation höherer Gesellschaften* (1893/1992), denn in dieser werden die Begriffe *homme*, Mann und Mensch nicht stringent übersetzt, was für die Bearbeitung der leitenden Frage des vorliegenden Kapitels folgenreich ist. Zur Illustration der Relevanz der Nutzung präziser sprachlicher Äquivalente beim Textverständnis wird nachfolgend ein Originalsatz seiner deutschen Übersetzung gegenübergestellt werden:

„L'honnête homme d'autrefois n'est plus pour nous qu'un dilettante, et nous refusons au dilettantisme toute valeur morale; nous voyons bien plutôt la perfection dans l'homme compétent qui cherche, non à être complet, mais à produire, qui a une tâche délimitée et qui s'y consacre, qui fait son service, trace son sillon." (Durkheim 1893/1991, S. 5)

„Der *honnête homme* von ehedem ist für uns nur mehr ein Dilettant, und wir verweigern dem Dilettantismus jeden moralischen Wert; wir sehen viel eher die Vollendung im kompetenten Menschen, der nicht versucht, vollkommen zu sein, sondern der produktiv ist, der eine begrenzte Aufgabe hat und sich ihr opfert, der seinen Dienst versieht oder seine Furche zieht." (Durkheim 1893/1992, S. 87)

Die im 17. Jahrhundert häufig verwendete Redewendung *honnête homme* bezeichnet einen Mann, der sich mit Schicklichkeit und Anstand benimmt. Dass es sich im Normalfall um eine männliche Person – und nicht um einen *Menschen* –

handelt, ist dadurch zu erkennen, dass in Émile Littrés[26] (1801–1881) Wörterbuch angemerkt wird, dass der Philosoph und Schriftsteller Voltaire (1694–1778) diese Redewendung für eine Frau benutzt hat (Littré 1883, S. 2039). Darüber hinaus hätte Émile Durkheim – wenn er es für nötig gehalten hätte – eine potenzielle geschlechtliche Unklarheit ganz leicht aufheben können, denn es existiert ein weibliches Pendant zum Begriff *(honnête femme)* und eine geschlechtsneutrale Pluralform *(honnêtes gens)*. Ob der durkheimsche Fokus auf den Mann als Zeichen eines männlichen Monopols bei der Produktionsarbeit oder als Ergebnis einer androzentrischen Sichtweise gedeutet werden sollte, kann erst nach der Analyse der Gesamtschrift geklärt werden. In der oben angeführten Übersetzung sind darüber hinaus noch drei weitere Sinnverschiebungen beobachtbar. Erstens wird *produire* mit ,produktiv sein' statt mit ,herstellen' übersetzt. Zweitens wird der Sinn des Verbs *se consacrer* durch die Übersetzung als ,sich opfern' statt ,sich hinwenden' verstärkt. Drittens wird die Redewendung *tracer son sillon* wortwörtlich übersetzt, obwohl sie zweifellos bildlich gemeint ist und somit mit ,Fortschritte machen' übersetzt werden sollte. Schließlich wäre also folgende Übersetzung eine, die näher am Originaltext bleibt:

> Der *honnête homme* von ehedem ist für uns nur mehr ein Dilettant, und wir verweigern dem Dilettantismus jeden moralischen Wert; wir sehen viel eher die Vollendung im kompetenten Mann, der nicht versucht, vollkommen zu sein, sondern der etwas herstellt, der eine begrenzte Aufgabe hat und sich ihr widmet, der seinen Dienst versieht, der Fortschritte macht.

Vor diesem Hintergrund sollte im Folgenden auf die in den Zitaten von der Autorin hinzugefügten eckigen Klammern geachtet werden.

In seiner Dissertation unterscheidet Durkheim zwischen zwei Typen von Gesellschaften bzw. zwei Quellen der Solidarität zwischen den Gesellschaftsmitgliedern. In undifferenzierten Gesellschaften – wie der Horde oder dem Stamm – sei der soziale Zusammenhalt durch eine mechanische Solidarität gesichert: Die Ähnlichkeit zwischen den Individuen begründet die Kohäsion der Gruppe, denn sie verursacht „Sympathiegefühle" (1893/1992, S. 109). In hoch differenzierten Gesellschaften hingegen resultiert der Zusammenhalt der Einzelteile aus der wechselseitigen Angewiesenheit grundverschiedener Individuen. Die Hauptsäule für diese organische Solidarität sei dabei die Arbeitsteilung: „[D]ie großen Gesellschaften [können sich] nur dank der Spezialisation der Aufgaben im Gleichgewicht halten" (ibid., S. 109).

26　Der Arzt und Lexikograf Émile Littré verfasste und bearbeitete das vierbändige *Dictionnaire de la langue française* ab 1841. Die erste Auflage dieses Lexikons erschien 1863, die zweite 1873. Über die Definition der Begriffe hinaus ist diese Veröffentlichung dafür bekannt, die verschiedenen Verwendungen von Wörtern zu erläutern.

Diese durkheimsche Unterscheidung darf nicht vor dem Hintergrund der häufig verwendeten Opposition zwischen *Natur* und *Kultur* betrachtet werden. Vielmehr ist sie Folge eines durch evolutionistische Theorien stark geprägten Blickwinkels. Nach Durkheim ist die Natur die Wurzel der Gesellschaft: „Die Gesellschaft ist die Natur, aber die auf dem höchsten Punkt ihrer Entwicklung angelangte Natur, die alle ihre Energien aufbietet, um gewissermaßen über sich selbst hinauszuwachsen" (Durkheim 1924/1976, S. 157). Diese Annahme liegt der in Durkheims Schriften hin und wieder beobachtbaren Erläuterungsarbeit zugrunde, inwiefern ein ‚Ding' *(chose)* als eine soziale oder aber als eine natürliche Tatsache einzuordnen ist.[27] So versteht er die soziale Arbeitsteilung als einen soziologischen Untersuchungsgegenstand, dessen Wurzeln in angeborenen Vorlieben und Kompetenzen gefunden werden können:

> „Im Vorhergegangenen sind wir von der Überlegung ausgegangen, daß die Arbeitsteilung nur von sozialen Ursachen abhinge. Sie ist aber auch an organisch-psychische Bedingungen geknüpft. Der Mensch [*individu*/Individuum] erhält mit der Geburt Neigungen und Fähigkeiten, die ihn für bestimmte Funktionen mehr als für andere prädisponieren, und diese Veranlagung haben [sic!] bestimmt einen Einfluß auf die Art, wie die Aufgaben verteilt werden." (Durkheim 1893/1992, S. 367)

---

27 Besonders in *Der Selbstmord* (1897/1983) bemüht sich Émile Durkheim um die Klarstellung der Grenzen zwischen sozialer und natürlicher Tatsache. So erarbeitet er im gesamten ersten Buchteil „die außergesellschaftlichen Faktoren" (ibid., S. 39), die seiner Ansicht nach eine Selbsttötung begünstigen: „psychopathische Zustände" (ibid., S. 41 ff.), die „Rasse" (ibid., S. 72 ff.), die „Temperaturen" (ibid., S. 100 ff.), die „Tageslänge" (ibid., S. 114 ff.) sowie die „Nachahmung" (ibid., S. 124 ff.). Bei der Untersuchung der gesellschaftlich geprägten Selbsttötungstypen – des altruistischen, des egoistischen und des anomischen Selbstmords – beobachtet Durkheim mit Präzision konkomitante Variationen u. a. mit der Berufsgruppe (ibid., S. 160 f.), der Kirchenzugehörigkeit (ibid., S. 164 f., 180 f.), der Bildung (ibid., S. 177 f.), dem Alter (ibid., S. 188 f.) sowie dem Ehe- und Familienstand (ibid., S. 188 f.), aber nicht mit dem Geschlecht. Er fokussiert sich auf männliche Selbstmorde, die er als eine sozio-pathologische Auswirkung der verstärkten Arbeitsteilung im Rahmen der Industrialisierung versteht. Infolge seiner Auswertungen verteidigt er die These, dass die Normlosigkeit der männlichen Lebensführung – und dadurch die Selbstmordraten bei Männern – durch die Ehe vermindert werden könnte. Die ständigen sexuellen Triebe der Männer würden durch eine institutionalisierte monogame Beziehung mit einer einzigen Partnerin einen klaren Rahmen bekommen (ibid., S. 310 f.). Die diesbezügliche statistische Auswertung ist jedoch nicht vollständig (u. a. Besnard 1973; Berribi-Hoffmann 2011, S. 28 f.), denn die konkomitanten Variationen in Bezug auf Frauen werden nicht bearbeitet. So scheint es für Durkheim unproblematisch zu sein, dass „die eheliche Gemeinschaft der Frau schadet und die Anfälligkeit für den Selbstmord verstärkt" (Durkheim 1897/1983, S. 207). Dies kann teilweise damit erklärt werden, dass der weibliche Selbstmord in seiner Vorstellung keine rein soziale Tatsache ist. Die Gründe der Selbsttötung sieht er nämlich bei Frauen vermehrt in ihrer psychischen Schwäche (ibid., S. 59 f.).

Prototyp für die organische Solidarität ist für Durkheim die „société conjugale" (Durkheim 1893/1991, S. 19) – die eheliche Gesellschaft. Die Ausdifferenzierung der Geschlechter hinsichtlich ihrer biologischen Eigenschaften und ihrer sozialen Funktionen schildert er aus einer evolutionistischen Perspektive. Seine Beweisführung stützt sich auf den zu seiner Zeit gültigen naturwissenschaftlichen Forschungsstand (Durkheim 1893/1992, S. 103 ff.), wobei er besonders auf anthropologische und phrenologische Veröffentlichungen hinweist (u. a. Topinard 1879; Bischoff 1880; Lebon 1881). Als Ausgangpunkt für seine Argumentation nimmt Durkheim Urgesellschaften, in denen keine monogamen Zweierbeziehungen existierten. Den Umgang zwischen den Geschlechtern schildert er als frei von sexueller Moral und auch von der rechtlich und kirchlich organisierten Institution der Ehe. Kontakte zwischen Frauen und Männern waren eher punktuell und weitgehend körperlich. In solchen Urgesellschaften beruhte der soziale Zusammenhalt auf einer mechanischen Solidarität. Angesichts der starken Homogenität der Menschen war die Differenzierung zwischen den Geschlechtern gering: Frauen und Männer waren körperlich und geistig ähnlich stark und führten, so Durkheim, nahezu die gleichen Aufgaben aus. Die geschlechtliche Arbeitsteilung beschränkte sich auf die mit der Fortpflanzung verbundenen Funktionen.

In seiner Darstellung des Übergangs von wenig differenzierten zu sogenannten höheren Gesellschaften beschreibt Durkheim die Entwicklung des Mannes als einen Normalfall der Evolution, d. h. als einen langsamen bruchlosen Prozess des Fortschreitens. Schritt für Schritt habe dies dazu geführt, dass sich die Frau „immer mehr vom Mann unterscheidet" (Durkheim 1893/1992, S. 104). Sie sei infolge dieser devianten Evolution intellektuell und körperlich minderwertig geworden: „Die Frau dieser entfernten Zeiten war keineswegs das schwache Wesen, das es mit dem Fortschritt der Moralität geworden ist" (ibid., S. 103). Die organische Solidarität, die Durkheim bei Ehepaaren in ausdifferenzierten Gesellschaften beobachtet, stütze sich daher auf die starke Heterogenität der weiblichen und der männlichen Funktionen. Die sexuelle Arbeitsteilung umfasse „alle organischen und sozialen Funktionen" (ibid., S. 103) und mache die Partner:innen stark voneinander abhängig, was den Zusammenhalt der ehelichen Gesellschaft sichere.

Ein Teilaspekt der sexuellen Arbeitsteilung betrifft die Verteilung der auf der Ebene „des psychischen Lebens" (ibid., S. 106 f.) verorteten Aufgaben, d. h. des Affekts (weiblich) und des Intellekts (männlich). Aus der evolutionistisch geprägten Sicht Durkheims muss die Weiterentwicklung der Menschen fortbestehen. Durch die verschiedenen Evolutionsrhythmen der Geschlechter kann davon ausgegangen werden, dass sich in seinem Gedankengang die Kluft zwischen Frauen und Männern keineswegs verkleinern oder gar schließen kann. Allerdings ist es für ihn durchaus vorstellbar, dass Frauen zukünftig intellektuelle Funktionen übernehmen, die für Männer entweder nicht mehr komplex genug sind und/oder die emotionale Komponente beinhalten:

„Sieht man [...] in bestimmten Klassen, dass sich Frauen wie Männer mit Kunst und Literatur beschäftigen, so könnte man glauben, dass die Beschäftigung der beiden Geschlechter wieder homogener zu werden trachten. Aber selbst in diese Beschäftigung [*sphère d'action*/Handlungssphäre] bringt die Frau ihre eigene Natur ein, und ihre Rolle ist [*reste*/bleibt] sehr speziell, sehr verschieden von der des Mannes. Wenn im übrigen die Kunst und die Literatur beginnen, weibliche Angelegenheiten zu werden, scheint das männliche Geschlecht darauf zu verzichten [*délaisser*/daraus auszuscheiden], um sich speziell der Wissenschaft hinzugeben. Es könnte also sehr wohl sein, dass diese scheinbare Umkehr zur ursprünglichen Homogenität nichts anderes ist als der Beginn einer neuen Differenzierung." (ibid., S. 107)

„Sicher liegt keine Veranlassung vor zu der Annahme, die Frau könnte [*soit en état*/sei in der Lage] in der Gesellschaft je dieselben Funktionen erfüllen wie der Mann; aber sie könnte [*pourra*/wird zukünftig] darin eine Rolle finden [*avoir*/haben können], die viel aktiver und wichtiger wäre als die, die sie heute spielt und trotzdem ihre Persönlichkeit entspräche [*tout en lui appartenant en propre*/nur ihr gehöre]. Das weibliche Geschlecht wird dem männlichen niemals ähnlicher werden; man kann im Gegenteil annehmen [*prévoir*/voraussehen], daß sie sich noch weiter unterscheiden werden. Nur werden diese Unterschiede mehr als in der Vergangenheit sozial ausgenutzt werden. Wenn z. B. der Mann mehr und mehr durch seine nutzbringenden Funktionen in Anspruch genommen ist und dadurch vor der Notwendigkeit steht [*est obligé*/vor der Pflicht steht], auf seine [*aux*/.] ästhetischen Funktionen zu verzichten, warum sollen diese dann nicht der Frau zufallen [*revenir*/zustehen]?" (Durkheim 1897/1983, S. 458)

Prinzipiell könnte eine solche Weiterentwicklung zu einer Neuverteilung von beruflichen Funktionen und daher von qualifizierter Erwerbsarbeit führen. Jedoch lässt sich ein solcher Gedanke in Durkheims Schriften nicht finden. Dies erstaunt, denn als Gymnasiallehrer für Philosophie und als Dozent in der Lehrerausbildung war Durkheim am Ende des 19. und zu Beginn des 20. Jahrhunderts in Berufsfeldern tätig, in denen der Eintritt von Frauen als Schülerinnen, Studentinnen und Lehrerinnen stark diskutiert wurde.[28] Auch in den Vorlesungen für künftige männliche Gymnasiallehrer (Durkheim 1922/1972, 1922/1984b), die Durkheim hielt, zu dem Zeitpunkt als erste Schülerinnen den *baccalauréat* bestanden und sich an französischen Universitäten anmeldeten (Tikhonov Sigrist 2009), werden

---

28   Rechtlich betrachtet durften Frauen in Frankreich nach der Verabschiedung des *Loi Falloux* (1850) an den *baccalauréat*-Prüfungen teilnehmen und daher an der Universität studieren. *De facto* wurde ihnen jedoch die Anmeldung lange verwehrt, da ihnen eine Latein-Vorprüfung fehlte. Julie-Victoire Daubié wurde 1861 zur ersten Französin, die den *baccalauréat* erhielt, nachdem sich die Kaiserin Eugénie, die Ehefrau Napoleons III., für sie eingesetzt hatte. Ab den 1880er Jahren wurde Frauen dann auch der Zugang zu französischen Hochschulen gewährt. Ähnlich wie in Deutschland und in der Schweiz gehörte die Medizin zu den von Frauen am meisten gewählten Studiengängen (Tikhonov Sigrist 2009, S. 62 ff.).

die Geschlechter von ihm nur am Rand thematisiert.[29] Noch verwunderlicher ist dies, wenn man bedenkt, dass in den Transkriptionen seiner Vorlesungen eine Hierarchiebildung zwischen dem „Unterricht der Naturwissenschaften" (Durkheim 1895/1984b, S. 273 ff.) und dem „Unterricht der Kunst oder der Literatur" (ibid., S. 301 ff.) besteht, die seine These der Neuverhandlung der geschlechtlichen Arbeitsteilung widerspiegelt (Durkheim 1893/1992, S. 107).

Noch interessanter ist, dass die qualifizierten Berufsgruppen, die Durkheim in seiner Schrift *Über soziale Arbeitsteilung. Studie über die Organisation höherer Gesellschaften* (1893/1992) nennt, zu seiner Zeit entweder stark männerdominiert oder rein homosozial waren. Es geht nämlich um militärische[30], juristische[31], administrative[32], wissenschaftliche[33], ärztliche[34] sowie religiöse[35] Funktionen. Sogar in seinen sozialisations- und bildungssoziologischen Ausführungen verleiht er der Lehrer:infigur eine Aura von Autorität und Macht, die für männliche Funktionen mit hohem gesellschaftlichem Ansehen charakteristisch ist – und dies trotz des Eintritts von Frauen in diese Berufsgruppe:

„So ist die moralische Autorität die Hauptqualität des Erziehers [...]. Seine eigene besondere Qualität ist der imperative Ton, mit dem er die Gewissen anspricht, die Achtung, die er im Willen hervorruft und die Kinder veranlaßt, sich zu beugen, wenn er gesprochen hat." (Durkheim 1922/1972, S. 47)

„Genauso wie der Priester der Interpret Gottes ist, ist der Lehrer der Interpret der großen sittlichen Ideen seiner Zeit und seines Landes." (ibid., S. 48)

Die Arztprofession wird in seinem Buch *Über soziale Arbeitsteilung. Studie über die Organisation höherer Gesellschaften* (1893/1992) mehrmals benannt und sogar in ihren Untergruppen betrachtet. Jedoch schreibt Durkheim ihr unter den hoch qualifizierten Berufen keine besondere Stellung zu. An die Höchststelle in der Hierarchie der männlichen Arbeiter setzt er die Figur des Wissenschaftlers. In dieser Kategorie ist er selbst zu verorten:

---

29 Bis auf die Ausnahme von historischen Beispielen wie dem des Initiationsritus des „jeune homme" (junges Mannes), der die „femmes" (Frauen) verlässt (Durkheim 1922/1966, S. 81) und die Anrede seiner Zuhörer als „Messieurs" (Durkheim 1925/2012) (Meine Herren) werden in den veröffentlichten Transkriptionen durchgängig geschlechtsneutrale Begriffe benutzt („enfants" [Kinder], „parents" [Eltern], „élèves" [Schüler], „enseignants" [Lehrende] usw.).

30 „Soldat" (Durkheim 1893/1992, S. 326), „Offizier" (ibid., S. 85), „Kapitän" (ibid., S. 177).

31 „Anwalt" (ibid., S. 42), „Richter" (ibid., S. 85).

32 „Beamte (ibid., S. 42), „Staatsmann" (ibid., S. 326).

33 „Mathematiker" (ibid., S. 323), „Chemiker" (ibid., S. 326), „Naturforscher (ibid., S. 323), „Physiker" (ibid., S. 326), „Psychologe" (ibid., S. 323), Professor (ibid., S. 42).

34 „Chirurgen, Apotheker und Tierärzte" (ibid., S. 376), „Augenarzt" (ibid., S. 326), „Irren-arzt" (ibid., S. 326).

35 „Priester" (ibid., S. 326).

„Die eigentliche Wissenschaft überschreitet dieses gemeine Niveau [von unentbehrlichen Kenntnissen] unendlich. Sie umfaßt nicht nur, was man nur mit Scham ignorieren kann, sondern alles, was zu wissen möglich ist. Sie setzt bei denen, die sie betreiben, nicht nur jene durchschnittlichen Fähigkeiten voraus, die jeder [*tous les hommes*/jeder Mann] besitzt, sondern spezielle Veranlagungen. Da sie folglich nur einer Elite zugänglich ist, ist sie nicht verpflichtend." (Durkheim 1893/1992, S. 99)

Durkheims Konzeptualisierung der Arbeitsteilung erklärt konsequent das Soziale aus dem Sozialen, indem trotz Einbeziehung des damaligen naturwissenschaftlichen Forschungsstands der Großteil der körperlichen Unterschiede zwischen den Geschlechtern als Folge der Aufgabenverteilung gedeutet wird. Nichtdestotrotz entsprechen die von ihm erläuterte Dichotomie sowie die damit einhergehende Frauen-Männer-Hierarchie haargenau den am Ende des 19. Jahrhunderts herrschenden Vorstellungen.

2.1.3 Georg Simmel – Die weibliche Bereicherung von Männerberufen

Georg Simmels[36] soziologische Betrachtungsweise wird als formal gekennzeichnet, weil die Formen zwischenmenschlicher Beziehungen in ausdifferenzierten Gesellschaften sein Erkenntnisobjekt sind. Den sozialen Zusammenhalt betrachtet Simmel als Prozess. Anhand des Begriffs der Vergesellschaftung verdeutlicht er den dynamischen Aspekt seines Forschungsgegenstandes. Unter die Lupe nimmt er insbesondere die permanenten Wechselwirkungen zwischen den jeweiligen Elementen, die die Gesellschaft bilden. In seinen Überlegungen zu den kognitiven Strukturen der vergesellschafteten Individuen und zu ihren Beziehungen miteinander nimmt die Geschlechterthematik eine prominente Stellung ein.
In Simmels Theorie stehen sich zwei komplementäre und ebenbürtige vergeschlechtlichte Denk- und Lebensweisen gegenüber, das weibliche Prinzip und das männliche Prinzip:

„[A]uf der einen Seite steht das Männliche als Absolutes, das mehr als Männliches ist, das die Objektivität, die um den Preis des Dualismus gewonnene normative Höhe über aller Subjektivität und aller Gegensätzlichkeit bedeutet – auf der anderen das Weibliche als Absolutes, das mehr als Weibliches ist, das die Einheit des menschlichen Wesens, gleichsam noch vor der Trennung in Subjekt und Objekt, in substanzieller, ruhender Geschlossenheit trägt." (Simmel 1911/2001, S. 249 f.)

---

36   Trotz der Konversion seiner Familie zum Christentum wurde Georg Simmels universitäre Karriere von dem damals in Deutschland weit verbreiteten Antisemitismus beeinträchtigt. Erst 1914 erhielt er eine ordentliche Professur für Philosophie an der Kaiser-Wilhelm-Universität Straßburg.

Im weiblichen Element verortet Simmel Merkmale wie Undifferenziertheit, Einheit und Ganzheit, im männlichen sind Differenziertheit und Dualität zu finden. Daraus ergibt sich, dass er den Frauen als Gruppe „ein durchschnittliches Mehr oder Minder gegenüber dem Durchschnittsmaße derselben [Eigenschaften] bei den Männern" (Simmel 1890/1989, S. 76) zuschreibt, was seiner Ansicht nach zu einer Hierarchie zwischen den Geschlechtern in der Gesellschaft führe (ibid., S. 87 f.). Auch wenn sich Simmel weniger mit den männlichen als mit den weiblichen kognitiven Strukturen auseinandersetzt, lassen sich die männlichen Züge als Umkehrung der weiblichen Psyche herauslesen. Der Mann sei dadurch gekennzeichnet, dass er erstens die Fähigkeit habe, rein sachlich und hochabstrakt zu denken (vgl. Simmel 1911/2001, S. 225), und dass er sich zweitens intensiv einer „objektiven und spezialistischen Aufgabe mit ganzer Intensität" widmen könne, „ohne seine Persönlichkeit dadurch zu gefährden" (ibid., S. 256).[37] Das Männliche zu charakterisieren, fällt Simmel allerdings besonders schwer, denn er geht davon aus, dass keine durchgängige Trennschärfe zwischen den Merkmalen des Männlichen und denen des übergeschlechtlichen Allgemein-Menschlichen bestehe.

Zu dieser Dichotomie zwischen dem Weiblichen und dem Männlichen bzw. dem Allgemein-Menschlichen gesellt sich in Simmels Schriften noch eine zweite Opposition, nämlich die zwischen der subjektiven und der objektiven Kultur[38]. Der zweite Begriff ist hierbei von besonderem Interesse, denn er stellt einen Zusammenhang zwischen dem Männlichen und der Arbeit her. Die männliche Prägung der objektiven Kultur erklärt Simmel anhand einer vom Evolutionismus[39] beeinflussten Langzeitperspektive (Simmel 1902/1995, S. 66). Voraussetzung für objektive kulturelle Leistungen seien „spezifisch männliche Energien, männliche Gefühle, männliche Intellektualität" (ibid., S. 67). Darüber hinaus entspreche

---

37 Diese quasi perfekt symmetrische Dichotomie wird in Simmels Schriften nur durch eine Ausnahme beeinträchtigt: „Frauen von sozusagen genialer Weiblichkeit" (Simmel 1911/2001, S. 228). Bei solchen weit überdurchschnittlichen Frauen ließen sich Elemente aus dem weiblichen und dem männlichen Prinzip finden, sodass ihre Leistungen auch nach der männlich geprägten Wertungsskala anerkannt werden.

38 Die objektive Kultur wird als „alle materiellen und immateriellem Gegenstände, in die der Mensch sich in seinem Lebens- und Produktionsprozeß entäußert" (Menzer 1992, S. 45) definiert.

39 Simmel bemüht sich um einiges mehr als Durkheim um den Verzicht auf eine „Wertskala" (Ulmi 1989, S. 34), wenn er die These einer evolutionären Differenzierung der Geschlechter verteidigt. Hierbei erklärt er, die Frau sei „das gegenüber dem Mann unentwickelte Wesen", sie sei „in der Entwicklung der Menschheit auf früherer Stufe stehengeblieben" (ibid., S. 33). Mit Ausnahme der mit der biologischen Mutterschaft verbundenen Gegebenheiten betrachtet er diese unterschiedlichen Geschwindigkeiten menschlicher Entwicklung als Folgen sozialer Praxis. Ohne die Vehemenz des Kommentares von Ursula Menzer zu übernehmen, lässt sich hier mit ihr kritisch hinterfragen, wie eine durch Undifferenziertheit charakterisierte Wesenskategorie evolutionär gedacht werden kann, denn die Entwicklung „läßt sich gerade als Prozeß der Differenzierung verstehen und weder einfach nur als Folge noch als Voraussetzung." (Menzer 1992, S. 118).

die Ausübung einer derartigen Kulturarbeit der „männlichen Fähigkeit, ihrer besonderen Rhythmik und Intention" (Simmel 1911/2001, S. 261).

Ähnlich wie in seiner Schilderung der Differenzierung zwischen dem männlichen und dem weiblichen Prinzip sowie der Gegenüberstellung zwischen objektiver und subjektiver Kultur nimmt Simmel eine evolutionistisch geprägte Langzeitperspektive ein, um die Teilung der Arbeit zwischen den Geschlechtern zu begründen. Diesmal bezieht er aber auch naturalistische Erklärungselemente ein. Als Ausgangspunkt der geschlechtlichen Arbeitsteilung identifiziert er ein biologisches Monopol der Frauen – das Austragen und Gebären der Kinder – sowie eine vorherbestimmte *Care*-Tätigkeit zugunsten des Nachwuchses. Die Prädestinierung der Frau zur Mutter sei also eine natürliche Bedingung, die die soziale Differenzierung der Tätigkeitsbereiche sowie die Entwicklung von geschlechtsspezifischen kognitiven Strukturen verursacht habe:

> „Welche Rolle in der Arbeitsteilung zwischen Männern und Frauen jedem zukam, war eigentlich von der Natur her für die Frauen bestimmt, denn das Tragen und die Pflege der nächsten Generation nebst allem, was sich zweckmäßigerweise damit verband, war eine Erfüllung des Lebens, zu der der Mann gar kein ebenso einheitlich vorgezeichnetes Gegenstück besaß. Dieser Mangel eines naturgegebenen Tätigkeitsinhalts wies ihn auf schöpferische Freiheit, machte ihn zum Träger der Arbeitsteilung." (Simmel 1904/1995, S. 289)

Gemäß Simmel haben sich die Geschlechter ursprünglich ausdifferenziert, weil Männern eine ‚von der Natur' vorgegebene Aufgabe fehlte. Sie eigneten sich durch die Ausübung von spezialisierten Tätigkeiten in außerhäuslichen Bereichen neue Denk- und Handlungsweisen an.[40] Dies brachte wiederum eine Verschärfung der geschlechtlichen Arbeitsteilung mit sich. Die Spezialisierung entspreche der „tiefste[n] psychologische[n] Eigenart des männlichen Geistes" (1902/1995, S. 67),[41] der sich nunmehr entfalten könne, indem er sich dem Beruf hingebe. So ergaben sich aus einem männlichen Manko die sogenannten Männerberufe.

Die geschlechtliche Arbeitsteilung sei bis zum „Einbruch der Frauen in die Tätigkeitskreise der Männer" (ibid., S. 77) eine unhinterfragte Selbstverständlichkeit gewesen. Die Gründe und die Folgen weiblicher Kulturarbeit behandelt Simmel anhand des Beispiels der bürgerlichen Frauen[42], die für keine Kinder

---

40 Diese Entwicklung hängt eng mit der Entwicklung der objektiven Kultur zusammen.

41 Die spezifisch männlichen kognitiven Strukturen definiert Georg Simmel so: „[S]ich zu einer ganz einseitigen Leistung zuzuspitzen, die von der Gesamtpersönlichkeit differenziert ist, so daß das sachlich-spezialisierte Tun und die subjektive Persönlichkeit, jedes gleichsam ein Leben für sich leben" (Simmel 1902/1995, S. 67).

42 Über die Frauen aus der Arbeiter:innenklasse verliert Simmel kaum ein Wort. Die Figur der „Proletarierin" erwähnt er bspw. nur knapp in seiner im Jahr 1896 veröffentlichten Schrift *Der Frauenkongreß und die Sozialdemokratie* – nämlich als Gegensatz zur bürgerlichen Frau: „Die Proletarierin hat nicht zuwenig, sondern zuviel soziale Freiheit – so

zu sorgen haben. Er beobachtet, wie in Deutschland um die Jahrhundertwende „junge Mädchen, alte Jungfern, kinderlose Frauen und solche mit wenigen oder bereits erwachsenen Kindern" (Simmel 1896/2004, S. 43) ihre Kräfte und Energien außerhalb ihres Haushalts einzusetzen versuchen, indem sie sich um den Zugang zu „höheren und geistigeren Berufen" (Simmel 1890/1989, S. 88) bemühen und diesen teilweise auch erhalten. Darum wissend, dass dieser Prozess Spannungen verursacht, entwirft Simmel das idealisierte Szenario einer Weiterentwicklung der objektiven Kultur infolge des Einsatzes spezifisch weiblicher Kräfte.

Diese geschilderte Bereicherung der Kultur stützt sich auf die Annahme eines Ergänzungsverhältnisses. Laut Simmel ermöglichen weibliche Eigenschaften, dass Frauen spezifische Kulturleistungen durchführen, die nicht von Männern geleistet werden können, da sie nicht mit den männlichen Denk- und Handlungsweisen zu vereinbaren sind. Die in Männerberufen tätigen Frauen würden daher die nicht besetzten Stellen ausfüllen. Die Öffnung von bisher homosozialen Tätigkeitsfeldern für Frauen bedeute daher eine Neudefinition der Arbeitsteilung innerhalb der von nun an von beiden Geschlechtern ausgeübten Berufe:

> „Das eigentliche Kulturproblem also, das wir stellen: ob die erstrebte Freiheit der Frauen neue Kulturqualitäten würde entstehen lassen – wäre nur aufgrund einer neuen Teilung oder Nuancierung der Berufe zu bejahen. Nicht dadurch, daß sie in demselben Sinn Naturforscher oder Techniker, Ärzte oder Künstler werden, wie die Männer es sind; sondern nur so, daß sie etwas leisten, *was die Männer nicht können*. Es handelt sich zunächst um eine weitere Arbeitsteilung, darum daß die Gesamtleistungen eines Berufes von neuem verteilt werden und diejenigen Elemente seiner, die der weiblichen Leistungsart spezifisch angemessen sind, zu besonderen, differenzierten Teilberufen zusammengeschlossen werden. Womit dann nicht nur eine außerordentliche Verfeinerung und Bereicherung des ganzen Tätigkeitsgebietes erreicht, sondern auch die Konkurrenz mit den Männern sehr abgelenkt werden würde." (Simmel 1902/1995, S. 69; Herv. i. O.)

Als Betätigungsfelder, die durch die Mitarbeit von Frauen eine Bereicherung erfahren könnten, benennt Simmel u. a. die historische Wissenschaft, die Literatur, die Schauspielkunst und die Medizin.[43] Insbesondere mit diesem letzten Fall

---

kümmerlich es mit ihrer individuellen auch stehen mag. Ganz umgekehrt in den höheren Ständen. Hier hat die moderne Arbeitsteilung den Frauen so viele früher hauswirtschaftliche Funktionen abgenommen, daß für eine ungeheure Zahl von Frauen der Rahmen des Hauses keine ausreichende Bewährung ihrer Kräfte mehr ermöglicht" (Simmel 1896/2004, S. 43).

43　Auch die Mathematik wird als ein Tätigkeitsbereich verstanden, der durch die Mitarbeit von Frauen einen Mehrwert gewinnen könne. Jedoch wird die weibliche Beteiligung hier nicht ergänzungstheoretisch betrachtet, denn Simmel definiert diesen Wissenschaftszweig als den logischsten und daher als geschlechtslos: „Aus den einmal gesetzten Prämissen heraus, zu denen man freilich die halb oder ganz unbewußten rechnen muß, urteilen sie, wie ich glaube, nicht unlogischer als die Mehrzahl der Männer; gerade in dieser

setzt er sich intensiv auseinander (u. a. Simmel 1892/1999, S. 290 f., 1902/1995, S. 68 ff., 1911/2001, S. 260 ff.).

Die Leistung männlicher Ärzte sei bei Patientinnen aus zwei Gründen begrenzt. Erstens führe das Unbehagen von Patientinnen bei der Symptombeschreibung sowie bei der Untersuchung zu Spätdiagnosen, die die Einsetzbarkeit und die Erfolgschancen von Therapien begrenzen würden. Zweitens werde das Erkennen von Beschwerden dadurch erschwert, dass die männlichen Ärzte rein wissenschaftlich-anatomische Kenntnisse über das weibliche Körpergefühl besäßen (Simmel 1892/1999, S. 290 f.). Beide Mankos sind nach Simmel dadurch lösbar, dass Patientinnen durch ‚weibliche Ärzte‘[44] behandelt werden, und es mithin zu einer Übereinstimmung zwischen dem Geschlecht der Behandelnden und der Behandelten kommt. Über die bessere Versorgung von Patientinnen hinaus verspricht sich Simmel von ‚weiblichen Ärzten‘, dass sie „eine qualitative, durch männliche Mittel nicht erreichbare Mehrung der medizinischen Kultur" (Simmel 1902/1995, S. 70) hervorrufen:

> „Ich bin deshalb überzeugt, daß Frauen gegenüber der weibliche Arzt nicht nur oft die genauere Diagnose und das feinere Vorgefühl für die richtige Behandlung des einzelnen Falles haben wird, sondern auch rein wissenschaftlich typische Zusammenhänge entdecken könnte, die dem Manne unauffindbar sind, und so zu der *objektiven* Kultur spezifische Beiträge leisten würde; denn die Frau hat eben an der gleichen Konstitution ein Werkzeug der Erkenntnis, das dem Mann versagt ist." (ibid., S. 70 f.; Herv. i. O.)

Die Spezialisierung der Ärztinnen auf „spezifisch weibliche Funktionen in der Medizin" (ibid., S. 72) wird von Simmel als ein Weg zur Bereicherung der objektiven Kultur geschildert. Jedoch wird dadurch keineswegs die männliche Hegemonie in diesem Berufsfeld beseitigt: Während Ärztinnen aufgrund ihres Geschlechts als legitime Professionelle für Patientinnen definiert werden, bleibt die allgemeine Figur des Arztes männlich geprägt.

Ferdinand Tönnies, Émile Durkheim und Georg Simmel ist gemeinsam, dass sie als Philosophen ausgebildet worden waren, ihre Werke jedoch in der neu entstandenen Soziologie verankerten. Als männlich sozialisierte Intellektuelle aus dem Bürgertum setzten sie das Mannsein mit qualifizierter Erwerbsarbeit gleich. Trotz verschiedener Herangehensweisen bestätigten ihre Konzeptualisierungen

---

Beziehung ist es doch bedeutsam, daß allein in der logischsten aller Wissenschaften, in der Mathematik, die Frauen große und originale Leistungen aufzuweisen haben. Jener Aberglaube vor der Unlogik der Frauen entstammt nur dem allgemeinen häufigen Irrtum, durch den materiale Inhalte, Ergebnisse und Täuschungen des Denkens für formal logische gehalten werden." (Simmel 1890/1989, S. 70).

44   Zu Simmels Zeiten existierte keine weibliche Form der Berufsbezeichnung.

größtenteils die damals herrschende Vorstellung einer Hierarchie zweier dichotomer Geschlechter. Auch wenn die Möglichkeit einer nicht notwendig biologisch vorbestimmten Evolution eingeräumt wird oder die überdurchschnittlichen Kapazitäten einiger Ausnahmefrauen reflektiert werden, bleiben die drei Autoren insofern in der Geschlechterordnung ihrer Zeit gefangen, als sie die höchsten Leistungsfähigkeiten und die hegemonialen Positionen als rein männlich begreifen.

2.2 Die Berufstätigkeit als Quelle männlicher Identität

In den 1930er Jahren erschienen in den USA drei Monografien, die aus verschiedenen Blickwinkeln die theoretische Trennung von Gesellschaft und Individuum zu überwinden versuchten und die die soziologische Auseinandersetzung mit dem Zusammenhang von Geschlecht und Arbeit ab den 1950er Jahren prägten.

In seinem posthum veröffentlichten Hauptwerk *Mind, Self and Society* (Mead 1934/1968), das auf der Grundlage von studentischen Mitschriften seiner Vorlesungen zusammengestellt wurde, befasste sich George Herbert Mead (1863–1931) mit der Entwicklung des Denkens und der Herausbildung von Identität im sozialen Kontext. Symbolisch vermittelte Kommunikation durchführen zu können, versteht er als eine Spezifizität der menschlichen Sozialität. Soziale wechselseitige Beziehungen zwischen den Mitgliedern einer Gesellschaft seien nur möglich, wenn Individuen die möglichen Reaktionen von ihren Interaktionspartner:innen antizipieren und ihr eigenes Handeln an diesen Verhaltenserwartungen orientieren können. Individuelle Persönlichkeitsstrukturen sind in seinen Augen nicht von der Gesellschaft zu entkoppeln, denn die Identitätsbildung ist ein sozialer Prozess: Nur über Andere kann eine Identifizierung des Selbst erfolgen. Meads Perspektive prägte die Schule des Symbolischen Interaktionismus sehr und wurde in der mikrosoziologischen Geschlechterforschung stark rezipiert.

Ralph Linton (1893–1953) wiederum entwickelte in seinem Buch *The Study of Man*, das auf Deutsch unter dem Titel *Mensch, Kultur und Gesellschaft* (1936/1979) erschien, ein Denkmodell zur Erklärung von Verhaltensmustern, das sich auf die Annahme einer Analogie zwischen der Gesellschaft und den biologischen Organismen stützte. Der Kulturanthropologe erklärt die gesellschaftliche Prägung der Persönlichkeit von Individuen durch die Übernahme von Positionen im gesellschaftlichen System. Einzelne würden „die Gesamtheit der kulturellen Muster […], die mit einem bestimmten Status verbunden sind" (Linton 1945/1967, S. 252), erlernen und ihre Rolle spielen, wie sie sich von der Vorgabe eines zugeschriebenen Status – z. B. Geschlecht oder Alter – oder eines erworbenen Status – z. B. Ärzt:in oder Lebenspartner:in – ergibt. Lintons Ausführungen zu Rolle und Status haben einen großen Einfluss auf die Perspektive der Strukturfunktionalist:innen ausgeübt.

In Margaret Meads (1901–1978) Schriften *Sex and Temperament in Three Primitive Societies* (1935) und *Mann und Weib: das Verhältnis der Geschlechter in einer sich wandelnden Welt* (1949/1991) lässt sich schließlich der Begriff der Geschlechterrolle finden. Mit ihren ethnografischen Studien lieferte die Kulturanthropologin den Nachweis für die Vielfältigkeit und Veränderbarkeit der kulturellen Normen von Weiblichkeit und Männlichkeit. Im westlichen System der Arbeitsteilung zwischen den Geschlechtern beobachtet sie, dass der Eintritt von Frauen in männliche Gebiete sowie ihre Erfolge als eine Infragestellung der „Männlichkeit der Männer" (ibid., S. 249) gedeutet wird und deswegen entweder Abwehr oder Fluchtstrategien hervorruft (ibid., S. 278 f.). Schnell fand der Begriff der Geschlechterrollen Eingang in die Psychologie (u. a. Pleck 1981, 1984). Kurze Zeit später wurde er auch von englischsprachigen Soziolog:innen verwendet, insbesondere von denjenigen, die auf eine Entnaturalisierung der weiblichen und männlichen Verhaltensmuster zielten.

Auf folgenden Seiten werden soziologische Studien diskutiert, die sich an mindestens einen dieser drei Blickwinkel anlehnen, um Geschlechterbeziehungen und -verhältnisse zu analysieren bzw. zu konzeptualisieren. Gemeinsam haben sie, dass der Fokus auf das Individuum gelenkt wird, wenn sich die Autor:innen mit den Erwartungen, die den Akteur:innenkategorien in gewissen Positionen entgegengebracht werden, mit individuellen Umsetzungen von Verhaltensmustern auf der gesellschaftlichen Bühne sowie mit auf interaktiver Ebene erbrachten Darstellungen auseinandersetzen.

2.2.1 Die Berufsorientierung als Kern der männlichen Persönlichkeitsstruktur in der parsonschen Geschlechtsrollentheorie

Der in der Kulturanthropologie entstandene strukturfunktionalistische Bezugsrahmen, der ab den 1940er Jahren von einigen US-amerikanischen Soziolog:innen aufgegriffen wurde, entwickelte sich nach dem Zweiten Weltkrieg rasch zu einem vorherrschenden Paradigma. Weiterentwickelt wurde er insbesondere von Talcott Parsons (1902–1979), der diesen Bezugsrahmen zu einer soziologischen Systemtheorie ausbaute. In Anlehnung an Ralph Linton ist Parsons der Auffassung, dass Inhaber:innen sozialer Positionen ein Bündel normativer Verhaltenserwartungen – d. h. ihre sozialen Rollen – erfüllen müssen, damit auf Dauer ein geordnetes Zusammenleben möglich ist. Darüber hinaus begreift er die Handlungen als konstitutive Elemente sozialer Systeme[45]: Gesellschaftliche Normen konzipiert

---

45 Anhand des AGIL-Schemas definiert Parsons (1951/1970) vier Grundfunktionen von Handlungssystemen: *adaptation* (Anpassung), *goal-attainment* (Zielerreichung), *integration* (Integration) und *latency* (Strukturerhaltung).

er als Gefüge von funktionalen Handlungsmöglichkeiten, die zur Erhaltung des Systems beitragen. Ein weiterer Ausgangspunkt von Parsons' Theorie ist die Kritik am durkheimschen Verständnis des Sozialen (Parsons 1964/2005, S. 28 ff.). Ein rein holistisch ausgerichteter Blickwinkel verhindere die Berücksichtigung von „kognitiven Vorstellungen" (ibid., S. 31) einzelner Personen, die laut Parsons von grundlegender Bedeutung sind, um das soziale System zu verstehen. Die soziologische Betrachtung des Handelns der Individuen sei nicht von der Aufdeckung der Orientierungsmuster zu trennen, deren Inhalte „kulturell und erlernt" (ibid., S. 32) sind. Beim Erforschen des Status[46] und der sozialen Rollen, welche die Gesellschaftsmitglieder innehaben bzw. ausführen, der geteilten Werte und Normen sowie der damit verbundenen Erwartungen und Verhaltensmuster wird daher das Einbeziehen von mikrosoziologischen Elementen benötigt.

Dies erläutert Parsons insbesondere am Beispiel des Erlernens der Geschlechterrollen in der „Funktionseinheit" (ibid., S. 54) Kernfamilie. In Anlehnung an Sigmund Freuds Theorie nimmt er zunächst die „primäre ödipale Phase" (ibid.) in den Blick. In diesem frühen Sozialisationsstadium unterscheiden sich Kleinkinder beider Geschlechter kaum voneinander: Sie seien emotional eng mit der Mutter verbunden und bilden mit ihr eine Liebesdyade.[47] Nach und nach erlernen und verinnerlichen sie aber das zweigeschlechtliche Kategorisierungssystem sowie die damit verbundenen Geschlechterrollen. Diese kognitiven Muster werden zum festen Bestandteil ihrer Persönlichkeitsstruktur. Diesen Lernprozess erachtet Parsons als grundlegend: „Aufwachsen heißt hauptsächlich, die eigene Geschlechtsrolle als wesentlichen Bestandteil des Selbstbildes zu verinnerlichen" (ibid., S. 36). Mädchen und Jungen identifizieren sich hierbei mit dem einen Elternteil, das derselben Geschlechtskategorie angehört, und grenzen sich vom anderen ab. Somit wird den Kindern „ein Grundprinzip funktionaler Differenzierung vermittelt" (Meuser 2010, S. 54). Der Vater erlangt nun eine erheblich größere Bedeutung als in der frühen Sozialisationsphase. Seine neue Relevanz kommt daher, dass er als „Rollenmodell" (Parsons 1964/2005, S. 60) dient. Er

---

46 Status meint hier die konkrete Position einer Person innerhalb eines sozialen Systems. An einen jeden Status ist ein sich gleichmäßig und regelmäßig wiederholendes Verhaltensmuster gebunden: die soziale Rolle. Dabei geht es darum, durch das Handeln Pflichten zu erfüllen bzw. Rechte einzulösen, die mit dem sozialen Status verbunden sind. Anzumerken ist, dass jede:r Handelnde gleichzeitig zu mehreren sozialen Systemen gehört und daher verschiedene Status innehat; entsprechend spielt er verschiedene Rollen. Zum Beispiel kann der gleiche Mensch im System Krankenhaus den Status des Arztes haben und im System Familie den Status des Vaters. Dadurch wird er alltäglich mit verschiedenen Erwartungen und Verhaltensmustern konfrontiert.

47 Eine Hauptwurzel für diese frühe Verbundenheit zwischen Mutter und Kleinkind sieht Parsons im Stillen der Säuglinge (Parsons 1964/2005, S. 76). Dadurch versteht er die weibliche Fürsorge als eine soziale Praxis, die biologisch bedingt ist. Die Arbeitsteilung zwischen Mutter und Vater sei daher nicht völlig beliebig, sondern teilweise an anatomische Merkmale gebunden.

ist der erste als männlich klassifizierte erwachsene Mensch, zu dem die Kinder eine enge Beziehung haben. Seine Charaktereigenschaften und Verhaltensweisen werden für sie „zum Prototyp der ‚Männlichkeit‘ " (ibid., S. 56).

Die geschlechtliche Arbeitsteilung zwischen weiblichen und männlichen Elternteilen begreift Parsons als ein wichtiges Element für die Aneignung der dichotomen Geschlechterrollen und -orientierungen. Den Frauen wird eine expressive Rollen- und Familienorientierung zugewiesen, den Männern eine instrumentelle Rollen- und Berufsorientierung. Als „husband-father" spielt der männliche Erwachsene eine „boundary-role" zwischen Familie und Gesellschaft (Parsons 1956, S. 13). Seine Berufsrolle ist integraler Bestandteil seiner Familienrolle:

> „Die konkrete Berufsrolle des Vaters ist damit sowohl eine Rolle im Berufssystem als auch eine repräsentative Rolle im Verwandtschaftssystem. Er arbeitet nicht nur für seine ‚Firma‘, sondern auch für seine Familie – und natürlich für sich selbst. Er erfüllt die Verpflichtungen seiner Verantwortung für seine Familie somit in erster Linie dadurch, daß er in seiner Berufsrolle vorankommt." (Parsons 1964/2005, S. 64)

In der zitierten Passage ist der Einschub „und natürlich für sich selbst" besonders interessant, denn hiermit markiert Parsons eine für die vorliegende Untersuchung hoch spannende These. Die Berufsorientierung sei der Kern der männlichen Persönlichkeitsstruktur. Die Nicht-Erfüllung einer beruflichen Funktion und/oder eine Berufsorientierung bei Frauen führe daher nicht nur zu einer spannungsvollen Verschiebung des Geschlechterarrangements, sondern bringe auch die männliche Selbstidentifizierung ins Wanken (Parsons 1942/1964, S. 71, 73).

Anzumerken ist hier, dass nach Parsons eine Berufstätigkeit von Frauen nicht bereits an sich eine Infragestellung oder Aufhebung der differenziellen Zuweisung instrumenteller und expressiver Funktionen mit sich bringt. Er begreift die weibliche Erwerbsarbeit erstens nur als ein Randphänomen, das in der damaligen nordamerikanischen Gesellschaft einen kleinen Anteil der weiblichen Gesamtbevölkerung betreffe, und dies meistens auch nur vor der Eheschließung bzw. vor der ersten Schwangerschaft – also vor der Übernahme der intrafamiliären Funktionen. Zweitens sieht er in den typischen Frauenberufen eine Bestätigung von „the balance of sex roles" (Parsons 1956, S. 15), denn häufig sind sie durch stark expressive Komponenten sowie eine unterstützende Funktion für männliche Rollen gekennzeichnet.[48] Die Berufstätigkeit der Frau würde somit nur dann zu einer Störung für die Kernfamilie und die gesellschaftliche Ordnung führen, wenn sie eine Konkurrenzsituation zwischen den Ehepartner:innen bzw.

---

48 Um dies zu illustrieren, benennt Parsons die Berufstätigkeiten der Lehrerin, der Sozialarbeiterin, der Krankenschwester und der Sekretärin (Parsons 1956, S. 15). Dem Fall der Grundschullehrerin widmet er sogar mehrere Absätze, um die Gleichzeitigkeit von diffusen und universalistischen Elementen innerhalb dieser beruflichen Funktion zu schildern (ibid., S. 177 ff.).

Eltern, was die Funktion als „status-giver" oder „income-earner" (ibid., S. 14) anbelangt, bedeuteten würde. In einem solchen Fall würde sie die Zusammengehörigkeit der Eheleute schwächen und den jüngeren Generationen das Erlernen der Rollenstruktur erschweren. Die Gefahr einer „Angleichung in den Rollen der beiden Geschlechter" (ibid.) wird aber von Parsons als sehr gering eingeschätzt, denn selbst die Frauen, die eine hoch angesehene Profession ausüben, bestätigen die geschlechtliche Arbeitsteilung auf intraberuflicher Ebene. Hier führt er als Beispiel das medizinische Feld an: Die Mehrheit der Ärztinnen ist in der Kinderheilkunde und in der Psychiatrie tätig, während kaum Frauen in der Chirurgie arbeiten (ibid., S. 15). Die starke Berufsorientierung bleibe bei Erwachsenen mit elterlichen Funktionen eine männliche Eigenschaft: „Die Ehefrau und Mutter ist entweder ausschließlich ‚Hausfrau' oder hat allenfalls eine ‚Stelle', aber nur selten einen ‚Beruf' " (Parsons 1943/1964, S. 103). Im Gegensatz dazu bringe die Berufsrolle bei Männern das „Prestige von Leistungserfolg, Verantwortlichkeit und Autorität" (ibid., S. 78) mit sich.

Vor dem Hintergrund dieser Asymmetrie bleibt bei Parsons die männliche Erwerbstätigkeit maßgeblich für das Erwerbseinkommen, den sozialen Status sowie das Ansehen der Kernfamilie (ibid., S. 101 ff.). Der männliche Erwachsene, der seine „Zeit und Energie" (Parsons 1942/1964, S. 76) seiner Beruftätigkeit widmet, übernimmt damit nicht nur die Verantwortung für seine eigene Kernfamilie, sondern trägt auch zum Fortbestehen der Gesellschaft bei:

> „Wenn Kinderaufzucht primärer Mittelpunkt der weiblichen Rolle war, dann war die berufliche Leistung derjenige der männlichen Rolle. Es gibt wichtige Gründe, weshalb der ‚Job' ein derartig wichtiger Brennpunkt der Rollenorganisation unseres Gesellschaftstyps wurde und weshalb, innerhalb dieser allgemeinen Kategorie, die Berufskarriere und ihr Höhepunkt so wichtig sind. Es handelt sich dabei vor allem um die zentralen Symbole des männlichen Beitrags zum gesellschaftlichen Wohl." (Parsons 1964/2005, S. 313)

Als „eine Art Pionier im Bereich der Medizinsoziologie" (ibid., S. 408) beschäftigte sich Parsons mit dem Ärzt:inberuf vor allem aufgrund seines funktionalistischen Interesses an der „Störung" (ibid., S. 345) Krankheit.[49] Krankheit definiert er als „Beeinträchtigung der Fähigkeit des Individuums zur effektiven Erfüllung sozialer Rollen und der den Rollenerwartungen entsprechend organisierten Aufgaben" (ibid., S. 140). Nach Parsons bringt die Feststellung einer Erkrankung nicht nur Veränderungen in den Sphären mit sich, in denen das Individuum bisher mitgespielt hat, sondern ist auch mit der Übernahme eines neuen „sozial institutionalisierte[n] Rollentyp[s]" (ibid., S. 345) und dem Eintritt in eine

---

49   Parsons erklärt darüber hinaus, dass er selbst „ernsthaft erwogen hatte, Medizin zu studieren", und dass sein „vielbewunderter älterer Bruder" Arzt war (Parsons 1964/2005, S. 409).

Ärzt:in-Patient:in-Beziehung verbunden. Diese Beziehung kann „als Prototyp und Musterbeispiel des sozialen Systems" (Gerhardt 1991, S. 163) verstanden werden, denn beide Rollen sind komplementär konzipiert. Mit dem Ziel der Aufhebung der Störung wird „vom Patienten erwartet, daß er [...] aktiv mit dem therapeutischen Personal zusammenarbeitet" (Parsons 1964/2005, S. 141).[50] Von den Ärzt:innen wird hingegen verlangt, dass sie bei der Ausübung ihrer beruflichen Rolle den „Regeln der ärztlichen Kunst für diagnostisch-therapeutisches Vorgehen" (Gerhardt 1991, S. 173) folgen und universalistisch, funktional-spezifisch, leistungs- und kollektivitätsorientiert sowie affektiv neutral[51] handeln (u. a. Menz 1976, S. 75 ff.; Lüth 1986). Diese Beziehung zwischen Ärzt:in und Patient:in beinhaltet mithin eine Asymmetrie, die bei Parsons durch eine Kluft zwischen der Ebene des medizinischen Wissens und den therapeutischen Kompetenzen begründet wird.

Vor dem Hintergrund dieser Rollendefinition haben Ärzt:innen Sonderrechte. Sofern es dem Stellen von Diagnosen oder dem Heilungsprozess dient, dürfen sie bei ihren Patient:innen in die intimsten Bereiche eintreten – sowohl auf körperlicher als auch auf psychischer Ebene (Parsons 1939/1964, S. 167, 1951/1970, S. 451 ff.). An dieser Stelle wird deutlich, dass Parsons die Ärzt:inprofession dem männlichen Geschlecht zuweist. Er thematisiert nämlich den Fall der Patientinnen als einen besonderen Fall für Ärzte, die *per se* als männlich kategorisiert werden:

> „One of the most conspicuous cases of the operation of segregation is where a potential sexual element enters in [...]. The essential point is that for most men ‚woman in the same room undressing' usually means potential sexual relations, for the physician ‚woman on the examining table' means a professional job to do. [...] Also by no means the only problem of control is the ‚protection' of the woman patient from the physician's ‚taking advantage' of her. Quite frequently it is the other way around, including the possibility of his susceptibility being used for blackmail. One of the prominent hospitals justified the policy of having a nurse present on such occasions by saying ‚it is a least as much for the protection of the doctor as of the patient.' " (ibid., S. 457 f.)

---

50 Die Erwartung einer *Compliance* der Patient:innen hat dazu geführt, dass dieses Modell als paternalistisch (Borgetto 2006, S. 1967 ff.) eingestuft wurde.

51 In Anlehnung an das tönniessche Begriffspaar Gemeinschaft/Gesellschaft unterscheidet Parsons fünf binäre Orientierungsmuster (*pattern variables*), die als weiblich bzw. männlich konnotiert verstanden werden können: Partikularismus/Universalismus, Kollektivitätsorientierung/Selbstorientierung, Zuschreibung/Leistungsorientierung, Diffusität/Spezifizität, Affektivität/Affektive Neutralität. Anzumerken ist hier, dass im Fall der Ärzt:in der Umgang mit Gefühlen zwar vor allem als affektiv neutral einzuordnen ist, jedoch werden „auf bestimmten Stufen und unter sorgfältig kontrollierten Bedingungen bestimmte Typen der Affektivität nicht nur erlaubt, sondern sogar erwartet" (Parsons 1964/2005, S. 422).

Auch wenn Parsons weiß, dass es Ärztinnen gibt, ordnet er die für diese Profession charakteristischen Orientierungsmuster als männlich ein. So geht dieser akademische Beruf für ihn mit einer ausgeprägten Leistungsorientierung, einem hohen Prestige sowie einem überdurchschnittlichen Einkommen einher. Die medizinischen „Verordnungen" betrachtet er sogar als eine Versinnbildlichung der Autorität, die von einem „akademischen Beruf [...] in unserer Gesellschaft" ausgeübt wird (Parsons 1939/1964, S. 165). Schließlich ist festzuhalten, dass der Ärzt:inberuf gemäß Parsons mit beachtlicher Verantwortung verbunden sei, weshalb diese Position in der „westliche[n] Gesellschaft [...] von Männern bekleidet" (ibid., S. 238) wird.

2.2.2 Die Berufsarbeit als ‚Einfachrolle' des Mannes in der soziologischen Frauenforschung

Talcott Parsons' strukturfunktionalistische Vorstellung von komplementären Geschlechtsrollen geht mit einer Zuschreibung der Berufsrolle an die Männer und der Familienrolle an die Frauen einher, was von feministisch orientierten Soziologinnen scharf kritisiert wurde. Seine Stilisierung der Komplementarität der Geschlechter verschweige u. a., dass zahlreiche Frauen – darunter viele Mütter – einer bezahlten Erwerbsarbeit nachgehen. Der Forschungsfokus auf die Doppelrolle von Frauen, der in Westeuropa ab den 1950er Jahren beobachtbar ist, weitete sich ab den 1970er Jahren aus. Soziologinnen, die ‚die Frauen' zum Gegenstand ihrer Forschung machten, hatten mit außeruniversitären Gruppen aus der neuen Frauenbewegung gemeinsam, dass sie die geschlechtlichen Herrschaftsverhältnisse – also die Machtposition des Männlichen – scharf kritisierten. Insbesondere anhand des Schlüsselbegriffs Patriarchat[52] analysierten sie die Unterdrückung und Ausbeutung der Frauen innerhalb sozialer Beziehungen, in denen die Macht von Männern angestrebt und ausgeübt wird. Die Erforschung der Lebenszusammenhänge und -bedingungen von Frauen in westlichen Gesellschaften verlief also keineswegs unter vollständiger Ausblendung von Männern aus der soziologischen Perspektive.

In ihrer erstmals 1956 veröffentlichten Schrift *Women's two roles: Home and Work* regen die Schwedin Alva Myrdal (1902–1986) und die Britin Viola Klein (1908–1973) an, die Geschlechterrollen weniger dichotom als im funktionalistischen Ansatz zu konzipieren. Die Arbeitsteilung zwischen Frauen und Männern begreifen sie eher als „das Ergebnis von bestehenden örtlichen Verhältnissen und Überlieferungen als von psychologischen Geschlechtsunterschieden" (Myrdal/

---

52 Dieser Begriff wurde u. a. aufgrund seiner ahistorischen und universalistischen Tendenzen schon früh kritisiert und verlor bald seine Sonderstellung innerhalb der Frauenforschung (u. a. Hausen 1986; Walby 1990).

Klein 1956/1962, S. 106). Im Rahmen ihres Plädoyers für ein „Drei-Phasen-Modell"[53] tragen sie dazu bei, die vermeintlich männliche Zuständigkeit für das Arbeiten und das Ernähren der Familie zu entnaturalisieren. Auf der Grundlage einer Langzeitperspektive behaupten Myrdal und Klein erstens, dass „[d]ie Familie einmal der natürliche Lebensraum für den Mann wie auch für die Frau [war]" (ibid., S. 50). Zu jener Zeit sei die Erziehung der Kinder eine gemeinsame Aufgabe und die Hausarbeit eine je nach individuellen Fähigkeiten und Kompetenzen verteilte Last gewesen (ibid.). Zweitens lösen sich die Autorinnen von der Vorstellung, dass „Männerarbeit" (ibid., S. 18) nur von Männern ausgeführt werden könne. Die Wahl und die Verrichtung von männlich konnotierter Erwerbstätigkeit seien nicht „die Folge irgendwelcher angeborener Geschlechtsmerkmale" (ibid., S. 106). Die Haupthürde für Frauen bei der Ausübung von traditionell männlichen und hoch angesehenen Berufen – bspw. Rechtsanwalt, Chirurg oder Diplomat – sehen Myrdal und Klein darin, dass sie ein zeitliches Engagement erfordern, das mit der Übernahme einer intrafamilialen Rolle unvereinbar ist (ibid., S. 203). Ihrer Ansicht nach können nur Menschen Männerberufe ausüben, die darauf verzichten, eine familiale Rolle zu spielen. Ein Wandel der Arbeitsteilung zwischen den Geschlechtern sei drittens an „Änderungen […] im Denken und in den Gewohnheiten des Mannes" (ibid., S. 207) gekoppelt. Diese seien besonders schwer zu erreichen, weil diese Denkschemata und Gewohnheiten tief in der männlichen Kognition verankert seien:

> „Wenn man Männer fragen wollte, warum sie arbeiten, würde die große Mehrheit zweifellos antworten, daß sie sich und ihre Familie ernähren müßten. Niemand würde sie deshalb bemitleiden. Es wird für selbstverständlich gehalten, daß es so ist […]. Aber Männer werden so etwas nicht gefragt. Sie haben nicht zwischen arbeiten und nicht-arbeiten zu wählen, sondern zwischen den verschiedenen Arten von Arbeit." (ibid., S. 119 f.)

Eine Abweichung von dieser Norm würde als Devianz wahrgenommen werden (ibid., S. 121). Männer seien von der Norm des „sorgenden, schützenden Vater[s]"

---

53 Klein und Myrdal (1956/1962) skizzieren eine Aufteilung in drei Abschnitte des Erwachsenenlebens von Frauen aus westlichen Industrieländern, die durch das Einkommen ihres (männlichen) Partners finanziell gesichert sind. In der Berufsphase sorgt die Frau für ihren Lebensunterhalt, indem sie einer bezahlten Arbeit nachgeht. Die Familienphase beginnt mit dem Mutterwerden. Die Frau übernimmt die Hauptverantwortung für die Fürsorge sowie für die Erziehung und zieht sich aus dem Erwerbsleben zurück. Wenn die Kinder selbstständig geworden sind, startet die post-familiäre Phase, in der die Frau wieder in das Erwerbsleben eintritt. Angesichts des Rückgangs der Geburtenzahlen und der Erhöhung der Lebenserwartung von Frauen prognostizieren die Autorinnen, dass sich die Dauer dieser dritten Phase verlängern wird. Ähnlich wie bei Parsons werden familiäre und berufliche Rollen bei Frauen vereinbar, indem sie nacheinander übernommen werden.

so tief geprägt, dass die Nicht-Erfüllung dieser Erwartung ihre „Selbstachtung" gefährde (ibid., S. 207).

Mit der psychischen Verfasstheit der Akteur:innen hat sich ebenfalls die deutsche Soziologin und Sozialpsychologin Regina Becker-Schmidt (*1937) auseinandergesetzt. Mit dem Begriff der „Inneren Vergesellschaftung" macht sie auf die „Modellierung der psychischen und mentalen Persönlichkeitsstrukturen im kollektiven Ausmaß (Vergesellschaftung der Trieb- und Affektstruktur, der Denk- und Wahrnehmungsweisen, der Handlungsmuster und Erfahrungsweisen, ja: des Unbewußten)" (Becker-Schmidt 1991, S. 387 f.) aufmerksam. Da die Einbindung von berufstätigen Frauen in das Sozialgefüge doppelt – über die Familie und über die Arbeitswelt[54] – verlaufe, seien sie von inneren Widersprüchlichkeiten betroffen, denen Männer nicht ausgesetzt seien. Die Annahme, dass Erwerbsarbeit als Hauptmedium der männlichen Vergesellschaftung dient, erkläre, warum Männer keinen psychischen Druck empfinden, wenn sie sich zwischen Berufs- und Familiensphären hin- und herbewegen. Die im Titel eines gemeinsam mit Gudrun-Axeli Knapp und Beate Schmidt verfassten Buches enthaltene Feststellung *Eines ist zuwenig – beides ist zuviel* (Becker-Schmidt/Knapp/Schmidt 1983) gelte daher nur für Frauen. Auch wenn in Becker-Schmidts feministischer Gesellschafts- und Subjekttheorie die soziale Integration von Männern nur durch eine einzige Praxisform – die Berufsarbeit – stattfindet, wird nicht erläutert, was diese Vergesellschaftung kennzeichnet.[55] Als „Männerwelt" definiert sie die „Berufswelt, als Bereich frauenuntypischer Betätigungen" (Becker-Schmidt/ Knapp/Schmidt 1983, S. 131).

Die Dichotomie zwischen der männlichen Berufswelt und der weiblichen Familienwelt hält auch Elisabeth Beck-Gernsheim (*1946) im Untertitel ihrer Schrift *Das halbierte Leben* (1980) fest: *Männerwelt Beruf, Frauenwelt Familie.* Der Anspruch an die Berufstätigen sei, dass sie ihre bezahlte Tätigkeit alltäglich in den Vordergrund stellen. Als Störelement gelte daher alles, „[w]as nicht ins Grundmuster ökonomischer Rationalität sich einpassen läßt, was unmittelbar und lebendig ist – Regungen, Gefühle, Bindungen, physische und psychische Bedürfnisse" (ibid., S. 57). Demnach ließe die Berufsarbeit keine Übernahme von

---

54 Ihre Theorie der doppelten Vergesellschaftung erläutert Becker-Schmidt am Beispiel der berufstätigen Frauen aus der Arbeiter:innenklasse. Immer wieder stoßen diese auf Widersprüchlichkeiten zwischen dem privaten Bereich der Familie und dem öffentlichen Bereich, sodass sie zweifach großen Beanspruchungen und Belastungen ausgesetzt sind. Ihre doppelte Einbindung in das Sozialgefüge bringe doppelte Nachteile: „Die Vergesellschaftung über zwei Arbeitsformen impliziert doppelte Diskriminierung. Frauen werden zur unbezahlten Hausarbeit verpflichtet, was zudem ihre gleichberechtigte Integration in das Beschäftigungssystem erschwert" (Becker-Schmidt 2010, S. 67).

55 Die männliche Genus-Gruppe wird vor allem durch ihr Verhältnis zu Frauen dargestellt: „Der Mann dominiert sowohl in der Erwerbssphäre als auch in der Familie, weil in beiden Sphären seine berufliche Arbeit die Verhältnisse und Beziehungen zwischen den Geschlechtern mitbestimmt" (Becker-Schmidt/Knapp 1995, S. 10).

Aufgaben im Haushalt zu. Diese Annahme begründet Beck-Gernsheims These, wonach die Erwerbsarbeit „auf den [...] *familienfreien Ehemann*' [zugeschnitten]" (ibid., S. 72; Herv. i. O.) sei – d. h. auf einen männlich sozialisierten Akteur, der von der gesamten reproduktiven Arbeit entlastet ist, da er diese unentgeltlich von seiner Lebensgefährtin erledigen lässt. Die Wurzeln der Beständigkeit dieser geschlechtlichen Arbeitsteilung[56] liegen laut Beck-Gernsheim in den ab der frühen Kindheit stattfindenden Prozessen des Erlernens und Verinnerlichens von Geschlechterrollen, die innerhalb beider Genus-Gruppen „Ähnlichkeit in Gefühlen, Wünschen, Lebenszielen, in Ängsten, Hoffnungen, Erwartungen, in Denkmustern und Verhaltensweisen" (ibid., S. 14) generieren. Das nötige Engagement für eine berufliche Laufbahn gehe demnach mit kognitiven Mustern wie Sachdenken, Machtstreben oder Konkurrenz einher, die Männern vermittelt und von ihnen angeeignet werden. Eine solche Prägung können männlich sozialisierte Akteure nicht ablegen, wenn sie in die Privatsphäre eintreten:

> „[D]iese Berufsarbeit ist nichts, was isoliert und unverbunden im sozialen Raum existiert; sie steht vielmehr in engem, unmittelbarem Zusammenhang mit jener ‚Männerrolle', deren Kernstück sie ist. Die Anforderungen der Berufsarbeit durchdringen und bestimmen die ‚Männerrolle' grundlegend und umfassend bis in die privatesten Bereiche." (ibid., S. 91)

Trotz der Beobachtung einer zunehmenden Kritik an den „ ‚Rollenzwänge[n]' der Männerexistenz" (Beck-Gernsheim 1979, S. 166) bei Individuen aus Randgruppen – bspw. in der Hippiebewegung oder in Landkommunen – und einer

---

56 Beck-Gernsheim hebt trotz alledem hervor, dass sich „Anzeichen für ein sich veränderndes Bild" (Beck-Gernsheim 1980, S. 101) des Mannes erkennen ließen. Nach Beweisen für eine solche angehende Metamorphose sucht sie in ihrer „eigene[n] Erfahrung", denn in ihrem Umfeld gäbe es „Männer, und nicht wenige, die betroffen sind vom alltäglichen Funktionieren im Beruf, die zutiefst darunter leiden, nur keinen Weg sehen, um all dem zu entkommen" (ibid., S. 91). Über die von männlichen Akteuren ausformulierte Kritik an der einengenden männlichen Normalbiografie hinaus beobachtet sie, dass ein neuer Typ Mann entstehe: Einer, „der allmählich auch weichere, ja ‚weiblichere' Züge entwickelt, mehr den außerberuflichen Lebensbereichen sich öffnet" (ibid., S. 101). Allgemein kritisiert Beck-Gernsheim die Übernahme der dichotomen Gegenüberstellung von Geschlechtsrollen mit den Polen ‚männlich' und ‚weiblich' durch Sozialwissenschaftler:innen, denn diese mache „blind für die heute einsetzenden Wandlungen und Brüche, Annäherungen und Überlappungen" (ibid., S. 39). Interessanterweise bedient sie sich eines Beispiels aus dem medizinischen Berufsfeld, um einen solchen kaum sichtbaren Verschiebungsprozess zu illustrieren. So erfahre der Pflegeberuf einen „inhaltliche[n] Wandel", der die „Fürsorge" und damit verbundene weiblich konnotierte Kompetenzen wie das Einfühlungsvermögen, die Hilfsbereitschaft oder die Geduld zugunsten einer „unpersönliche[n] Effizienz" (ibid., S. 36) verdränge. Da technisches Können und quantifizierbare Exaktheit zum festen Bestandteil dieser beruflichen Rolle geworden seien, würde die Ausübung des Pflegeberufs „den Erwartungen und Definitionen jener Männerrolle nicht mehr kraß entgegensteh[en]" (ibid.).

Schwächung der strikten geschlechtlichen Trennung auf der Verhaltensebene konstatiert Beck-Gernsheim die Permanenz von weiblichen bzw. männlichen Denk- und Wahrnehmungsmustern. Diese geschlechtsspezifischen „Persönlichkeitsprägungen und -strukturen" (ibid., S. 174) sieht sie sowohl als Ergebnis der im Sozialisationsprozess vermittelten *kognitive[n] Stile und emotionale[n] Orientierungen*" (ibid., S. 194; Herv. i. O.) als auch der durchgängigen Arbeitsteilung zwischen den Geschlechtern.

Mit dem Konzept des weiblichen Arbeitsvermögens, das Beck-Gernsheim zusammen mit Ilona Ostner (*1947) Ende der 1970er Jahre entwickelte, wird ebenfalls auf Differenzen zwischen den Geschlechtern rekurriert. Nach diesem Ansatz besäßen Frauen spezifische hausarbeitsnahe Kompetenzen, die von Männern nicht erlangt werden könnten. So unterscheidet Ostner zwischen dem „berufstätige[n] Mann" und „der unmittelbar reproduktiv arbeitende[n] Frau" (Ostner 1978, S. 151). Im Fall des medizinischen Berufsfelds kommt der differenztheoretische Ansatz besonders zur Geltung. Die Beziehung zwischen der Ärzt:inprofession und der Semiprofession Pflege wird als „Mann(Arzt)/Frau-Verhältnis" (ibid., S. 223) definiert. Hierbei werden die Arbeitsvermögen dichotom vergeschlechtlicht: Ärztliche (männliche) Kompetenzen beruhten demnach auf „Wissen" und „Technik", während das „Fähigkeitsbündel" der Krankenschwester auf „Intuition, Empathie [und] Geduld" (ibid.) fuße. Vor diesem Hintergrund entsteht folgendes Bild der männlichen beruflichen Verhaltensweisen: In ihrer Berufstätigkeit seien Männer selbstbewusst und aufstiegsorientiert. Gefangen in „Karrierezwängen" und gerüstet für den „harte[n] Konkurrenzkampf" (Ostner 1981, S. 98), haben sie keine „Angst vor der Übernahme von Verantwortung, wie sie in freiberuflichen und/oder leitenden Positionen verlangt wird" (ibid., S. 99).

Differenzen in den Vergesellschaftungsprozessen von Frauen und Männern brachte Ursula Beer (*1938) ans Licht, indem sie in ihrer Analyse zwei Strukturkategorien verband: Klasse und Geschlecht. Mittels eines historischen Zugangs schildert sie den Übergang vom „Primärpatriarchalismus" zum „Sekundärpatriachalismus" (Beer 1990). Im agrarisch geprägten ständischen Feudalismus, so Beer, beruhten die Herrschaftsverhältnisse hauptsächlich auf dem Besitz von Grund und Boden. In jener Zeit waren „Frauenarbeiten von *gleich hoher Bedeutung* wie die ‚Männerarbeit‘ ", um „den Ertrag und Erhalt eines bäuerlichen Wirtschafts- und Familienverbandes" (ibid., S. 205; Herv. i. O.) zu gewährleisten. Gleichrangigkeit hieß aber keineswegs Gleichwertigkeit, da die geschlechtsspezifische Arbeitsteilung[57] mit einer hierarchisierenden Wertung von geschlechtstypischen Tätigkeiten einherging. In bürgerlich-kapitalistischen Industriegesellschaften bleibt damit die geschlechtsspezifische Arbeitsteilung eine Quelle von Ungleichheit. Darüber hinaus erstreckt sich die männliche Vor-

---

57 Als männlich gedeutete Aufgaben verlangten überdurchschnittlich viel Körperkraft, während als weiblich codierte Tätigkeiten zeitaufwendig waren (Beer 1990, S. 205).

herrschaft nun auch auf diejenigen, die auf beruflicher Ebene der männlichen Genus-Gruppe untergeben sind (ibid., S. 249 ff.). Bei dieser Neugestaltung der Herrschaftsverhältnisse in der industriellen Gesellschaft stellt Beer jedoch eine Ausnahme fest. Durch den Zugang zu höheren Qualifikationen würden Frauen trotz ihrer Geschlechtszugehörigkeit „direkt in Konkurrenz mit Männern um Berufspositionen mit relativ hohem Einkommen, Prestige und großen Handlungsspielräumen." (ibid., S. 216) stehen. Die Ausübung von hoch angesehenen Berufen oder Professionen – bspw. Lehrer:in oder Ärzt:in – durch Frauen scheint daher eine Infragestellung des in allen anderen Erwerbsbereichen nachweisbaren Patriarchats zu bedeuten.[58]

2.2.3 Die Erwerbssphäre als Hauptbühne männlicher Darstellungen

In Nordamerika stieß das parsonsche Theoriegebäude ebenfalls schon früh auf Kritik – und zwar auch außerhalb feministisch engagierter Kreise. In Anlehnung an George Herbert Meads Theorie der symbolvermittelten Kommunikation stellten Vertreter:innen der interpretativen Soziologie die Akteur:innen, die Interaktionen und die Bedeutungszuschreibungen in den Mittelpunkt der Analyse. Die geschlechtliche Ordnung im alltäglichen Handeln bzw. in alltäglichen Interaktionen zu entschlüsseln, ist ein Vorhaben, das Soziolog:innen gemeinsam haben, die sich der Schule des Symbolischen Interaktionismus[59], der Ethnomethodologie[60] sowie dem Ansatz der Interaktionsordnung von Erving Goffman anschließen. Geschlechtliche Kategorisierungen und Hierarchisierungen werden entnaturalisiert, indem die Einordnung der Akteur:innen als ‚weiblich' oder ‚männlich' je nach Form der äußeren Genitalien als Ausgangspunkt für ein historisch spezifisches geteiltes Wissen bzw. ein „umfassendes, geschlossenes Bündel von Glaubensvorstellungen" (Goffman 1994, S. 106) verstanden wird.

---

58 Eine weitere deutsche Soziologin, die den Zusammenhang zwischen Patriarchat und geschlechtsspezifischer Arbeitsteilung erforscht hat, ist Ute Gerhard. In ihrer rechtshistorischen und rechtssoziologischen Forschung beruft sie sich auf Max Webers Theorie und ordnet das Patriarchat in den Typus traditionaler Herrschaft ein. Mit Blick auf die vorkapitalistische Arbeitsteilung arbeitet sie eine Geschlechtsspezifik heraus, die von großer Bedeutung für Agrargesellschaften war: Der Tageslohn wurde zwar hauptsächlich von Männern verdient, aber seine Relevanz für die Familie war gering. Das Überleben der Haushaltsmitglieder wurde vor allem durch Nahrungsmittel aus Eigenproduktion, durch Tierhaltung (Fleisch, Milch, Wolle) sowie durch den Tausch von Naturalien gesichert (Gerhard 1978, S. 24 ff.). Die kontinuierliche Mitarbeit von Frauen und Kindern innerhalb des Haushalts war so unabdingbar, dass Gerhard zum Schluss kommt, dass „die Ernährerrolle des Mannes eine bürgerlich-kapitalistische Erfindung ist" (ibid., S. 24).

59 Diese Bezeichnung wurde von Herbert Blumer – einem Schüler Herbert Meads – geprägt.

60 Der Begriff Ethnomethodologie wurde in den 1950er Jahren von Harold Garfinkel entwickelt.

Am Institut für Soziologie der Universität Chicago übernimmt nach George Herbert Meads Tod und Robert Ezra Parks (1864–1944) Emeritierung eine neue Generation von Soziolog:innen die Federführung. Mitglieder dieser *Second Chicago School Sociology*[61] schlossen sich Meads Streben nach einer Überwindung der theoretischen Trennung von Gesellschaft und Individuum an und machten soziale Interaktionen zum Gegenstand soziologischer Forschung. Everett Cherrington Hughes (1897–1983) zählte zu denjenigen, die sich auf der Mikroebene mit den Themen Arbeit und Profession auseinandersetzten. Mit der 1958 unter dem Titel *Men und Their Work* veröffentlichten Aufsatzsammlung lieferte er allerdings einen Beweis dafür, dass ein explizit auf Männer gerichteter Blickwinkel keineswegs eine geschlechtersoziologische Auseinandersetzung bedeuten muss.[62] Ohne den Begriff der Konstruktion zu verwenden, macht Hughes auf die Kontextabhängigkeit von sozialen Phänomenen aufmerksam: „Every Man is born, lives, and dies in historic time" (ibid., S. 11). Mit Blick auf Arbeitsteilung, Professionalisierungsprozesse und Berufsbilder stellt er die Relevanz der Erwerbsarbeit für das Selbstbild der Männer und ihre Beziehungen zu anderen fest:

> „[A] man's work is one of the more important parts of his social identity, of his self; indeed, of his fate in the one life he has to live, for there is something almost as irrevocable about choice of occupation as there is about choice of a mate." (ibid., S. 43)

Da die Berufstätigkeit die Fremd- und Selbstbewertung der männlichen Gesellschaftsmitglieder gestaltet (ibid., S. 42), ist für das Verstehen des „personal und social drama of work" (ibid., S. 48) die Untersuchung des sozialen Settings notwendig, in dem die Akteur:innen interagieren. Homosozialität gilt dabei als eine optimale Konfiguration: „The colleague-group is ideally a brotherhood" (ibid., S. 112). Diese lässt sich durch eine steigende Ko-Präsenz von weiblichen Erwerbstätigen immer schwieriger erreichen. Vertikale und horizontale Segregation ermöglichen die Nicht-Infragestellung der männlich geprägten Spielregeln trotz häufigem Mitwirken von Frauen in der Arbeitswelt. Dies stellt Hughes insbesondere in seinen Studien zum medizinischen Feld heraus (Hughes 1951, 1958). Über seine Ehefrau hinaus, die zu Hause Anrufe von Patient:innen entgegennimmt (ibid., S. 55), hat der Arzt in seinem beruflichen Handeln mit Krankenschwestern und Ärztinnen zu interagieren. Die intraprofessionelle Arbeitsteilung vollziehe sich über Segregationsprozesse: Ärzt:innen, die nicht dem Idealbild des

---

61 Anzumerken ist, dass die Idee einer ersten Chicagoer Schule *ex post* entstand.

62 Bestreitbar ist Pierre Tripiers These, Hughes' Hang zu androzentrischen Sichtweisen lasse sich dadurch erklären, dass er sich in seinen Untersuchungen auf die in der damaligen Zeit männlich dominierte Berufsgruppen wie die Ärzt:inprofession fokussiert (Tripier 2010, S. 220). Tatsache ist, dass Hughes in einer der ersten berufs- und professionssoziologischen Untersuchungen den Fall der Krankenschwester – ein typischer Frauenberuf – auswertete, ohne das Thema Geschlecht zu thematisieren (Hughes 1951).

weißen protestantischen Mannes (ibid., S. 104) entsprechen, spezialisieren sich in den USA auf Subbereiche und/oder suchen sich Tätigkeitsbereiche, in denen sie nur Patient:innen behandeln, die der gleichen religiösen und/oder ethnischen Gruppe oder dem gleichen Geschlecht angehören (Hughes 1949, S. 60 ff.).[63] Den dramaturgischen Gehalt des Rollenbegriffs nutzt Hughes, wenn er die Krankenschwester als eine Akteurin beschreibt, die trotz ihres Mitspielens „in the center of the action in every scene" niemals eine Rolle als „prima donna" – also als erste Sängerin – übernehmen wird (Hughes 1951, S. 295).[64] Im sozialen Drama der professionellen Krankheitsbehandlung kommen die prestigeträchtigen Rollen einzig und allein den Ärzten zu (Hughes 1958, S. 72).[65]

Die Arztrolle erlernen die US-amerikanischen *Boys in White* (Becker et al. 1961) im Laufe ihres Studiums in *Medical Schools* sowie während der anschließenden Assistenzzeit:

> „Part of the medical culture of the lay world is some set of conceptions about the proper role of the physician and a set of beliefs about the extent to which he lives up to the role so conceived, and the extent to which and the ways in which he falls short. Initiation into a new role is much a part of medical training as is the learning of techniques; indeed, part of it is to learn the techniques of playing the role well. A role is always a part in some system of interaction of human beings; it is always played opposite other roles. To play one is not to play another. One might say the learning of the medical role consists of a separation, almost an alienation, of the student from the lay medical world; a passing through the mirror so that one looks out on the world from behind it, and sees things as in mirror writing." (Hughes 1958, S. 119)

---

63   Ärztinnen behandeln hierbei nicht nur Frauen, sondern auch Kinder, denn sie arbeiten sowohl in der Gynäkologie als auch in der Pädiatrie (Hughes 1958, S. 113).

64   Auch wenn Hughes die Rolle der Krankenschwester Frauen und die des Arztes Männern zuweist, bezieht er das Geschlecht der Akteur:innen nicht in seine Analyse mit ein. Diese ‚Geschlechterblindheit' ist in allen hier zitierten Arbeiten von Hughes' beobachtbar. Eine Ausnahme bildet die folgende Anekdote zum Ingenieur:innenberuf, die Hughes nicht kommentiert: „How the expectations of which we are thinking become embodied in codes may be illustrated by the dilemma of a young woman who became a member of that virile profession, engineering. The designer of an airplane is expected to go up on the maiden flight of the first plane built according to the design. He [sic] then gives a dinner to the engineers and workmen who worked on the new plane. The dinner is naturally a stag party. The young woman in question designed a plane. Her co-workers urged her not to take the risk – for which, presumably, men only are fit – of the maiden voyage. They were, in effect, asking her to be a lady rather than an engineer. She chose to be an engineer. She then gave the party and paid for it like a man. After food and the first round of toasts, she left like a lady" (Hughes 1971/2017, S. 145).

65   Dies gilt trotz der zahlreichen Verschiebungen in der Arbeitsteilung zwischen Ärzten und Krankenschwestern, die mit dem technologischen Fortschritt zusammenhängen (Hughes 1951/1958, S. 122).

Auch wenn Frauen unter den angehenden Professionellen zu finden sind, werden sie in der Monografie *Boys in White. Student culture in medical school*, die Hughes gemeinsam mit Howard S. Becker (*1928), Blanche Geer[66] und Anselm L. Strauss (1916–1996) verfasst hat, als irrelevant für das Feld und daher für die soziologische Untersuchung angesehen:

> „For medicine is man's work. It is also woman's work, and there is no theme of human history more interesting than the changes in the respective roles of man and woman in looking after those who are sick or in labor. But in this country, although an increasing proportion of the people who have a part in the medical system are women, the medical profession itself remains overwhelmingly male. In this book, we shall talk mainly of boys becoming medical men." (Becker et al. 1961, S. 3)

Dementsprechend fokussiert die Studie auf verheiratete weiße männliche protestantische Medizinstudenten, die aus Kansas stammen (ibid., S. 59). Da diese im Rahmen der Lehre vor allem mit Dozenten mit ähnlichen Charakteristika zu tun haben, fangen sie erst im praktischen Teil ihrer Ausbildung an, als Professionelle mit Akteurinnen umzugehen. Dabei müssen sie einerseits lernen, die Körper der Patientinnen nur noch als Gegenstand von medizinischen Untersuchungen und nicht mehr als für heterosexuelle Männer potenziell attraktive Erscheinungen wahrzunehmen (ibid., S. 324 ff.). Andererseits besteht ein wesentlicher Teil des Erlernens der Arztrolle im Einüben des *doctor-nurse games* (Stein 1967).[67]

Erving Goffmans (1922–1982) mikrosoziologische Sicht auf Interaktionen ist auch dramaturgisch geprägt: Ähnlich wie Schauspieler:innen auf einer Theaterbühne spielen die Individuen in ihrem Alltag kodifizierte Figuren, wenn sie Teil einer sozialen Situation sind. Wie sie miteinander interagieren, wird durch ein „vorherbestimmtes Handlungsmuster, das sich während einer Darstellung entfaltet" (Goffman 1956/2005, S. 18), festgelegt. In Situationen, in denen mehrere Personen körperlich anwesend sind, sich wechselseitig wahrnehmen und aufeinander reagieren, werden laut Goffman vier Kategorienzugehörigkeiten zugeschrieben, die für die Dynamik der Interaktion weittragend sind: Alter, Ethnie, Klasse und Geschlecht (Goffman 1982/1994, S. 93). Das Geschlecht betrachtet er als „ein Musterbeispiel, wenn nicht sogar den Prototyp einer sozialen Klassifikation" (ibid., S. 108). Die Her- und Darstellung der Kategorien ‚männlich' und ‚weiblich' seien zwei untrennbare interaktive Prozesse. Bei der Erforschung der sozialen Ordnung von Interaktionen – der Interaktionsordnung – widmet er deswegen der Inszenierung von Geschlechtern durch die Darsteller:innen ein besonderes Augenmerk.

---

66 Für die Autorin lassen sich zum Zeitpunkt des Verfassens dieses Buches keine Informationen zum Geburtsjahr finden.

67 Siehe 3.2.

Goffman verwendet ein geschlechtereinbeziehendes Drehbuch, um mithilfe einer dramaturgischen Auffassung des sozialen Handelns die Interaktionen und die Hierarchien zu analysieren, die mit der Arbeitsteilung und der Ausführung einer beruflichen Rolle einhergehen. An der Schnittstelle zwischen Interaktionsordnung und Sozialstruktur verortet er Phänomene, die er als institutionelle Reflexivität bezeichnet. In solchen sozialen Arrangements werden die Individuen dazu gebracht, sich nach Geschlechtsklassen[68] einzuordnen. Dies stellt die Relevanz der Kategorien ‚männlich' und ‚weiblich' für die Gestaltung des Alltags strukturell sicher und bekräftigt – in den Augen der Gesellschaftsmitglieder – die Richtigkeit der Glaubensvorstellungen bzw. des Wissens um naturgegebene Unterschiede zwischen den Geschlechtern. Die Arbeitsteilung ist einer der Fälle von institutioneller Reflexivität, die Goffman bespricht. Die sozialen Vorgaben zur Verteilung von produktiven und reproduktiven Funktionen je nach Geschlecht sowie die damit verbundene räumliche Separierung bei der Ausführung von weiblichen und männlichen Tätigkeiten im Haushalt sowie in der beruflichen Arbeit geben den Individuen die Möglichkeit, „ihre angeblich unterschiedliche ‚Natur' wirkungsvoll vorexerzieren zu können" (ibid., S. 143). Inszeniert werden eine Komplementarität und eine Hierarchie zwischen Mann und Frau, die sozial konstruiert sind:

> „Eine Mutter ist zweifellos aufgrund ihrer biologischen Ausstattung in der Lage, einen Säugling zu stillen, ein Vater aber nicht. Aufgrund dieser unumstößlichen Tatsache ist es nur angemessen, daß der Vater – und nur er – vorübergehend diejenigen Aufgaben übernimmt, die mit einer längeren Abwesenheit vom Haushalt verbunden sein können. Es zeigt sich jedoch, daß diese recht vorübergehende, biologisch bedingte Eingeschränktheit der Frau kulturell ausgebaut wird. Die Erfüllung einer ganzen Reihe häuslicher Verpflichtungen wird (aus welchen Gründen auch immer) als dem Mann unangemessen angesehen; und eine ganze Reihe von Aufgaben außerhalb des Haushalts wird als unangemessen für die Frau definiert." (ibid., S. 128)

> „Die selektive Arbeitsplatzvergabe stellt sicher, daß die Männer sich wahrscheinlich ziemlich häufig in der Gesellschaft von Frauen wiederfinden werden und daß vermutlich durch die Frauen nicht nur die Kontakte persönlicher werden: diese Frauen werden auch vergleichsweise jünger und attraktiver sein, als eine Zufallsauswahl ergeben würde. In diesem Sinne ist die Welt der Männer eine soziale Konstruktion, die sie täglich aus ihrem ehelichen Milieu herausholt und in etwas hineinversetzt, das auf den ersten Blick wie eine reine Männerwelt erscheint; tatsächlich sind jedoch diese Männerwelten gezielt mit recht attraktiven Frauen durchsetzt […]." (ibid., S. 136)

---

68 Mit der Geburt wird jedes Gesellschaftsmitglied in eine Geschlechtsklasse eingeordnet. Infolge dieser Frühsortierung erlernen die Individuen ab ihrer Kindheit, wie die Geschlechterinszenierung in der Interaktion stattzufinden hat. Dieses angeeignete Wissen wird in allen „Face-to-Face-Konstellationen" (Goffman 1982/1994, S. 57) bestätigt und aktualisiert.

Goffman wird als einer der ersten Soziolog:innen eingeordnet, der die Relevanz der Mikro-Ebene bei der sozialen Konstruktion der Zweigeschlechtlichkeit aufzeigte und die Geschlechterordnung als eine sich auf Hierarchisierungen stützende Interaktionsordnung definierte. Auch wenn er keine Theorie der Geschlechterbeziehungen entworfen hat, prägte sein Forschungsprogramm einige Studien aus der Frauen- und Geschlechterforschung schon kurz nach der Entstehung dieses Forschungsbereichs. Goffmans Vermächtnis für Mikrosoziolog:innen, die Geschlechterbeziehungen auf der Ebene von Interaktionen untersuchen, geht weit über die Einbeziehung seiner sich hauptsächlich mit den Geschlechtern auseinandersetzenden Schriften hinaus. Ein Großteil der Analysen von heterosozialen Interaktionen, die ab den 1970er Jahren durchgeführt worden sind, wurden von seiner Forschungsperspektive und seinen konzeptuellen Grundlagen geprägt.[69] Seine Annahme einer hohen Relevanz der alltäglichen Interaktionspraxis bei der sozialen Konstruktion der Zweigeschlechtlichkeit teilen die Forscher:innen aus interaktionstheoretischen begründeten Ansätzen, die Darstellungsleistungen und Entzifferungsprozesse bei Geschlechtsattributionen ins Zentrum ihrer mikrosoziologischen Untersuchungen legen (vgl. Garcia 2022).

Diese These der sozialen Konstruktion von Geschlechtlichkeit lässt sich schon ab Ende der 1960er Jahre bei Vertreter:innen der ethnomethodologischen Tradition (u. a. Garfinkel 1967; Rubin 1975; Kessler/McKenna 1978) finden. Wie bei Goffman wird hier davon ausgegangen, dass bei jeder Face-to-Face-Interaktion eine interaktive Kategorisierung des Anderen stattfindet, im Rahmen derer es zu einer Zuordnung des Gegenübers als weiblich oder männlich kommt. Hierbei stützen sich die Individuen auf ein Wissen, das in der Fachliteratur als ‚Alltagsannahmen der Zweigeschlechtlichkeit‘[70] bezeichnet wird. In diesem mikrosoziologischen Ansatz liegt der analytische Fokus auf den Praktiken der Her- und Darstellung von Geschlecht, die dem Geschlecht zu einer Omnipräsenz und -relevanz verhelfen.

In ihrem Aufsatz *Doing Gender* (1987) ergründen Candace West[71] und Don H. Zimmermann (*1937), wie Geschlechtszugehörigkeit „in *alltäglicher* sozialer Praxis im Medium der Interaktion hergestellt" (Gildemeister/Hericks 2012, S. 198;

---

69 Zum Beispiel stützt sich Arlie R. Hochschild in ihrer Unterscheidung von „surface acting" und „deep acting" im Erwerbs- und auch Privatleben (1983/1990) ausgiebig auf Werke von Goffman.

70 Nach diesen Annahmen gäbe es nur zwei Geschlechter (Binarität). Des Weiteren wäre die Zugehörigkeit zum weiblichen oder zum männlichen Geschlecht (Exklusivität) am nackten Körper ablesbar (Askription) und würde weder eine Aufkündigung noch einen Wechsel erlauben (Invarianz).

71 Für die Autorin lassen sich zum Zeitpunkt des Verfassens dieses Buches keine Informationen zum Geburtsjahr finden.

Herv. i. O.) wird.[72] Ein Ruhenlassen der Geschlechterdifferenzen wird dabei als möglich erachtet, sofern in einer Interaktion andere soziale Kategorien eine höhere Relevanz als das Geschlecht erhalten *(doing difference)* (West/Zimmerman 1995) oder das Geschlecht heruntergespielt wird *(undoing gender)* (Hirschauer 1989, 2001). Alltägliche Interaktionen im Arbeitsfeld können als Teilelement der Erzeugung von Geschlecht betrachtet werden. Christine Williams' (*1959) (1989, 1993) und Robin Leidners[73] (1991, 1993) Studien gehören zu den frühesten Untersuchungen, die den Zusammenhang zwischen Geschlecht und Arbeit auf interaktiver Ebene in den Blick nahmen. Mit dem Konzept *doing gender while doing the job* wird erläutert, dass die Darstellung von Geschlecht Teil der erwarteten Verhaltensweisen im Berufsfeld sein kann. Besonders in Erwerbsbereichen, in denen es für die Arbeitsnehmer:innen zur Berufsroutine gehört, mit Kund:innen oder Klient:innen zu interagieren, wird eine geschlechtliche Codierung des beruflich passenden Auftretens sichtbar:

> „Gender is necessarily implicated in the design and enactment of service interactions. In order to construct routines for interactions, especially scripts, employers make many assumptions about what customers like, what motivates them, and what they consider as normal interactive behavior. Some of the assumptions employers make concern how men and women should behave. Once these assumptions about proper gender behavior are built into workers' routines, service recipients may be to accept them in order to fit smoothly into the service interaction [...]. To do such jobs as intended, workers must ‚do gender' in a particular way [...]." (Leidner 1991, S. 156 f.)

Die interaktive Herstellung von Männlichkeit in der beruflichen Sphäre verläuft über eine Differenzierungsarbeit, die verstärkt sichtbar wird, wenn das *sameness taboo*[74] (Rubin 1975, S. 78) zu zerbrechen droht.[75] Eine Markierung von Differenzen unter Kolleg:innen kann symbolisch und/oder räumlich stattfinden (Heintz et al. 1997, S. 10).[76] Sie kann in gewissen intraberuflichen Bereichen außerdem

---

72 Um die Konstruktion des Geschlechts in alltäglichen Interaktionen besser zu verstehen, ist häufig die Randgruppe der Transsexuellen untersucht worden (u. a. Garfinkel 1967; Kessler/McKenna 1978; Hirschauer 1993). Der Grund dafür ist, dass dieser Fall nicht den Alltagsannahmen der Zweigeschlechtlichkeit entspricht und deshalb die Zwänge sowie Regeln sozialer Interaktionen besonders klar ans Licht bringt. Deutlich wird dabei, wie voraussetzungsreich und ebenso störanfällig der Prozess der interaktiven Konstruktion des Geschlechts ist.

73 Für die Autorin lassen sich zum Zeitpunkt des Verfassens dieses Buches keine Informationen zum Geburtsjahr finden.

74 Dieser Begriff wird im Unterkapitel 2.3.2 näher erläutert.

75 Der Fall von *doing masculinity* in frauendominierten bzw. weiblich konnotierten Berufen wird im Unterkapitel 2.3.2 behandelt.

76 Als Beispiele für solche Prozesse lassen sich u. a. geschlechtsabhängige Berufsbezeichnungen, Kleiderordnungen, Dekorationen der Arbeitsplätze oder der Umkleideraum anführen.

über die Zuschreibung eines männlichen Monopols erfolgen. Dies ist z. B. der Fall beim Außendienst von Sachbearbeiter:innen (ibid., S. 172 f.) oder beim Verkauf von Versicherungen (Leidner 1991, S. 166 f.). Die Her- und Darstellung von Männlichkeit im Rahmen der Erwerbsarbeit kann aber schließlich auch durch die Vergeschlechtlichung bzw. Naturalisierung spezifischer Kompetenzen stattfinden. Dies wurde insbesondere beim *doing technique while doing masculinity in the job* (Teubner 2009) beobachtet.

Die männliche Monopolisierung beim Besitz und bei der Zurschaustellung technischen *Know-hows* wurde mit Blick auf Großbritannien insbesondere von Cynthia Cockburn (*1934) herausgearbeitet. In ihrer Studie *Machinery of Dominance* (1985/1988) untersucht sie den Vorsprung männlicher Arbeitender beim Erwerb und Einsatz technischer und technologischer Kompetenzen nicht nur sozialhistorisch mittels einer Beobachtung der Aushandlungen der Arbeitsteilung zwischen Klassen und Geschlechtern, sondern auch mikrosoziologisch. Die Selbstdarstellung der von ihr interviewten Techniker und Ingenieure als die Technik auf einem bestimmten Bereich beherrschend gehört in ihren Augen zu den Prozessen der Herstellung von Männlichkeit. Die Identifizierung dieser Männer mit ihrer Arbeit verlaufe demgemäß über die Beschäftigung mit technischen Geräten und technologischen Prozeduren:

> „Im wesentlichen identifizieren sich diese Männer mit Technologie und identifizieren umgekehrt Technologie mit Männlichkeit. Technische Berufe bedeuten ihren Inhabern meist mehr, als nur einen Job zu haben. Viele der technisch ausgebildeten und qualifizierten Männer beschrieben, mit welcher Lust sie arbeiteten. Sie machten ihre Arbeit eindeutig gerne und waren stolz auf ihre Kompetenzen." (ibid., S. 173)

Diese Besetzung der „technologischen Sphäre mit Männlichkeit" (ibid., S. 177) ruft sowohl eine brüderliche Gesinnung als auch einen homosozialen Wettbewerb hervor, denn viele Interviewte haben gemeinsam, dass sie „ihren Status als Mann" an „ihre[m] Erfolg [...] in der Welt der Technologie" (ibid., S. 182) festmachen. Dies bringt es mit sich, dass den Mitgliedern des weiblichen Genus abgesprochen wird, über ausgeprägte technische und technologische Kompetenzen verfügen zu können.

Im Fall der Medizin werden in Interaktionsprozessen Grenzziehungen entlang der Kategorie Geschlecht wie auch entlang der Kategorie Profession festgestellt. Mit anderen Worten: Das *doing difference* läuft sowohl über ein *doing gender* als auch über ein *doing profession* (Sander 2008). Das Ritual der Chefärzt:in-Visite am Patient:innenbett ist ein Rahmen, der die interaktive Herstellung von Differenz und Hierarchie besonders klar ans Licht bringt: Das leitende Professionsmitglied bestimmt das Zeitfenster, das Tempo und den Inhalt der Face-to-Face-Interaktion, erteilt untergebenen Ärzt:innen das Wort und bewertet ihre Aussagen sowie Ergebnisse, während Pflegende schweigend und passiv folgen, um im Fall einer direkten Anfrage eine Information zu übermitteln sowie um ärztliche Entscheidungen zu dokumentieren. Dass bei dieser Darstellung der intra- und interberuflichen Beziehungen die Kategorie Geschlecht mitläuft, kann anhand der folgenden, von Kirsten Sander[77] (2008) ausgewerteten Interaktion pointiert illustriert werden. Trotz der auf der Hinterbühne – d. h. dem Flur – getätigten expliziten Aussage des Chefarztes einer chirurgischen Krankenhausstation, dass er bei der Bewertung einer Fehlbehandlung von Druckgeschwürwunden in einem Altenheim nicht involviert werden möchte, bringt eine Krankenschwester vor der Patientin die Professions- und Geschlechtergrenzen ins Wanken, indem sie initiativ dieses Anliegen in die Visite einbringt und ihn darum bittet, sich die offenen Stellen in der Haut anzuschauen. Von der Rolle einer Zuschauerin wechselt sie hiermit in diejenige einer Hauptdarstellerin, die die Allmächtigkeit des Chefarztes eingrenzt und hiermit eine Rahmenspannung verursacht. Indem sie anschließend einem nicht promovierten sich noch in der Einarbeitungsphase befindenden Stationsarzt Gummihandschuhe weiterreicht, damit er sie beim Drehen der Patientin unterstützt, verwischt sie sogar die Professionsgrenzen. Diese Aufforderung wird vom wenig erfahrenen Arzt als ein weiblicher Hilferuf gedeutet, sodass er seinen weißen Kittel auszieht und ritterlich den kranken Körper mit seinen nackten Unterarmen anhebt. Dieser Rahmenbruch wird sodann vom Chefarzt markiert, indem er seinen Mitarbeiter vor dem Rest des Ensembles zum Gespött macht: „Doktor Teufert fasst alles an" (Sander 2008). Diese Bloßstellung soll dem Arzt zu verstehen geben, dass die Demonstration seiner Männlichkeit nicht mit einer Fehldarstellung seiner Professionalität – und daher der überlegenen Position gegenüber der Pflegekräfte – einhergehen darf.

Dass die Darstellungen einer besonderen Beruflichkeit bzw. Professionalität von männlichen Arbeitenden mit einer Hierarchisierung der Geschlechter einhergehen, wurde von Angelika Wetterer (*1949) besonders präzise herausgearbeitet. Mit dem Ziel, „die mikrosoziologischen Engführungen" des *doing-gender*-Konzept „abzubauen" (Wetterer 2008, S. 128), verlagerte sie ihre Untersuchung der geschlechtskonstituierenden Wirkungen der Arbeitsteilung auf die Ebene der Institution und Organisation (u. a. Wetterer 1995, 1999, 2002). Aus einer sowohl sozialkonstruktivistischen als auch wissenssoziologischen Perspektive begreift sie „die inter- und intraberufliche Arbeitsteilung als einen spezifischen Modus der sozialen Herstellung von Geschlecht" und analysiert „den Prozess der Geschlechterkonstruktion als integralen Bestandteil von Prozessen der Berufskonstruktion und Professionalisierung" (ibid., S. 24). Auf der Mesoebene untersucht sie die Konstruktion verschiedener Berufe aus dem medizinischen Feld (u. a. Krankenschwester, Hebamme, Röntgenassistentin, Röntgentechniker, Arzt und Ärztin). Sie rekonstruiert somit, wie die Arbeitsteilung zwischen Männer- und

---

[77] Für die Autorin lassen sich zum Zeitpunkt des Verfassens dieses Buches keine Informationen zum Geburtsjahr finden.

Frauenberufen bzw. zwischen männlichen und weiblichen Spezialgebieten innerhalb eines Berufs Hierarchien zwischen den Geschlechtern legitimiert und reproduziert, indem sie zur Naturalisierung einer männlichen Hegemonie und einer weiblichen Unterordnung beiträgt[78]:

> „Die interaktive Herstellung von Männlichkeit (bzw. von Männern) ist zugleich als Herstellung einer bestimmten Beziehung, einer positionalen Relation gegenüber Weiblichkeit (bzw. Frauen) zu begreifen, die jeweils kontextspezifisch die Dominanz des einen über das andere Geschlecht reproduziert und so den relativen Abstand zwischen beiden Positionen bewahrt." (ibid., S. 145)

> „Hierarchie und Differenz [sind] auch im routinemäßigen ‚doing gender while doing work' auf das Engste miteinander verschränkt [...]. ‚Doing male dominance' und ‚doing female submission' sind – jedenfalls im Berufsbereich – integrale Bestandteile des ‚doing gender" auch dann, wenn *keiner* der beteiligten Akteure irgendeine Intention hat, davon zu profitieren. Die Reproduktion der Geschlechterhierarchie vollzieht sich im Normalfall gleichsam mühelos – mühsam wird es erst, wenn man die Absicht hat, die Verschränkung von ‚doing difference' und ‚doing hierarchy' aufzulösen und zu konterkarieren." (ibid., S. 146 f.; Herv. i. O.)

An der Schnittstelle zwischen Wissen und Praxis ansetzend, beleuchtet der *doing-gender*-Ansatz die Stabilität der präreflexiven Denk- und Handlungsstrukturen, die das Weibliche und das Männliche trennen und hierarchisieren. Dadurch rücken die gesellschaftlichen Positionen in den Hintergrund, während die Denkmuster der Individuen und die Interaktionen zwischen ihnen ins Zentrum der soziologischen Analyse treten.

Die mikro- und mesosoziologischen Studien, die in diesem Unterkapitel besprochen wurden, betonen die Relevanz von interaktiven und organisationalen Kategorisierungen für die Vergeschlechtlichung von Differenzen innerhalb beruflicher Felder. Die Dar- und Herstellung von Weiblichkeit und Männlichkeit auf Arbeit würde demnach die soziale Konstruktion von der Komplementarität und der Hierarchie zwischen zwei Geschlechtern verfestigen, d. h. Vorstellungen zementieren, die in den meisten Fällen das berufliche Vorankommen männlicher Akteure begünstigen.

---

78   Dies wird in 3.1.1 näher erläutert.

2.3 Die Verknüpfung von Erwerbsarbeit und Männlichkeitskonstruktionen in der Geschlechtersoziologie

Ab den späten 1970er Jahren entstand im angelsächsischen Raum unter dem Etikett der *men's studies* eine Forschungsrichtung, die Männer explizit in ihrer Geschlechtlichkeit thematisierte. Dieser Blickwinkel entwickelte sich zunächst aus einer psychologisierenden Strömung (u. a. Pleck 1981, 1984), bevor er ab Mitte der 1980er Jahre auch einen soziologischen Bezugsrahmen erhielt. In der Entstehungsphase dieses Forschungszweigs wurde stark für eine Politisierung der Männerstudien plädiert (u. a. Hearn 1987; Morgan 1992). Dies zeigen u. a. die von Jeff Hearn (*1947) und David Morgan (*1937) formulierten sechs Prinzipien der kritischen Männerforschung (Hearn/Morgan 1990). Die beiden britischen Soziologen sehen nicht nur die Festlegung von Männlichkeit als Forschungsgegenstand oder die interdisziplinäre Ausrichtung der durchzuführenden Studien als grundlegend an, sondern u. a. auch die Zusammenarbeit mit feministischen Bewegungen, die aktive Unterstützung der Gleichstellungspolitik und die Kritik an der Machtposition des Mannes in der Gesellschaft. So gehörten zu den Forderungen einiger stark rezipierter kritischer Männerforscher:innen der ersten Generation eine Veränderung des Mannseins bzw. eine Umgestaltung der Geschlechterverhältnisse auf der Ebene der Praxis. Jedoch lassen sich auch schon in dieser frühen Phase soziologische Schriften finden, die dem konstruktivistischen Ansatz folgend herausarbeiten, wie *male identity* und *male domination* errichtet, gerechtfertigt und naturalisiert wurden (Brittan 1989). In den 1990er Jahren brachte schließlich die Herausbildung der *gender studies* bzw. der Geschlechterforschung eine Aufweichung der Fronten zwischen Frauenforschung und Männerforschung mit sich (Meuser 2010, S. 94 f.), sodass innerhalb des Feldes heute weitgehend Konsens darüber besteht, dass „Männlichkeit als ein relationales Phänomen im Kontext von Geschlechterverhältnissen" (Bereswill/Meuser/Scholz 2007, S. 8) zu begreifen ist.

Im deutschsprachigen Raum beschäftigten sich Soziolog:innen erst „mit deutlicher Verzögerung" (Meuser 2010, S. 91) mit dem Forschungszweig *men's studies*.[79] Das Interesse wurde dabei insbesondere durch die Schriften von zwei Au-

---

79 Die von der Frauen- und Familienforscherin Helge Pross vorgelegte Studie *Die Männer. Eine repräsentative Untersuchung über die Selbstbilder von Männern und ihre Bilder von der Frau* (1978/1984) stellt hier eine Ausnahme dar. In dieser Studie orientiert sich Pross an Talcott Parsons' Geschlechtsrollentheorie, um mittels einer Befragung und verschiedenen Gruppendiskussionen herauszufinden, welche Erwartungen Männer deutscher Staatsangehörigkeit im Alter von 20 bis 50 Jahren an Männer und Frauen richten. Als ein Hauptstück des „männlichen Repertoire[s]" (ibid., S. 61) wird von Pross die Berufsrolle herausgearbeitet, die von den Befragten als unausweichlich betrachtet wird (ibid., S. 69). Aus Sicht der Befragten ist eine Erwerbstätigkeit zwar auch Bestandteil der weiblichen

tor:innen geweckt: Raewyn Connell[80] (*1944) und Pierre Bourdieu (1930–2002). Ihre Ansätze sind in zweierlei Hinsicht relevant für das vorliegende Kapitel: Erstens betonen sie die Relevanz der geschlechtlichen Arbeitsteilung für die Stabilität der männlichen Hegemonie und zweitens dienen sie als theoretische Folien für Studien, die den Zusammenhang zwischen Männlichkeit(en) und Arbeit vor dem Hintergrund des Wandels von Erwerbarbeit und/oder von gegengeschlechtlichen Berufstätigkeiten analysieren.

2.3.1 Die geschlechtliche Arbeitsteilung als Säule der männlichen Hegemonie

Aus der Annahme einer Verschränkung von Kapitalismus und Patriarchat leitet der Brite Jeff Hearn in seinem Buch *The Gender of Oppression* (1987) ein doppeltes Machtverhältnis ab. Sowohl bei der heterosozialen Unterdrückung von Frauen durch Männer als auch bei der homosozialen Unterdrückung von Männern durch Männer ist seiner Analyse zufolge die Arbeit ein wesentlicher Faktor. Zwar würden Männer in kapitalistischen Gesellschaften ihre Macht dadurch erlangen, dass sie Frauen ausbeuten, indem sie deren reproduktive Arbeit für ihre Zwecke nutzen. Männer seien aber nicht nur Unterdrücker, sondern auch selbst Opfer der Konkurrenz unter Männern sowie ihrer gegenseitigen Unterdrückung.

Gemäß Hearn verlaufen die homosozialen Kämpfe um Einfluss und Ressourcen insbesondere über vier Institutionen des patriarchalen Regimes: die hierarchische Heterosexualität, die Vaterschaft, den Staat und die Professionen (ibid., S. 89 f.). In seiner Beweisführung erhält der Ärzt:inberuf eine besondere Stellung, nicht nur aufgrund seiner normativen Relevanz für die Kontrolle der Sexualität und der reproduktiven Funktionen (ibid., S. 92 f.), sondern auch weil er als Archetyp für die Grenzziehung und Hierarchisierung zwischen dem Männlichen und dem Weiblichen in der Erwerbssphäre dient. So illustriert Hearn am Beispiel der

---

Geschlechtsrolle – dies aber mit der Einschränkung, dass die berufliche Rolle nicht mit den reproduktiven Funktionen konkurrieren darf (ibid., S. 146 f.). Interessanterweise beobachtet Pross, dass ihre empirischen Ergebnisse einer in der Soziologie schon bekannten Hierarchisierung der Geschlechter hinsichtlich ihrer Eignung für die Erwerbsarbeit (ibid., S. 78) und insbesondere für Leitungspositionen entsprechen: „Kernstück der vorherrschenden Definition des Mannes ist die These seiner Überlegenheit. Der männlichen Mehrheitsmeinung zufolge besitzt der Mann stärkere Nerven als die Frau und verfügt über größere Muskelkraft. Physisch besser ausgestattet, sei er auch geistig und psychisch höher qualifiziert [...]. Der Mann besitze überdies ein ausgeprägteres Selbstbewußtsein, er träte sicherer auf und setze sich besser durch. Auch logisches Denken liege ihm mehr als der Frau [...]. Dank dieser dem Mann zugeschriebenen Fähigkeiten eignet er sich nach Auffassung der Mehrheit besonders für Führungs- und Vorgesetztenpositionen und generell für eine größere Zahl von Berufen" (ibid., S. 154).

80 Ehemals Robert W. Connell.

Ärzte erstens „indirect oppressive work" (ibid., S. 115) von Männern gegenüber Frauen, da diese innerhalb einer vergeschlechtlichen beruflichen Hierarchie Krankenschwestern Befehle erteilen. Den Ärzt:inberuf verwendet er zweitens als Beispiel für den Ausschluss von Frauen aus traditionell weiblichen Tätigkeiten, wenn diese an Ansehen gewinnen und lukrativ werden (ibid., S. 122 f., S. 133 f.). Und drittens beschreibt er die männliche Prägung des professionellen Ethos anhand des medizinischen Feldes, in welchem die Beherrschung von Emotionen als Norm für Ärzt:innen gilt (ibid., S. 124 f.).

Eine Berücksichtigung der hetero- und homosozialen Dimensionen von Machtstrukturen lässt sich ebenfalls in Raewyn Connells Schriften beobachten. Gemäß der australischen Soziologin hänge die „Unterordnung von Frauen und die Dominanz von Männern" (Connell 1995/2006, S. 94) u. a. eng mit der „[g]eschlechtliche[n] Arbeitsteilung" zusammen.[81] Die Tatsache, dass Produktionsbeziehungen männlich geprägt sind, bedeutet keineswegs, dass Frauen nicht arbeiten, sondern dass sie innerhalb der Arbeitsverhältnisse unter der Vorherrschaft von Männern – bspw. den Gesetzgebern, den Arbeitgebern, den Vorgesetzten, den Ehemännern – stehen. Der Hauptfokus von Connells „sozialkritische[r] Analyse von Männlichkeit" (ibid., S. 25) liegt auf den Machtverhältnissen zwischen Männern. 1985 veröffentlichte sie zusammen mit Tim Carrigan (*1964) und John L. Lee[82] den programmatischen Aufsatz *Toward a New Sociology of Masculinity*, in dem das Konzept der hegemonialen Männlichkeit erläutert wird, und die Fokussierung der Forschung auf homosoziale Konkurrenzverhältnisse, in denen es um die Verteilung von Macht und Prestige geht, begründet wird. Dieser Ansatz wurde dann von Connell weiterentwickelt, und zwar insbesondere in der Monografie *Der gemachte Mann* (1995/2006). Hier plädiert die Autorin dafür, Männlichkeit als „eine Konfiguration von Praxis *innerhalb* eines Systems von Geschlechterverhältnissen" (ibid., S. 105; Herv. i. O.) zu definieren.

Die hegemoniale Männlichkeit dient als kulturelles Leitbild, dessen Inhalte je nach Ort und Epoche variieren (ibid., S. 97). Auch wenn nur ein Bruchteil der männlichen Bevölkerung einer Gesellschaft dazu in der Lage ist, diesem Leitbild in vollem Umfang zu entsprechen, dient es als Orientierungsfolie für das Handeln aller Akteure. Der für diese Männlichkeitsform charakteristische privilegierte Zugang zur Macht und zum Prestige wird u. a. durch die Erwerbstätigkeit gewährleistet. Beispielsweise beobachtet die Autorin mit Blick auf moderne neoliberale Gesellschaften, dass Top-Manager auf globalen Märkten über große ökonomische Macht und hohes soziales Prestige verfügen sowie eine starke Dominanz gegen-

---

81 Connell führt neben der geschlechtlichen Arbeitsteilung noch zwei weitere strukturierende Säulen der Vorherrschaft von Männern gegenüber Frauen an: Die Macht und das libidinöse Begehren.

82 Für den Autor lassen sich zum Zeitpunkt des Verfassens dieses Buches keine Informationen zum Geburtsjahr finden.

über den Mitarbeitenden aufweisen. Die homosozialen Verhältnisse lassen sich aus Connells Sicht als „Beziehungsdynamik" (ibid., S. 57) zwischen verschiedenen Formen von Männlichkeiten verstehen.

Um das Dreigespann „Bündnisse, Dominanz und Unterordnung" (ibid., S. 56) herum bilden sich drei Männlichkeitstypen heraus, die durch ihr Verhältnis zur hegemonialen Männlichkeit definiert werden. Für die komplizenhafte Männlichkeit ist charakteristisch, dass die Männer, die zu diesem ersten Typus gehören, von den positiven Effekten der hegemonialen Männlichkeit profitieren, ohne diesem kulturellen Leitbild zu entsprechen. Diese „patriarchale Dividende" (ibid., S. 100) lässt sich insbesondere auf dem Arbeitsmarkt beobachten. Beispielsweise begünstigt die Annahme einer Karriereorientierung von Männern ihr berufliches Vorankommen. Im Gegensatz zur hegemonialen Männlichkeit haben Akteure dieses Typus nicht immer die dominante Position gegenüber anderen Männern inne und müssen regelmäßig auch Kompromisse mit Akteurinnen eingehen.[83] Die untergeordnete Männlichkeit als zweiter Typus wird durch ihre Nähe zur Weiblichkeit definiert. Auch wenn Connell betont, dass Homosexualität besonders bedeutsam für eine Einordnung in dieses „unterste Ende der männlichen Geschlechterhierarchie" (ibid., S. 99) ist, ist anzunehmen, dass eine solche symbolische Verweiblichung auch aufgrund einer weiblich konnotierten Berufstätigkeit erfolgen kann – zu denken ist etwa an eine Anstellung als Kosmetiker, Kita-Erzieher oder Balletttänzer. Schließlich betrifft die marginalisierte Männlichkeit diejenigen Akteure, die auch im Fall einer Orientierung am kulturellen Leitbild nur eine sehr eingeschränkte Dividende des Patriarchats genießen können. Aus einem intersektionalen Blickwinkel betrachtet, sind Männer, die zu diesem dritten Typus gehören, aufgrund ihrer Zugehörigkeit zu einer weiteren Strukturkategorie wie Ethnie oder Herkunft dazu gezwungen, bei der homosozialen Konkurrenz um Macht und Prestige am Rande des Geschehens zu bleiben. Die Autorin nennt hier das Beispiel der afro-amerikanischen Spitzensportler, die trotz Erfolgen oder sogar Triumphen nicht über „ein größeres Maß an Autorität" (ibid., S. 102) verfügen könnten. Dass ein afroamerikanischer Bürger wie Barack Hussein Obama die US-amerikanische Präsidentschaftswahl zweimal in Folge gewinnen könnte und daher von 2009 bis 2017 eine sowohl national als auch international anerkannte hegemoniale Position innehaben würde, stand in Connells Theorie außerhalb des Vorstellbaren.

In Connells Augen ist die männliche Erwerbsarbeit durch eine „hierarchische […] Wettbewerbsstruktur" (ibid., S. 55) charakterisiert. In Anlehnung an Cynthia Cockburns Forschungsergebnisse thematisiert Connell die „Assoziation zwischen Männlichkeit und Maschinerie" (ibid., S. 76) und die Relevanz von Fachwissen und technischem *Know-how* beim Wettrennen um Ansehen, Aufstieg und Autori-

---

83 Beispielsweise mit der Lebensgefährtin, der Vorgesetzten oder der Mitarbeiterin einer öffentlichen Behörde.

tät. Darüber hinaus betont sie die große Rolle, die der Einsatz des Körpers bei der Konstruktion der Männlichkeit von Arbeitern spielt. So gelten der Krafteinsatz, die Verletzungsgefahr und die Verbrauchsspuren als Beweise für Männlichkeit:

> „Was für den Sport zutrifft, gilt auch für Arbeitsplätze allgemein. Wirtschaftliche Umstände und Organisationsstrukturen spielen bei der Konstruktion von Männlichkeit bereits auf der intimsten Ebene eine bedeutende Rolle. Mike Donaldson hat in ‚Time of Our Lives‘ beobachtet, wie die schwere Arbeit in Fabriken und Bergwerken die Körper der Arbeiter buchstäblich verbraucht; diese Zerstörung beweist, wie hart die Arbeit und auch die Arbeiter sind, und dient deshalb als Nachweis für die eigene Männlichkeit.“ (ibid., S. 55)

> „Genausowenig können dies Arbeiter, deren Verletzbarkeit dadurch bedingt ist, daß sie ihre Männlichkeit über die Arbeit definieren. Schwere körperliche Arbeit erfordert Stärke, Ausdauer, eine gewisse Unempfindlichkeit und Härte, und Gruppensolidarität. Den männlichen Charakter der Fabrikarbeit herauszustreichen, dient sowohl dazu, ausbeuterische Klassenverhältnisse zu überleben, als auch die Überlegenheit gegenüber Frauen zu behaupten.“ (ibid., S. 75)

Berufliche Praxen, die dazu dienen, sich von anderen zu differenzieren, befördern homosoziale Hierarchiebildungen und sind zudem mit einem Anspruch auf Vorherrschaft über die Mitglieder des weiblichen Genus verbunden. Dieses „Muster von Differenz/Dominanz“ ist laut Connell „tief in unserer Kultur [...], in Institutionen und in den körperreflexiven Praxen [verwurzelt]“ (ibid., S. 254).

Mithilfe des Begriffs der symbolischen Gewalt liefert der französische Soziologe Pierre Bourdieu eine Erklärung dafür, weshalb sich die Hierarchie und die damit verbundene Über- und die Unterordnung so stark verfestigen kann, dass sie sich in die Köpfe und Leiber der sozialen Akteur:innen einschreibt. Die symbolische Gewalt definiert er als einen Modus der Herrschaftsausübung, der subtil und unsichtbar funktioniert. Ihre Wirksamkeit hängt davon ab, dass sie weder von den Herrschenden noch von den Beherrschten wahrgenommen wird, denn die Unterwerfung unter die symbolische Macht muss vorreflexiv stattfinden:

> „Ihre Wirkung entfaltet die symbolische Herrschaft [...] nicht über der reinen Logik des erkennenden Bewusstseins, sondern durch die Wahrnehmungs-, Bewertungs- und Handlungsschemata, die für die Habitus konstitutiv sind und die diesseits von Willenskontrolle und bewußter Entscheidung eine sich selbst zutiefst dunkle Erkenntnisbeziehung begründen.“ (Bourdieu 2005/2016, S. 70)

Wie im einleitenden Kapitel kurz erwähnt wurde, sieht Bourdieu in der männlichen Herrschaft „das Beispiel schlechthin für diese paradoxe Unterwerfung“, denn ihre Durchsetzung verläuft „über die rein symbolischen Wege der Kommunikation und des Erkennens, oder genauer des Verkennens, des Anerkennens" (ibid., S. 8). Da soziale Akteur:innen ab dem Zeitpunkt ihrer Geburt als Angehörige einer Geschlechterkategorie identifiziert und infolgedessen entweder weiblich oder männlich sozialisiert werden, verinnerlichen sie Denk-, Wahrnehmungs- und Handlungsschemata, die einer vergeschlechtlichten symbolischen Ordnung entsprechen. Daher ermöglichen die kognitiven Strukturen und die inkorporierten Dispositionen[84] keine Infragestellung der gegebenen Herrschaftsverhältnisse. Die Unterwerfung der sozialen Akteur:innen findet *jenseits oder unterhalb der Kontrolle von Bewußtsein und Willen*" (Bourdieu 1997a, S. 96; Herv. i. O.) statt und sei daher aus Bourdieus Sicht kaum zu vermeiden:

> „Wenn die Beherrschten auf das, was sie beherrscht, Schemata anwenden, die das Produkt der Herrschaft sind, oder wenn, mit anderen Worten, ihre Gedanken und ihre Wahrnehmungen den Strukturen der Herrschaftsbeziehung, die ihnen aufgezwungen ist, konform strukturiert sind, dann sind ihre *Erkenntnisakte* unvermeidlich Akte der *Anerkennung*, der Unterwerfung." (Bourdieu 2005/2016, S. 27 f.; Herv. i. O.)

Im Fall der männlichen Herrschaft stützt sich die symbolische Macht auf „eine lang andauernde kollektive Arbeit der Vergesellschaftung des Biologischen und der Biologisierung des Gesellschaftlichen" (ibid., S. 11). Dies bedeutet, dass die vorreflexive Unterwerfung an die Vorstellung einer körperlichen und geistigen Überlegenheit der Männer gekoppelt ist. Diese naturalisierende Deutung sichert die Selbstverständlichkeit der Geschlechterhierarchie. Dass die dichotome Kategorisierung der Geschlechter mit einer Hierarchisierung einhergeht, zeigt sich insbesondere durch Klassifikationssysteme, die Wahrnehmungen und Beurteilungen ordnen. Auffassungs- und Einteilungsprinzipien *(vision/division)* dienen als Grundlage für die Produktion und Reproduktion vergeschlechtlichter Gegensatzpaare.[85]

Die als männlich und als weiblich eingeordneten Elemente werden mit Wertungen versehen und bilden jeweils ein polar gedachtes positiv/negativ-Paar. Gemäß ihren Wertungen erhalten die Dichotomien auch soziale Bedeutung. Das Herrschaftsverhältnis ist also nicht die Folge der Trennung der Gesellschaftsmitglieder in zwei Geschlechter, sondern der Assoziation dieser Trennung mit positiven und negativen Wertungen, die „die hierarchische, binäre Opposition zwischen männlich und weiblich" (Bourdieu 1997a, S. 92) legitimiert:

---

84 Mit dem Begriff der Inkorporierung hält Bourdieu fest, dass die symbolische Ordnung u. a. Mimik, Gestik, Körperhaltung, Gangart, Erscheinungsbild und Körperformen prägt.

85 Als Illustration für ein solches „System homologer Gegensätze" (Bourdieu 2005/2016, S. 18) verwendet Bourdieu Mythen und Riten aus der Kabylei, einer Region in Algerien, in welcher er in den 1960er Jahren eine ethnografische Studie durchführte.

„Da sie aus der Welt hervorgegangen sind, befinden sich solche Wahrnehmungs-schemata im Einklang mit der objektiven Ordnung der Dinge und bringen uns dazu, die Welt für gegeben zu halten. Diese spontane Übereinstimmung gesellschaftlicher und kognitiver Strukturen ist die Grundlage für die *doxische Erfahrung männlicher Herrschaft,* die der Natur der Dinge eingeschrieben, unsichtbar, fraglos ist." (ibid., S. 93; Herv. i. O.)

Für männliche Akteure bedeutet dies, dass sie sich ständig vom Weiblichen ab-zugrenzen haben, ihre Überlegenheit zur Schau stellen müssen; und dies auch wenn das gelegentlich eine „[a]bsurde getriebene [...] Spannung und Anspannung [contention/Verrenkung]" (Bourdieu 2005/2016, S. 92) mit sich bringen mag. Als Erwachsene setzen sie diese *libido dominandi* ganz besonders im Rahmen von „für die soziale Existenz konstitutiven Spielen" ein, die „Männern vorbehalten bleiben" (ibid., S. 133). Das Erlernen der Spielregeln für homosoziale Wettbe-werbssituationen findet jedoch schon ab der Kindheit statt.

Vor diesem theoretischen Hintergrund kann die geschlechtliche Arbeitstei-lung sowohl als eine Folge als auch eine Bestätigung der männlichen Herrschaft verstanden werden. Gemäß Bourdieu dient eine androzentrische Vorstellung der biologischen Reproduktion als Grundlage für die naturalisierende Deutung der geschlechtlichen Zuweisung von Tätigkeiten in den Privat- und Erwerbs-sphären. Diese „willkürliche Konstruktion des Biologischen und insbesondere des – männlichen und weiblichen – Körpers, seiner Gebrauchsweisen und seiner Funktionen" (ibid., S. 44) funktioniere wie ein zirkulärer Prozess der Ratifizie-rung, der weder thematisiert noch gerechtfertigt werden muss, und daher kaum zu durchbrechen sei:

„Die Macht der männlichen Ordnung zeigt sich an dem Umstand, daß sie der Recht-fertigung nicht bedarf: Die androzentrische Sicht zwingt sich als neutral auf und muß sich nicht in legitimatorischen Diskursen artikulieren. Die soziale Ordnung funktio-niert wie eine gigantische symbolische Maschine zur Ratifizierung der männlichen Herrschaft, auf der sie gründet: Da ist die geschlechtliche Arbeitsteilung, die äußerst strikte Verteilung der Tätigkeiten, die einem der beiden Geschlechter nach Ort, Zeit und Mitteln zugewiesen werden." (ibid., S. 21)

„Ihre besondere Kraft zieht die männliche Sozioidee daraus, daß sie zwei Operati-onen zugleich vollzieht: sie legitimiert ein Herrschaftsverhältnis, indem sie es einer biologischen Natur einprägt, die selbst eine naturalisierte gesellschaftliche Konst-ruktion ist." (ibid., S. 44; Herv. i. O.)

Eine solche Verfestigung der symbolischen Ordnung hebt Bourdieu bspw. beim Gefühl der „Berufung" (ibid., S. 103), bei geschlechtlich konnotierten Stellenbeschreibungen (ibid., S. 111)[86] sowie bei der Adelung weiblicher Tätigkeiten im Falle einer männlichen Übernahme (ibid., S. 107) hervor. Besonders interessant ist Bourdieus Beobachtung, dass sich die geschlechtliche Hierarchie in der Arbeitsteilung auf der Interaktionsebene reproduziere. Anhand der Beispiele Chef/Sekretärin und Arzt/Krankenschwester thematisiert er nämlich eine Dichotomie zwischen stützenden weiblichen Funktionen und schützenden männlichen Funktionen (ibid., S. 95 f.), was Ähnlichkeiten mit Talcott Parsons' These aufweist.

Eine Abweichung von dieser symbolischen Ordnung bringt für die sozialen Akteur:innen erhebliche Risiken mit sich. Im Fall einer Nicht-Teilnahme an den „Spiele[n] der Ehre" (ibid., S. 89) in der beruflichen Sphäre müssen Männer mit massiver Zurechtweisung und sozialer Ächtung rechnen. Interessanterweise stellt Bourdieu dasselbe wie Connell fest, nämlich dass ein Abstieg in der männlichen Hierarchie mit einer symbolischen Verweiblichung einhergeht:

> „Bestimmte Formen von ‚Mut', wie die Armee oder die Polizei (insbesondere die ‚Eliteeinheiten') und Verbrecherbanden, aber auch bestimmte Arbeitsgruppen sie verlangen oder anerkennen – und die besonders in den Berufen des Baugewerbes dazu verleiten oder nötigen, Vorsichtsmaßnahmen abzulehnen und die Gefahr zu leugnen oder durch Imponiergehabe [*conduites de bravade*/prahlerische Mutproben] herauszufordern, was zu zahlreichen Unfällen führt, haben paradoxerweise ihren Grund in der *Angst*. Man fürchtet die Achtung oder die Bewunderung der Gruppe zu verlieren, vor den ‚Kumpeln' ‚das Gesicht zu verlieren' und in die typisch weibliche Kategorie der ‚Schwachen', der ‚Schwächlinge' [*mauviettes'*/‚Feigling'], der ‚Waschlappen' [*femmelettes'*/Warmduscher'], der ‚Schwulen' [*pédés'*/Schwuchtel'] usf. eingeordnet zu werden." (ibid., S. 95 f.; Herv. i. O.)

Für die in dieser hierarchisierenden symbolischen Ordnung gefangenen sozialen Akteur:innen scheinen in diesem Theoriegefüge potenzielle Wandlungen unerreichbar. Trotzdem beobachtet Bourdieu Veränderungen. Dass „die männliche Herrschaft sich nicht mehr mit der Evidenz dessen, was sich von selbst versteht, aufzwingt" (ibid., S. 154), erklärt er nicht mit dem „aufgeklärten *Bewusstsein*

---

86 Darin sieht Bourdieu eine der Ursachen für den geringen Eintritt von Frauen in traditionell männliche Berufsgruppen: „Die Definition einer Stelle, besonders einer solchen mit Machtbefugnissen, umfaßt lauter mit geschlechtlichen Konnotationen versehene Eignungen und Befähigungen. Viele Positionen sind für Frauen deshalb so schwer erreichbar, weil sie maßgeschneidert sind für Männer, deren Männlichkeit [virilité/Virilität] durch Entgegensetzung zu den heutigen Frauen konstruiert wurde. Um eine Position wirklich erfolgreich bekleiden zu können, müßte eine Frau nicht nur über das verfügen, was in deren Beschreibung explizit verlangt wird. Sie müßte überdies eine ganze Reihe von Eigenschaften besitzen, die ihre männlichen Inhaber gemeinhin mitbringen, eine bestimmte körperliche Statur, Stimme oder Dispositionen wie Aggressivität, Sicherheit im Auftreten, ‚Rollendistanz', sogenannte natürliche Autorität usf., auf deren Ausbildung die Männer als Männer stillschweigend präpariert und trainiert worden sind." (Bourdieu 2005/2016, S. 110 f.).

des Individuums" (Krais 2011, S. 47; Herv. i. O.), sondern mit langfristigen gesellschaftlichen Wandlungsprozessen – wie bspw. dem Zugang von Frauen zur höheren Bildung und qualifizierten Erwerbsarbeit. Dass die Beharrlichkeit des Habitus mit Wandlungsprozessen auf gesellschaftlicher Ebene einhergehen kann, ist in Bourdieus Augen nicht widersprüchlich, denn er geht von einer *„Permanenz im und durch den Wandel"* (Bourdieu 2005/2016, S. 159; Herv. i. O.) aus. Um dies zu erläutern, verwendet er das Beispiel des Ärzt:inberufs, bei dem seiner Ansicht nach die Erhöhung des Frauenanteils mit einer Aufrechterhaltung der hierarchischen Struktur der geschlechtlichen Arbeitsteilung Hand in Hand geht:

> „An den medizinischen Fakultäten nimmt der Anteil an Frauen in einem Fach mit dessen höherem Rang in der Fächerhierarchie ab, so daß ihnen einige Fächer, wie die Chirurgie, praktisch verwehrt, andere hingegen, wie die Gynäkologie oder Kinderheilkunde, faktisch vorbehalten bleiben. Wie man sieht, erhält sich die Struktur in homologen Gegensatzpaaren der traditionellen Teilungen […]." (ibid., S. 158)

In der deutschsprachigen Rezeption von Bourdieus These der männlichen Herrschaft wurde u. a. diese Annahme einer Permanenz im Wandel stark diskutiert.[87] Konsens in der soziologischen Männlichkeitsforschung besteht bezüglich der bourdieuschen Annahme einer nach wie vor zentralen Bedeutung der Erwerbsarbeit für die männliche Identitätskonstruktion. Die Verknüpfung von Männlichkeit und Arbeit wurde auf struktureller und kulturell-symbolischer Ebene sowohl im Westen als auch im Osten Deutschlands beobachtet (u. a. Meuser 2007a; Baur/Luedtke 2008b; Scholz 2008a, 2016, S. 93). Zudem wurde empirisch auch die große Bedeutung des Berufes als Orientierungsfolie und als Quelle männlicher Identität bei Akteuren mit den verschiedensten Qualifikationen und Positionen festgestellt (u. a. Böhnisch 2004, S. 192 ff., 2018, S. 17 ff.; Scholz 2004, 2012, S. 96 f.). Das Entgelt, das bei der Erwerbsarbeit erhalten wird, wird in der Fachliteratur als Voraussetzung für die Erfüllung der Norm des männlichen Ernährers verstanden, die als grundsätzliches Element des industriegesellschaftlichen Männlichkeitsideals gilt. Kurz gefasst: „Das Erreichen, Bewerkstelligen und

---

87 Bourdieus Analyse rief bei Frauenforscher:innen sowohl Interesse als auch Kritik hervor. Einige begrüßten die Erweiterung des analytischen Instrumentariums durch die Veröffentlichungen des internationalen renommierten Soziologen und den damit verbundenen Ansehensgewinn für die Geschlechterforschung. Jedoch hinterfragten zahlreiche Expert:innen die Qualität und die Triftigkeit der in Algerien der 1960er Jahre durchgeführten Studie. Darüber hinaus beanstandeten feministische Forscher:innen den Begriff der weiblichen *libido dominantis*, den sie als eine grundsätzliche Infragestellung des Wunsches von Frauen nach Emanzipation verstanden. Schließlich waren viele Soziolog:innen darüber empört, wie wenig Beachtung Bourdieu den bereits gesammelten Forschungsergebnissen aus der Frauenforschung schenkte (u. a. Dölling 2004, 2009; Krais 2011, S. 45 f.).

Bewahren von männlicher Geschlechtlichkeit erfolgt [...] über die Erwerbsarbeit als zentralem, manchmal auch einzigem Mittel" (Baur/Luedtke 2008b, S. 85).

Diese Säule des männlichen Selbstverständnisses wird jedoch auf individueller Ebene brüchig, sobald die erwartete kontinuierliche Vollzeitbeschäftigung und das damit verbundene existenzsichernde Einkommen nicht mehr gesichert sind. Eine solche Verunsicherung männlicher Selbstbilder auf der Ebene der Akteure wird in der männlichkeitssoziologischen Literatur in einen „engen wechselseitigen Zusammenhang" (Lengersdorf/Meuser 2016b, S. 7) mit Wandlungsprozessen auf gesellschaftlicher Ebene gebracht. Die Konsequenzen der Strukturveränderungen von Erwerbsarbeit für die Konstruktion von Männlichkeit haben in Deutschland insbesondere Michael Meuser (*1952), Sylka Scholz (*1964) und Diana Lengersdorf (*1972) in den Blick genommen (u. a. Meuser 2007a, 2010a, 2010b; Meuser/Scholz 2011; Scholz 2012, 2016; Lengersdorf/Meuser 2016b). Sie stellen zahlreiche Transformationen von Arbeit und Beschäftigung fest[88], die als eine Infragestellung des männlichen Normalarbeitsverhältnisses und der erwerbszentrierten männlichen Normalbiografie gedeutet werden können. Verunsicherungen der Selbstbilder und Spannungen im alltäglichen Handeln lassen sich in erster Linie bei Akteuren finden, die sich an industriegesellschaftlichen Idealen orientieren und deren traditionelle Männlichkeitsbilder infolge des Übergangs zu einer Wissensgesellschaft dysfunktional werden (vgl. Scholz 2007, S. 63). Nichtsdestotrotz sind sich die drei Autor:innen darüber einig, dass die im öffentlichen Diskurs häufig verwendete Rhetorik der ‚Krise der Männlichkeit'[89] nicht geeignet ist, um die Restrukturierung hegemonialer Männlichkeit infolge der Neujustierung des Geschlechterarrangements in den Erwerbs- und Privatsphären soziologisch zu beleuchten. Die individuellen Irritationen, die durch Umbrüche auf der Meso- und der Makroebene verursacht werden, sollten ihrer Ansicht nach als Hinweise darauf verstanden werden, dass mehrere Konstruktionen von hegemonialer Männlichkeit in der Gesellschaft koexistieren:

---

88 Darunter fallen z. B. der Rückgang der Anzahl an Arbeitsplätzen in der Großindustrie, die Prekarisierung, die Flexibilisierung, die Vermehrung atypischer Beschäftigungsformen, die Subjektivierung von Arbeit, die Erhöhung des Frauenanteils unter den Erwerbstätigen, die Auflösung männlich-homosozialer Räume in der Berufswelt sowie die Entgrenzung von der Erwerbsarbeits- und Privatsphäre.

89 Vor dem Hintergrund des wiederholten Einsatzes dieser Rhetorik in der Moderne (u. a. Brandt 2007; Hämmerle 2008; Bereswill/Neuer 2011; Söll 2015) lässt sich fragen, ob die „sogenannte Krise ein implizites Konzept der Männlichkeit selbst ist, ein Narratem" (Erhart 2005, S. 222). Falls dem so sein sollte, gehöre die „Krisenbegrifflichkeit" (Meuser 2010b, S. 326) zum Grundwortschatz der individuellen Konstruktion von Männlichkeit. Möglicherweise ist diese Rhetorik aber auch ein Zeichen für die empfundenen „Schwierigkeiten bei der Suche nach einer passenden Semantik männlicher Selbstreflexion über den eigenen geschlechtlichen Status angesichts der erwähnten Veränderungen" (Meuser/Scholz 2011, S. 56).

„Die Rede von einer Krise des Mannes macht allenfalls Sinn mit Blick auf im Zuge sozialen Wandels veränderte männliche Lebenslagen. In diesem Kontext lässt sich die Krisenmetapher soziologisch in die Frage wenden, inwieweit gegenwärtige männliche Lebenslagen noch den gesellschaftlichen Bedingungen entsprechen, unter denen hegemoniale Männlichkeit als eine Konfiguration vergeschlechtlicher Praktiken historisch entstanden ist. Die Rede von der Krise der Männlichkeit dient uns als Anlass, nach der Tragfähigkeit des Konzepts der hegemonialen Männlichkeit unter den Bedingungen veränderter Geschlechterverhältnisse zu fragen." (Meuser/ Scholz 2011, S. 57)

Widersprüchliche Orientierungsfolien und öffentliche Kritiken an männlich codierten Verhaltensweisen[90] sollten vor diesem Hintergrund keineswegs als Vorzeichen für einen baldigen Zerfall hegemonialer Männlichkeit gedeutet werden. Als Gegenstand männlichkeitssoziologischer Forschung bietet sich vielmehr die Herausarbeitung der Art und Weise an, „wie [Männer] diese [gesellschaftlichen Umbrüche] individuell biographisch be- und verarbeiten und durch ihre Wahrnehmungs-, Deutungs- und Handlungsweisen am gesellschaftlichen Wandel von Männlichkeit(en) teilhaben" (Scholz 2012, S. 35). Vorstellbar wäre, dass neu herausgebildete Konstruktionen von Männlichkeit in der Erwerbssphäre *soft skills* beinhalten, die einst weiblich konnotiert waren und die in einer Informationsgesellschaft prägend für den Karriereverlauf sind – bspw. Kommunikationskompetenz, Kritikfähigkeit, Einfühlungsvermögen oder emotionale Intelligenz. Dies würde die bourdieusche Idee einer „*Permanenz im und durch den Wandel*" (Bourdieu 2005/2016, S. 159; Herv. i. O.) bekräftigen, denn in einem solchen Fall würden die Transformationsprozesse keine Anfechtung der männlichen Herrschaft in der Berufswelt mit sich bringen.

Auch wenn Wandlungsprozesse wahrgenommen werden, verliert die Erwerbszentriertheit bei den einzelnen Akteuren keineswegs ihre Bedeutung als Quelle männlicher Identität. Eine stark ausgeprägte Identifikation mit dem Beruf lässt sich daher auch in Fällen beobachten, in denen seit geraumer Zeit keiner Erwerbstätigkeit nachgegangen wurde und die Berufsorientierung kein männliches Disktinktionsmittel ist, sondern eine an alle erwachsenen Gesellschaftsmitglieder gerichtete Erwartung. Sylka Scholz berichtet von einem solchen Trägheitseffekt etwa bei in der DDR sozialisierten Männern (Scholz 2004, 2012, S. 97 ff.). Infolge der starken Präsenz und des hohen Engagements von Frauen in der Berufssphäre geriet in der ostdeutschen Gesellschaft zwar die Position des Familienernährers ins Wanken, dies zog aber keine Aufhebung der Verbindung von Erwerbsarbeit und Männlichkeit nach sich (Scholz 2008a, S. 107). Die Aufrechterhaltung der

---

90 Als Beispiele können u. a. die Kritiken an den hochriskanten Strategien in der Finanzsphäre nach der Wirtschaftskrise von 2008 oder an den sexistischen Umgangsformen gegenüber Frauen im Rahmen der MeToo-Bewegung ab 2017 genannt werden.

männlichen Berufszentriertheit wurde sowohl durch die Heroisierung der schweren körperlichen und maschinengebundenen Industriearbeit (Scholz 2008b) als auch durch die (Re-)Konstruktion der „Berufswelt […] als eine ‚Welt unter Männern‘ " (Scholz 2008a, S. 114) ermöglicht. Nach der deutschen Wiedervereinigung wurde die Stabilität der Verknüpfung von Männlichkeit und Berufszentriertheit in den kognitiven Strukturen der interviewten Akteure besonders deutlich, denn trotz langer Arbeits- bzw. Erwerbslosigkeit blieb die Berufsausbildung und -ausübung der Kern der männlichen biografischen Erzählungen (vgl. Scholz 2004).

Da er das Geschlecht als eine relationale Kategorie definiert, geht Michael Meuser davon aus, dass die Erhöhung des Frauenanteils in der Erwerbssphäre und der Zugang von immer mehr Frauen zu bisher männlich besetzten Positionen und Berufsfeldern, Veränderungen und Herausforderungen auf der Seite der Männer implizieren sollten. Jedoch stellt er genauso wie Scholz fest, dass trotz Abschwächung des Distinktionsmerkmals Erwerbszentriertheit und der Auflösung von ‚männlichen Welten‘ in der Erwerbssphäre, die „Zentralität der Erwerbsarbeit für männliche Lebensentwürfe" (Meuser 2010b, S. 329) weiterhin besteht. Diese Persistenz erklärt Meuser damit, dass die unterschiedlichen Ausprägungen des männlichen Habitus gemeinsam haben, dass der Wettbewerb von Männern untereinander sowohl zur Bildung homosozialer Rangordnungen als auch zur Erhaltung eines Zusammengehörigkeitsgefühls unter den Mitspielern dient. Homosoziale Räume begünstigen die Aufrechterhaltung der „habituellen Sicherheit", indem sie das Weiterbestehen der „männlichen Vergemeinschaftung" und der symbolischen „Unterordnung des weiblich Konnotierten" (Meuser 2008, S. 34) ermöglichen. Bezüglich dieser Trägheit des männlichen Habitus spricht Meuser von einer „kognitiven Immunisierung gegenüber sozialem Wandel" (Meuser 2000, S. 62). Der Bezug zur Erwerbsarbeit in männlichen Selbstschilderungen ist laut Meuser ein Zeichen dafür, dass:

> „Männern gewissermaßen kein anderes Vokabular zuhanden ist, um ihre Lebensgeschichte zu erzählen, ganz gleich, wie diese abgelaufen ist […]. Männlichkeit kann offensichtlich gar nicht anders gedacht werden, sie kann nur vom Beruf her konzipiert werden." (Meuser 2005, S. 147)

In Lothar Böhnischs Theorie der Modularisierung von Männlichkeit steht auch die Gleichzeitigkeit von Wandel und Resistenz maskuliner Wahrnehmungs-, Denk- und Bewertungsmuster im Mittelpunkt. Aus einem psychodynamischen Blickwinkel setzt er sich mit „den tiefenpsychischen Dynamiken des Mann-Seins" (Böhnisch 2018, S. 11) auseinander. Die Kluft zwischen den alltäglichen (Aus-) Handlungen und den verfestigten symbolischen Hierarchisierungen erzeugt in seinen Augen insbesondere bei der Arbeitsteilung der Geschlechter in der Berufs- und Privatsphäre Spannungen, Irritationen und Verunsicherungen bei den Akteuren, die in der Bewältigung dieser Spannungen traditionelle, moderne und balancierende ‚Module' kombinieren. In der Erwerbssphäre reproduziere sich die Dominanz von Männern trotz der schwächer werdenden Thematisierung von angenommenen Geschlechterdifferenzen und -hierarchien. Der Rekurs auf ‚Module' bedeutet keine Aufhebung der männlich codierten hegemonialen Einstellungen:

> „Es ist also nicht unbedingt der ‚neue Mann', sondern eher der pragmatische, der modularisierte Mann, den die gewandelte Arbeitsgesellschaft dazu zwingt, sich kooperativ entgegenkommend und nicht mehr offen dominant zu verhalten. Solche Männer fühlen und handeln nicht unbedingt ‚als Männer', sondern orientieren sich an der biografischen Passung ihres Verhaltens. Männliche Verhaltensmuster werden dann zu *Mitteln* der Lebensbewältigung und sind nicht unbedingt – im subjektiven Empfinden – gewollte Repräsentationen von Männlichkeit." (ibid., S. 30, Herv. i. O.)

Vor dem Hintergrund der besprochenen Veröffentlichungen kann insbesondere festgehalten werden, dass Pierre Bourdieus und Raewyn Connells Theorien die These gemeinsam haben, dass Männlichkeit von einer Distinktions- und Dominanzlogik durchdrungen ist, die sowohl in homo- als auch in heterosozialen Dimensionen eingesetzt wird. Aus Sicht der beiden Autor:innen lässt sich als bei männlich identifizierten Akteuren eine Angst vor symbolischer Verweiblichung beobachten, die eine Abgrenzung vom homophilen Begehren sowie von weiblich konnotierten Denk- und Handlungsmustern hervorruft. Vor diesem Hintergrund schlägt Michael Meuser vor, die Herstellung und die Aufrechterhaltung von Differenz und Hierarchie gegenüber Frauen als Grundsäule des männlichen Geschlechtshabitus zu definieren (Meuser 2010a, S. 117 ff.). Wenn Akteurinnen nun einen uneingeschränkten Zugang zum Bildungsbereich haben, immer häufiger einer bezahlten Berufsarbeit nachgehen und die Ernährung der Familie als eine der sozialen Aufgaben verstehen, die sie als erwachsene Mitglieder der Gesellschaft zu erfüllen haben, gleichen sich tendenziell die männlichen und weiblichen Erwerbsbiografien an. Hierdurch verlieren gewisse bislang bedeutsame Differenzierungsmerkmale an Kraft. Gayle S. Rubin (*1949) zufolge verursacht eine solche Aufweichung der Grenzen zwischen dem Männlichen und dem Weiblichen eine Differenzierungsleistung, die dazu dienen soll, das Brechen des *sameness taboo* zu verhindern (Rubin 1975, S. 78).

2.3.2 Symbolische Verweiblichung und männliche Grenzziehung in gegengeschlechtlichen Berufen

Innerhalb eines Arbeitsfeldes verläuft die Aufrechterhaltung der Geschlechterdifferenz und -hierarchie entlang „symbolische[r] oder räumliche[r] Markierungen" (Heintz et al. 1997, S. 10). Bei solchen Grenzmarkierungen handelt es sich u. a. um verschiedene Vorschriften zur Kleidung, unterschiedliche Berufsbezeichnungen und räumliche Trennungen. Die Herstellung einer Geschlechterordnung in der Arbeitswelt vollzieht sich also anhand von Grenzziehungen. Großflächige Überschneidungen beim faktischen Arbeitshandeln der Akteur:innen können heruntergespielt werden, wenn eine Separierung der Akteur:innen in distinkten geschlechtlichen Gruppen dafür sorgt, dass ihr Handeln nicht direkt vergleichbar ist und daher nicht als gleich wahrgenommen wird. Diese Inkommensurabilität kann aber destabilisiert werden, wenn Individuen in einer gegengeschlechtlichen Berufsgruppe tätig sind. Diese „go-between" (ibid., S. 2) bzw. „gender migrants" (Loos 2006) stellen nämlich eine Herausforderung für die „Befestigung von symbolischen Grenzen" (ibid., S. 243) dar.

Frauen, die Zugang zu Arbeitsbereichen finden, die überwiegend mit Männern besetzt sind, werden innerhalb des beruflichen Feldes mit einer Interaktionskultur konfrontiert, die von den homosozialen Spielen des Wettbewerbs geprägt ist. Mit Blick auf die weibliche Minderheit im Handelsvertreter:inberuf *(sales forces)* entwickelt Rosabeth M. Kanter (*1943) den Begriff *tokenism*, um die Probleme und Paradoxien der Angehörigen einer untergeordneten Minderheit in gegengeschlechtlichen Berufen zu beleuchten (Kanter 1977). Sie stellt erstens eine hohe *visibility* der in traditionell männlichen Berufen tätigen Frauen fest. Die Akteure beäugen und kommentieren die Handlungen und Verhaltensweisen der einzelnen weiblichen *tokens* mehr als jene der Mitglieder der männlichen Mehrheit. Der US-amerikanischen Soziologin zufolge führt diese überdurchschnittlich große Sichtbarkeit bei den Frauen sowohl zu einem erhöhten Leistungsdruck als auch zu einer Vermeidung von Konkurrenzkämpfen mit Angehörigen der männlichen Mehrheit.[91] *Polarization* bzw. „exaggeration of differences" (ibid., S. 971) ist die zweite von Kanter herausgearbeitete Interaktionsdynamik. Infolge der Aktivierung von Geschlechterstereotypen durch die männliche Mehrheit wird der Glaube an eine Dichotomie und eine Komplementarität der Geschlechter innerhalb des Berufsfelds verfestigt. Überschneidungen werden heruntergespielt und Unterschiede werden betont. Diese Hervorhebung der Polarität wird von der Autorin als „boundary hightening" (ibid., S. 972) bezeichnet. Die Prozesse der Grenzziehung werden dabei häufig durch Ab- und Ausgrenzung seitens der männlichen Mehrheit begünstigt.[92] Unter *Assimilation* versteht Kanter den Prozess der Projizierung von Geschlechterstereotypen auf die weiblichen *tokens*, um

---

91 Zum Beispiel durch Verheimlichung von Erfolg, demonstrierte Inkompetenz oder Übernahme von Aufgaben, die innerhalb des Feldes ein niedriges Prestige genießen.

92 Zum Beispiel durch den Humor, die Dekoration des Pausenraums, räumliche Trennungen oder den „Ausschluß aus informellen Anlässen" (Heintz et al. 1997, S. 229). Das bei Männern stärkere Bedürfnis nach einer Dramatisierung der Differenz zum anderen Geschlecht wurde ebenfalls von Gudrun-Axeli Knapp (1995) festgestellt. Demnach müssen Akteure, die die geschlechtlichen Differenzen im Beruf nicht betonen, mit homosozialen Sanktionen rechnen, denn ihre Nicht-Abgrenzung zum Weiblichen bricht das ‚Differenz Taboo'.

deren beruflichen Handlungen wahrnehmen und einschätzen zu können. Da die Mitglieder der Minderheit sich der vergeschlechtlichenden ‚Falle' (ibid.) nicht entziehen können, ist es ihnen unmöglich, nicht abzuweichen: Entweder entsprechen sie den beruflichen Verhaltensanforderungen und werden als Geschlechtsdeviantinnen betrachtet oder sie verhalten sich gemäß den Geschlechterstereotypen und verstoßen gegen die berufsbezogenen Verhaltenserwartungen. Schließlich zeigte Kanter auf, dass Frauen in Männerberufen im Wesentlichen zwei unterschiedliche Strategien verfolgen. Entweder entziehen sie sich bewusst der Aufmerksamkeit ihrer Kollegen oder aber sie werden *„one of the boys"* (ibid., S. 228). Diese Strategien der eigenen Unsichtbarmachung und der beruflichen ‚Entweiblichung' führen dazu, dass die Mitarbeit von Frauen die männliche Berufsordnung kaum bis gar nicht irritiert. Kurz gefasst: Die Präsenz einer weiblichen Minderheit im Arbeitsalltag muss keineswegs die Bedeutung des Berufs für die männliche Identitätskonstruktion schwächen, da Männer ihre Kolleginnen weitgehend ausblenden können.

Auch männliche *tokens* sind deutlich sichtbarer und werden mit Geschlechterstereotypen konfrontiert. Mit Blick auf den aktuellen Forschungsstand kann aber behauptet werden, dass dies für die betroffenen Akteure dreifach Vorteile mit sich bringt. Innerhalb des Feldes wird die Anwesenheit von als männlich identifizierten Akteuren erstens als Aufwertung des Berufes wahrgenommen bzw. als Hinweis auf den erhofften „Prestigezuwachs" (Heintz et al. 1997, S. 52) gedeutet. Im Zusammenhang mit einer geschlechterstereotypen Verknüpfung von Männlichkeit und Professionalität lassen sich zweitens positive Zuschreibungen von Kompetenzen an die männlichen *tokens* seitens der Kolleg:innen, der Vorgesetzten, der Kund:innen sowie der Klient:innen beobachten. Es werden Eigenschaften erwartet, die im beruflichen Feld positiv konnotiert sind – bspw. Sachlichkeit (u. a. ibid., S. 109), Führungsfähigkeit (u. a. Floge/Merrill 1986; Heintz et al. 1997, S. 96), Distanzierungsfähigkeit (u. a. Heintz et al. 1997, S. 109), Körperstärke (u. a. Cockburn 1985/1988, S. 134) und technisches bzw. handwerkliches Können (u. a. Buschmeyer 2013, S. 212). Auffällig ist, dass diese Zuschreibungen die Annahme einer Hierarchie zwischen den Geschlechtern verfestigen. Dies ist u. a. am Pflegeberuf illustrierbar:

„Men resorted to internal demarcation to construct a role for themselves in the profession. While women predominated as general caregivers for the sick, men took a more specialized role as medical attendants in hospitals. They acted as assistants and subordinates of physicians and apothecaries; their role was to apply the technical treatments of ‚heroic medicine' – all the blisterings, bleedings, and purgings- and to attend to dressings and wounds." (Bradley 1993, S. 23)

„Insgesamt lassen sich die informellen, ‚genuin männlichen' Eigenschaften unter das Etikett *coolness* subsumieren. Ruhig, sachlich und überlegt behält dieser ‚Idealkrankenpfleger' die Übersicht bei der Arbeit und neutralisiert eine überhitzt-hysterische Stimmung im von Frauen dominierten Team." (Heintz et al. 1997, S. 110; Herv. i. O.)[93]

Für männliche Minderheiten in Frauenberufen dient der Rückgriff auf geschlechtsstereotype Erwartungen als „Ressource für eine ‚geschlechtsspezifische' Professionalität" (Budde et al. 2014, S. 16). Bezugnahmen auf eigenschaftslogische Geschlechterdifferenzen wirken sogar reifizierend, da sie drittens männlichen *tokens* beim beruflichen Aufstieg verhelfen. Die Annahme, dass Männer ein höheres Interesse an der Übernahme von Leitungsfunktionen und eine besondere Eignung für Führungsaufgaben besäßen, führt nämlich dazu, dass sie von ihren Kolleg:innen und Vorgesetzten ermutigt und unterstützt werden, Aufstiegschancen zu ergreifen. Sie werden also tendenziell „*hinauf*befördert" (Heintz et al. 1997, S. 49; Herv. i. O.) bzw. in höhere Positionen „hineingelobt" (Bobeth-Neumann 2014, S. 85).[94]

Männliche *tokens* profitieren aber nicht nur von ihrem Außenseiterstatus, sondern ihnen werden teilweise auch Vorbehalte entgegengebracht. Die Wahl und die Ausübung eines Frauenberufs werden nämlich als Abweichungen von der heterosexuellen Norm gedeutet. Der Verdacht einer sexuellen Devianz kennt verschiedene Ausprägungen: Homosexualität bei ästhetischen Berufen,[95] Übergriffigkeit bei *Care*-Berufen[96] sowie Pädophilie bei kindernahen Berufen.[97] Dieser Generalverdacht eines triebhaften und unkontrollierten Sexualverhaltens der männlichen *tokens* prägt ihren beruflichen Alltag, denn die Akteure wissen, dass ihre Handlungen stärker beobachtet und kommentiert *(visibility)* werden als

---

93 Studien aus den 1970er und 1980er Jahren weisen darauf hin, dass Pfleger früher von ihren Kolleginnen abgewertet wurden, da sie u. a. für unordentlich, konfliktorientiert und stur gehalten wurden (u. a. Kanter 1977, S. 985; Ostner/Krutwa-Schott 1981, S. 132 ff.; Floge/Merrill 1986). Für den deutschen Fall könnten diese abweichenden Ergebnisse an dem Generationswechsel innerhalb der Belegschaft im Pflegewesen liegen, denn lange Zeit stammten die Krankenschwestern aus dem Bürgertum, während Wärter und Pfleger eher niedrigen sozialen Schichten angehörten. Möglicherweise lässt sich der Wandel Richtung ‚Männerbonus' aber auch durch den innerhalb des Feldes immer lauter geäußerten Wunsch nach einer Akademisierung und Professionalisierung der Pflege erklären.

94 Dies illustriert nicht zuletzt auch, wie stark die männlichen *tokens* in die jeweiligen Teams integriert sind. Die Nicht-Abgrenzung seitens der weiblichen Mehrheit zeigt sich darüber hinaus im freundschaftlichen Umgang miteinander und in heterosexuellen Lebenspartnerschaften, die viele Akteure mit Kolleginnen eingehen (Heintz et al. 1997, S. 94 f.).

95 Zum Beispiel Friseure, Kosmetiker und Balletttänzer. Der Verdacht der Homosexualität betrifft auch Sekretäre (Pringle 1993, S. 139 f.).

96 Zum Beispiel Pfleger beim Katheterisieren (Heintz et al. 1997, S. 108) und medizinisch-technische Radiologieassistenten beim Mammographieren (Cockburn 1985/1988, S. 132).

97 Zum Beispiel Erzieher (u. a. Buschmeyer 2013, S. 113 ff.; Rohrmann 2014), Grundschullehrer (u. a. Sargent 2000) und Kinderkrankenpfleger (u. a. Williams 1992, S. 261).

die ihrer Kolleginnen, was rasch zu einer Sanktionierung führen kann, falls die Handlungen als sexuell deviant interpretiert werden. Die in einem Frauenberuf tätigen Akteure befinden sich also in einer ambivalenten Position, die mit Blick auf Connells Theorie im Übergangsbereich zwischen komplizenhafter und untergeordneter Männlichkeit verortet werden kann. Innerhalb des Feldes werden sie einerseits als Bereicherung angesehen, als Professionelle idealisiert und zu männlichen Vorbildern stilisiert. Ihnen werden *qua* Geschlecht professionelle Zusatzbeiträge zuerkannt, die ihnen einen Zugriff auf die patriarchale Dividende möglich machen. Andererseits werden sie oftmals „mit Unverständnis und Abwertung bis hin zur Absprache der Männlichkeit sanktioniert" (Baar 2010, S. 370). Ihre berufliche Sonderposition führt insbesondere in homosozialen Verhältnissen zu einer symbolischen Verweiblichung. Vor dem Hintergrund dieses Spannungsverhältnisses erstaunt es kaum, dass mehrere soziologische Studien bei einigen männlichen *tokens* eine reflexive bzw. kritische Haltung gegenüber aktuellen hegemonialen Männlichkeitsmustern feststellen (u. a. ibid., S. 368 ff.; Buschmeyer 2013, S. 101 ff.; Breitenbach/Bürmann 2014).

Mit Blick auf männlichkeitssoziologische Studien kann festgestellt werden, dass das Phänomen der gegengeschlechtlichen Berufstätigkeit bei den Akteuren einen Drang hervorruft, sich vom Weiblichen abzugrenzen und das Gleichheitstabu aufrechtzuerhalten. Die damit zusammenhängende Dramatisierung des männlichen Geschlechts lässt sich besonders deutlich bei männlichen *tokens* beobachten. Da sie von den Feldmitgliedern als Repräsentanten ihres Geschlechts angesehen werden, fällt es ihnen leicht, ihre Handlungen so zu inszenieren, dass diese als Beweis dafür wahrgenommen werden. Männer besäßen *qua* Geschlecht spezifische Eigenschaften und Kompetenzen und unterscheiden sich daher *per se* von Frauen. Eine solche Naturalisierung der Differenz ergibt sich sowohl durch ein verfestigtes Handlungsrepertoire als auch durch den Rückgriff auf Geschlechterstereotype.[98] Damit sie sich „ ,unter Frauen' als ,ganze Männer' *und* vollwertige Berufsangehörige" (Heintz et al. 1997, S. 99; Herv. i. O.) anerkannt fühlen, betonen viele männliche *tokens* nicht nur ihre Andersartigkeit, sondern

---

98 Laut Christine L. Williams wird männlichen *tokens* durch ihre Sonderstellung sogar die Festlegung männlicher Schwerpunkte und Tätigkeitsbereiche innerhalb eines Frauenberufs ermöglicht: „The male nurses I spoke to went to great length to distinguish what they do from the traditional conception of nursing tasks. Some men chose to enhance their technical nursing skills, others specialize in administration. The bedside nurse emphasizes his nonnurturing functions, such as his physical strength, allowing him to pick up and move patients. Men use such strategies to demarcate and distinguish their contributions to nursing from women's role in the profession. I argue that the men perceive an immense pressure to stake out a terrain within nursing to identify as masculine because the profession is so closely associated with feminity" (Williams 1991, S. 90).

auch ihre Überlegenheit gegenüber den Kolleginnen.[99] Zuletzt muss festgehalten werden, dass die Dramatisierung der Männlichkeit durch die Akteure eine Strategie ist, um der Verdächtigung vorzubeugen, sexuell deviant zu sein. So lässt sich der Widerspruch auflösen, dass Erzieher, die in ihrem Beruf als Vorbild für eine alternative Männlichkeit dienen wollen, sich im Alltag eher gemäß traditionellen Vorstellungen von Männlichkeit verhalten, indem sie u. a. Körperkontakt zu Kindern[100] vermeiden und männlich konnotierte Tätigkeiten bevorzugen[101] (u. a. Buschmeyer 2013; Rohrmann 2014).

In der Erwerbssphäre setzt männliches *boundary work* ein, sobald die Inkommensurabilität der von Frauen und von Männern durchgeführten Tätigkeiten aufgebrochen zu werden droht. Wenn das Berufsfeld nicht mehr als homosozialer Rückzugsort dienen kann, werden symbolische und räumliche Grenzen gezogen, die die Unterordnung des weiblich Konnotierten aufrechterhalten. Die von Bourdieu herausgearbeitete doppelte Disktinktionslogik wird daher nicht gefährdet, wenn Frauen und/oder ,untergeordnete' Männer ins Feld eintreten, da sie nicht als ernst zu nehmende Mitspieler:innen im Wettbewerb um hegemoniale Positionen wahrgenommen werden müssen. Unter diesem Blickwinkel kann die Darstellung der eigenen Beruflichkeit trotz des Strukturwandels weiterhin zur Konstruktion von Männlichkeit beitragen. Es ist sogar zu vermuten, dass das Zusammengehörigkeitsgefühl unter Spielregelkennern und Kompetitionsliebhabern durch die männlichen Grenzziehungen innerhalb des Berufsfeldes verstärkt werden könnte, da „der Wettbewerb Männer nicht (oder nicht nur) voneinander trennt, sondern […] zugleich ein Mittel männlicher Vergemeinschaftung ist" (Meuser 2008, S. 34).

Konzeptionelle Präzisierung – Symbolische Tiefenstrukturen als Gegenstand der soziologischen Analyse

Trotz eines Wandels innerhalb der Geschlechterordnung seit dem späten 19. Jahrhundert wird der Erwerbsarbeit im soziologischen Diskurs kontinuierlich eine zentrale Bedeutung für die männliche Identität zugesprochen. Schon in klassischen Schriften lassen sich Thesen einer Differenzierung der Geschlechter beobachten, die die Positionen von Frauen und Männern in der Arbeitssphäre klar hierarchisieren. Männliche Gesellschaftsmitglieder seien auf intellektueller Ebene weiter entwickelt als weibliche und deshalb in der Lage, abstrakter zu denken, komplexere Aufgaben zu übernehmen und höhere Leistungen zu erbrin-

---

99 Die Abgrenzung und Abwertung von als weiblich Konnotiertem kann nach Robert Baar bis zur Aberkennung der Professionalität führen, wenn Frauen „Arbeitsformen und Arbeitsmethoden" verwenden, denen „eine symbolische Nähe zum Weiblichen" (Baar 2010, S. 377) zugeschrieben wird.
100 Zum Beispiel Umarmen, Auf-den-Schoß-Nehmen, Wechseln von Windeln.
101 Zum Beispiel spielerisches Balgen, Sportaktivitäten, Steigen auf Klettergerüste.

gen. Im Verlauf des 20. Jahrhunderts wird der Rekurs auf die Evolutionstheorie in soziologischen Schriften immer seltener. Jedoch führt die breite Übernahme parsonscher Thesen zu Geschlechterrollen zu einer Aufrechterhaltung des dichotomen Blickwinkels. Demnach verinnerlichen Mädchen und Jungen ab dem Kleinkindalter unterschiedliche kognitive Muster, sodass zwei komplementäre psychische Verfasstheiten verankert werden. Als wesentlicher Bestandteil der männlichen Persönlichkeitsstruktur gilt dabei die Berufsorientierung. Mit dem interpretativen Paradigma erhält die soziologische Analyse einen neuen Blickwinkel, durch den auf der Mikroebene zunehmend auf das Wissen und die Handlungen der Akteur:innen fokussiert wird. Festgestellt wird, dass die Herstellung von Männlichkeit in der Erwerbssphäre mit einem homosozialen Wettbewerb einhergeht. Konkurrenz und Machtstreben seien präreflexive Denk- und Handlungsstrukturen, auf die sich die soziale Konstruktion von männlicher Geschlechtlichkeit stützen würde.

In der Männlichkeitssoziologie der letzten beiden Dekaden lässt sich eine Thematisierung von Transformationsprozessen festhalten, die immer wieder mit der Beobachtung einer weitgehenden Stabilität einhergeht. Das Augenmerk liegt dabei eher auf dem Wandel, der zumindest in den Veröffentlichungstiteln die Oberhand gegenüber der Kontinuität zu gewinnen scheint.[102] Diese Tendenz lässt sich sicherlich auch auf die breite Rezeption und intensive Diskussion der Forschungsarbeiten der australischen Soziologin Raewyn Connell (u. a. 1999, 2005, 2013) zurückverfolgen. Durch die Verbreitung des Konzepts der hegemonialen Männlichkeit gingen drei connellsche Annahmen in den deutschsprachigen soziologischen Diskurs ein: (1) Sowohl in heterosozialen als auch in homosozialen Beziehungen gehen Distinktionslogiken Hand in Hand mit Dominanzansprüchen männlicher Akteure; (2) die homosozialen Verhältnisse sollten in der Männlichkeitsforschung im Vordergrund stehen, denn die Frage, welche Eigenschaften zu einer gegebenen Zeit in der Gesellschaft als hegemonial gelten, werde unter Männern ausgehandelt; (3) die sich ständig neu herausbildenden Männlichkeitsformen zu untersuchen, sei eine Hauptaufgabe für Männlichkeitssoziolog:innen.

Wenn in männlichkeitssoziologischen Schriften auf Kontinuitäten bzw. Wandlungsresistenzen aufmerksam gemacht wird, wird meistens auf Konzepte des französischen Soziologen Pierre Bourdieu rekurriert. Anhand des Begriffs Hysteresiseffekt[103] wird nämlich in seinen Schriften (u. a. Bourdieu 1979/1982a,

---

102 Zum Beispiel im deutschsprachigen Raum: *Vaterschaft im Wandel* (Bereswill 2006), *Herausforderungen. Männlichkeit im Wandel der Geschlechterverhältnisse* (Meuser 2007), *Herausgeforderte Männlichkeit. Männlichkeitskonstruktionen im Wandel von Erwerbsarbeit und Familie* (Meuser/Scholz 2012), *Männlichkeiten und der Strukturwandel von Erwerbsarbeit in globalisierten Gesellschaften* (Lengersdorf/Meuser 2016).

103 Die Bezeichnung einer verzögerten Anpassung an äußere Veränderungen als *Hysterese* stammt ursprünglich aus der Physik. Der Begriff wurde aber schon lange vor Bourdieus Nutzung auch in der Volkswirtschaftslehre verwendet, um z. B. das Phänomen einer

1980/1987) eine Trägheit auf kognitiver Ebene beleuchtet: Wahrnehmungs-, Denk-, Bewertungsmuster der sozialen Agent:innen – und daher ihre Handlungsmuster – würden sich nur mit Verzögerung an die normativen Veränderungen in der Gesellschaft anpassen.[104] Die Gleichzeitigkeit von Stabilität und Wandel sei daher ein Symptom für die Spannungen zwischen den dauerhaft und stabil internalisierten Dispositionen auf der Mikroebene der Akteur:innen und den sich wandelnden Strukturen auf der Makroebene der Gesellschaft. Die Beharrlichkeit der in den individuellen Habitus eingelagerten Dispositionen wird auch in Bourdieus Schriften zur symbolischen Gewalt thematisiert (u. a. Bourdieu 1970, 1982b, 2001). Anhand dieses Konzepts ergründet er die Bedingungen und Mechanismen, die zu einer Persistenz von Herrschaftsverhältnissen führen. Als Beispiel *par excellence* für die Reproduktion einer hierarchisch strukturierten sozialen Ordnung gelten die Geschlechterverhältnisse (Bourdieu 1997a, 1997b, 2005/2016).[105] Sämtlicher Wandel sei dadurch gehemmt, dass Herrschende wie auch Beherrschte an die Legitimität – und im Fall der Männer-Frauen-Beziehungen sogar an die Naturhaftigkeit – der Hierarchie zweier entgegengesetzter Kategorien von sozialen Akteur:innen glauben. Herrschaftsbeziehungen, die sich auf symbolische Gewalt stützen, werden enthistorisiert und daher als selbstverständlich und unhinterfragbar wahrgenommen. Bourdieu verortet also die binären Wahrnehmungs-, Denk- und Bewertungsschemata, worin hierarchisierende Dichotomien verwurzelt sind, auf vorreflexiver Ebene.[106] Die Sprache kann vor diesem Hintergrund sowohl als zentrales Medium symbolischer Gewalt als auch als ein grundlegendes Material zur Herausarbeitung von Visionen (Vorstellungen) und Divisionen (Einteilungen) verstanden werden.

Mit Bourdieu teile ich die Auffassung, dass die kognitiven Strukturen einzelner sozialer Akteur:innen Schlüssel zum Verständnis von Trägheitseffekten bzw.

---

hohen Arbeitslosenquote am Beginn einer Wachstumsphase begrifflich zu fassen. An diesem Begriff ist kritisierbar, dass er einen Ursache-Wirkungs-Effekt voraussetzt, der nur begrenzt der Komplexität der Kognition entspricht.

104 Eine symbolische Revolution ist hierbei ein seltener Ausnahmefall. Sie geht mit einem Umbruch in den bis dahin internalisierten Dispositionen einher. Ein solcher zügiger Wandel der Vorstellungen vollzog sich z. B. in den 1960er Jahren in Nordamerika und in Westeuropa, als durch die Einführung der Antibabypille die Entscheidung gegen eine Schwangerschaft nunmehr in den Händen der Frauen lag.

105 Hier muss angemerkt werden, dass die Rezeption dieser Veröffentlichungen Bourdieus bei deutschsprachigen Männlichkeitssoziolog:innen durch die drei oben genannten Annahmen der connellschen Theorie geprägt zu sein scheint. So wird etwa der Idee von unter Männern stattfindenden „ernsten Spielen des Wettbewerbs" (Bourdieu1997, S. 203) eine Relevanz gegeben, die nur begrenzt Bourdieus Denken entspricht.

106 Als heuristisches Instrument der Beweisführung nutzt Bourdieu das Beispiel der Geschlechterhierarchie in der kabylischen Gesellschaft, wo er homologe Gegensätze, wie „draußen" *vs.* „drinnen", „oberhalb" *vs.* „unterhalb" oder „trocken" *vs.* „feucht" beobachtet (Bourdieu 2005/2016, S. 24).

Umbrüchen in hoch komplexen sozialen Feldern sind. Das Herausarbeiten der Denk-, Wahrnehmungs- und Bewertungsschemata betrachte ich daher als einen zentralen Forschungsgegenstand für eine Männlichkeitssoziologie, die Kategorisierungen und Hierarchisierungen in den Blick nimmt, ohne von vornherein davon auszugehen, dass homosoziale Verhältnisse oder durchgehende vergeschlechtlichte Dominanzansprüche bei der Herausbildung neuer Männlichkeitsformen die entscheidende Rolle spielen.

Mit Blick auf den Forschungsstand und in Anlehnung an Bourdieus Sozialtheorie schlage ich vor, symbolische Tiefenstrukturen zum Gegenstand der Analyse zu machen. Dieser Begriff nimmt ein entferntes Anleihen an Ernst Cassirers (1874–1945) These vom Menschen als *animal symbolicum*. Er stützt sich auf die Annahme des deutschen Kulturphilosophen, wonach gesellschaftlich vermittelte symbolische Formen die menschlichen Wahrnehmungen, Klassifizierungen und Bewertungen auf präreflexiver Ebene strukturieren (Cassirer 2003).[107]

Von der Erforschung symbolischer Tiefenstrukturen erwarte ich ein mikrosoziologisches Verständnis der Gleichzeitigkeit von Wandel und Permanenz. Angenommen wird eine hohe Stabilität kognitiver Elemente und ihrer Interrelationen, die einen Spielraum für Varianzen zulässt, insofern die Verschiebungen keine Infragestellung von tief verwurzelten Kategorisierungen und Hierarchisierungen bedeuten. Um diesen Standpunkt zu untermauern, wird im empirischen Teil der vorliegenden Studie auf der Grundlage von Erzählungen einzelner Akteure gefragt, welche miteinander verknüpften Elemente wiederkehrend in den kognitiven Ordnungsschemata einzelner Akteure auftreten; ob in den Erzählungen einzelne Akteur:innen oder Akteur:innenkategorien auftauchen, die nicht in die vorreflexiven Visionen und Divisionen hineinpassen; sowie inwiefern sich aus solchen Einzelfällen eine Anpassung oder Aufrechterhaltung der bestehenden binären-hierarchischen Einteilungen ergibt.

Bevor aus mittels Interviews erzeugten Erzählungen von einzelnen Ärzten symbolische Tiefenstrukturen methodisch-kontrolliert herausgearbeitet werden können, sollen zwei Zwischenschritte durchgeführt werden. Da männliche Ärzte in ihrer Geschlechtlichkeit sehr wenig erforscht worden sind, wird in Kapitel 3 der Erkenntnisstand anhand drei komplementärer Blickwinkel präsentiert und reflektiert, nämlich einem sozio-historischen, einem soziologischen und einem wissenschaftstheoretischen. Anschließend wird in Kapitel 4 erläutert, wie anhand einer strukturalen Interviewanalyse die Freilegung von symbolischen Tiefenstrukturen erfolgen kann, sodass sowohl Spielräume wie auch Resistenzen auf kognitiver Ebene sichtbar werden.

---

107 Zur Freilegung solcher überindividuellen kognitiven Elemente sowie ihrer Interrelationen plädiere ich dafür, ein von der Semiotik der *École de Paris* geprägtes strukturales Auswertungsverfahren zu verwenden (siehe Kapitel 4).

3 Männliche Ärzte
– Erkenntnisstand und -hindernisse

Die symbolischen Tiefenstrukturen in Erzählungen männlicher Ärzte herauszuarbeiten, bedeutet einen Beitrag zur sozialwissenschaftlichen Erforschung der Geschlechterverhältnisse in medizinischen Feldern zu leisten. Die Gestaltung der eigenen empirischen Studie bedarf der umfangreichen Kenntnisnahme bisheriger Untersuchungen, sodass eine Berücksichtigung ihrer Ergebnisse bei der Operationalisierung der Forschungsfrage vorgenommen werden kann. Auffällig ist hier, dass die bereits vorliegenden Studien hauptsächlich die Geschlechtlichkeit von Frauen im Ärzt:inberuf ans Licht gebracht haben. Um männliche Ärzte aus dem Schatten zu holen, wird daher auf folgenden Seiten der Forschungsstand mittels dreier verschiedener Blickwinkel betrachtet, nämlich sozio-historisch, soziologisch und wissenschaftstheoretisch.

Die Darstellung des Erkenntnisstandes zwecks epistemologisch wachsamer Operationalisierung der Forschungsfrage wird mit einer Analyse des *boundary work* und der homosozialen Hierarchisierungen im späten 19. und im frühen 20. Jahrhundert beginnen. In diesem Zeitraum brachte die Frage nach der Eignung von Frauen für das Erlernen und die Ausübung des Arztberufes eine schon mehrmals untersuchte und rezipierte Diskussion (u. a. Albisetti 1982; Ziegeler 1993; Brinkschulte 1994; Wetterer 2002) mit sich. Diesbezüglich nahmen Mitglieder der deutschsprachigen Ärzteschaft in hegemonialen Positionen mündlich und schriftlich Stellung. Sie publizierten ihre Definition der ärztlichen Profession sowie ihre Begründung der intra- und interberuflichen Hierarchien in medizinischen Feldern. Eine Auseinandersetzung mit veröffentlichten Manuskripten und Reden soll es ermöglichen, einen Einblick auf damalige Wahrnehmungen und Wertungen zu erhalten sowie einige Distinktionsmechanismen ans Licht zu bringen.

Anschließend wird die Rekonstruktion der Kategorisierungen und Hierarchisierungen in medizinischen Feldern auf der Grundlage von Studien fortgeführt, die sich der Analyse von beruflichen Interaktionen im Rahmen der Organisation Krankenhaus widmen. Im Zentrum der Aufmerksamkeit stehen hier sowohl die intraprofessionellen Beziehungen unter Ärzt:innen als auch die interberuflichen Beziehungen zwischen der männlich dominierten akademischen Medizin und der weiblich codierten semiprofessionellen Krankenpflege. Dadurch wird insbesondere herausgearbeitet, inwiefern *(un)doing gender* und *doing profession* Hand in Hand gehen.

Schließlich wird der in Studien zu den Geschlechterverhältnissen in der Berufssphäre häufig verwendete Begriff der Feminisierung aus einer epistemologischen Perspektive genauer betrachtet. Diese Auseinandersetzung erfolgt aus der wissenschaftstheoretischen Perspektive der französischen Epistemologie. Infolge meiner Verortung in dieser Denktradition, die sich in Frankreich aus der wissenschaftshistorisch starken Verbindung zwischen Philosophie und Soziologie herausgebildet hat, strebe ich danach, die epistemologische Wachsamkeit zum obersten Prinzip zu erheben. Ich schließe mich Émile Durkheim, Gaston Bachelard (1884–1962) sowie Pierre Bourdieu an und betrachte den Bruch mit dem Vorwissen als einen grundlegenden Schritt auf dem Weg zu einer reflektierten soziologischen Haltung. Eine solche Erkenntnisdynamik erfordert, dass sich Forschende von der sozialen Welt distanzieren, sich vom vorreflexiven Denken lösen, und kritisch reflektieren, inwiefern sich ein normativ geprägtes Vorwissen in die vorliegende Fachliteratur eingeschlichen hat. Eine solche epistemologische Wachsamkeit erfordert insbesondere ein ‚Sich-Entziehen' der „Macht der Sprache" (Bourdieu/Chamboredon/Passeron 1968/2011, S. 24). Dieser wissenschaftstheoretische Blickwinkel soll dazu dienen, zu reflektieren, inwiefern die Feminisierung zu den Grenzbegriffen gehört, die sich zwischen den Gebieten des reflexiven Denkens und den Gebieten des spontanen Theoretisierens hin und her bewegen, und daher potenziell als Nährboden für die Illusion von Wissenschaftlichkeit dienen mag, vor der in der französischen Epistemologie gewarnt wird. Im Anschluss daran wird ein Perspektivwechsel vorgeschlagen, der zu einer Diskontinuität zwischen dem Vorwissen und dem soziologischen Blickwinkel verhelfen soll.

3.1 Die doppelte Distinktionslogik innerhalb der Ärzteschaft um 1900

In den 1860er und 1870er Jahren gewährten die Nachbarländer des Deutschen Kaiserreiches nach und nach die Zulassung von Frauen zum Medizinstudium und zum Staatsexamen.[108] Besonders mit einem Blick auf die Erfahrungen in der Schweiz, in welcher die meisten deutschen Medizinstudentinnen immatrikuliert waren,[109] in den jungen fortschrittlichen Vereinigten Staaten von Amerika sowie in Russland, wo das Frauenstudium in der Humanmedizin nach zehn Jahren 1882 abgeschafft wurde, lieferten sich deutsche Befürworter:innen und Geg-

---

108 Im Jahr 1863 in Frankreich, 1864 in der Schweiz, 1870 in Schweden, 1874 in Großbritannien, 1875 in Dänemark und Finnland sowie 1878 in den Niederlanden.

109 Eine Entscheidung für die Anmeldung an einer schweizerischen Universität war durch die Deutschsprachigkeit im Lande sowie das Nicht-Verlangen eines Maturitätszeugnisses für deutsche Studienanwärterinnen begünstigt (Burchardt 1994, S. 13).

ner:innen des Eintrittes von Frauen in die Ärzteschaft über mehrere Jahrzehnte hinweg einen „zähen Kampf" (Brinkschulte 1994, S. 7). Die Leidenschaft, die diese Diskussion charakterisierte, verlor nach und nach an Kraft infolge der Entscheidung des Bundesrates am 24. April 1899, die Frauen für die ärztlichen, zahnärztlichen und pharmazeutischen Staatsexamen zuzulassen; der sukzessiven Gewährung der vollen Immatrikulation der Studentinnen in mehreren deutschen Ländern; sowie der Verkündung der Weimarer Republik am 14. August 1919, die die Gleichberechtigung beider Geschlechter und damit die Gesellschaftsfähigkeit der weiblichen Berufstätigkeit verankerte (Brinkschulte 1994, S. 7).

Die Ärzteschaft als Akteurskategorie nahm im Rahmen dieser Diskussion selbst öffentlich Stellung. Die Öffnung dieses Berufsfelds für Frauen kündigte das Ende der Geschlechtsexklusivität an und machte es für die männlichen Professionellen nötig, *boundary work* einzusetzen (Heintz et al. 1997, S. 244). Die geschlechtliche Arbeitsteilung geriet unter Legitimierungsdruck: Was für Einwände und Widerstände werden avanciert, um zu begründen, dass Frauen der Zugang zur Medizin (nicht) gewährt werden sollte? Entlang welcher Grenzziehungen werden geschlechtsspezifische Handlungsmöglichkeiten und Zuständigkeitsbereiche definiert? Wie werden die intraberuflichen Differenzierungen und Hierarchisierungen zwischen Ärztinnen und Ärzten begründet, falls angenommen wird, dass Frauen den gleichen individualistisch-meritokratischen Mitgliedschaftsbedingungen wie ihre Kollegen entsprechen?

Folgende sozio-historische Auseinandersetzung orientiert sich insbesondere am bourdieuschen Begriff der Distinktion. Demnach wird analysiert, wie Abgrenzungen anderer sozialer Gruppen zur Errichtung homo- und heterosozialer Hierarchien führen. Hierbei geht es nicht einfach darum, Differenzierungen zu rekonstruieren, sondern herauszuarbeiten, wie Mitglieder des medizinischen Feldes „sich [...] in einem urteilenden Akt der Relation" (Diaz-Bone 2010, S. 37) zu Fähigkeiten, Kompetenzen und Praxen von Akteur:innenkategorien setzen und somit ihre inkorporierten Weisen des Denkens und des Handelns als höherwertiger bewerten (Bourdieu 1992, S. 39).

Vorträge und Schriften deutscher Ärzte, die um die Jahrhundertwende veröffentlicht worden sind, sind ergiebige Quellen, um Distinktionspraktiken zu untersuchen, weil sie aus der Sicht von Mitgliedern der Profession Aufschluss über damalige Wahrnehmungs- und Bewertungsmuster geben. Ausschnitte aus Stellungnahmen von fünf Mitgliedern der deutschsprachigen Ärzteschaft in hegemonialen Positionen werden im Folgenden verwendet, um exemplarisch zu erläutern, wie die Diskussion um den Eintritt von Frauen in den Arztberuf eine explizite Distinktionslogik innerhalb der Ärzteschaft hervorrief, die zuvor wenig artikuliert blieb.[110]

3.1.1 Im Namen der Differenz – Zum männlichen Schutz der Frauen

Laut der Historikerin Beate Ziegeler soll die männliche Ärzteschaft „[a]ls einflußreichster und engagiertester Gegner der Ärztinnen [...] angesehen werden" (Ziegeler 1993, S. 131). Der von Mitgliedern der Profession verwendete komplexe Begründungsapparat zur Aufrechterhaltung der Geschlechtsexklusivität erstreckt sich über drei Ebenen.

Erstens wird aus diagnostischer Sicht festgestellt, dass ein Studium der Medizin sowie eine ärztliche Tätigkeit den Gesundheitszustand von Frauen gefährde. Mit Blick auf den gynäkologischen und anatomischen Forschungsstand wird behauptet, dass der weibliche Körper durch ein zartes anfälliges Skelett, schwache Muskeln und ein wenig leistungsfähiges Herz charakterisiert sei, sowie dass der weibliche Geist durch eine intellektuelle Beschäftigung schnell überfordert sei. Die Strapazen des Studiums und des Berufs könnten bei solchem „Mangel an Körper- und Nervenkraft" (Burchardt 1994, S. 10) zu diversen Symptomen wie Kopfschmerzen, Reizbarkeit und Krämpfen im Unterleib führen, was dem Syndrom der Hysterie entspricht. Ein bekannter und hoch angesehener Vertreter dieses Standpunktes war der Münchener Professor für Anatomie und Physiologie Theodor von Bischoff (1807–1882). Ihm zufolge sei es wissenschaftlich bewiesen, dass die körperlichen Kräfte wie auch die geistigen Fähigkeiten der Frau niedriger als die des Mannes seien. Ihnen sei es daher *per Natur* unmöglich, die für die Ausübung der Medizin nötigen Vorbedingungen zu erfüllen:

> „Es wäre daher wohl angezigt, hier die seit Jahrhunderten gesammelten Thatsachen und Erfahrungen über die körperlichen und geistigen Verschiedenheiten beider Geschlechter wieder in die Erinnerung zu bringen, und darauf aufmerksam zu machen, dass sich diese Verschiedenheiten nicht etwa nur auf einige Unterschiede in

---

110 Zur Vorbereitung dieses Unterkapitels, der keinen Anspruch auf Repräsentativität erhebt, wurden folgende Veröffentlichungen einbezogen: (1) das Buch *Das Studium und die Ausübung der Medicin durch Frauen* (1872) vom Münchener Professor für Anatomie und Physiologie Theodor von Bischoff; (2) den durch den Professor für Augenheilkunde Wilhelm von Zehender in der Aula der Universität Rostock gehaltenen Vortrag *Über den Beruf der Frauen zum Studium und praktischer Ausübung der Heilwissenschaft* (1875); (3) die Schrift *Die Frauen und das Studium der Medicin* (1895) vom Wiener Professor für Chirurgie Eduard Albert; (4) die im Rahmen einer Vortragsreihe an der Berner Hochschule durch den Professor für Geburtshilfe und Gynäkologie Peter Müller gehaltene Rede *Über die Zulassung der Frauen zum Studium der Medizin* (1894) sowie (5) die kurze Monografie *Über das medizinische Frauenstudium in Deutschland* (1918) vom Leiter der *Deutschen Medizinischen Wochenschrift* Julius Schwalbe.

den äusseren Formen und den Geschlechtsorganen, sondern man kann sagen auf jeden Knochen, jeden Muskel, jedes Organ, jeden Nerven, jede Faser erstrecken, sodass, wenn der Satz irgend eine Wahrheit enthält, dass Gleiches sich nur durch gleiche Factoren erzielen lässt, es sich ohne Alles Weitere von Selbst ergiebt, dass Frauen Das nicht leisten können, was Männer vermögen, sowie umgekehrt diese nicht, was Jene. Denn es hat sich dabei durch die unparteiischste und gewissenhaftete anatomische und physiologische Forschung herausgestellt, dass das Weib entschieden ungleich schwächer ist, in seiner ganzen Organisation einen minder hohen Entwicklungsgrad erreicht hat, und in allen Beziehungen dem Kinde näher steht, als der Mann." (Bischoff 1872, S. 14)

Die ablehnende Haltung eines Teils der männlichen Ärzteschaft wird zweitens dadurch begründet, dass ein weiblicher Eintritt in ihre Profession die Qualität der Medizin gefährde und zu einer „Minderung des ärztlichen Ansehens" (Burchardt 1994, S. 16) führe. Aufgrund fehlender Abstraktionsfähigkeit und intellektueller Neugier würden Ärztinnen nur nach Vorschrift und Erlerntem handeln können, was für ein diagnostisches Urteil nicht reiche:

„Der männliche Geist sieht tiefer, schärfer, dringt mehr in das Innere der Dinge und berücksichtigt mehr das Wesen derselben, erforscht gründlicher und genauer prüft ruhiger und urteilt unbefangener. Der weibliche Geist berücksichtigt mehr das Aeussere, den Schein, als das innere Wesen; sein Urteil ist befangen, oberflächlich, sein Wille schwach, das Handeln unbestimmt." (Bischoff 1872, S. 20)[111]

Da die Körper- und Nervenkraft der Frau weit unter der des Mannes liege, würde ihnen die Energie, die Ausdauer, die Geistesgegenwart und die Entschlussschnelligkeit fehlen, die bei komplexen Behandlungen und schwierigen Eingriffen notwendig seien. Vor diesem Hintergrund hält der Professor für Chirurgie Eduard Albert (1841–1900) es für unmöglich, dass „es die Frauen auf dem Gebiete der Medicin mit den Männern je werden aufnehmen können" (Albert 1895, S. 23).[112]

---

111 Das hier von Professor Theodor Bischoff dargestellte Wissen galt zu damaliger Zeit keineswegs als unbestrittener Forschungsstand. In einem Vortrag, den er 1875 an der Universität Rostock hielt, stellte der Professor Wilhelm von Zehender die anatomischen Grundlagen der Beweisführung seines Kollegen grundsätzlich infrage: „So lange wir noch nicht wissen wie das Gehirn thätig ist, wenn es geistige Arbeit verrichtet, so lange bleibt es uns auch unbekannt, auf welchen anatomischen Beschaffenheiten die Differenzen geistiger Begabung beruhen. Es ist mindestens übereilt, dieselben nach der Größe und dem Gewichte des Gehirns bemessen zu wollen" (Zehender 1875, S. 7).

112 Theodor von Bischoff zufolge teilen die Patient:innen diese Vorbehalte gegenüber Ärztinnen. Von einer Frau untersucht bzw. behandelt zu werden, würde Skepsis oder Ablehnung hervorrufen. Tatsächlich genossen aber ,weise Frauen' auf dem Lande noch während des gesamten 19. Jahrhunderts ein hohes Ansehen. Der Eintritt von Frauen in den Arztberuf hätte daher bei vielen Patient:innen die Erinnerung an alte Verhältnisse wecken können. Es bestand zweifelsohne eine Angst vor einer Konkurrenz durch Medizin ausübende Frauen (Burchardt 1994, S. 15; Ziegeler 1993, S. 27; Wetterer 2002, S. 261 f.).

Schließlich äußerten Mitglieder der Ärzteschaft „sittliche Bedenken" (Ziegeler 1993, S. 13). Schon während der universitären Ausbildung sei die „Sittlichkeit der studierenden Frauen" (Burchardt 1993, S. 11) bedroht, denn sie verlange den Kontakt mit Leichen und Sexualität:

> „Ich bin ein alter abgehärteter Anatom, den in anatomischer Hinsicht der Spruch: Naturalia non sunt turpia,[113] längst unempfindlich gemacht hat. Aber ich kann mir doch Nichts Abstossenderes und Widerwärtigeres denken, als ein junges Mädchen, beschäftigt am Secirtisch. Ich will mich nicht mit dem Ausmalen der Scenen beschäftigen, welche dabei nothwendig und unvermeidlich vorkommen müssen; aber mich ergreift der Ekel, wenn ich mir bei denselben ein weibliches Wesen beschäftigt denke. Welche Verleugnung aller Weiblichkeit [...] Es ist die Pflicht und die Aufgabe des Mannes, das zu überwinden. Für das Weib ist das nicht möglich, oder es ist ein Zeichen der äußersten Rohheit des Gefühles und Charakters. [...] Es ist eine Beleidigung und Sünde wider die Natur, in meinen Augen für eine Frau ebenso unverzeihlich, wie eine Sünde wider den heiligen Geist." (Bischoff 1872, S. 29 f.)

Das Medizinstudium und die Ausübung der Arzttätigkeit werden auch für moralisch grenzwertig gehalten. Denn es sei von vornherein klar, dass die Frauen dem hohen Druck nicht gewachsen seien, und dass es eine nervliche Labilität verursachen würde. Im beruflichen Alltag sei die Funktionstüchtigkeit der Gebärmutter der Ärztin eine Zumutung für ihre Kolleg:innen und Patient:innen[114] und eine Verletzung ihrer Würde als Frau:

> „alle vier Wochen dem ihrem Geschlechte schuldigen Tribut zu leisten hat [...]. Ist es nicht empörend und im höchsten Grade verletzend, die Ärztin sich auch zu dieser Zeit bewegen zu sehen, oder zuzumuten sich zu bewegen, als wenn gar nichts los wäre?" (Bischoff 1872, S. 38)

> „Wie interessant, passend und würdevoll muss es nicht sein, die Frau Ärztin sich mit schwangeren Leibe im Krankenbette und Operationstische umherbewegen zu sehen?" (ibid., S. 38 f.)

Bemerkenswert ist, dass genau das Argument der Würde von Frauen von Befürworter:innen verwendet wurde, um einen Einsatz von ‚weiblichen Ärzten' in der Gynäkologie zu begründen. Die Übernahme der ärztlichen Funktion durch Frauen bei Untersuchungen, die Patientinnen aus Schamgefühl, Scheu oder moralischen Überzeugungen verweigern würden, um nicht von fremden Männern berührt zu werden, sei ‚im Interesse der Patientinnen' zu erlauben (Ziegeler 1993,

---

113 Das Natürliche ist nicht anstößig.

114 Die Tatsache, dass Krankenschwestern im gebärfähigen Alter auch von Menstruationen und Schwangerschaften betroffen waren, entging den männlichen Mitgliedern der Ärzteschaft, die dieses Argument verwendeten.

S. 111). Es ermögliche, Geschlechtskrankheiten frühzeitig zu diagnostizieren und die Fruchtbarkeit der Frau dadurch besser zu bewahren. Erwartet wird auch, dass Patientinnen einer Frau präzisere Informationen anvertrauen, was die ärztliche Betreuung erleichtere. ‚Weibliche Ärzte' seien keineswegs als Konkurrenz wahrzunehmen, da sie diejenigen Patientinnen behandeln würden, die es verweigert hätten, sich an einen männlichen Arzt zu wenden, weil sie es „als Übergriff, als Verletzung ihrer persönlichen Integrität und Würde empfunden" (Ziegeler 1993, S. 112) hätten. Der Professor für Geburtshilfe und Gynäkologie Peter Müller (1836–1922) beobachtete diese Vorlieben bei den Patientinnen:

> „Gerade für dieses Fach [die Frauenheilkunde] werden ja von mancher Seite sehr kategorisch weibliche Ärzte verlangt, indem man anführt, daß die Frau schon von vornherein größeres Verständnis und Mitgefühl für die Leiden ihrer Mitschwestern habe und sich in deren Lage hineinfühlen könne." (Müller 1894, S. 29)

Der bürgerliche Differenzdiskurs, der von einem Teil der Mitglieder der Ärzteschaft zwecks einer Einschließung von Frauen in die Profession übernommen wurde, betonte auch spezifisch weibliche Charakteristika und Kompetenzen. Diese sollten komplementär zur männlichen Expertise in den Dienst der Gemeinschaft gestellt werden. Nach dem Motto ‚Gleichheit in der Differenz'[115] wurden Frauen körperliche und geistige Fähigkeiten zugeschrieben, die im Berufsleben eine nützliche Komplementarität zu den Fähigkeiten der Männer darstellen könnten. So wurde erstens davon ausgegangen, dass die Hände von Frauen kleiner und zarter als die von Männern seien, was das Risiko von bleibenden Schäden nach einer Entbindung vermindern würde. ‚Weibliche Ärzte' wurden zweitens als Gewinn für junge Patient:innen aufgrund ihres Gemüts dargestellt. Ihre besondere Eignung läge hier in ihrer milderen Art, ihrer sanfteren Stimme sowie ihrem größeren Einfühlungsvermögen. Um die Untersuchung und die Behandlung ängstlicher pädiatrischer Patient:innen zu vereinfachen, seien dieselben Kompetenzen nötig wie jene, die Mütter einsetzen, um ihren Nachwuchs zu beruhigen.[116] So hält der Professor Peter Müller fest, dass „das mildere und sanftere

---

115 Der Rekurs auf die Geschlechterdifferenz seitens der bürgerlichen Frauenbewegung, „um ein größeres Maß an Gleichheit der Geschlechter einzufordern" (Wetterer 2002, S. 385), erlaubte es, die Frauen als prädestiniert für gewisse medizinische Arbeitsgebiete und „von unschätzbarem Wert für den Kranken" (Burchardt 1994, S. 14) darzustellen, ohne die männliche Expertise infrage zu stellen. Mit anderen Worten: Diese neue Vergeschlechtlichung der Profession erfolgte anhand einer „Analogiebildung zwischen Arbeitsinhalt und Geschlechtsspezifik" (Wetterer 2002, S. 88).

116 Das Leitbild der Trennung von produktiven und reproduktiven Funktionen behielt weiterhin seine Gültigkeit. Die Befürworter:innen einer weiblichen Zulassung in qualifizierte Berufe waren auch Befürworter:innen einer erneuten Exklusion der Frauen aus denselben Berufen im Fall einer Hochzeit oder einer Geburt. Somit blieben letztlich die reproduktiven Funktionen die höchsten Aufgaben der Frau, egal welche Bildungsabschlüsse und professionelle Kompetenzen vorlagen. Die Argumente um das Eintreten von Frauen in

Auftreten der Frauen die Kinder besonders im zarten Alter, zutraulicher mache und dadurch die ärztliche Behandlung nach allen Richtungen hin erleichtere" (ibid., S. 29). Eine besondere Befähigung von Frauen für weitere medizinische Gebiete wurde drittens durch ihre sehr präzise Motorik begründet. Die Augenheilkunde und die Hals-Nasen-Ohrenmedizin seien solche frauengeeignete „feine Specialitäten" (ibid., S. 29).

Kurz gefasst: Die Mitglieder der Ärzteschaft, die die Inklusion der Frau befürworten, bezwecken weder ihre Entfaltung noch ihre Emanzipation. Von ,weiblichen Ärzten' erhoffen sie lediglich eine Verbesserung der bisherigen beruflichen Leistungen in gewissen Teilbereichen oder einen Erhalt der medizinischen Betreuung der Bevölkerung im Fall eines Mangels an männlichen Ärzten. Medizinisch ausgebildete Frauen wurden lediglich als nützlicher Ersatz bzw. als eine praktische Entlastung – bspw. in Kriegszeiten – betrachtet. So überdachte der Professor Julius Schwalbe (1863–1930) seinen Widerstand, nachdem er während des Ersten Weltkriegs mit Ärztinnen zusammengearbeitet hatte:

> „Daß die psychische Konstitution der Frau ebenso wie ihre körperliche anders geartet ist als diejenige des Mannes, ist nicht zu bestreiten. Sicher ist bei der Mehrzahl der Frauen die Gefühlskomponente stärker, die Verstandes- und Willenskomponente schwächer entwickelt als bei der Mehrzahl der Männer. Aber es gibt eine sehr große Zwischenschicht, welche fließende Übergänge der Geschlechter nach beiden Richtungen – der weiblichen und der männlichen – umfaßt. Sowohl über die intellektuellen als auch energiemäßigen Kräfte vieler Frauen haben uns gerade die Kriegsverhältnisse ein vorteilhafteres Zeugnis als bisher aufgezwungen." (Schwalbe 1918, S. 45)

Die These einer Kontinuität zwischen den Geschlechtern, die Professor Julius Schwalbe hier verteidigt, ist um die Jahrhundertwende eher die Ausnahme. Auch in Schriften von Befürwortern des Zutritts von Frauen in den Arztberuf lässt sich vielmehr ein „Modell der hierarchisierten geschlechtsspezifischen Arbeits-

---

qualifizierte Berufe mit dem Interesse schwächerer Gesellschaftsmitglieder betrafen nur die unverheirateten Töchter aus bürgerlichem Hause, deren ehrenhafte Selbstversorgung durch eine Säkularisierung und Erweiterung von Nonnenaufgaben ermöglicht werden sollte (Baumann 1993, S. 148 ff.). Allerdings bedeutete dies keineswegs eine Infragestellung des bisherigen ideellen Geschlechterarrangements, sondern allenfalls eine Verschiebung in seinen Randbereichen. So erklärte bspw. Agnes von Zahn-Harnack, eine eminente Frauenrechtlerin und selbst Lehrerin: „der unverheirateten Frau wird es leichter, sich in ,anderer Leute Kinder' hineinzudenken, eben weil ihr Blick nicht durch das alles überwachsende Gefühl für eigene Kinder gehemmt wird; der Frau, die selber Mutter ist, wird es in vielen Fällen schwerer werden, gerecht und gleichmäßig zu urteilen. [...] Darum ist der Ruf nach der verheirateten Lehrerin durchaus kein pädagogisch zu begründender und die Zulassung verheirateter Frauen zum Lehramt nur in vereinzelten Fällen ein Gewinn für die Schule. Das alte Wort von den ,zween Herren dienen' bleibt in vollem Umfang bestehen" (von Zahn-Harnack 1924, S. 76 f.).

teilung" (Wunder 1993, S. 31) beobachten, das gerade über die Polarisierung der Geschlechter gerechtfertigt wird. Im Namen der Differenz wird eine professionsinterne Arbeitsteilung zwischen den Geschlechtern gestaltet, die zwar *a priori* horizontal wirkt, jedoch bei genauerer Betrachtung eine klare Hierarchisierung der Geschlechter reproduziert. Durch die Polarisierung wird im Diskurs der Befürworter eine Segregierung der Arbeitsplätze vorgenommen, die den männlichen Ärzten die technisch komplexeren Tätigkeiten und die angesehensten Teilbereiche vorbehält:

> „Den schweren Aufgaben der heutigen Chirurgie, Geburtshilfe und Gynäkologie sind sie [die Frauen] nicht gewachsen." (Albert 1895, S. 33)

> „Die [gynäkologische] Behandlung besteht ja nicht immer nur in kleinen ärztlichen Eingriffen, sondern es sind in sehr vielen Fällen schwere, zuweilen große physische Kraft in Anspruch nehmende Operationen notwendig. [...] gerade diese schweren Operationen [sollen] nicht von den Frauen selbst, sondern von den männlichen Gynäkologen ausgeführt werden, die weiblichen Ärzte aber sich nur auf die leichteren Hülfeleistungen, wie sogenannte kleine Gynäkologie, beschränken." (Müller 1894, S. 32)

> „Die wissenschaftliche Qualifikation der weiblichen Studierenden und Assistenzärztinnen überschreiten selten, und zwar viel seltener als diejenige der männlichen, den Durchschnitt. Ihre Entschluß- und Handlungsfähigkeit, Willensenergie, Initiative, technische Geschicklichkeit, körperliche Ausdauer läßt vielfach zu wünschen übrig. Aus diesem Grunde ist ihre Befähigung zu den Zweigen des ärztlichen Berufs, bei denen die erwähnten Eigenschaften wesentliche Vorbedingungen für eine erfolgreiche Tätigkeit bilden – insbesondere also zur operativen Gynäkologie und Geburtshilfe und zur Chirurgie – im allgemeinen weniger groß." (Schwalbe 1918, S. 40)

Zusammenfassend: Auch wenn auf den ersten Blick mit dem Fraueneintritt in den Ärzt:inberuf ein exklusives Distinktionsmerkmal für Männer zu verschwinden scheint, ist die Distinktionslogik im Diskurs von Ärzten um die Jahrhundertwende aus zwei Gründen nicht gefährdet. Erstens bedeutet die Betonung der Differenz und der Komplementarität zwischen den Geschlechtern eine berufsinterne Bestätigung der geschlechtlichen Arbeitsteilung. Befürworter sind Träger des kulturellen Leitbilds, wonach nur Männer in der Lage sind, gleichzeitig engagiert einer qualifizierten Erwerbsarbeit nachzugehen und ihre Familienpflichten als Ernährer zu erfüllen. Die Neugestaltung der geschlechtlichen Arbeits- und Aufgabenteilung im Ärzt:inberuf, die sie verteidigen, ist eine „Umschrift der Differenz" (Gildemeister/Wetterer 1992, S. 223) und keine Aufhebung. Zweitens sind diejenigen, die sie als potenzielle ‚weibliche Ärzte' identifizieren, aufgrund ihrer bürgerlichen Milieuzugehörigkeit, ihrer hohen Intelligenz, ihres Zölibats und ihrer Kinderlosigkeit weder ‚normale' Frauen noch ‚normale' Ärzte. In ihren sozio-historischen Untersuchungen zum Eintritt von Frauen in den Ärzt:inberuf hält Angelika Wetterer fest, dass ‚weibliche Ärzte' „nicht zu Gleichen, sondern zu Anderen" (Wetterer 1999, S. 240) wurden. Sie bezeichnet sie sogar als „Zwitter", denn „[s]ie werden zwar zu Mitgliedern des Ärztestandes und insofern ein Stück weit ‚wie Männer'. Aber sie verdanken ihre Mitgliedschaft dem Festhalten daran, dass sie Frauen und folglich anders sind als Männer, anders als Normalmitglieder" (Wetterer 2002, S. 425).

Sowohl die Befürworter einer weiterbestehenden Exklusion von Frauen aus dem Arztberuf als diejenige, die sich zu Gunsten einer „ausschließenden Einschließung" (Wetterer 1999, 2002) engagieren, stützen sich auf Selbst- und Fremdeinschätzungsschemata, die auf einer polarisierten hierarchischen Ordnung der Geschlechter beruhen. Die Überordnung des Männlichen macht aus den ‚weiblichen Ärzten' „Konkurrentinnen außer Konkurrenz" (Hofbauer 2006), da aus den von ihnen erhofften oder befürchteten Tätigkeiten keine vergleichbare Anerkennung wie aus den von männlichen Professionellen erbrachten Leistungen zu erwarten sei.

3.1.2 Männliche Hierarchien innerhalb der Ärzteschaft

Die Vorträge und Veröffentlichungen einiger Mitglieder der Ärzteschaft um die Jahrhundertwende gewähren einen Einblick über die distinktionslogische Definition des medizinischen Berufes kurze Zeit nach seiner Etablierung als Profession. Eine Abgrenzung von weiteren Berufen findet erstens aufgrund eines Expertenwissens statt. Das Wissen und Können, welche Ärzte vorweisen, sind nicht jedermann zugänglich, sondern nur jenen Individuen, die Erfolg bei der universitären Ausbildung sowie bei der Approbation hatten – d. h. bei selektiven meritokratischen Eintrittsverfahren. Die Monopolisierung der Expertise bedeutet, eine Befehlsgewalt über Laien zu haben, was das Gebiet der Heilkunde betrifft. Zur Distinktion von anderen Berufsgruppen trägt zweitens die Vorstellung bei, wonach Ärzt:innen nicht aus ökonomischem sondern aus altruistischem Interesse handeln. Dieses Bild der patriarchalen Fürsorge um das Wohlergehen der Bevölkerung verleiht den Mitgliedern der Ärzteschaft eine hohe Prestigestellung innerhalb der Gesellschaft. Die ärztliche Sonderposition stützt sich drittens auf einen sehr hohen Grad an Autonomie und Selbstkontrolle. Dieser macht es möglich, dass die Ärzteschaft sowohl die Kriterien für den Zugang zur bzw. den Ausschluss von der Berufsgruppe als auch die erstrebenswerten Berufsideale im hohen Maße selbst bestimmt.

Darüber hinaus ermöglichen diese Texte den Zugang zu intraberuflichen Hierarchien, die Männer in einer hegemonialen Position bilden. Der Professor für Anatomie und Physiologie Theodor von Bischoff unterscheidet zwischen zwei Typen von Ärzten. Der erste Typus, der als ‚Schöpfer' bezeichnet werden kann, bildet ein Ideal, wonach ihm zufolge alle Ärzte streben, obwohl ihnen klar ist, dass nur die Wenigsten diesem jemals entsprechen werden. Als Orientierungsfolie dient hier derjenige Arzt, der aufgrund seiner außergewöhnlich hohen Intelligenz bemerkenswerte wissenschaftliche Leistungen erbringt und der Medizin zum Fortschritt verhilft. Dieser schöpferische Genius, der neues Wissen erzeugt, wird als ein „Geist" (Bischoff 1872, S. 8) definiert, der die Begabung hat, selbstständig äußerst vielschichtige Gedanken zu entwickeln und hoch komplexe Verfahren durchzuführen. Im Gegensatz dazu ist der „Handwerker" (ibid.) ein praktisch arbeitender Arzt, der, um Patient:innen zu behandeln, das Wissen und das Können anwendet, die er im Rahmen des Medizinstudiums erlangt hat. Grundlage seines professionellen Handelns ist also das Erlernte:

> „Ganz gewiss ist es wahr, dass viele Aerzte den an sie zu stellenden Anforderungen nicht entsprechen. Ihrer Befähigung, ihrem ganzen Entwicklungsgang, ihrem Streben nach sind sie keine frei geistig producirende und denkende Forscher und Künstler, sondern Handwerker, die mit dem mehr oder weniger grossen Vorrathe ihrer erlernten Vorschriften arbeiten, und dem eigentlichsten Zwecke ihrer Thätigkeit nicht entsprechen. Allein einer Seits ist die Natur der Sache, die wechselnde individuelle Mannigfaltigkeit der Krankheit, eine so hervortretende und zwingende, dass dennoch die Mehrzahl der Aertze ihr bewusst oder unbewusst, befähigt oder unbefähigt, nachleben muss, anderer Seits entscheidet das Verfehlen eines Zieles nichts über dieses Ziel selbst, seine Nothwendigkeit und seinen Werth. Gibt es unter hundert Aerzten neun und neunzig Handwerker und auch nur einen einzigen gebildeten selbstständig denkenden und handelnden Geist, so entscheidet doch nur dieser Eine über die Natur, die Art und den Werth der ärztlichen Praxis, und nur von diesem Einen geht der Fortschritt, die Weiterbildung der ärztlichen Einsicht und des ärztlichen Handelns aus. Er allein ist der wirkliche Repräsentant der Medicin, er allein verwirklicht ihre Forderungen, er allein vertritt aber auch ihre Rechte, und widersetzt sich allen handwerksmässigen Zumuthungen und handwerksmässiger Beurtheilung." (Bischoff 1872, S. 8 f.)

Zwischen beiden Typen lässt sich eine homosoziale Hierarchie erkennen, die dem connellschen Verhältnis zwischen hegemonialer und komplizenhafter Männlichkeit entspricht: Auch wenn nur sehr wenige Ärzte alle Eigenschaften eines Schöpfers vereinigen, orientiert sich die Gesamtheit der männlichen Ärzteschaft an diesem Ideal des ‚Gottes in Weiß' und profitiert von der Macht und dem Prestige, die dank diesem „wirkliche[n] Repräsentant[en] der Medicin" (ibid.) allen Mitgliedern der Profession verliehen werden. Die Berufsordnung, die in Theodor von Bischoffs Gegensatzpaar erkennbar ist, kann auch als symbolische Ordnung im Sinne Bourdieus gedeutet werden. Die Sichtweise der Herrschenden wird durch die Beherrschten anerkannt und verkannt (vgl. Bourdieu 1997a, S. 96 f.). Die Unterwerfung unter die vorherrschenden beruflichen Wahrnehmungs-, Denk- und Handlungsmuster und ihre Inkorporierung bilden sogar Vorbedingungen für den Zugang zur Profession.

Eine Unterscheidung, die dem Gegensatzpaar Schöpfer *vs.* Handwerker ähnelt, lässt sich in einem Vortrag des Professors für Geburtshilfe und Gynäkologie Peter Müller (1894) finden. In seiner Vorstellung ist jedoch eine größere Durchlässigkeit als im Buch von Professor Theodor von Bischoff zu erkennen. Erstens räumt er einem größeren Anteil männlicher Ärzten das Potenzial ein, aufgrund ihrer „hervorragenden Geister" (ibid., S. 15) wissenschaftliche Leistungen zu erbringen, die zu Fortschritten in medizinischen Kenntnissen und Behandlungen führen könnten, – nämlich 20% (ibid.) statt nur 1% (Bischoff 1872, S. 8). Zweitens gewährt er den praktischen Ärzten einen umfassenderen Zugang zur geistigen Arbeit, denn sie haben die „Aufgabe auf der Höhe der Wissenschaft zu bleiben; d. h. die Resultate der Wissenschaft, die ja besonders in neuerer Zeit rasch auseinander folgen, ja sich geradezu überstürzen, in sich aufzunehmen und dieselben für die Praxis zu verwerthen" (Müller 1894, S. 16). Drittens eröffnet er die Möglichkeit, dass Frauen mit einem für ihr Geschlecht überdurchschnittlichen Intellekt als praktischer Arzt handeln könnten:

> „Aber auf der anderen Seite ist sie doch keine Wissenschaft, die nur den hervorragenden Geistern zugänglich ist, ebensowenig wie die anderen auf Universitäten betriebenen Disciplinen. Es gibt selbstverständlich auch in der Medizin Gebiete, zu deren Durchforschung eine weit über das Mittelmaß hinausgehende Begabung erforderlich ist. Aber eine genaue Kenntnis dieser Gebiete ist für den praktischen Arzt nicht nothwendig. Es genügt zur Ausübung der ärztlichen Tätigkeit ein gewisses, wenn auch nicht geringes Maß von Kenntnissen und Fertigkeiten, welches meiner Meinung nach unter gewissen Umständen von einer intelligenten Frau auch erlangt werden kann." (Müller 1894, S. 15)

Auf dieser Ebene unterscheidet sich Professor Peter Müllers Berufsbild stark vom dem des Professoren Theodor von Bischoff, für welchen eine Aufhebung der Homosozialität im Handwerkertypus nicht vorstellbar ist, da Frauen der praktischen Ausübung der Medizin nicht gewachsen seien:

> „Ich halte es endlich für durchaus nothwendig, auch noch darauf aufmerksam zu machen, dass an den Arzt auch eine bedeutende Anforderung von körperlicher Kraft und Leistungsfähigkeit gemacht wird. Nicht nur, dass er überhaupt einen sehr anstrengenden Beruf zu erfüllen hat, Tag und Nacht, zu jeder Jahres- und Tageszeit, bei jeder Witterung zur Hülfe bereit sein muss, in den Städten alle Strassen und Häuser betreten, im Keller und über vier Stiegen, in kalten und überhitzen Räumen aushalten, auf dem Lande stundenweite Wege zu Fuss, zu Pferd und zu Wagen zurücklegen, sich den nachtheiligsten Einflüssen aussetzen muss, und dennoch gesund bleiben soll; auch viele seiner speciellen Leistungen erfordern einen bedeutenden Kraftaufwand. Man sehe einen Operateur am Operationstisch, einen Geburtshelfer bei so mancher schweren Entbindung, und man wird sich überzeugen, dass nur ein kräftiger gesunder Mann solche Anstrengungen zu leisten vermag." (Bischoff 1872, S. 12 f.)

Einig sind sich aber beide Professoren in einem Punkt: Die Zugehörigkeit zur medizinischen Elite benötigt überragende geistige Fähigkeiten und sei daher nur für eine Auslese der besten Männer und für gar keine Frau erreichbar: „Nur ein kleiner Bruchtheil giebt sich mit den Forschungen selbst und mit literarischen Bestrebungen ab. Von der Frau sollte man deshalb billigerweise auch nicht mehr, als von jedem praktischen Arzte, verlangen" (Müller 1894, S. 16 f.). Mit anderen Worten: Das professionelle Idealbild ist durch und durch männlich,[117] sodass die Geschlechterzugehörigkeit als Grundelement der professionellen Distinktions-praxis gedeutet werden soll.

3.2 Soziologische Diagnosen zu ärztlichen Praxen in Krankenhäusern

Lange Zeit wurden die soziologischen Konzeptualisierungen der archetypischen Profession Ärzt:in durch das männlich codierte Idealbild geprägt, das zur Zeit der Etablierung als Profession vorherrschte. Die Geschlechterblindheit bzw. der Androzentrismus der Professionssoziologie kann u. a. am Beispiel Eliot Freidsons Monographie *Der Ärztestand. Berufs- und wissenschaftssoziologische Durch-leuchtung einer Profession* (1970/1979) illustriert werden. Der US-amerikanische Soziologe verschweigt die Geschlechtszugehörigkeit der Professionsmitglieder in der gesamten Schrift mit einer einzigen Ausnahme, nämlich die Bezeichnung des Nachwuchses im „Kollegennetz" als „zielstrebige […] junge […] Männer" (ibid., S. 81). Nichtsdestotrotz lassen sich in einigen am symbolischen Interaktionismus orientierten Studien der 1950er, 1960er und 1970er Jahren (u. a. Hughes 1958; Becker et al. 1961; Freidson 1970/1979) Impulse finden, die bei einer geschlech-tersensiblen Analyse der Herstellungsleistungen von Profession fruchtbar ge-macht werden können; und dies insbesondere, wenn sie mit einem bourdieuschen Blick auf symbolische Ordnungen kombiniert werden. Im Folgenden wird daher der Fokus auf Herrschafts- und Machtverhältnisse in Interaktionen gelegt, um aufgrund vorliegender soziologischer Studien zu skizzieren, inwiefern ärztliche

---

117 Eine Ausnahme im deutschsprachigen Raum ist der böhmisch-österreichische Professor für Chirurgie Eduard Albert: „Ganz sicher wird niemals die Verschiedenheit der männ-lichen und weiblichen Veranlagung bei der Mehrheit ausgeglichen werden. Insbesondere wird die schöpferische, namentlich geniale Befähigung das Kennzeichen des männlichen Geistes bleiben. Das schließt nicht aus, daß eine zunehmende Zahl von Frauen mit genü-gend Fähigkeiten ausgerüstet wird, um auch im Reiche der Wissenschaft ein Vollwertiges, zum Teil sogar Höherwertiges zu leisten. Wir kennen heute, wenige Dezennien nach dem Beginn des Frauenstudiums, schon ganz erheblich mehr Frauen mit ‚männlicher Anlage‘ als unsere Ahnen es für wahrscheinlich gehalten haben; Frauen, welche Verantwortung übernehmen, keine Kompromisse lieben und nichts weniger als konservativ im Denken und Handeln sind." (Schwalbe 1918, S. 45 f.).

Praxen Hierarchisierungen zwischen verschiedenen Kategorien von Mitarbeiter:innen in deutschen Krankenhäusern hervorrufen und verfestigen.

3.2.1 Die Hierarchie der vergeschlechtlichten Fachgebiete

Bei der Betrachtung der Statistiken über die Geschlechterverhältnisse innerhalb der Ärzteschaft in Deutschland bzw. in der BRD[118] scheint aus der männlich dominierten Profession eine gemischte Berufsgruppe geworden zu sein. Ein kurzer Blick auf die Grafik 1 lässt erkennen, dass der Frauenanteil unter den berufstätigen Ärzt:innen nahezu kontinuierlich[119] stieg bzw. der Männeranteil entsprechend sank.

Grafik 1: Anteil männlicher berufstätiger Ärzte an der gesamten Ärzt:innenschaft in Deutschland (1909–2017)[120]

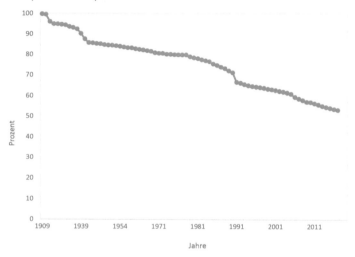

Eigene Darstellung

---

118 In der DDR, so wie in der UdSSR insgesamt, erhöhte sich der Frauenanteil schneller als in Westeuropa. 1989 betrug der Frauenanteil in der Gesamtärzteschaft 53,5% im östlichen Teil Deutschlands, im Westen lag er bei 28,0% (siehe Anhang C).
119 Die Erhöhung des Frauenanteils um fünf Punkte innerhalb eines Jahres in 1991 kann durch die Wiedervereinigung Deutschlands erklärt werden. Denn in den Gebieten der ehemaligen DDR wurde der Ärzt:inberuf häufiger von Frauen ausgeübt (siehe Anhang A).
120 Die DDR wird hier nicht berücksichtigt.

Jedoch ergibt der Blick auf die Ebene der medizinischen Fachbereiche ein viel nuancierteres Bild vom Wandel der Geschlechterverhältnisse innerhalb der Ärzt:inprofession. Zwar erhöht sich die weibliche Mitarbeit in allen Fachbereichen (siehe Anhang C), aber mit sehr unterschiedlichen Geschwindigkeiten. Als ausgewogen besetzt gilt ein Fachbereich, wenn der Anteil des einen Geschlechts zwischen 40% und 60% schwankt. Mit Sicht auf den Männeranteil in 2017 traf das für die folgenden Fachbereiche zu: die Kinder- und Jugendmedizin (41,1%), die Psychiatrie (48,4%), die Allgemeinmedizin (52,2%), die Augenheilkunde (52,3%), die Neurologie (54,5%) sowie die Anästhesiologie (56,9%). Mit einem Männeranteil zwischen 60% und 79% sind die Pathologie (61,6%), die Innere Medizin (62,5%), die Dermatologie (63,1%), die Hals-Nasen-Ohrenheilkunde (63,1%), die Radiologie (64,6%) sowie die Chirurgie (79,6%) als überwiegend männlich besetzt einzuordnen. Als überwiegend weiblich besetzt gilt nur die Frauenheilkunde und Geburtshilfe (32,8%), als männlich dominiert nur die Urologie (82,7%).

Mit Blick auf die Grafik 2 lässt sich an sechs ausgewählten Fachbereichen erkennen, dass der Männeranteil mit unterschiedlichen Geschwindigkeiten sinkt. Während sich die innerprofessionelle Ungleichverteilung von Frauen und Männern in der Chirurgie und der Urologie seit fast 40 Jahren kaum verändert hat, fand in den letzten Jahren eine rasche Angleichung der Geschlechterverteilung in der Allgemeinmedizin und in der Neurologie statt. In der Frauenheilkunde und Geburtshilfe sowie Kinder- und Jugendmedizin ist das Tempo der Veränderung der Geschlechterverhältnisse so rasant, dass diese beiden Fachbereiche in den kommenden Jahren bzw. Jahrzehnten höchstwahrscheinlich weiblich dominiert werden.

Grafik 2: Anteil männlicher Ärzte in ausgewählten Fachbereichen (1978–2017)[121]

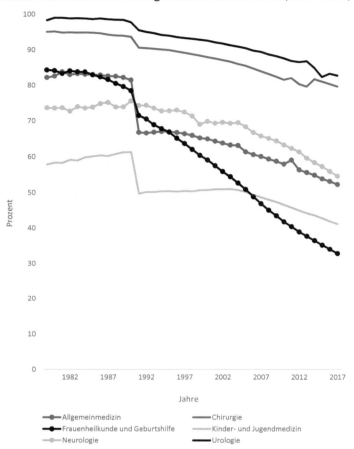

Eigene Darstellung

Diese innerprofessionelle Segregation kann erstens horizontal gelesen werden: Sie ist eine Folge der geschlechtlichen Arbeitsteilung innerhalb des Ärzt:inberufs, die damit zusammenhängt, dass einige ärztliche Fachgebiete weiblich umcodiert wurden, während andere männlich codiert blieben. Die Umcodierung der Fachbereiche naturalisierte die Spezialisierung von Ärztinnen in Gebieten, die nun für Frauen als geeignet gedeutet wurden – bspw. die ihren mütterlichen Kompetenzen entsprechende Kinderheilkunde oder die mit der Ästhetik assoziierte Dermatologie (Pringle 1998, S. 104). Als männlich codiert und dominiert blieben die Felder mit hegemonialen Ansprüchen – bspw. die überdurchschnittlich hohe

---

121 Die DDR wird hier nicht berücksichtigt. Der Knick zwischen 1990 und 1991 erklärt sich durch die Aufnahme der neuen Bundesländer bei der Berechnung nach der Wiedervereinigung.

mentale und körperliche Kräfte erfordernde Chirurgie oder die sich mit dem hoch komplexen Edelorgan Herz beschäftigende Kardiologie. Es handelt sich aber auch um eine vertikale Segregation innerhalb der Profession. Die Hierarchisierung der Geschlechter verlagerte sich auf eine innerprofessionelle Ebene, denn die geschlechtliche Arbeitsteilung innerhalb des Ärzt:inberufs spiegelt eine Hierarchie der medizinischen Fachbereiche wider. Mit Sicht auf den Forschungsstand lässt sich ein enger Zusammenhang zwischen dem Ansehen eines Fachbereiches, den Karriere- und Verdienstmöglichkeiten sowie der innerprofessionellen Geschlechterverteilung erkennen. Zum Beispiel stellt Angelika Wetterer fest, dass die Kinderheilkunde als *„die* Domäne der Fachärztinnen, sowohl hinsichtlich der Einkommensmöglichkeiten wie hinsichtlich ihres Prestiges in einer professionsinternen Rangskala ganz am unteren Ende" (Wetterer 2002, S. 466; Herv. i. O.) liegt. Die prestige- und verdiensträchtigen operativen Gebiete gelten *a contrario* weiterhin als ‚Männerdomäne':

> „Bezieht man auch kleinere Fachgebiete mit ein, so läßt sich durchweg feststellen, daß die operativen und die apparate-intensiven Gebiete ‚Männergebiete' waren und geblieben sind. ‚Männlich' sind damit zugleich die Facharztgebiete, in denen sich entweder überproportional viel verdienen läßt oder die besonders prestigeträchtig sind, weil sie nach schulmedizinischem Verständnis an der Spitze des medizinisch-technologischen Fortschritts stehen." (Wetterer 1999, S. 229)

Die Erhöhung des Frauenanteils in der Ärzteschaft brachte also keine symbolische Revolution mit sich. Es gab keinen Umbruch mit den bestehenden Auffassungs- und Einteilungsprinzipien, sondern die dichotome Kategorisierung der Geschlechter ging weiterhin mit einer Hierarchisierung einher. Die symbolische Herrschaft des Männlichen entfaltet sich nun auch auf der intraprofessionellen Ebene. Kurz gefasst: Die Vergeschlechtlichung der intraberuflichen Arbeitsteilung reproduziert die männliche Herrschaft.

Einen besonderen Fall stellen die sogenannten drei ‚großen Kliniken' in Lehrkrankenhäusern dar. Die innere Medizin, die Chirurgie und die Gynäkologie bieten überdurchschnittliche Möglichkeiten, was die wissenschaftliche Profilierung, die Karrierechancen und den Einfluss auf die medizinischen Fakultäten betrifft. Diese Felder waren daher lange Zeit besonders stark verteidigte Terrains, zu denen Frauen nur schwer Zugang erhielten. Im Fall der Chirurgie kann angenommen werden, dass eine Vorbedingung für eine dauerhafte Zugehörigkeit zur Berufsgruppe die Übernahme des männlichen Habitus des „Zu-sich-selbst-*Hartsein[s]*" (Sander 2009, S. 340; Herv. i. O.) bildet. Derbheit, Härte und Belastbarkeit gehören zu den Dispositionen, die Ärzt:innen innerhalb operativer Felder verinnerlichen. Als bekannteste Illustrationen für solche chirurgischen Denk- und Handlungsmuster gilt aktuell das Erzählen sexualisierter Witze sowie die Verwendung von ekelerregenden Sprüchen. Derartige Dispositionen wurden aber schon beobachtet, als operative Eingriffe noch ohne Narkose und mit wenig Aussicht auf Heilung erfolgten:

> „The habitus of the surgeon required a ‚case-hardened insensibility to the signs of acute suffering; only thus could he have retained calm judgement when operating upon the conscious patient'. This was no place for women or weaklings because the resistance of the muscles to pain demanded ‚strength above the average' along with ‚perfect muscular coordination'. This emphasis on physical and mental strength, authority and decisiveness is at the core of surgical tradition." (Pringle 1998, S. 70)

Die Praxen der Essenspausen in operativen Abteilungen, so wie sie von Kirsten Sander (2009, S. 281 ff.) geschildert wurden, geben vergeschlechtlichte Aneignungen des chirurgischen Habitus des „Zu-sich-selbst-*Hartsein[s]*" (ibid., S. 340; Herv. i. O.) zu sehen. Im Zusammenhang mit den während der Eingriffe erlebten Anstrengungen und Strapazen wird der männliche Körper des Chirurgen als robust und energiegeladen wahrgenommen. Um seine Kräfte zu wahren, stützt er sich auf die Krankenschwestern seiner Abteilung, die „Speisen zur Verfügung stellen und vorbereiten" (ibid., S. 277), damit sie diese nach ihrer Rückkehr aus dem OP-Bereich in interberuflichen Pausensituationen gemeinsam aufnehmen. Im Gegensatz dazu signalisieren Chirurginnen ihre hohe Widerstandsfähigkeit, indem sie die Bedürfnisse ihres weiblichen und daher vermeintlich schwachen Körpers unsichtbar machen. Mit anderen Worten: Die Härte gegen sich selbst wird von Frauen als selbstdisziplinierte Verneinung des eigenen Erholungs- und Nahrungsbedarfs ausgelebt, was als Darstellung der Zuverlässigkeit und Belastbarkeit ihres professionellen Körpers gedeutet werden kann (vgl. ibid., S. 287).

In der inneren Medizin fassten erstmals vor allem Frauen aus privilegierten Schichten Fuß – oft Töchter aus Ärzt:infamilien. Schritt für Schritt erhielten immer mehr Frauen mit hervorragenden Bildungsergebnissen Zugang zu diesem Feld (Pringle 1998, S. 127), dessen Mitglieder durch ihre intellektuelle Virtuosität brillieren sollen. Der Weg der Ärztinnen in die ‚große Klinik' Gynäkologie lief über eine fachbereichsinterne Arbeitsteilung. Im späten 19. Jahrhundert genoss die Frauenheilkunde und Geburtshilfe zwar ein hohes Ansehen innerhalb der Profession aufgrund rasanter Fortschritte sowie ihrer operativen Anteile (Pringle 1998, S. 42 f.; Wetterer 2002, S. 467 f.), aber sie wurde als einer der Haupttätigkeitsbereiche für ‚weibliche Ärzte' definiert. Vor dem Hintergrund dieses Zwiespaltes entstand eine innere Segregation zwischen einerseits der in Krankenhäusern und Kliniken operativ orientierten ausgeübten prestigeträchtigen ‚großen Gynäkologie', die männlich dominiert blieb, und andererseits der ‚kleinen Gynäkologie', die die routinemäßige Betreuung von Patientinnen übernahm, und die ohne große Vorbehalte Ärztinnen überlassen werden konnte.

Abschließend kann festgehalten werden, dass Krankenhäuser und Kliniken heutzutage weiterhin soziale Einheiten sind, in denen trotz des geschlechtsneutralen meritokratischen Ideals „Prozesse der geschlechtsspezifischen Differenzierung und Hierarchisierung" (Achatz et al. 2002, S. 289) stattfinden. Mit dem Konzept der *gendered organizations* – vergeschlechtlichten Organisationen – pointiert die US-amerikanische Soziologin Joan Acker, wie einseitig an männlich codierten Lebensentwürfen ausgerichtete organisationale Normen- und Deutungssysteme zur (Re-)Produktion von Geschlechterasymmetrien führen (u. a. Acker 1990, 1992). Im Fall der Ärzt:innen, die in der Organisation Krankenhaus bzw. Klinik beschäftigt sind, sind die vorherrschenden Normen und Regelungen stark von einer *male substructure* geprägt, die in einem Zeitraum entstand, als Frauen von der Profession exkludiert waren. Erwartet werden u. a. lange Anwesenheitszeiten, eine hohe zeitliche Flexibilität, eine ununterbrochene Fort- und Weiterbildung sowie eine starke Leistungsorientierung. Die männlich codierte Norm des „zeitlich immer verfügbaren Kliniker[s]" (Hesse 1993, S. 112) kollidiert mit der Übernahme von reproduktiven Aufgaben.

Der immer wieder beobachtete Schereneffekt von Elternschaft hinsichtlich des ärztlichen Karriereverlaufs (u. a. Abele 2006, S. 44; Pöge 2019, S. 26) beginnt aber nicht erst mit der ungleichen Verteilung der Elternzeit zwischen Müttern und Vätern oder mit der Reduzierung bzw. Erhöhung der Arbeitszeit nach einer Geburt, sondern mit der Bekanntgabe der Schwangerschaft. In der Bundesrepublik führt nämlich die aktuelle Auslegung des *Gesetzes zum Schutz von Müttern bei der Arbeit, in der Ausbildung und im Studium* dazu, dass zahlreiche Ärztinnen ab der Anzeige ihres Zustandes entweder ein Arbeitsverbot erteilt bekommen oder nur noch für nicht-medizinische Tätigkeiten eingesetzt werden, was ihr Vorankommen in der Ärzt:inkarriere hindert.[122] Daraus folgt, dass Ärztinnen seltener als ihre männlichen Kollegen die statushohen Positionen innerhalb der klinischen Organisationen – bspw. Ober- oder Chefärzt:in – besetzen und häufiger in Sackgassenstellen – bspw. Teilzeitfachärzt:instellen oder Vertretungen – ‚landen' oder das ‚Feld räumen', indem sie in einer Praxis tätig werden.

---

122 Siehe 5.1.2.

3.2.2 „Doing being a doctor"[123] – Dar- und Herstellung interberuflicher Hierarchien

Nach Eliot Freidson ist ein Merkmal von Professionen die „*Kontrolle* [...] über die Arbeitsteilung" (1970/1979, S. 43; Herv. i. O.) mit subordinierten Berufsgruppen, d. h. im Fall der Ärzt:innen die Überwachung des Handelns von paramedizinischen Berufsgruppen. Innerhalb der Organisation Krankenhaus ist die Pflege die Gruppe, die eine solche untergeordnete Stellung versinnbildlicht: Sie soll die Ärzt:innen beim Diagnostizieren und Therapieren unterstützen, indem sie ihren Ersuchen stattgibt und ihre Verordnungen ausführt. Im beruflichen Alltag lassen sich aber Verhandlungen beobachten, die komplexere Machtverhältnisse in interberuflichen Interaktionen anzeigen.

Die interaktive Herstellung der Positionen ‚Arzt' und ‚Krankenschwester' bezeichnete der US-amerikanische Psychiater Leonard Stein 1967 als *doctor-nurse game*. Als eine der Grundregeln des Spiels zwischen beiden Kategorien von Akteur:innen gilt die Darstellung der ärztlichen Omnipotenz. Die Mitteilung eines Ratschlags bzw. einer Anweisung, die die medizinische Behandlung von Patient:innen betrifft, soll demnach verschleiert werden, wenn sie von Krankenschwestern an Ärzte gerichtet ist. Mit anderen Worten: Dem Mitwirken eines Mitglieds der untergeordneten Berufsgruppe bei diagnostischen Beurteilungen und therapeutischen Entscheidungen soll der Anschein von assistierendem Nachfragen und unterstützenden Erinnerungshilfen verliehen werden. Krankenschwestern agieren wie Souffleusen, die Ärzten während ihrer Darstellung als Professionelle im Falle einer Unwissenheit oder einer Unsicherheit über diese hinweghelfen:

> „[T]he nurse must communicate her recommendations without appearing to be making a recommendation statement. The physician, in requesting a recommendation from a nurse, must do so without appearing to be asking for it. Utilization of this technique keeps anyone from committing themselves to a position before a sub rosa agreement on that position has already been established. In that way open disagreement is avoided. The greater the significance of the recommendation, the more subtly the game must be played." (Stein 1967, S. 699)

Die Tatsache, dass die Dar- und Herstellung der professionellen Dominanz eine Bestätigung der Herrschaftsverhältnisse zwischen den Geschlechtern bedeutet, wird von Leonard Stein nicht festgestellt. Gemeinsam mit seinen Kollegen David Watts und Timothy Howell nahm der Psychiater eine Überarbeitung seiner Spielregelkonzeptualisierung vor, deren Notwendigkeit mit dem Wunsch der

---

123 Dieser Ausdruck, der ursprünglich von Emanuel A. Schlegloff (1987) stammt, wird hier im Sinne von Her- und Darstellung der Zugehörigkeit zur Ärzt:inprofession in Interaktionen verwendet.

Pflegenden nach mehr Anerkennung ihrer Kompetenzen und einer höheren Autonomie in ihren Expertisegebieten erklärt wird. Beim *doctor-nurse game revisited* wird zwar auf die Frauen- und Männeranteile unter den Ärzt:innen und Pfleger:innen hingewiesen, aber die vergeschlechtlichten Machtverhältnisse werden weiterhin nicht analysiert:

> „Physicians are also increasingly likely to be female. In 1989 38 percent of freshman medical students were women, as compared with 9 percent two decades earlier. Although female medical graduates have generally been trained to play the doctor-nurse game like their male counterparts, the elements of the game that reflect stereotypical roles of male dominance and female passivity are missing. This phenomenon is accentuated by the gradually increasing percentage of nurses who are male, currently around 3 percent of the total." (Watts/Howell 1990, S. 546)

Die weitgehende Geschlechterblindheit dieses Modells ist einer der Gründe, weswegen bei aktueller Betrachtung von Machtverhältnissen in Interaktionen zwischen Ärzteschaft und Pflege eher auf das Modell der *gendered negotiated order* rekurriert wird.[124] Dies ist bspw. der Fall in den zwei Studien, die im Rahmen des von Carol Hagemann-White geleiteten Forschungsprojekts *Interaktion von Pflege und Medizin im Krankenhaus. Konstruktionsprozesse von Geschlecht, Hierarchie und beruflicher Sozialisation* durchgeführt wurden. Mit Blick auf die Zuständigkeitsverhandlungen zwischen Ärzt:innen und Krankenpfleger:innen gehen Martina Loos (2006) und Kirsten Sander (2009) u. a. den Fragen nach, wie Hierarchien zwischen Berufsgruppen und Geschlechtern in interdisziplinären Interaktionsprozessen dar- und hergestellt werden.

Trotz der formaljuristischen Rahmung der medizinischen Aufgabenteilung zwischen Ärzt:innen und Krankenpfleger:innen in der Bundesrepublik Deutschland ist die interdisziplinäre Zusammenarbeit auf den Stationen durch ein alltägliches Verhandeln der Zuständigkeitsbereiche charakterisiert. Informell wird sowohl die Übernahme von berufsfremden Handlungen als auch die Verteilung von nicht eindeutig zuzuordnenden Tätigkeiten vereinbart, ohne dass hierfür eine Absprache nötig ist. Je nach Situation und Kompetenzen erbringen Akteur:innen aus der einen oder der anderen Berufsgruppe Leistungen, für die sie offiziell

---

124 Anselm Strauss' Konzept des *negotiated order* wurde Anfang der 1960er Jahren auf der Grundlage von Beobachtungsstudien in Krankenhäusern entwickelt (Strauss et al. 1963, 1964). Nach diesem Ansatz sollen interaktive Formen der Herstellung von sozialer Ordnung als Verhandlungsprozesse verstanden werden. Dies bedeutet eine Aufhebung der Opposition zwischen Mikro- und Makroebene, denn jede Interaktion ist durch Normen und Regeln gerahmt – bspw. im Fall des Krankenhauses durch das Gesundheitssystem, die Ärzteordnung oder die Gesetze und Verordnungen. Dieses Konzept erfuhr eine gewisse Beliebtheit in der Gesundheits- und Medizinsoziologie und wurde insbesondere bei der Analyse der Beziehungen zwischen Ärzteschaft und Pflege öfters verwendet (u. a. Svensson 1996; Allen 1997; Miller/Kontos 2012).

nicht zuständig sind. Beispielsweise nehmen Krankenpfleger:innen Blut ab oder Ärzt:innen ziehen das Bettlaken einer:eines Patient:in zurecht. Kirsten Sander stellt fest, dass sich Ärzte durch Hilfestellungen bei Krankenschwestern als ritterliche Männer darstellen. Gefälligkeiten können demnach als Genderismus im Sinne Erving Goffmans (1994, S. 147) gedeutet werden. Indem sie bspw. Frauen vor einer Verunreinigung schützen oder ihre Körperkraft einbringen, werden nicht nur die Zuständigkeitsgrenzen überschritten, sondern die „Professions- und Geschlechtergrenzen [werden] deutlich markiert sowie hierarchisiert" (Sander 2009, S. 120).

Spannungen beim Verhandeln der Aufgabenverteilung werden jedoch von Martina Loos (2006) festgestellt. Konflikte entstehen u. a., wenn beide oder keine der Berufsgruppen eine Handlung als Teil ihrer Tätigkeitsbereiche definieren (ibid., S. 167, 214 ff.), wenn die geleisteten Gefälligkeiten nicht genug Anerkennung erhalten (ibid., S. 210 f., 389 f.), sowie wenn fehlender Respekt für die hohe Arbeitsbelastung, die straffe Zeitplanung oder die kollegialen Umgangsformen wahrgenommen wird (ibid., S. 241, 310 ff.). Auch „sehr viel Zündstoff" (ibid., S. 239) beobachtet sie in direkten Verweigerungen von Anordnungen sowie im ‚Dienst nach Vorschrift'. In solchen Fällen findet nicht nur ein „Zusammenprall [des] traditionellen Bildes einer Arzt-Schwester-Arbeitsbeziehung mit den Professionalisierungstendenzen innerhalb der Pflege" (ibid., S. 241) statt, sondern Ärzt:innen werden mit ihrer eigenen Machtlosigkeit konfrontiert, da sie trotz Weisungsbefugnis formell nicht die Vorgesetzten der Krankenpfleger:innen sind.

Im begrenzten Zeitraum der Einarbeitung der Ärzt:innen wird sogar immer wieder eine „Umkehr der Professionshierarchie" (Sander 2009, S. 124) beobachtet (u. a. Wicks 1998; Benner 2000). Noviz:innen der Medizin werden teilweise von langjährig berufstätigen Krankenpfleger:innen eingearbeitet, die ein umfangreiches praktisch erworbenes klinisches Erfahrungswissen vorweisen, das den unerfahrenen Medizinabsolvent:innen fehlt. Da ihnen fast nur das im Studium erworbene theoretische Fachwissen zur Verfügung steht, sind insbesondere Assistenzärzt:innen tagtäglich auf die Hilfe bzw. die Überwachung durch die Pflege angewiesen, um Entscheidungen bspw. über Untersuchungen, Behandlungen oder Dosierungen zu treffen (Loos 2006, S. 247 ff.; Sander 2009, S. 124 ff.). Aufgrund der Geschlechteranteile in der Pflege und in der Medizin handelt es sich hierbei sehr häufig um einen jungen Mann und eine ältere Frau, sodass die Verkehrung der Machtverhältnisse doppelt ist. Dies muss aber keineswegs zu Irritationen führen, insofern die Leistung der erfahrenen Krankenschwester nicht als Konkurrenz, sondern als *weibliche Fürsorge* (ibid., S. 138; Herv. i. O.) gedeutet wird.[125]

---

125 Martina Loos (2006) beobachtet, dass offensichtliche Unsicherheiten seitens Ärztinnen von Pflegenden als Hinweis für ihre professionelle Inkompetenz wahrgenommen werden (ibid., S. 254 ff.) und dass Ärztinnen die Interaktionen mit Krankenschwestern als homosoziales Konkurrenzgefüge deuten (ibid., S. 335 ff.).

Zu einem ähnlichen Ergebnis gelangt Arlie Russell Hochschild in ihrer Studie über Flugbegleiter:innen: Junge Mitarbeiter setzen die Autorität weiblicher Vorgesetzter mit derjenigen einer „Hausmutter" (1983/1990, S. 150) gleich.

Interberufliche Interaktionen zwischen Ärzt:innen und Krankenpfleger:innen finden schließlich während der gemeinsamen Essenspausen statt. Auch hier stellt Kirsten Sander eine Arbeitsteilung fest, die die Hierarchien zwischen den Berufsgruppen sowie zwischen den Geschlechtern reproduziert: Krankenschwestern versorgen Ärzte, indem sie Speisen vorbereiten und den Tisch decken (Sander 2009, S. 276 f.). Die Pausensituationen sind darüber hinaus Momente sozialer Nähe, im Rahmen deren Mitglieder beider Berufsgruppen ihre Geschlechtlichkeit spielerisch hervorbringen können. Eine scherzhafte Stimmungslage während der gemeinsamen Pausen trägt dazu bei, die bestehenden Hierarchien zu bestätigen:

> „Sie werden schnell zweideutig und sind häufig darauf angelegt, dass die Pflegefrauen über die Arztmänner und ihre Erzählungen lachen – oft begleitet von gespielter Empörung oder lustvollem Erschauern. Die Professionsdifferenz wird in diesen Settings in besonderer Weise als Geschlechterdifferenz hervorgehoben und durch die Dominanz der Ärzte als „Stimmungsmacher" hierarchisiert." (ibid., S. 278)

Kirsten Sander zufolge nehmen Ärztinnen wenig an diesem „Gelächter der Geschlechter" (Kotthoff 1996) teil. Der Verzicht auf Erholung und Stärkung innerhalb der Arbeitszeit, der dazu dienen soll, ihren Körper als bedürfnislos bzw. als nicht-schwach darzustellen[126], verfestigt die Ärzte-Krankenschwester-Interaktionsordnung im interberuflichen Pausenmachen – dies trotz der Erhöhung des Frauenanteils innerhalb des Ärzt:innenteams.

Schließlich stützt sich die symbolische Ordnung der Geschlechter in Krankenhäusern und Kliniken – sowie in allen vergeschlechtlichten Organisationen – auf alltäglich eingesetzte und nicht-hinterfragte Bewertungs- und Handlungsschemata. Auf der mikrosoziologischen Ebene der Interaktion lässt sich eine Hartnäckigkeit der Geschlechterhierarchisierung erkennen, die folgende These der US-amerikanischen Soziologin Cecilia L. Ridgeway bestätigt:

> „Eine mögliche Erklärung liegt in den alltäglichen und nicht weiter reflektierten Interaktionsprozessen, durch die die Ungleichheit zwischen den Geschlechtern ständig reproduziert wird. Interaktion führt nämlich zwangsläufig zu geschlechtlicher Kategorisierung, und im Zuge dieser Kategorisierung werden Geschlechterstereotypen evoziert, die das Handeln am Arbeitsplatz und in anderen Bereichen prägen. Diese geschlechtlich eingefärbten und weitgehend unbewusst ablaufenden Interaktionsmechanismen funktionieren [meines Erachtens] als ‚unsichtbare Hand', durch die die geschlechtliche Ungleichheit auch in neue sozio-ökonomische Verhältnisse eingeschrieben wird." (Ridgeway 2001, S. 251)

---

126 Siehe 3.2.1.

Im medizinischen Feld gibt es zwei tragende Säulen der Anerkennung und Aufrechterhaltung von vorherrschenden Kategorisierungen und Hierarchisierungen: Das vermeintlich universalistische Ideal der Meritokratie und der Glaube an die Biologisierung der Geschlechter.

3.3 Epistemologische Reflexion über die Erforschung der Geschlechterverhältnisse in der Berufssphäre[127]

Dass die Wissenschaftlichkeit der Soziologie nur gewährt werden kann, wenn sich Forschende vor dem Beginn ihrer Arbeit vom über Generationen hinweg stabil bleibenden Kollektivbewusstsein herauslösen, ist eine in Frankreich weit verbreitete Grundannahme, die schon zur Zeit der Institutionalisierung der *École française de sociologie* vorhanden war. Diese Sichtweise prägte die im folgenden Unterkapitel herrschende Erkenntnisdynamik stark, denn sie machte eine kritische Auseinandersetzung mit der vorhandenen Fachliteratur zur Voretappe für die Entwicklung eines eigenen begrifflichen Instrumentariums zur soziologischen Erforschung vom Wandel der Geschlechterverhältnisse in der Berufssphäre. Damit dieser Gedankenweg besser nachvollzogen werden kann, soll zunächst die wissenschaftstheoretische Perspektive der französischen Epistemologie kurz angerissen werden.

Laut Émile Durkheim ist das Ausschalten der „notiones vulgares" und „praenotiones" (Durkheim 1895/1984, S. 117) die Grundvoraussetzung der Untersuchung sozialer Tatsachen. In seinem Werk *Die Regeln der soziologischen Methode* (ibid.) bemühte er sich um eine Anlehnung der Soziologie am naturwissenschaftlichen Wissenschaftlichkeitsmuster (vgl. Berthelot 2000). Diese von Durkheim angestrebte Neuverortung der sozialen Physik bedeutete, dass soziologisches Wissen aufgrund der Auswertung von empirischen Materialen produziert werde und kausal begründende Erklärungen liefern sollte. Diese Orientierung des soziologischen Forschens am damals vor allem in der Physik, Chemie und Biologie vorherrschenden Wissenschaftlichkeitsmuster brachte die Idee mit sich, dass Soziolog:innen ihren Untersuchungsgegenstand anhand von Denkexperimenten zu analysieren haben. Der Bruch mit den Vorbegriffen, die durch das in der Sozialisation sedimentierte Vorwissen geprägt sind, ist Durkheim nach unabdingbar, denn es mache für Soziolog:innen möglich:

---

127 Die Erstfassung dieses Unterkapitels diente als Grundlage für den in der *Freiburger Zeitschrift für Geschlechterstudien* veröffentlichten Aufsatz „Von der *Feminisierung* zur *Entmaskulinisierung*. Epistemologische Reflexion über das begriffliche Instrumentarium zur soziologischen Erforschung vom Wandel der Geschlechterverhältnisse in der Berufssphäre" (Garcia 2019).

„sich [...] in den geistigen Zustand [zu] versetz[en], in welchem sich der Physiker, Chemiker und Physiologe befindet, sobald er an einen noch unerforschten Gegenstand herangeht. Er muss beim Vordringen in die soziale Welt das Bewußtsein haben, daß er ins Unbekannte dringt; er muß sich angesichts von Tatsachen fühlen, deren Gesetze ebenso unerwartet sind, als es die des Lebens waren, als es noch keine Biologie gab; er muß sich auf Entdeckungen vorbereiten, die ihn überraschen und außer Fassung bringen werden." (ibid., S. 91)

In seinem Glauben an die Wissenschaftlichkeit der Naturwissenschaften blieb Durkheim aber dafür blind, dass die im Rahmen von naturwissenschaftlicher Forschung entstandenen Begriffe möglicherweise auch von vorbestehenden Einteilungen und Hierarchisierungen geprägt sind – und dass sie sogar an ihrer Naturalisierung beteiligt sein können. Dieses Problem der Verwurzelung der wissenschaftlichen Begriffe in Vorbegriffen wird jedoch in den wissenschaftstheoretischen Schriften von Gaston Bachelard erkannt. Die Sprache gehört nämlich seiner Ansicht nach zu den Erkenntnishindernissen, die er in seinem Werk *Die Bildung des wissenschaftlichen Geistes* als „Trägheitsfaktor für den Geist" (1938/1984, S. 48) definiert.

In seiner sich durch eine „bruchhafte Wissensdynamik" (Diaz-Bone 2007) auszeichnenden Theorie plädiert der französische Philosoph für die Erzeugung einer Diskontinuität zwischen Alltagswissen und wissenschaftlichem Wissen, die er als Voraussetzung für innovatives Forschen und neue Erkenntnisse versteht. Eines der Gefängnisse, aus dem der wissenschaftliche Geist ausbrechen muss, um sich entfalten zu können, ist die *Doxa*. Den *sensus communis* betrachtet er als ein grundlegendes Hindernis, von dem es sich zu lösen gilt, weil er allgemeine Wahrnehmungsschemata anbietet und verführerische Erklärungsansätze liefert. Bisher verwendete wissenschaftliche Begriffe sollten daher neu reflektiert werden, damit sich keine alltäglichen Annahmen mit der Stille der Selbstverständlichkeit in das wissenschaftliche Denken hineinschleichen.

Einer der Wege zu einer solchen ‚stillen Ansteckung' ist die Sprache. Wörter und Grammatik werden nämlich von den Individuen erlernt, bevor der Geist zum wissenschaftlichen Denken erweckt werden kann, sodass die Sprache die Kognition vorstrukturiert. Dieses Hindernis tritt vor allem in der Verwendung von Begriffen zutage, die im Alltag vertraut sind, und die latent eine Wahrnehmungsstruktur tragen: „In Wirklichkeit spricht das *bedeutungsschwere* Wort, das Schlüsselwort nur die gemeine Überzeugung an [...]. Das unbewußte Denken sammelt sich im Umkreis dieser Kerne; der Geist kehrt sich nach innen und wird unbeweglich" (Bachelard 1938/1984, S. 89; Herv. i. O.). Um dieses Erkenntnishindernis zu überwinden, schlägt Bachelard vor, dass Wissenschaftler:innen eine „Neo-Sprache" (ibid., S. 216) entwickeln und benutzen. Das Erschaffen von fachspezifischen Wortschätzen, die sich klar von lebensweltlichen Begriffen abgrenzen, würde nämlich eine durchgehende „bruchhafte Dynamik" (Diaz-Bone

2007) beim wissenschaftlichen Denken ermöglichen, weil dann kein Übergangsbereich zwischen den beiden kognitiven Ebenen bestehen würde.

Diese Idee der Konstruktion einer eigenen Sprache halte ich für besonders fruchtbar für Soziolog:innen, denn wir müssen uns ständig gegen „die blindmachenden Evidenzen" (Bourdieu/Chamboredon/Passeron 1968/2011, S. 24) wehren, die uns vor unserem ‚epistemologischen Aufwachen' vermittelt worden sind. Um zu verhindern, dass beim soziologischen Denken auf ein normativ geprägtes Vorwissen zurückgegriffen wird, sollte aber nicht nur eine „Zurückweisung der Alltagssprache" (ibid.) vorgenommen werden, sondern auch ein kritischer Blick auf die schon vorhandenen wissenschaftlichen Begriffe geworfen werden. Ich schließe mich daher der wissenschaftstheoretischen Perspektive der französischen Epistemologie an, wenn ich bei der Betrachtung des Forschungsstands eine reflektierte Haltung pflege und meinen eigenen Blickwinkel in einem selbstentworfenen begrifflichen Instrumentarium festhalte, bevor ich anfange, symbolische Tiefenstrukturen anhand empirischer Materialen herauszuarbeiten.

Vor dem Hintergrund dieser wissenschaftstheoretischen Folie werden nachfolgend die gesellschaftlich vorgeprägten Sichtweisen aufgedeckt, die bei der Verwendung des Begriffes Feminisierung in humanmedizinischen und sozialwissenschaftlichen, westlichen Veröffentlichungen transportiert wurden bzw. werden. Im Anschluss wird ein Perspektivenwechsel vorgeschlagen, der zu einer Diskontinuität zwischen dem Vorwissen und dem soziologischen Blickwinkel beitragen soll. Hierbei wird Bachelards Idee einer „Neo-Sprache" (Bachelard 1938/1984, S. 216) zum Anlass genommen, ein neues begriffliches Instrumentarium zu entwerfen, um den Wandel der Geschlechterverhältnisse in der Berufssphäre zu analysieren.

3.3.1 Die Feminisierung als erkenntnishindernder Begriff

Der Begriff der Feminisierung wurde im 19. Jahrhundert innerhalb der Sexualwissenschaften entwickelt, um einen pathologischen Verlauf zu benennen, nämlich eine Transformation von Männlichkeit zur Weiblichkeit (Zich 2010, S. 1). Damals waren Feminisierung und Verweiblichung reine Synonyme in der biologisch-medizinischen deutschen Sprache. Diese allgemeine „Entwicklung weiblicher Geschlechtsmerkmale bei männlichen Individuen" (Dietz/Hesse 1971, S. 108) wurde u. a. in Zusammenhang mit Störungen bzw. Erkrankungen der Leber, der Nebennieren oder der Hoden gebracht. Die Feminisierung des männlichen Körpers infolge einer Entfernung der Testikel wurde insbesondere am Fall der „Kastraten" und der „Eunuchen" untersucht (Hölder 1904, S. 216).

Zu Beginn der 1920er Jahre beschrieb Francis de Quervain (1923) das Syndrom *Pseudohermaphrodismus masculinus*, welches nach dem Zweiten Weltkrieg infolge des Vorschlags von John McLean Morris (1953) als *testikuläre Feminisierung* bezeichnet wurde. Symptome, die durch ihr Zusammentreffen zur Feststellung dieses Krankheitsbilds führten, waren u. a. ein XY-Chromosomtyp, in Bauchhöhlen oder Hernien liegende männliche Gonaden, weibliche äußere Genitalien, kurze kohabitationsfähige blind endende Vagina, primäre Amenorrhoe, durchschnittlich oder überdurchschnittlich entwickelte weibliche Brüste sowie fehlende oder schwache Sekundärbehaarung (u. a. Sutherland 1963; Hesse/Tembrock 1974; Balde 1975; Heite/Wokalek 1980; Nieschlag/Behre 2000). Diese Symptomatik ist eine familiär auftretende Form der Intersexualität, bei der die Kinder aufgrund des nicht vorhandenen Phallus' schon intrauterin als weiblich identifiziert werden. In medizinischen Schriften wird daher festgestellt, dass obwohl das psychosoziale Geschlecht der Betroffenen nicht mit ihrem genetischen Geschlecht übereinstimme, bei den „Patienten" (Sutherland 1963, S. 23) bzw. „Patientinnen" (Hesse/Tembrock 1974, S. 344) eine Libido, ein Sexualempfinden mit Orgasmus, Partnerschaftsverhalten, Kinderwünsche oder Intelligenz wie „bei der normalen Frau" (Sutherland 1963, S. 23) vorzufinden seien.

Die Bezeichnung einer solchen Kombination von weiblich und männlich codierten Charakteristika als ein Syndrom – also als eine negativ bewertete Störung des normalen Zustands – bringt ans Licht, dass der Ausgangspunkt des medizinischen Wissens der Annahme von Zweigeschlechtlichkeit entspricht, die auch im Alltagswissen vorhanden ist, wonach es nur zwei Geschlechter gäbe (Binarität). Die ausschließliche Zugehörigkeit zum weiblichen oder männlichen Geschlecht (Exklusivität) sei am nackten Körper ablesbar (Askription) und dulde weder Aufkündigung noch Wechsel (Invarianz). Die Aufdeckung einer Nicht-Übereinstimmung zwischen dem sozialen und dem biologischen Geschlecht wird daher in der Humanmedizin als eine Abweichung wahrgenommen. Diese ‚Laune der Natur' wird als behandelbares Krankheitsbild aufgefasst, das die Frage nach der Umgestaltung des Körpers sowie nach den geschlechtlichen Eigenschaften, die infolge einer inadäquaten Sozialisation verfestigt wurden, aufwirft. Problematisiert wird in der humanmedizinischen Literatur, inwiefern die Diagnose *testikuläre Feminisierung* weiblich selbstidentifizierten Individuen mitgeteilt werden sollte. Lange wurde dafür plädiert, den Betroffenen und ihren Angehörigen die Existenz der Testikel innerhalb des Körpers sowie den männlichen Karyotyp zu verschweigen, denn eine solche Offenlegung könnte eine gravierende Wirkung auf das psychische Gleichgewicht sowie einen negativen Einfluss auf das Selbstbild verursachen. Seit der Jahrtausendwende wird eine Vollaufklärung unter bestimmten Umständen als vertretbar und je nach „Alter, [...] psychische[r] Konstitution und [...] Vorinformationsstand" (Nieschlag/Behre 2000, S. 351, 2009, S. 328) als tragbar betrachtet.

Das Syndrom der *testikulären Feminisierung* wurde in den humanmedizinischen Diskursen während der letzten zwanzig Jahre semantisch mehrmals neu verortet. So wurde es zuerst nicht mehr in den Kapiteln zur *Intersexualität* behandelt, sondern innerhalb einer breiter gefassten Funktionsstörung – die *Androgenresistenz* – erklärt, um schließlich vollständig im Spektrum der *Andro-*

geninsensivitäten verloren zu gehen. Aktuell entsprechen die Grade 6 und 7 gemäß der Einteilung von Quigley[128] Symptomen, die früher als *testikuläre Feminisierung* bezeichnet wurden, heute jedoch innerhalb eines Kontinuums – und nicht mehr innerhalb der Polarität männlich/weiblich – gedeutet werden. Dabei wird weiterhin die Pubertätsentwicklung als gestört eingestuft und die Sterilität als pathologisch wahrgenommen.

Früh schon haben sich Sozialwissenschaftler:innen die medizinischen Fachbegriffe Verweiblichung und Feminisierung angeeignet. Die ursprünglich synonym gebrauchten *Termini* entwickelten sich hier jedoch auseinander. Während der Begriff der Verweiblichung um 1900 in den Diskussionen um die „krisenhaften" Verschiebungen im Geschlechterverhältnis[129] (Schellnock 2014) bereits seinen Platz gefunden hatte, machte der Begriff Feminisierung im sozialwissenschaftlichen Wortschatz vorwiegend ab der zweiten Hälfte des 20. Jahrhunderts Karriere. Dieser *Terminus* wird in den Sozialwissenschaften im Prinzip quantifizierend verwendet, um die Erhöhung des Frauenanteils unter Akteur:innen innerhalb eines gesellschaftlichen Bereiches zu kennzeichnen – wobei es sich meistens um den Erwerbsbereich handelt. Allerdings behandelt die berufs- und professionssoziologische Feminisierungsforschung keineswegs nur die Quantifizierung der steigenden Erwerbsbeteiligung weiblicher Arbeitnehmerinnen. Vielmehr werden hier qualitative Prozesse untersucht, welche die Verschiebung der quantitativen Geschlechterverhältnisse verursachen, begleiten oder nach sich ziehen sollen. Mit Fokus auf die in diesem Bereich behandelten Forschungsfragen lassen sich meiner Ansicht nach drei Haupttypen von Feminisierungsanalysen erkennen.

Der erste Typus betrachtet die Erhöhung des Frauenanteils in Berufsgruppen im Zusammenhang mit Prestigeverlusten. Ob die Texte dieses Typs die Feminisierung nun als Folge einer Abkehr männlicher Arbeitnehmer vom Beruf aufgrund finanzieller oder symbolischer Entwertung verstehen oder den Eintritt von Frauen in einen Männerberuf als eine entwertungsverursachende Distinktionsstörung deuten, sie haben gemeinsam, dass sie das ‚Henne-Ei-Problem' der vermeintlichen Korrelation zwischen Feminisierung und Prestigeverlust unter der Annahme einer hierarchisierenden Geschlechterordnung zu lösen versuchen, wie folgende Zitate illustrieren:

---

128 Die nach dem US-amerikanischen pädiatrischen Endokrinologen Charmian A. Quigley benannte Skala ordnet äußere Genitalien nach sieben Stufen von phänotypisch männlich (1) bis phänotypisch weiblich (7) (Quigley et al. 1995).

129 Die sprachliche Unterscheidung zwischen Verweiblichung und Feminisierung ist in den englischen und französischen Sprachen nicht zu finden. Texte über die Geschlechtersoziologie Georg Simmels nutzen daher den Begriff *feminization* bzw. *féminisation*.

„Wenn Frauen in einen Beruf eindringen, dann sinkt sein Ansehen. Wenn Männer kommen, tendieren Einkommen und Aussichten im Beruf nach oben." (Cockburn 1988, S. 132 f.)

„Parallel zur Feminisierung der Universitäten erfolgt eine Entwicklung, die ebenfalls aus anderen Sektoren bekannt ist: Wenn die Frauen kommen, gehen die Gehälter runter und das Prestige verloren." (Zimmer et al. 2007)

„Man müßte alle sozialen Effekte dessen, was die Statistiken in Form der Feminisierungsrate registrieren, im Detail untersuchen. Man weiß z. B., daß die Aussicht auf die Feminisierung eines Berufes dessen Begehrtheit und Ansehen mindert [...]." (Bourdieu 2005/2016, S. 104)

Ähnlich blickt der Job-Queues-Gender-Queues-Ansatz auf das Eindringen von Arbeitnehmerinnen in bisherige Männerberufe, indem er ihre Rekrutierung durch einen Mangel an männlichen Bewerbern erklärt (Reskin/Roos 1990).[130] Gemeinsam haben die zu diesem ersten Feminisierungsforschungstypus gehörenden Studien, dass sie die Korrelation zwischen Feminisierung und Prestigeverlust eines Berufes in einem intergenerationellen Teufelskreis verorten: Der Prestigeverlust bringe einen Rückzug der jüngeren männlichen Generationen hervor, der zu einer Beschleunigung der Feminisierung führe, die wiederum zur weiteren Entwertung des betroffenen Berufes beitrage.

Der zweite sozialwissenschaftliche Analysestrang, der den Begriff der Feminisierung gebraucht, richtet den Blick auf weibliche Erfahrungen in vormals männlich dominierten Berufen, insofern sie sich auf statistischer Ebene feminisieren. In diesen Studien, die in der Linie von Rosabeth Moss Kanters Forschungen (1977) stehen, richtet sich der Fokus vor allem auf hochqualifizierte Arbeiterinnen, wie z. B. Informatikerinnen (u. a. Heintz et al. 1997), Ingenieurinnen (u. a. Hengstenberg 1992; Marry 2001, 2004), Richterinnen (u. a. Boigeol 1996), Anwältinnen (u. a. Böge 1995; Le Feuvre et al. 2003; Lapeyre 2006), Apothekerinnen (u. a. Collin 1995) oder Hochschullehrerinnen (u. a. Zimmer et al. 2007). Die These eines weiblichen Tokenismus legt den Schwerpunkt auf jene Herausforderungen, die sich für die Akteurinnen insofern ergeben, wenn sie lernen müssen, ihren weiblichen Habitus mit den dominanten männlichen Denk-, Wahrnehmungs- und Handlungsmustern zu vereinbaren.[131] Hier werden insbesondere der Eintritt und

---

130 Auch in diesem Ansatz wird die analytische Folie der Geschlechterhierarchie eingesetzt. Es wird nämlich angenommen, dass die Arbeitgeber:innen versuchen, Personen zu finden, die das Prestige des Arbeitsplatzes am meisten erhöhen würden, was tendenziell häufiger auf männliche Bewerber zutreffen würde.

131 Nicht alle oben genannten Veröffentlichungen arbeiten die Entweiblichungsstrategien heraus, womit nach Rosabeth Moss Kanter die weiblichen *tokens* versuchen, den geschlechtlichen Minderheitenstatus durch eine Aneignung männlicher Berufsordnungen zu entkommen.

der Karriereverlauf von Arbeitnehmerinnen in historisch männlich konnotierte Berufe sowie ihre innerberufliche Position in der horizontalen und vertikalen Segregation beleuchtet.

Was den dritten Typus anbelangt, so wird hier der Fokus nicht mehr allein auf die numerisch zunehmende Geschlechtsgruppe – die Frauen – gerichtet. Feminisierung wird hier vielmehr im Zusammenhang eines Wandels der Geschlechterordnung im beruflichen Alltag untersucht, der sich auf die sozialen Praktiken auswirkt. Unter der Fragestellung *doing gender while doing work* werden mit einer konstruktivistischen Sichtweise die Dynamiken des Wandels der Geschlechterverhältnisse in Berufsgruppen generell untersucht. Die Feminisierung einer Berufsgruppe wird also zu einer Kulisse für die Analyse von Prozessen der Herstellung von sozialer Wirklichkeit sowie der Darstellung von Geschlecht und Hierarchie durch Akteur:innen in komplexen Arbeitsfeldern. So kann z. B. im Feld Krankenhaus das *doctor-nurse game* (Stein 1967) vor dem Hintergrund der Erhöhung des Frauenanteils in der Ärzteschaft neu beleuchtet werden (u. a. Stein et al. 1990; Wicks 1998; Sander 2009).

Die oben genannten Forschungsarbeiten sind zweifelsohne sehr spannend und weisen häufig hoch interessante Ergebnisse vor. Jedoch werden in diesen Schriften ab und an Alltagsannahmen über Zweigeschlechtlichkeit sowie normative Hierarchisierungen der Geschlechter übernommen bzw. reproduziert. Zu befürchten ist somit, dass die in der *Doxa* vorhandenen Ängste vor einem Prestigeverlust für angesehene Arbeitstätigkeiten, vor organisationalen Folgen eines angeblichen Verschwindens des Berufungsethos sowie vor weiteren angenommenen Negativkonsequenzen durch einen Anstieg des Frauenanteils, eine wissenschaftliche Legitimierung erhalten. Da soziale Problemstellungen und sozialwissenschaftliche Fragestellungen dazu tendieren, sich in den Diskursen zu kreuzen, gehört die Feminisierung zu jenen wissenschaftlichen Begriffen, die die Grenze zwischen *Episteme* und *Doxa* verschwimmen lassen. Daher scheint es ratsam für die Forscher:innen, die den Begriff verwenden wollen, epistemologisch höchst wachsam zu bleiben. Nur eine solche Haltung kann das Risiko vermindern, dass bei der Verwendung von einem *a priori* quantitativ orientierten Forschungsbegriff essentialistische Interpretationsmuster übernommen werden, die die gesellschaftliche wie wissenschaftliche Denkweise zum Thema Feminisierung lange prägten und teils noch immer bestimmen.

3.3.2 Plädoyer zur Erforschung der Entmaskulinisierung

Mit Blick auf die oben erläuterten humanmedizinischen und sozialwissenschaftlichen Verwendungen des Begriffs Feminisierung konnte gezeigt werden, dass seine Verwendung den wissenschaftlichen Blick trüben kann, da (1) er aufgrund seiner etymologischen Wurzel *femina* einseitig auf die Akteurinnen verharrt; (2) er mehr oder weniger latent die Vorstellung eines pathologischen bzw. potenziell gefährlichen Wandels der bisher als normal und ausgeglichenen betrachteten Verhältnisse transportiert und (3) bei seiner Verwendung keine klare und systematische Trennung von den Vorstellungen des Alltagsbewusstseins vorgenommen wird. Der Begriff Feminisierung bringt also eine „Illusion der Reflexivität" (Bourdieu/Chamboredon/Passeron 1968/2011, S. 29) mit sich, die den epistemologischen Bruch und daher letztlich das soziologische Denken erschwert. Um dieses Erkenntnishindernis zu überwinden, scheint es nötig, einen neuen Blickwinkel zu entwickeln, der sich auf einen neuen Wortschatz stützt, d. h. auf eine „Neo-Sprache" (Bachelard 1938/1984, S. 216).

Im Hinblick auf die Auseinandersetzung mit dem Forschungsstand wird im Folgenden vorgeschlagen, den Wandel der Geschlechterverhältnisse in der Berufssphäre unter dem Blickwinkel der kulturellen Codierungen von Berufsbildern zu erforschen. Dies bedeutet Vorstellungsmuster herauszuarbeiten, die auf Makro-, Meso- und Mikroebenen verankert sind. Untersucht werden soll, inwiefern geschlechtlich konnotierte Kategorisierungen und Hierarchisierungen manifest sowie nicht-manifest die Wahrnehmungen und Bewertungen über bzw. von Erwerbstätigen einer Berufsgruppe strukturieren. Eine solche Verlagerung der soziologischen Analyse auf die kognitive Ebene bringt die Frage nach Veränderungen in der geschlechtlichen Codierung von beruflichen Kompetenzen und Fähigkeiten mit sich. Es geht also in erster Linie um zugeschriebene Fertigkeiten, Eignungen, Neigungen, Tugenden, Begabungen sowie um erwartete Denk- und Vorgehensweisen.

Anhand des Begriffs der Entmaskulinisierung[132] könnte eine Erforschung der Vorstellungsmuster über bzw. von Erwerbstätigen der Berufsgruppen erfolgen, die ab der industriellen Moderne kulturell als männlich codiert wurden.[133] Dieser Blickwinkel bedeutet also keineswegs, einfach nur einen Ersatzbegriff für die Feminisierung zu finden, sondern eine qualitativ orientierte Perspektive neu zu entwickeln. Die Entmaskulinisierung der Berufsbilder kann prinzipiell drei Formen annehmen: Umpolung, Neutralisierung und Aufspaltung.

Unter Umpolung wird verstanden, dass sich die erwarteten Kompetenzen und Fähigkeiten für einen Beruf so ändern, dass sie mit der gesellschaftlichen *Doxa* der ‚weiblichen Eigenschaften' – und nicht mehr der ‚männlichen Eigenschaften' – übereinstimmen. Ein Beispiel für einen solchen Prozess ist die Umwandlung

---

132 Im Hinblick auf Bachelards Anforderungen wurde für die Bezeichnung dieses Prozesses ein Begriff gewählt, der in keinem Wörterbuch vorhanden ist. Entmaskulinisierung darf daher gerade nicht als Synonym für vorbestehende Begriffe – bspw. Entmännlichung, Entmannung oder Eviration – verstanden werden.

133 Prinzipiell könnte auch von einer Entweiblichung gesprochen werden, wenn ein Beruf seine weibliche ‚Aura' verliert. Aus heutiger Sicht betrachtet, handele es sich aber um ein Randphänomen. Als eine sehr seltene Berufsgruppe, die eine solche Umpolung erfahren hat, ist im Bereich der Informatik der Fall der Programmier:innen zu nennen (vgl. Hoffmann 1987).

des Volksschul- bzw. Grundschullehrer:inberufsbildes. Die Umdeutung stützt sich hierbei auf den bildungstheoretischen Begriff der „geistigen Mütterlichkeit" sowie auf die sogenannte „Verweiblichung der Pädagogik" (Jacobi 1997, S. 934). Ab der zweiten Hälfte des 18. Jahrhundert formulierten deutschsprachige Pädagogen[134] und Vertreter:innen der gemäßigten bürgerlichen Frauenbewegung[135] im Kaiserreich die These der Einsetzbarkeit mütterlicher Fähigkeiten in Berufen des Erziehungs- und Sozialwesens. Besonders Frauen aus bürgerlichen Schichten[136], die (noch) keine Pflichten als Ehefrauen und Mütter erfüllen mussten, könnten ihre Warmherzigkeit, ihre Empathie und ihre konkrete Art und Weise bei jungen Schüler:innen einsetzen, um die durch abstrakte, systematische und unpersönliche Handlungs- und Denkweisen charakterisierte Pädagogik der männlichen Lehrer zu ergänzen. Dieses Engagement für die Ausübung einer komplementären Funktion von Frauen im Bildungssystem wird im bürgerlichen Ideal mit dem Glauben an eine Geschlechterdifferenz begründet, wonach jedes Geschlecht Kompetenzen besäße, die das jeweils andere nicht erwerben könne. Auf der pädagogischen Ebene fand auch eine Umpolung statt, insofern die „Idee des Führertums des Lehrers" (Jacobi 1997, S. 935) abgestritten wurde, und die Erneuerung pädagogischer Prinzipien zu einer Neuinterpretation des Berufsverständnisses führte, die weiblich konnotierte „Tätigkeiten" und „Eigenschaften" erfordere, wie z. B. den „Umgang mit Kindern" oder die „Geduld" (Maydell 1970, S. 144).

Von einer Neutralisierung kann die Rede sein, wenn die erwarteten Kompetenzen und Fähigkeiten in einem Beruf nicht (mehr) geschlechtlich normiert sind. Im Gegensatz zu der Umpolung gibt es hier keine Umdeutung innerhalb einer Geschlechterpolarität, sondern eine Aufhebung der geschlechtlichen Prägung des Berufsbildes. Als Illustration hierfür kann die Gruppe der Kaufleute im Einzelhandel genannt werden.[137] 2014 stand sie auf dem dritten Platz beim *Ranking* der am meisten absolvierten Ausbildungen – und dies sowohl für weibliche als auch für männliche Auszubildende (Bundesinstitut für Berufsbildung 2014). Dies ist wahrscheinlich zum Teil damit zu erklären, dass die erwarteten Eigenschaften und die vorgesehenen Tätigkeiten weder männlich noch weiblich konnotiert sind. Als Beispiel für solche neutralen Anforderungen können u. a. „das Warensortiment zusammenstellen, die Ware präsentieren, den Finanzkauf

---

134 Unter anderem Johann Heinrich Pestalozzi und Friedrich Fröbel.
135 Unter anderem Henriette Schrader-Breymann und Helene Lange.
136 Wie im Fall der ‚weiblichen Ärzte' war das ausgesprochene Ziel weder die Entfaltung noch die Emanzipation der Frauen. Die Inklusion der bürgerlichen Töchter in den Lehrerberuf sollte vielmehr im Namen des Allgemeinwohls stattfinden. Der Gedanke war, dass dank dem Einsatz von qualifizierten Arbeiterinnen eine Verbesserung der bisherigen Resultate erreicht werden könnte.
137 Die Illustrationen der theoretisch entstandenen Typologie sind auf der Ebene der erwarteten Kompetenzen verortet. Daher ist es unproblematisch, wenn faktisch geschlechtsspezifische Muster in der Arbeitsteilung von ausgewählten Beispielen bestehen. Dies ist eindeutig der Fall bei den Kaufleuten im Einzelhandel (u. a. Voss-Dahm 2011).

abwickeln und ebenso im Kundenkontakt stehen" (Voss-Dahm 2011, S. 315) sowie „die Organisation und Steuerung der Warenverläufe über technologisch anspruchsvolle Warenwirtschaftssysteme" (ibid., S. 314) genannt werden.

Wenn die Vergeschlechtlichung der erwarteten Kompetenzen und Fähigkeiten auf die Ebene der berufsinternen Arbeitsteilung verschoben wird, kann von Aufspaltung gesprochen werden. Solche Geschlechtertrennungen treten besonders in Berufen auf, die vornehmlich durch Spezialisierungen und Aufgabenteilung geprägt sind. Ein Beispiel hierfür ist die Rechtsanwaltschaft. Studien über Großbritannien, Frankreich und Deutschland aus den 1990er und 2000er Jahren haben ergeben, dass der Bereich des Ehe- und Familienrechts auf der Ebene der innerberuflichen Wahrnehmung als weiblich gedeutet wird (u. a. Le Feuvre/Walters 1993; Le Feuvre et al. 2003; Gildemeister et al. 2003). Dies wird damit erklärt, dass Mandant:innen – und darunter insbesondere die Mandantinnen – glauben würden, dass Anwältinnen über Eigenschaften und Neigungen verfügen würden, die ihnen eine größere Eignung für emotionale und geduldsfördernde Fälle im Bereich der Paar- und Familienbeziehungen verleihen würden.

Zusammenfassend: Die Reflexion, die in diesem dritten Unterkapitel durchgeführt wurde, erfolgte aus der wissenschaftstheoretischen Perspektive der französischen Epistemologie. Auf der Grundlage des Konzepts des epistemologischen Bruchs wurden wissenschaftliche Veröffentlichungen, in denen der Begriff der Feminisierung verwendet wird, beleuchtet, um deutlich zu machen, inwiefern dieser Begriff als ein Erkenntnishindernis im Sinne Bachelards betrachtet werden kann. Es konnte gezeigt werden, dass durch die Verwendung des Begriffs der Feminisierung eine reflexive Haltung und die „bruchhafte Wissensdynamik" (Diaz-Bone 2007) erschwert werden können. Dies liegt darin begründet, dass dieser Begriff eine vorreflexive Übernahme von Alltagsverständnissen, einen einseitig auf Akteurinnen gelenkten Blick sowie eine Vorstellung des Feminisierungsprozesses als Auflösung der als normal und ausgeglichen betrachteten Verhältnisse mit sich bringen kann. Um bei der soziologischen Erforschung des Wandels der Geschlechterverhältnisse in der Berufssphäre nicht durch solche Erkenntnishindernisse gelähmt zu werden, ist – wie von Bachelard eingefordert – mit den sowohl im Alltag als auch in der Wissenschaft vertrauten Begriffen und Konzepten zu brechen. Aus dieser Denkoperation entstand ein begriffliches Instrumentarium, das die Distanzierung von den vertrauten Wahrnehmungs- und Bewertungsschemata und dadurch das differenzierte sozialwissenschaftliche Denken erleichtern soll – nämlich die Unterscheidung dreier Entmaskulinisierungstypen: Umpolung, Neutralisierung und Aufspaltung.

Zwischenfazit – Geschlechter im Ärzt:inberuf

Um die reflektierte Haltung, die im vorliegenden Kapitel gepflegt wurde, im empirischen Teil der Studie zu behalten, erachte ich eine Fokussierung auf miteinander verknüpfte geschlechtlich codierte Elemente in männlichen Erzählungen zum Ärzt:inberuf für vielversprechend. Als Profession gehört der Ärzt:inberuf zu den Berufen, die traditionell als Distinktionsmittel gegenüber dem weiblichen Geschlecht verwendet wurden. Historisch betrachtet, ging die Professionalisierung Hand in Hand mit Prozessen der sozialen Schließung, die teilweise vergeschlechtlicht waren. Außerdem wurden die Professionen in der bürgerlichen Gesellschaft als wesentliche Eckpfeiler der geschlechtlichen Identitätskonstruktion angesehen, weil sie den Zusammenhang zwischen Männlichkeit und Orientierung an Erwerbsarbeit versinnbildlichten. Zudem stand lange Zeit die Erfüllung des Wunsches nach sozialem Aufstieg über den Eintritt in diese Berufsgruppen nur Männern offen, was die Annahme einer Kopplung von männlichen Eigenschaften und beruflichem Erfolg verstärkte. Schließlich vollzog sich die Zunahme des Frauenanteils unter Ärzt:innen mittels Erfolges von Akteurinnen bei „ernsten Spielen des Wettbewerbs" (Bourdieu 1997b, S. 203), die als charakteristisch für den männlichen Habitus betrachtet werden. Hierbei verlagerte sich die geschlechtliche Arbeitsteilung auf innerprofessionelle Ebene, sodass die symbolische Herrschaft des Männlichen weiterhin bestand. In Erzählungen von Ärzten über ihren Werdegang, ihren beruflichen Alltag und ihre Zukunftsperspektiven kann deshalb damit gerechnet werden, dass die Geschlechtlichkeit ihrer Kolleg:innen thematisiert wird.

Ziel des empirischen Teils der Studie ist es, auf der Grundlage von Erzählungen einzelner Ärzte manifeste und nicht-manifeste Kategorisierungen und Hierarchisierungen herauszuarbeiten, die einen Einblick darüber geben, inwieweit geschlechtlich codierte Elemente in das Berufsverständnis von Ärzten einfließen und inwiefern die Ärzt:inprofession als ein Eckpfeiler in das geschlechtliche Selbstbild von Männern mit einbezogen ist.[138] Hierfür wurde das Gespräch mit in der Profession Ärzt:in erwerbstätigen Männern gesucht. Das Interview sollte ihnen einen Rahmen geben, um über ihre Erfahrungen zu berichten, ihre Berufsideale zu erläutern sowie ihre Vorstellungen der Verhältnisse zwischen verschiedenen Akteur:innenkategorien innerhalb des medizinischen Berufsfeldes zu diskursivieren.[139]

---

138 Worum es nicht gehen soll, sind die intra- und interberuflichen Formen der Arbeitsteilungen in medizinischen Feldern und ihr Beitrag bei der Reproduktion einer naturalisierten Geschlechterhierarchie im Berufsalltag.

139 Dies bedeutet, dass die Teilnehmer an der Studie im Gespräch nicht direkt mit aktuell in den Medien und/oder in der Geschlechterforschung viel diskutierten Themen konfrontiert werden sollten – bspw. der Abschwächung des Ernährermodells, den normativen Erneuerungen der Vaterschaft oder der steigenden Teilnahme von Frauen an beruflichen

4 Zur Methode soziologischer Erforschung symbolischer Tiefenstrukturen

Die Semiotik bzw. die Semiologie[140] wurde als eine Wissenschaft definiert, „welche das Leben der Zeichen im sozialen Leben untersucht" (Saussure 1916, nach Nöth 2000, S. 72). Ab den 1960er Jahren machte eine Gruppe von Semiotiker:innen, die als *École de Paris* bezeichnet wird, besonders auf Binarismen in Denk- und Sprachstrukturen aufmerksam (u. a. Greimas 1966/1971; Barthes 1964/1983, 1970/1981). Die Erforschung der Narrativität von Texten – z. B. von Volksmärchen (u. a. Greimas 1966/1971), von Mythen (u. a. Barthes 1957/1964; Lévi-Strauss 1964/1976a, 1966/1976b, 1968/1976c, 1971/1976d; Greimas 1985) oder von Romanen (u. a. Barthes 1976/1987) – betrachten sie als grundlegend für die Offenlegung von Basiswerten, die eine Gesellschaft strukturieren. In den Tiefenstrukturen eines Textes lassen sich ihnen zufolge Elemente finden, die aufgrund ihrer Beziehungen zueinander zu verstehen sind, denn ihre Opposition wird durch eine semantische Gemeinsamkeit begründet. Beispielsweise finden die Gegensatzpaare *weiblich/männlich* bzw. *jung/alt* ihre Bedeutungen durch die gemeinsamen Bezüge zu den Inhalten *Geschlecht* bzw. *Alter*. Soziale Akteur:innen können vor diesem Hintergrund als Träger:innen gesellschaftlich verwurzelter Wahrnehmungs-, Denk- und Bewertungsschemata – kultureller Codes – betrachtet werden, die sich in den Tiefenstrukturen der Erzählungen von Einzelnen niederschlagen:

> „Bleibt noch das Problem der Methode. Worum geht es? Um das Freilegen des oder der Klassifizierungssysteme einer Gesellschaft: Jede Gesellschaft teilt die Objekte auf ihre Weise ein, und diese Weise bildet das eigentliche Intelligible, das sie sich

---

Konkurrenzspielen.

140 Der Begriff Semiologie wurde durch den Schweizer Sprachwissenschaftler Ferdinand de Saussure eingeführt. Seine allgemeine Theorie der sprachlichen Zeichensysteme ist durch einen strukturalen Ansatz charakterisiert, der zwischen Signifikat (Vorstellung) und Signifikant (Lautbild) unterscheidet (Saussure 1937/2001). Bis zur Gründung der *International Association of Semiotic Studies* in 1969 galten Semiotik und Semiologie häufig als Synonyme bzw. das Begriffspaar führte zu Diskussionen über die Begründbarkeit einer begrifflichen Differenzierung (Nöth 2000, S. 3). Roland Barthes, Algirdas Julien Greimas und Claude Lévi-Strauss zählen zu den Wissenschaftler:innen, die sich dafür ausgesprochen haben, dass nur noch der Begriff Semiotik verwendet wird, um die Theorie der Zeichen und der Bedeutung zu benennen.

verleiht: die soziologische Analyse muß nicht deshalb struktural sein, sondern weil die Gesellschaften sie ununterbrochen strukturieren." (Barthes 1985/1988, S. 173)

Als Soziologin sehe ich eine weitgehende Überlappung zwischen dieser Annahme der Semiotiker:innen der *École de Paris* und Pierre Bourdieus These, wonach die Wahrnehmungs-, Denk- und Bewertungsmuster der sozialen Akteur:innen durch Visionen (Vorstellungen) und Divisionen (Einteilungen) strukturiert sind. Dem französischen Soziologen zufolge sind in den mentalen Strukturen der Gesellschaftsmitglieder überindividuelle Schemata fest verankert, die zum größten Teil jenseits ihres Bewusstseins erworben worden sind, und die ihr (Ver-)Kennen des Sozialen lenken. Bourdieu nach spiegeln sich die gesellschaftlichen Strukturen in den kognitiven Mustern wider, die die Mitglieder einer Gesellschaft gemeinsam haben. Wiederum zementieren die festgesetzten mentalen Strukturen der Individuen die soziale Ordnung und tragen hierdurch stark an ihrer Aufrechterhaltung bei. Um eingesetzt zu werden, müssen solche tief verwurzelten Klassifikationen und Differenzierungen weder explizit gemacht noch reflektiert werden, denn sie gelten als doxische Selbstverständlichkeiten:

„Die von den sozialen Akteuren im praktischen Erkennen eingesetzten kognitiven Strukturen sind inkorporierte soziale Strukturen. Wer sich in dieser Welt ‚vernünftig' verhalten will, muß über ein praktisches Wissen von dieser verfügen, damit über Klassifikationsschemata (oder, wenn man will, über ‚Klassifikationsformen', ‚mentale Strukturen', ‚symbolische Formen' – alles Begriffe, die unter Absehung von den jeweils spezifischen Konnotationen mehr oder minder wechselseitig austauschbar sind), mit anderen Worten über geschichtlich ausgebildete Wahrnehmungs- und Bewertungsschemata, die aus der objektiven Trennung von ‚Klassen' hervorgegangenen (Alters-, Geschlechts-, Gesellschaftsklassen), jenseits von Bewußtsein und diskursiven Denken arbeiten. Resultat der Inkorporierung der Grundstrukturen einer Gesellschaft und allen Mitgliedern derselben gemeinsam, ermöglichen diese Teilungs- und Gliederungsprinzipien den Aufbau einer gemeinsamen sinnhaften Welt, einer Welt des *sensus communis*." (Bourdieu 1979/1982a, S. 730; Herv. i. O.)

Die Entschlüsselung gesellschaftlich geprägter kognitiver Strukturen in Beschreibungen und Erzählungen von Einzelnen ist Bourdieu nach Aufgabe der „sozialen Semiologie" (ibid., S. 753). Die Offenlegung dieser Strukturen mittels einer Analyse der „primäre[n] Sinnschicht" (Bourdieu 1970, S. 127) – also des offenkundigen Sinnes – sowie einer Auswertung der „sekundäre[n] Sinnschicht" (ibid., S. 128) auf der nicht-manifesten Ebene betrachtet er als genauso triftig für seinen Fachbereich als „die Rechnungsbilanzen der sozialen Physik" (Bourdieu 1982, S. 753). Beide Blickwinkel definiert er als gleichwertig und komplementär im soziologischen Forschen.

Aus Bourdieus Sicht stützt sich die Kognition der sozialen Akteur:innen auf tief verankerte Kategorien, die *per se* mit Hierarchisierungen einhergehen. Als

Beispiel *par excellence* für hierarchisch strukturierte Schemata nennt er die Geschlechtervorstellungen. Diese These illustriert er anhand eines Klassifikationsschemas, das er auf der Grundlage einer in den 1960er Jahren in der Kabylei durchgeführten ethnografischen Untersuchung entworfen hat (Bourdieu 2016). Durch vergeschlechtlichte Gegensatzpaare wird sichtbar, dass Kategorisierung und Hierarchisierung unmittelbar zusammengehören, da die von ihm zusammengetragenen Bezeichnungen mit Wertungen versehen sind, die sie aneinander binden. Die männlich und weiblich eingeordneten Elemente bilden jeweils ein dualistisch positiv-negativ gedachtes Gegensatzpaar: Licht/Dunkelheit, draußen/drinnen, hoch/niedrig, religiös/magisch usw. Die vorreflexive Unterwerfung unter dem Glauben einer körperlichen und geistigen Überlegenheit der Männer sichert die Selbstverständlichkeit der kabylischen Geschlechterhierarchie, sodass diese Visionen und Divisionen sowohl in der primären als auch in der sekundären Sinnschicht aufzudecken sind.

Auch wenn Bourdieu selbst keine Methodologie zur Entschlüsselung kognitiver Strukturen bzw. zur Habitusanalyse vorgelegt hat, und gegen die Linguistik[141] und den „methodologischen Monotheismus" (Bourdieu 1992/1996, S. 260) Kritik ausgeübt hat, stelle ich eine große Passung zwischen seinen „Denkwerkzeugen" (Brake/Bremer/Lange-Vester 2013) und den Grundannahmen der Vertreter:innen der semiotischen *École de Paris* fest. Mit Barthes Worten kann kurzum festgehalten werden, dass jede einzelne Erzählung kulturelle Codes beinhaltet, die „etwas von der Allgemeinheit von Stereotypen" (Barthes 1976/1987, S. 14) widerspiegeln, die also eine „geläufige Meinung, eine *endoxa*" (ibid., S. 149) tragen.[142] Die Anwendung semiotischer Auswertungstechniken ist ein geeignetes Verfahren für alle sich an Bourdieu anlehnende Sozialwissenschaftler:innen, die beim Analysieren

---

141 Bourdieu entwickelte seine scharfe Kritik gegen die von Saussure vorgenommene Trennung von *langue* und *parole* Ende der 1970er und Anfang der 1980er Jahre (u. a. Bourdieu 2017; Schinkel/Tacq 2004). Seine Abneigung gegenüber Saussures Linguistik betraf aber keineswegs das gesamte Feld. So verfolgte er mit großer Aufmerksamkeit die Neuveröffentlichungen von Lévi-Strauss und berief sich immer wieder auf die Schriften des US-Amerikaners Noam Chomsky. Die Relevanz der Beziehungen bzw. der Oppositionen zwischen Elementen, die in den Tiefenstrukturen von Texten zu finden sind, hielt Bourdieu für soziologisch triftig, insofern bei der Auswertung bzw. bei der Analyse die Korrespondenzen zwischen kognitiven und sozialen Strukturen herausgearbeitet und konzipiert werden: „Dieses Verhältnis zwischen strukturierten Systemen soziologisch relevanter sprachlicher Differenzen und ebenfalls strukturierten Systemen sozialer Unterschiede muss Gegenstand einer strukturalen Sprachsoziologie werden, die zwar auf Saussure aufbaut, der von ihm vorgenommenen Abstraktion jedoch entgegenarbeitet" (Bourdieu 2017, S. 131).

142 Frankophone Soziolog:innen, die die strukturale Analyse bei der Auswertung von Interviews verwenden, sind nicht alle Anhänger:innen Bourdieus. Mit ihm gemeinsam haben aber alle die Annahme, dass der individuelle Diskurs nicht unabhängig vom gesellschaftlichen System existiert – was aber auch nicht bedeutet, dass er von ihm vorbestimmt ist.

von Wahrnehmungs-, Denk- und Bewertungsmustern auf die Offenlegung der sekundären Sinnschicht abzielen.

Anliegen des vorliegenden Kapitels ist die Erläuterung des Forschungsdesigns, das bei der Herstellung und Auswertung der Interviews eingesetzt worden ist. Über die Schilderung des Aufbaus vom Interviewleitfaden, der Auswahl von Gesprächspartnern und der Positionierung der Forscherin im Feld hinaus wird im Folgenden ein Einblick gegeben, wie sich gesellschaftlich geprägte Codes mittels der strukturalen Interviewanalyse offenlegen lassen, indem die tiefen semantischen Strukturen des Materials herausgearbeitet werden.

4.1 Über die Erhebung des Interviewmaterials

4.1.1 Das problemzentrierte Interview

Aufgrund der semiotischen Annahme eines Zusammenhangs zwischen Narrativität und Denkstrukturen ist ein erzählungsgenerierendes leitfadengestütztes Gesprächsformat gewählt worden: das problemzentrierte Interview nach Andreas Witzel (u. a. 1982, 1985).[143] Dieses Verfahren setzt theoretische und feldspezifische Kenntnisse der Forscher:innen voraus, denn ihr Vorwissen soll als Rahmen für das Entwerfen von Fragen sowie für das Organisieren der verschiedenen Phasen des Gesprächs mit den Befragten dienen.

Drei Prämissen kennzeichnen das problemzentrierte Interview (Witzel 2000). Die Problemzentrierung erfordert erstens, dass die zu ergründende Realität von den Forscherinnen als gesellschaftlich prägende Angelegenheit identifiziert wird. Diese Orientierung an einer ausgewählten Problemstellung bedeutet jedoch keineswegs, dass die theoretisch gerahmte Fragestellung während des Interviews angesprochen wird. Unter Gegenstandsorientierung ist zweitens eine flexible Haltung im Umgang mit den verschiedenen Interviewtechniken während der Durchführung jedes einzelnen Gesprächs gemeint. Um sich auf die Erzählkompetenz bzw. -bereitschaft der Befragten sowie auf ihren Rückbezug auf Anekdoten, Selbstbeobachtungen oder medial-politische Diskurse einlassen zu können, wird vom Forschenden mithin eine Variabilität beim Stellen von Erzählung generierenden Fragen sowie von Verständnis- und Rückfragen gefordert. Die Prozessorientierung des Interviews bezieht sich drittens auf das Wechselspiel zwischen dem Vorwissen des Forscher:innen und den Äußerungen der Befragten im Verlauf

---

143 Diese strukturale Interviewanalyse kann bei vielen weiteren Interviewverfahren angewendet werden, insofern die ausgewählte Gesprächsform narrativ angelegt ist und spontane Beschreibungen und Erzählungen seitens der Interviewten zulässt, wie es bspw. bei themenzentrierten Interviews (Demazière/Dubar 2007) oder episodischen Interviews (Garcia 2013a, 2013b) der Fall ist.

des Gesprächs, das möglicherweise zu einer Thematisierung von Ambivalenzen, Dilemmata oder Widersprüchlichkeiten führen kann.

Vier Instrumente sind von Witzel vorgesehen: ein vorgeschalteter Kurzfragebogen, eine Tonbandaufzeichnung, ein Leitfaden und ein Postskriptum. Auf eine fragebogengestützte Erhebung von soziodemografischen und berufsbiografischen Informationen wurde jedoch verzichtet. Dies ist damit zu begründen, dass die zum Zeitpunkt des Gesprächs geltende berufliche Situation bekannt war und der Werdegang wie auch der familiale Hintergrund Teil der im Rahmen des Interviews zu generierenden Erzählungen waren. Um eine Doppelung der Erhebung solcher Daten zu vermeiden, schien es angebracht, von dem von Witzel vorgeschlagenen Kurzfragebogen Abstand zu nehmen. Der Leitfaden wurde auf der Basis des geschlechter- und berufs- bzw. professionssoziologischen Vorwissens der Forscherin konzipiert. Er diente als Orientierungsrahmen für die Gespräche und ermöglichte die Vergleichbarkeit der angesprochenen Themenbereiche. Mit Einverständnis der Befragten wurden die Gespräche aufgenommen, um sie vollständig transkribieren zu können. Kurze „Postkommunikationsbeschreibung[en]" (Witzel 1982, S. 92) zur Dokumentierung der jeweiligen Situation und des Kontexts des Interviews wurden verfasst. Das Postskriptum dient der Kontextualisierung der Interaktion und kann beim Interpretieren herangezogen werden, wenn Sequenzen sich auf vorgegebene Elemente bzw. implizite Informationen stützen. Ein solcher Fall wird bei der Erläuterung der Auswertungstechnik am Beispielfall von Martin Schweitzer[144] im Unterkapitel 4.3 vorkommen. Daher erscheint es sinnvoll, das Postskriptum des betroffenen Interviews als Illustration für diese Art von Notizen heranzuziehen:

Als Oberarzt in der unfallchirurgischen Abteilung eines Universitätsklinikums bekam Martin Schweitzer die Anfrage für das Interview per E-Mail. Seine Zusage erteilte er mit einer kurzen Antwort: „Wenn es Ihnen hilft, will ich meinen Beitrag leisten". Im Rahmen eines sehr kurzen Telefonats wurden anschließend das Datum und der Ort des Gesprächs vereinbart. Es wurde ausgemacht, dass die Interviewerin beim Ankommen im Universitätsklinikum um acht Uhr den Pförtner in der Eingangshalle darum bittet, in der Abteilung für Unfallchirurgie anzurufen, damit Martin Schweitzer über ihre Anwesenheit informiert wird. Danach sollte sie dort warten, bis der Interviewpartner genügend Zeit für das Gespräch findet, was von den Notfällen abhing. Nachdem der Pförtner zunächst den Anruf nicht tätigen wollte, beharrte die Interviewerin so lange auf den Anruf, bis er diesen doch durchführte. Anschließend wartete sie 20 Minuten lang auf einem Sessel im Eingangsbereich, bis Martin Schweitzer gefolgt von einer

---

144 Dieses Interview wurde aufgrund des begrenzten Erfolges der Interviewerin bei der Generierung von Erzählungen ausgewählt, denn das Gespräch dauerte nur 31 Minuten. Sich auf das kürzeste Transkript zu stützen, ist nicht nur interessant, weil es eine platzsparende Erläuterung der Technik ermöglicht, sondern auch weil es die Hervorhebung der Fruchtbarkeit der strukturalen Auswertung von narrativ orientierten Interviews erlaubt.

Gruppe junger Männer in weißen Kitteln – vermutlich Studenten und Assistenzärzte – herbeieilte. Nach einer freundlichen und zügigen Begrüßung bat er die Interviewerin darum, dort sitzen zu bleiben, bis er zurückkäme, was er so schnell wie möglich machen würde. So verließ die Interviewerin den Sessel in den drei folgenden Stunden nicht. Dies bedeutete, dass sie bei winterlichen Temperaturen hinter den sich ständig öffnenden automatischen Türen in der riesigen Halle mit Sicht auf die Cafeteria sitzen blieb. Bei seiner Rückkehr nach elf Uhr entschuldigte sich Martin Schweitzer für die unerwartet lange Zeit, die inzwischen vergangen war, und schätzte gleich den Gesundheitszustand der Interviewerin ein. Da diese seit ein paar Tagen an einer starken Erkältung litt, hatte die Wartezeit im kühlen Luftzug zu einem offensichtlichen Erblassen geführt. Daher entschied Martin Schweitzer, dass das Gespräch in der Cafeteria stattfinden solle, damit die Interviewerin eine Suppe essen könne. Darauf antwortete diese, dass dies nicht nötig sei und sie vor allem einen ruhigen Ort für das Gespräch benötige, worauf sie ein sehr bestimmendes „Doch, doch" vom Arzt als Antwort bekam, woraufhin sich dieser umdrehte und losging. Daher musste die Interviewerin ihm – ähnlich wie die zuvor beobachteten jungen Männer in weißen Kitteln – nacheilen. Vor dem Interview wurde also noch eine Suppe ausgesucht und die Interviewerin erhielt ein ‚Rezept' für einen Tee und ein Brötchen, das mit großer Freundlichkeit abgelehnt wurde. Das Gespräch fand daher an einem Tisch am Rand der Cafeteria zu Beginn der Mittagszeit statt – mit einem Kaffee für den Interviewten und einer Suppe für die Interviewerin.

Um die eigene Berufskonstruktion der interviewten Ärzte, das persönliche Verständnis ihrer Erwerbsbiografien sowie die gemachten Zuschreibungen von Attributen und Kompetenzen in den Blick nehmen zu können, wurde der Interviewleitfaden in drei Phasen unterteilt: Erzählen lassen, thematische Rückfragen, Abschlussfragen. Als einleitender Erzählstimulus wurde für alle Interviews folgender vorformulierter Einstieg verwendet:

> „Ich möchte Sie bitten, mir zu erzählen, wie und warum Sie Arzt geworden sind. Am besten beginnen Sie mit dem kleinen Kind, das Sie einmal waren, und erzählen dann den Weg bis zu Ihrer heutigen Situation. Sie können sich dabei ruhig Zeit nehmen, auch für Einzelheiten und Anekdoten, denn für mich ist alles das interessant, was Ihnen relevant erscheint."

Es wurde in jedem Gespräch darauf geachtet, dass diese Eingangserzählung mindestens folgende Phasen beinhaltete: (1) Kindesalter; (2) Entscheidung, Arzt zu werden; (3) Studienzeit; (4) Auswahl eines Fachbereichs; (5) Einstieg in den Ärzt:inberuf sowie (6) Projekte, Wünsche, Träume für die Zukunft. Die thematischen Rückfragen wurden so breit formuliert, dass die Befragten ihre Schilderungen entsprechend ihrer kulturellen Codes gestalten konnten. Gebeten wurden sie um drei Beschreibungen. Zuerst lag der Fokus auf den beruflichen Beziehungen innerhalb des Krankenhauses bzw. des Universitätsklinikums – d. h. sowohl unter Ärzt:innen als auch zwischen den Ärzt:innen und dem weiteren Personal, wobei es hier vor allem um die Krankenpfleger:innen ging. Anschließend wurde die Kategorisierung der in der Organisation arbeitenden Akteur:innen vergeschlechtlicht, sodass die Befragten eine Schilderung der Frauen-Männer-Beziehungen in ihrem Arbeitsalltag lieferten. Schließlich wurden die Befragten darum gebeten, zu erläutern, was sie für den Ärzt:inberuf und für die verschiedenen Fachbereiche als charakteristisch ansehen. In der Phase der Abschlussfragen sollten die Interviewten erläutern, was einen ‚guten‘ Arzt sowie anschließend was einen ‚guten‘ Chirurgen, Internisten oder Kinderarzt[145] kennzeichnet. Zuletzt wurde das Gespräch durch eine zuvor ausformulierte Frage abgeschlossen: „In den letzten Jahren konnte man beobachten, dass der Frauenanteil unter den Ärzten ständig wächst. Was halten Sie von dieser Veränderung? Welche Folgen, schätzen Sie, könnte das für den Alltag im Krankenhaus und für den Arztberuf im Allgemeinen haben?" So wurde die Brücke zwischen der Positionierung des Arztes als Einzelperson und dem Geschlechterarrangement in der Organisation geschlagen. Bei mehreren Interviewten ergaben sich aus dieser letzten Frage darüber hinaus Präzisierungen zu den verschiedenen Themenbereichen, die bereits in der zweiten Gesprächsphase angesprochen worden waren.

4.1.2 Rekrutierung von Interviewpartnern und Beschreibung des Korpus

Die Datenerhebung für die vorliegende Studie fand von September 2013 bis Dezember 2014 in der Bundesrepublik Deutschland statt. Für die Selektion der potenziellen Interviewpartner wurden drei Auswahlkriterien definiert. Die erste Voraussetzung für die Rekrutierung war, dass die sich selbst als männlich identifizierenden Interessierten zum Zeitpunkt des Gesprächs als Arzt in einem Krankenhaus oder einer Klinik tätig waren, damit sie von ihrer täglichen Arbeit in einer größeren Organisation erzählen konnten. Es wurde dabei darauf geachtet, dass die neuen wie auch die alten Bundesländer gleichermaßen repräsentiert waren. Dies wurde als besonders wichtig erachtet, weil die in der DDR aufgewachsenen Befragten die Erhöhung des Frauenanteils in der Erwerbsarbeit im Allgemeinen und in der Ärzt:inprofession im Besonderen seit ihrer Kindheit miterlebt haben. Aus diesem Grund wurden die Interviewten aus insgesamt zwölf Bundesländern in das Sample einbezogen.[146] Zweitens wurde eine spezifische Festlegung des Alters der Gesprächspartner vorgenommen. Ausgewählt wurde

---

145 Je nachdem, in welchem Fachbereich der Arzt zum Zeitpunkt des Interviews tätig war.
146 Baden-Württemberg, Bayern, Berlin, Brandenburg, Bremen, Hessen, Niedersachsen, Nordrhein-Westfalen, Sachsen, Sachsen-Anhalt, Thüringen, Schleswig-Holstein.

die Gruppe der 30- bis 45-Jährigen, um den interviewten Ärzten sowohl Fragen nach ihrem Werdegang und ihren beruflichen Erfahrungen als auch nach ihren Projekten und ihren Wünschen für die Zukunft stellen zu können. Darüber hinaus findet in dieser Altersspanne häufig die eigene Familiengründung statt, sodass die Themen Vaterschaft und Vereinbarkeit von Familie und Beruf angesprochen werden konnten. Drittens wurde die Auswahl der Interviewpartner auf drei Fachbereiche beschränkt: Die Chirurgie, die Pädiatrie und die Innere Medizin. Insgesamt wurden dreißig Gespräche – zehn pro Fachbereich – durchgeführt.

Die drei Bereiche wurden zum Beginn der Studienkonzeption 2013 aufgrund einer geschlechtlichen Prägung ausgewählt, die sich inhaltlich begründen und auch statistisch beobachten ließ.[147] Als männlich konnotiertes Gebiet gilt insbesondere die Chirurgie, da sie traditionell mit technischen Kompetenzen in Verbindung gesetzt wird. Demgemäß verwundert es nicht, dass der Männeranteil in dieser Berufsgruppe 2011 in der Bundesrepublik bei 82% lag. Als zweiter Fachbereich wurde die Pädiatrie ausgewählt, denn dieses Gebiet der Heilkunde wird aufgrund des alltäglichen Umgangs mit Patient:innen im Säuglings- und Kindesalter schon seit dem späten 19. Jahrhundert als frauengeeignet eingeordnet. Darüber hinaus gab es 2011 einen höheren Anteil an Frauen (54,3%) unter den Kinderärzt:innen. Als dritter Bereich wurde die Entscheidung für die Innere Medizin getroffen, denn die Internist:innen haben ein überdurchschnittlich weitreichendes Aufgabengebiet, das ihnen eine Aura der Intellektualität verleiht. Mit einem Männeranteil von 68,4% lag diese Berufsgruppe 2011 im mittleren Bereich, was die Geschlechtszugehörigkeit der Fachärzt:ingruppen angeht.[148] Von diesen drei Fachgebieten wurden für die Untersuchung relevante Ähnlichkeiten und Kontraste erhofft, die es ermöglichen, die vergleichende Gegenüberstellung im Sinne einer reflexiven Strategie[149] als exploratives Instrument für die Generierung von Hypothesen und die Suche nach Erklärungsmustern zu verwenden.

Infolge dieser durch theoretische Annahmen geleiteten Definition der Auswahlkriterien wurde die Verbindung zu den interviewten Ärzten per E-Mail hergestellt. Dies war möglich, weil ihre Kontaktdaten auf den Webseiten der Krankenhäuser und Kliniken veröffentlicht waren. Wenn dies nicht der Fall war, wurde die Nachricht an die E-Mail-Adresse der Abteilung und/oder der Abteilungsleitung verschickt. Die Anfrage wurde mit einer grob formulierten Vorstellung des Forschungsvorhabens als Fallstudie zu Männern im Ärzt:inberuf sowie mit der Erwähnung der institutionellen Einbettung der Forscherin an einer

---

147 Siehe 3.1.2.

148 Es wurde sich gegen die Fachbereiche Gynäkologie und Andrologie entschieden, weil bei diesen das biologische Geschlecht im Zentrum der ärztlichen Tätigkeit steht.

149 Der Vergleich wird hierbei als Denkraum verstanden, der zugleich eine Vermehrung der Blickwinkel und eine Umgrenzung des Forschungsbereichs ermöglicht (Garcia 2013, S. 17 ff.).

deutschen Universität eingeführt. Anschließend wurde die Wissenschaftlichkeit der Studie dargelegt, indem das technische Auswertungsverfahren im Ansatz vorgestellt und das Qualifikationsziel der Habilitation thematisiert wurden. Darauf folgten eine Kurzschilderung des Interviewablaufs und eine Information zum damit verbundenen Zeitaufwand. Nach der Nennung der Kriterien für das Sample (Alter, Fachbereich, Arbeitsort)[150] wurde schließlich darauf hingewiesen, dass sich die Vereinbarung des Treffens nach den zeitlichen und örtlichen Präferenzen des jeweiligen Teilnehmers richten werde, und dass die Anonymität der Studienteilnehmer gewährleistet werden würde.

Nachdem die Ärzte ihr Interesse per E-Mail bekundet hatten, wurden die Treffen schriftlich oder telefonisch abgesprochen. Die Gespräche fanden zu gleichem Teil in den neuen und in den alten Bundesländern statt. Ihre Dauer war höchst verschieden, nämlich zwischen 31 und 129 Minuten. Die Interviews wurden in sehr unterschiedlichen Räumlichkeiten durchgeführt: in der Cafeteria des Krankenhauses bzw. des Klinikums, im Pausenraum der Abteilung, in einem Besprechungsraum, im beruflichen oder privaten Arbeitszimmer der Teilnehmer, in der Küche oder im Wohn- und Essbereich des Interviewten sowie im Wohnzimmer der Interviewerin.[151]

4.2 Schritte und Instrumentarium der strukturalen Interviewanalyse

Die strukturale Interviewanalyse ist an keine theoretische Strömung innerhalb des Faches Soziologie gebunden. Dieser semiotisch orientierte Ansatz ermöglicht die Offenlegung von manifesten und nicht-manifesten Wahrnehmungs-, Denk- und Bewertungsschemata. Im Folgenden werden die Schritte des Codierens und Recodierens von Interviewtranskriptionen sowie das Instrumentarium zur Herausarbeitung von axiomatischen Matrizen erläutert. Hierbei wird die semiotisch orientierte Auswertungstechnik hin und wieder im Lichte der objektiven Hermeneutik, der dokumentarischen Methode sowie der Habitus-Hermeneutik betrachtet, da diese Auswertungstechniken und die strukturale Analyse das Ziel teilen, jenen Sinngehalt aufzudecken, der implizit in den individuellen Äußerungen liegt und der weder dem Selbstbild noch den Intentionen der Sprechenden entsprechen muss.[152]

---

150 Präzisiert wurde auch, dass die Facharztausbildung nicht abgeschlossen sein musste, um an der Studie teilnehmen zu können.

151 Eine tabellarische Kurzdarstellung der organisatorischen Eckdaten der jeweiligen Gespräche befindet sich im Anhang D.

152 Die Entscheidung für eine Gegenüberstellung mit diesen drei Auswertungsverfahren erfolgte aufgrund meiner eigenen Erfahrung als Interpretierende sowie der bourdieuschen Prägung meines soziologischen Blickes. Das Aufzeigen von Gemeinsamkeiten und Unterschieden dient dem Verständnis und sollte nicht als bewertend missgedeutet werden.

4.2.1 Codieren und Recodieren nach Roland Barthes' Beschreibungsebenen

Um einen ersten Eindruck von dieser Herangehensweise zu gewinnen, bietet sich nach Anne Piret, Jean Nizet und Étienne Bourgeois die Puzzle-Analogie an (1996, S. 7). Um ein Bild ohne vorbekanntes Muster herstellen zu können, muss man die zahlreichen Stücke miteinander vergleichen, sie aufgrund ihrer Farbe, ihrer Muster und/oder ihrer Form einordnen. Nur solche systematischen Gegenüberstellungen ermöglichen die Nachbildung der unbekannten Darstellung. Die Annahme, dass der Diskurs aus ungeordneten Segmenten besteht, erklärt die Notwendigkeit der Neuordnung seiner Inhalte, um den tiefen Sinn zum Vorschein kommen zu lassen. Der „Ordnungsfolge" (Barthes 1976/1987, S. 13) – d. h. der Sequenzialität – wird keine Relevanz gegeben: „Der Bezugstext wird ständig gebrochen, unterbrochen, ohne Rücksicht auf seine natürlichen (syntaktischen, rhetorischen, anekdotischen) Aufteilungen; Inventar, Erklärung und Abschweifung werden sich inmitten der Spannung einrichten, Verb und Objekt, Substanz und Attribut trennen können" (ibid., S. 19).

Die Aufhebung der Sequenzialität im Transkript als einen Schritt Richtung Offenlegung jener nicht-manifesten Vorstellungsstrukturen zu betrachten, ist eine Besonderheit der strukturalen Interviewanalyse, die in ihren Grundprinzipien der von Ulrich Oevermann (2000) entwickelten objektiven Hermeneutik entgegengesetzt ist. Dieses in der hermeneutischen Tradition stehende Analyseparadigma zeichnet sich durch die streng sequenzielle Auseinandersetzung mit einzelnen Äußerungen aus. Gedankenexperimentell werden Lesarten formuliert, die Sequenz für Sequenz präzisiert bzw. revidiert werden, bis für jeden Fall ein überindividuelles „sinnstrukturiertes Gebilde" (Wernet 2009, S. 19) entsteht. Diese strikt geforderte Sequenzialität bringt es mit sich, dass die Rekonstruktionsarbeit stets dem Ablauf eines Gespräches folgen muss. Auch wenn die Auseinandersetzung mit den Sequenzen nicht durchgängig hoch intensiv stattfinden muss, ist es mit diesem Vorgehen unvermeidlich, dass einige für die Forschungsfrage hoch relevante und zusammengehörende Teilelemente zunächst zeitlich voneinander getrennt betrachtet werden, was möglicherweise die Erforschung von Kategorien und Hierarchien erschweren kann. Eine ähnliche Herausforderung kommt eventuell bei der Auswertung von Interviews anhand der Habitus-Hermeneutik vor, da bei diesem Verfahren die sequentielle Analyse als „Einstieg in die Deutungs- und Interpretationsarbeit" (Bremer/Teiwes-Kügler, S. 208) dient. Das Einsetzen des im Folgenden erläuterten strukturalen Re-Codierungsverfahrens mag für Sozialwissenschaftler:innen eine potenzielle Bereicherung darstellen, insofern die Sortierung nach Diskursebenen das Zusammenfügen von Sequenzen aus unterschiedlichen Stellen des Transkriptes ermöglicht. Somit werden die Interpretierenden in die Lage versetzt, ursprünglich verstreute Sequenzen zur gleichen Zeit auszuwerten, was für eine eng an der Forschungsfrage orientierte Analyse vorteilhaft ist.

Der erste Schritt bei der strukturalen Analyse eines Interviewtranskripts ist die Codierung jedes Satzsegments nach den von Roland Barthes identifizierten Beschreibungsebenen. Die Elemente seiner strukturalen Erzählanalyse, die im Folgenden für die Auswertung von Interviews verwendet werden, stützen sich auf die Annahme, dass jede Erzählung nicht nur eine Aneinanderreihung von Sätzen ist, sondern auch vertikal durch drei Beschreibungsebenen gelesen werden muss:

> „Eine Erzählung verstehen heißt nicht nur, dem Abspinnen der Geschichte folgen, sondern auch ‚Stufen‘ darin erkennen, die horizontalen Verkettungen des Erzähl-‚fadens‘ auf eine implizit vertikale Achse projizieren; eine Erzählung lesen (hören) heißt nicht nur, von einem Wort zum anderen übergehen, sondern auch von einer Ebene zur anderen." (Barthes 1985/1988, S. 107 f.)

Die gesamten Transkriptionen werden Segment für Segment in die Ebenen Funktionen, Handlungen und Narrationen unterteilt. Diese Bezeichnungen der drei Beschreibungsebenen mögen für deutschsprachige Sozialforscher:innen erstmal irritierend erscheinen, da sie u. a. durch Talcott Parsons (1951), Fritz Schütze (1983) oder Anthony Giddens (1992) geprägt sind. Jedoch handelt es sich hierbei um die Übersetzung der von Barthes verwendeten Begriffe *fonctions*, *actions* und *narrations* (1966). In der Semiotik werden diese Begriffe international seit über einem Jahrhundert verwendet und diskutiert (u. a. Saussure 1916/2001; Propp 1928/1975, 1946/1986) und lassen sich daher auch im deutschsprachigen Raum fruchtbar machen.

Die Funktionen *(fonctions)* oder Erzähleinheiten *(unités narratives)* sind „Segmente der Geschichte" d. h. Episoden des Erzählens: „Die Seele jeder Funktion ist […] ihr Keim, die Befruchtung der Erzählung mit einem weiteren Element, das später auf derselben Ebene und woanders, auf einer anderen Ebene, heranreifen wird" (ibid., S. 109). Bei den narrativ-orientierten Interviews beschreiben die Funktionen *(fonctions)* den Werdegang anhand von Ereignissen, Situationen und Handlungen, die von Interviewpartner:innen als Informationen über Fakten dargestellt werden. Solche Sequenzen werden auf der biografischen Ebene verortet und lassen sich grammatikalisch insbesondere anhand zeitlicher Verhältniswörter und chronologischer Informationen erkennen. Zum Beispiel enthalten die fünf folgenden Episoden, die vom Unfallchirurgen mit dem Pseudonym Martin Schweitzer erzählt werden, augenfällige zeitliche Elemente:

> „Als erstes wollte ich Orthopäde werden. Orthopäden hatte ich, mit Orthopäden hatte ich zu tun, weil ich selber mit den Knien Probleme hatte als Kind. Und dann hab' ich die äh orthopädische Arbeit äh gesehen, was Orthopäden machen."

„später hab' ich ähm 'n Praktikum im Krankenhaus gemacht als Jugendlicher."

„ich konnte so über sechs Jahre kontinuierlich meine Facharztausbildung äh realisieren und bin dann auch weiterhin in dem Krankenhaus geblieben."

„Ich war immer dort gewesen und irgendwann mal, das ist mein Beruf gewesen, und das, und (Pause) ich hab' über viele Jahre Endoprothesen eingebaut."

Die Handlungen *(actions)* sind Elemente des Erzählens, die eine Darstellung von Aktant:innen vornehmen. Aktant:innen müssen keine Personen sein, denn Anthropomorphismen können dazu führen, dass in Erzählungen u. a. Tieren, Gegenständen, Organisationen oder Institutionen ein Willen bzw. eine Handlung zugeschrieben wird. Auf dieser Ebene befinden sich die Protagonist:innen im Sinne Algirdas Julien Greimas' (1966/1971, S. 157 ff.). Die Bezeichnung als Aktant:in bedeutet, dass die Akteur:innen der Erzählung sowohl als Figuren mit spezifischen gesellschaftlich verwurzelten Auffüllungen betrachtet werden, als auch dass sie „nach dem, was sie tun, zu beschreiben und einzuteilen" (ibid., S. 123) sind. Greimas' Aktant:innenmodell zielt auf die Erfassung kultureller Codes durch das Offenlegen individueller Wertsysteme in der Tiefenstruktur einzelner Erzählungen. In dieser Perspektive werden Aktant:innen auf interpersonaler Ebene betrachtet, d. h. dass die Relationen zwischen ihnen im Zentrum der Analyse stehen. Elemente, die für ein:e Aktant:in charakteristisch sind, sollen daher als manifeste oder latente Gegensätze bzw. Gemeinsamkeiten zu anderen Kategorien von Protagonist:innen betrachtet werden (Taehwan 2002, S. 23 f.). Ein solcher Blickwinkel ist für qualitative Sozialforscher:innen überaus interessant, denn er erlaubt es, Hierarchisierungen zwischen den Akteur:innen aufzudecken, die in einzelnen Transkripten aufscheinen.

Auf dieser zweiten Beschreibungsebene werden alle Aktant:innen eingeordnet, die im Interview erwähnt werden:

„mein Chef und mein Doktorvater hat gesagt, du fängst hier an und ich werde dich begleiten und der hat mir einen, einen Vertrag gegeben bis zum Abschluss der Facharztausbildung."

„das [Assistenzärzte] sind junge Ärzte, die [hustet] die ähm na ja, noch nicht ganz am Ende ihrer Ausbildung stehen und die noch etwas äh lernen müssen und die auch noch 'n bisschen in dem, was sie tun, angeleitet werden müssen."

„Wir telefonieren viel miteinander. Und wir arbeiten in, mit meinen Oberarztkollegen an verschiedenen Bereichen des Hauses. Im OP, in der Ambulanz [Pause] auf der Intensivstation, im Schockraum [Pause] in Spezialsprechstunden sind wir als Oberärzte eingeteilt. In den Diensten äh in- sind wir ähm Traumaleader."

Im Fall von Martin Schweitzer lassen sich 20 Protagonist:innen erkennen: „Ich"[153], „meine Lehrer", „mein Chef und Doktorvater", „die Oberärzte"[154], „mein Chef"[155], „Kollegen aus anderen Fachbereichen", „Schwestern", „Physiotherapeuten", „Notfallmediziner", „Ärztinnen", „Männer" im Arztberuf, „Assistenten", der gute Arzt, der gute Chirurg, seine „Frau", „drei Mädchen" „die Universität"[156], „unfallchirurgische Patienten", „orthopädische Patienten" sowie „Sie"[157].

Auf der Ebene der Narrationen *(narrations)* sind Argumente und Thesen zu finden. Die hier einzuordnenden Sequenzen beinhalten eine Wertung bzw. ein Urteil. Sie sind zum Teil anhand von Verben und Stichwörtern erkennbar, die ein Denken, ein Glauben oder eine Meinung äußern:

> „Und äh ich <u>glaube</u>, dass jemand, der schwerstverletzt ist, dann wieder auf die Beine zu stellen, davon geht 'n großer Reiz aus."

> „Und ähm [Pause] und ich <u>denke</u>, überhaupt, dass das Zeitalter der Frauen jetzt begonnen hat."

> „Und ich <u>traue</u> den Frauen mehr zu als den Männern."

Die Abgrenzung von Handlungen *(actions)* und Narrationen *(narrations)* kann teilweise komplex werden. Bei solchen Fällen sollte insbesondere auf Adjektive, Adverbien und Verben geachtet werden. Bei der Sequenz „die äh orthopädische Arbeit äh [...] was Orthopäden machen und das hat mich begeistert" lässt sich z. B. eine Einordnung als Narration nur aufgrund des Verbs „begeistern" vornehmen. Dies reicht für die Einordnung als Wertung hin, denn es drückt ein lebhaftes Interesse aus, das sehr positiv bewertend ist. Anzumerken bleibt hier, dass während der Codierung die Einordnung einer Sequenz in mehrere Kategorien möglich ist:

> „Man darf nicht aus den Augen verlieren, daß diese drei Ebenen durch einen progressiven Integrationsmodus verknüpft sind: Eine Funktion erhält nur insofern Sinn, als sie sich in die allgemeine Handlung eines Aktanten eingliedert; und diese Handlung erhält ihren letzten Sinn aufgrund der Tatsache, daß sie erzählt, einem Diskurs mit seinem eigenen Code anvertraut wird." (Barthes 1985/1988, S. 108)

Die in drei Ebenen so codierten Sequenzen werden im Anschluss recodiert. Jedes Segment wird innerhalb seiner Diskurskategorie neu eingeordnet: nach der chronologischen Ordnung der Erzählungen, nach den persönlichen Beschreibungen

---

153 Der Interviewte.
154 Zu dieser Kategorie zählt sich Martin Schweitzer selbst.
155 Hier handelt es sich um seinen Vorgesetzten zum Zeitpunkt der Interviewdurchführung.
156 Die Universität ist als Aktant:in einzuordnen, denn ihr werden Meinungen und Handlungen zugeschrieben.
157 Die Interviewerin.

der jeweiligen Aktant:innen sowie nach den Thesen und den Argumentationssphären bei den Narrationen *(narrations)*. Auf der Funktionen-Ebene *(fonctions)* werden alle Sequenzen so umgeordnet, dass sie der Chronologie des Werdegangs entsprechen. Anschließend wird eine Kurzbiografie der Interviewpartner:in verfasst, die sprachlich so nah wie möglich am Transkript bleibt. Dieser Text kann dann entweder als Einleitung vor der Darstellung der Ergebnisse oder als Anhang verwendet werden. Auf der Grundlage des Transkripts des mit dem Unfallchirurgen Martin Schweitzer durchgeführten Interviews konnte folgender Text verfasst werden:

Seitdem er als Kind wegen Knieproblemen mit Orthopäden zu tun hatte, wollte Martin Schweitzer Orthopäde werden. Dieser Berufswunsch festigte sich durch Praktika und Arbeitsverträge in einem privaten Fachkrankenhaus für Orthopädie. In diesem Haus blieb er bis zum Abschluss der Facharztausbildung, also über fünfzehn Jahre, verbunden. Immer in demselben Haus hat Martin sich auf den Einbau und den Ausbau von Endoprothesen spezialisiert. Aufgrund seiner Fähigkeit infizierte Endoprothesen zu wechseln, konnte er von dem kleinen Krankenhaus aus eine Anstellung als Oberarzt an einem Universitätsklinikum finden. Seit zwei Jahren arbeitet er dort in der Unfallchirurgie. Nach seiner Spezialisierung als Unfallchirurg will er in fünf Jahren Chefarzt sein, und dann auch mehr Zeit für seine drei Mädchen und seine Frau – eine Radiologin, die er im Studium kennengelernt hat – haben.

Bei der vorliegenden Studie finden sich die Kurzbiografien der 30 Interviewten im Anhang E. Damit sich die Leser:innen schnell orientieren können, erhielten die Ärzte einen Nachnamen, dessen erster Buchstabe bzw. erste Buchstaben auf den jeweiligen Fachbereich hinweisen: „K" für die Kinderheilkunde, „I" für die Innere Medizin und „Sch" für die Chirurgie.

Die Handlungen *(actions)* werden pro Aktant:in geordnet. Dabei sollten sie – sofern es möglich ist – thematisch untergeordnet werden, um den Schritt der Interpretation zu vereinfachen (z. B. Familienmitglieder, Vorgesetzte, Kolleg:innen). Die Sequenzen, die als Narrationen *(narrations)* codiert worden sind, werden in Argumentationssphären umgeordnet. Diese ergeben sich sowohl durch thematische Zusammenfügungen als auch durch inhaltliche Gegenüberstellungen. Beim Interview von Martin Schweitzer lassen sich so u. a. die Sphären „Begründung der Berufswahl" und „Definition des Chirurgenberufs" bilden.

4.2.2 Von der Erläuterung von Disjunktionen bis zur Interpretation von Kategorisierungen und Hierarchisierungen

Nach den zwei induktiven Schritten des Codierens und des Recodierens findet eine beweisführende Analyse statt. In der strukturalen Analyse wird angenommen, dass die Signifikationen von Interviews latent durch axiomatische Matrizen strukturiert werden. Um diese tieferliegenden Logiken in den Transkripten von Einzelinterviews aufzudecken, wird innerhalb der recodierten Sequenzen aus den Ebenen Handlungen *(actions)* und Narrationen *(narrations)* nach semantischen Figuren gesucht. Hierfür bedient man sich eines Instrumentariums, welches das Herausarbeiten von Zusammenhängen zwischen den Teilelementen der Erzählung ermöglicht.

Die Erläuterung von Disjunktionen bildet den Einstieg in die strukturale Deutungs- und Interpretationsarbeit. Eine Disjunktion ist die Grundverknüpfung zwischen zwei Wörtern bzw. zweier Wörtergruppen. Vier Vorbedingungen müssen erfüllt werden, damit eine solche Verbindung gegeben ist (ibid., S. 17 ff.). Erstens muss eine Binarität *(binarité)* festgestellt werden. Zwei und nur zwei Elemente sind betroffen, sodass im gesamten Transkript nur ein einziger Gegensatz zu finden ist. Zweitens muss eine Homogenität *(homogénéité)* zwischen diesen Elementen bestehen. Eine semantische Achse ist nämlich notwendig, damit sie zusammen betrachtet werden können. Dieser gemeinsame Nenner, der keineswegs explizit sein muss, ist die Grundlage für die Vergleichbarkeit zwischen beiden Elementen. Drittens muss eine Exhaustivität *(exhaustivité)* – d. h. eine Vollständigkeit – vorhanden sein: Kein weiteres Element darf in Verbindung gebracht werden. Mit anderen Worten: Die Verbindung ist vollständig und erschöpfend. Viertens sind die Elemente der Disjunktion unverwechselbar. Dieses letzte Kriterium – die Exklusivität *(exclusivité)* – bedeutet, dass im Denkmuster keine Konfiguration vorhanden ist, in welcher beide Elemente zusammengehören könnten.

In folgender Sequenz aus der Transkription des Interviews mit dem Unfallchirurgen Martin Schweitzer ist eine Disjunktion durch das Vorhandensein dieser vier Kriterien gesichert:

Manifeste Disjunktion: Unfallchirurgische Patienten vs. orthopädische Patienten

„Unfallchirurgische Patienten kommen mit dem Hubschrauber, orthopädische kommen mit dem Taxi. Unfallchirurgische kommen unerwartet und zu jeder Tageszeit. Orthopädische Patienten kommen nur von Montag früh bis Freitagnachmittag, in der Regel."

Erstens lässt sich eine Binarität beobachten. Nur zwei Kategorien von Patienten[158] werden wahrgenommen, nämlich die „orthopädischen" Patienten und die „unfallchirurgischen" Patienten. Keine weiteren Gruppen von Patienten werden benannt. Es besteht zweitens eine Homogenität. Gemeinsamer Nenner zwischen diesen beiden Kategorien ist ihr Status als Patient von chirurgischen Abteilungen,

---

158 Da der Interviewpartner nicht gendert, wird bei den Kategorien von Aktant:innen im vorliegenden Fall auf eine geschlechtergerechte Sprache verzichtet.

in denen der Interviewpartner selbst operiert hat. Die semantische Achse ist also nicht allgemein die Chirurgie, sondern die Art und Weise, wie die Störungen entstanden sind, die von diesem einen Chirurgen operativ zu behandeln sind. Die Verbindung zwischen beiden Elementen ist drittens vollständig. Keine weiteren Verknüpfungen können festgestellt werden, sodass das Kriterium der Exhaustivität erfüllt wird. Eine Exklusivität zwischen beiden Aktant:innenkategorien ist viertens beobachtbar. Im Denkmuster dieses Chirurgen ist nicht vorgesehen, dass ein chirurgischer Patient sowohl unter angeborenen oder langfristig erworbenen Störungen als auch unter einem plötzlichen und unvorhersehbaren Vorfall entstandenen Störungen leiden könnte.

Eine Disjunktion kann auch implizit sein. Hier ist vom nicht-manifesten Gegensatz die Rede. Oft ermöglicht nur die Gegenüberstellung von mehreren Sequenzen das Herausarbeiten der Disjunktion.

Nicht-manifeste Disjunktion: Schwerverletzte vs. Normalpatienten

„So, wenn der Hubschrauber kommt äh mit Schwerverletzten."

„Der aus- aus- aus zwölf Meter Höhe runterstürzt, ist so schwer verletzt."

„Jemand, wo- wo Sie sagen, der ist ohne- ohne Hilfe äh schwer bedroht, lebensgefährlich vielleicht bedroht."

Diese drei Sequenzen benennen eine Patientenkategorie: Die „Schwerverletzten". Eine Gegenüberstellung mit Leichtverletzten, so wie sie in der deutschen Sprache bekannt sind, würde hier keineswegs der Signifikation von diesem Element beim Interviewpartner entsprechen. Um die nicht-manifeste Verbindung aufzudecken, müssen die ausgesprochenen Teilelemente Stück für Stück ausgewertet werden. Erstens bedeutet die Beförderung von Patienten mit einem „Hubschrauber", dass die Kranken nicht selbst fahren, sondern professionell transportiert werden müssen.[159] Im Unterschied zu den Patienten, die mit einem Privat- oder einem Rettungswagen gefahren werden, bringt das Luftfahrzeug die Idee einer sehr hohen Schnelligkeit mit sich und daher einer besonderen Dringlichkeit sowie auch die Möglichkeit, dass der Abholungsort schwer zugänglich ist. Das Fliegen der Patienten bedeutet also, dass ein außergewöhnlicher Vorfall zur körperlichen Störung geführt hat, und/oder dass der ärztliche Eingriff als besonders dringend eingestuft worden ist. Im Gegensatz dazu könnte also von „Normalverletzten" bzw. allgemeiner von „Normalpatienten" gesprochen werden. Über die Sequenz „aus zwölf Meter Höhe runterstürzt" wird zweitens die Idee vermittelt, dass der

---

159 Eine Konfiguration, in der ein chirurgischer Patient die Fähigkeiten hätte, selbst einen Helikopter zu bedienen, um sich in ein Krankenhaus zu begeben, ist nicht vorstellbar.

Patient nicht einfach nur auf eine ‚normale' Art und Weise gefallen ist. Sein Körper erlitt einen Sturz aus einer großen Höhe, die der eines Hauses mit drei oder vier Etagen entsprechen würde. Von einem solchen Vorfall, der sowohl absichtlich als auch unabsichtlich verursacht sein kann, ist eine Verletzungs- oder eine Todesgefahr für den menschlichen Körper zu erwarten. Ein ärztlicher Eingriff ist daher als besonders dringend einzuschätzen. Drittens soll die Aufmerksamkeit auf das Adverb „schwer" bezüglich Patienten in folgender Sequenz gesetzt werden: „ohne Hilfe äh schwer bedroht, lebensgefährlich vielleicht bedroht". Auch wenn hier keine Verletzung genannt wird, ist durch die Eingrenzung innerhalb von der Patientengruppe dieses Chirurgen klar, dass es sich hier auch um „Schwerverletzte" handelt. Die Definitionsarbeit, die der Interviewpartner hier leistet, bringt die Rolle des Arztes in solchen Vorfällen zum Vorschein. Er verkörpert hier die Gestalt des Retters für Extremfälle; und nicht die eines behandelnden Arztes für Normalpatienten.

Disjunktionen beinhalten Hierarchisierungen. Die Auf- bzw. Abwertung eines Elementes lässt sich entweder durch klare Indizien (gesellschaftlich konnotierte Verben, Adverbien, Adjektive usw.) oder durch das Offenlegen latenter Abstufungen erkennen. Im ersten Beispiel geben zwar die Wiederholung des Verbs „kommen" und die symmetrische Satzbildung den Anschein, dass der Interviewpartner zwei Kategorien von Typen nur gegenüberstellen würde. Jedoch ermöglicht die parallele Betrachtung der Auswertung der nicht-manifesten Disjunktion *Schwerverletzte vs. Normalpatienten* eine Einordnung der orthopädischen Patient:innen in die zweite Kategorie. Nun bedeutet dies auch eine Hierarchisierung der Arztrolle. Die Aufhebung der körperlichen Störung durch eine Operation kann nämlich entweder eine Lebensrettung oder einfach nur eine Behandlung sein. So lässt sich auch die latente Hierarchisierung zwischen den üblichen vorhersehbaren Normalfällen (Pkw und Öffnungszeiten) sowie den besonderen nicht planbaren Sonderfällen (Helikopter und keine zeitliche Einschränkung) erkennen.

Eine Parallele mit der Interviewauswertung anhand der dokumentarischen Methode ist bei strukturalen Deutungs- und Interpretationsarbeit insofern zu sehen, dass in beiden Verfahren die auszuwertenden Sequenzen aus forschungsökonomischen Gründen selektiert werden. Ein grundsätzlicher Unterschied in der Auswahl der Sequenzen besteht aber in den Bedingungen, die erfüllt werden müssen, bevor die Entscheidung getroffen wird, Elemente des Transkriptes bei der Tiefanalyse nicht zu berücksichtigen. Bei der strukturalen Interviewanalyse findet die Selektion nach einer vollständigen, systematischen Codierung und einer präzisen Recodierung des gesamten Gesprächstranskripts statt, d. h. nach der Sortierung des Materials nach Barthes' Diskursebenen. Anwender:innen der dokumentarischen Methode scheint im Gegensatz dazu eine thematisch begründete Auswahl auszureichen, insofern die Passagen eine ‚methaphorische

Dichte' (Bohnsack/Nentwig-Gesemann/Nohl 2013) aufweisen. Laut Arnd-Michael Nohl sei es sogar unproblematisch, nur die ausgewählten Gesprächsabschnitte zu transkribieren (Nohl 2012, S. 59 f.). Aus der Perspektive der strukturalen Interviewanalyse ist eine solche Herangehensweise als gewagt einzuschätzen, denn sie birgt das Risiko, Gesprächsstellen zu übersehen, die sich auf nicht-manifester Ebene als relevant erweisen könnten.

Eine große Ähnlichkeit der strukturalen Interviewanalyse mit der objektiven Hermeneutik, der dokumentarischen Methode und der Habitus-Hermeneutik besteht im letzten Schritt der Analyse. Bei diesen Verfahren wird angestrebt, generalisierbare Erkenntnisse zu formulieren bzw. zu einer Typenbildung zu gelangen. Eine solche Pointierung wird in allen vier methodologischen Ansätzen aufgrund einer Gegenüberstellung der Ergebnisse vorgenommen, die aus der Interpretation mehrerer einzelner Interviews gewonnen wurden.

4.3 Einblick in die Analysepraxis – Die Geschlechter im Ärzt:inberuf bei Martin Schweitzer

4.3.1 Kategorisierungen und Hierarchisierungen der Aktant:innen

Das Interview mit Martin Schweitzer wurde im Rahmen eines soziologischen Forschungsprojekts durchgeführt, das als Grundlage für die vorliegende Monografie dient. Hierbei wurde der Fokus auf kognitiver Ebene im bourdieuschen Sinne und auf Aktant:innenebene vorgenommen. Folgenden drei Fragen wurde nachgegangen: Welche Klassifikationen, Bedeutungssetzungen und Sinngebungen lassen sich wiederkehrend in den kognitiven Ordnungsschemata einzelner Akteure erkennen, die als Teil einer überindividuell gesellschaftlichen Ordnung verstanden werden können? Lassen sich in Erzählungen Aktant:innen beobachten, die nicht in die vorreflexiven Visionen und Divisionen hineinpassen? Inwiefern ergeben sich aus solchen Einzelfällen neue Figuren, die die vorgegebenen binär-hierarchischen Einteilungen sprengen?

Mit Sicht auf diese Fragen ist es forschungsökonomisch legitim, die Interpretations- und Deutungsarbeit mit der manifesten Disjunktion *Frauen vs. Männer* zu beginnen:

Disjunktion: Frauen vs. Männer

> „[W]ir werden sehen, dass Frauen [Pause] effizienter arbeiten und nicht so selbstzerstörerisch arbeiten, sondern mehr, koordinierter arbeiten. Und ich traue den Frauen mehr zu als den Männern."

> „Ich denke, dass Frauen effizienter sind. Effektiver."

„Ich glaube, dass die Frauen das genauso gut können, nur effektiver. Aber dass die nicht äh auch ökonomischer und äh und ähm bewusster mit sich selber und mit ihrer eigenen Gesundheit umgehen."

In diesen drei Sequenzen stellt der Interviewpartner eine explizite Hierarchie her. Die Dichotomie der Zweigeschlechtlichkeit wird so übernommen, dass die Differenzen zwischen *Frauen* und *Männern* in der Betrachtung der gesellschaftlichen und professionellen Vorstellungen zu einer umgedrehten Rangordnung führen. Da die grammatikalischen Mittel, die hierfür eingesetzt werden, beim ersten Lesen bzw. Zuhören klar erkennbar sind, kann man hier von einer Überzeugungsleistung reden. Über die wiederholte Nutzung des Komparatives (-er/als) hinaus beinhalten die vergleichenden Adjektive (effizient, koordiniert, effektiv, ökonomisch, bewusst) und die Verben (arbeiten, können, zutrauen) eine positive Konnotation im beruflich-wirtschaftlichen Umfeld. Jedoch erweist sich die hierarchisierende Vorstellungsstruktur über die Geschlechter im Ärzt:in- bzw. im Chirurg:inberuf um einiges komplexer, wenn weitere Sequenzen ausgewertet werden.

Auf manifester Ebene schildert Martin Schweitzer einen Unterschied zwischen den Geschlechtern, was die Präsenzzeit betrifft. Ärztinnen entsprechen demnach – im Gegensatz zu ihren männlichen Kollegen – nicht immer der Norm der Vollzeitbeschäftigung: „[D]ie Ärztinnen sind nicht äh die sind, machen öfter Teilzeit", „Weil die Frauen weniger voll arbeiten". Auf nicht-manifester Ebene hängt diese Beobachtung mit zwei entgegengesetzten Vorstellungen des Ärzt:inberufs zusammen. Auf der einen Seite steht die Mehrzahl der Ärztinnen, die ihre berufliche Tätigkeit nur ausüben, insofern sie sich mit ihren reproduktiven Funktionen vereinbaren lässt:

„[D]ie [Ärztinnen] arbeiten schon von vornherein Teilzeit."

„[D]ie [Ärztinnen] haben 'n, am Ende des Tages trotzdem noch die Familie zu Hause."

„Und nach Teilzeit sagen sie [die Ärztinnen] nach sechs Stunden, jetzt sind die sechs Stunden rum, ich gehe jetzt nach Hause."

Auf der anderen Seite befinden sich „die Männer", die sich ihrem Beruf hingeben. Zugunsten der Patient:innen setzen sie sich voll ein. Dieses Engagement wird über ihre zeitliche Präsenz am Arbeitsort und mit dem damit verbundenen Verzicht auf Stunden für ihre Privatsphäre und ihre Erholung sichtbar. Sie würden es sogar in Kauf nehmen, Schaden zu erleiden, um ihre berufliche Handlung zu vollziehen:

„Aber wer voll arbeitet, der bleibt dann am Schluss nachher auch noch 'ne Stunde länger. Aber gar nicht mehr weiß, wann eigentlich seine Arbeitszeit zu Ende ist."

„[I]ch glaube, dass Männer mehr- mehr bereit sind, sich äh da zu opfern.

„[W]eil sie [die Frauen] 'n Schutzmechanismus eingebaut haben dort, wo die Männer keinen Schutzmechanismus haben."

Diese Dichotomie kann als hierarchisch betrachtet werden, denn nur der männliche Arzttyp erfüllt das Martin Schweitzer nach für einen ‚guten' Arzt charakteristische Hauptmerkmal, nämlich den Patient:innen viel Zeit zu widmen:

„[D]ass er sich den Patienten zuwenden kann. Dass er seine Zeit so organisieren kann, dass er den Patienten die äh die Hauptaufmerksamkeit äh widmet. Und dass er seinen, sich selber so organisiert, dass der Patient im Mittelpunkt bleibt. Das macht 'n guten Arzt aus."

„[D]ass er eben über das Fachliche hinaus auch den Patienten seine Aufmerksamkeit zukommen lassen kann. Klug zu sein und gute Absichten zu haben, das ist das eine, aber am Anschluss nachher muss es beim Patienten ankommen. Wenn die, wenn die Hilfe nicht beim Patienten ankommt, dann äh [Pause] dann ist er kein guter Arzt."

Die vergeschlechtlichte Hierarchie, die mit dieser Dichotomie einhergeht, entspricht keineswegs der als Überzeugungsleistung identifizierten Rangordnung, in der *Frauen* klar über *Männern* positioniert sind. In Martin Schweitzers Denkmuster wird diese fehlende Übereinstimmung anhand zweier zusammenhängender Elemente gelöst. Erstens sei der Unterschied zwischen *Frauen* und *Männern* als Folge von Entscheidungen seitens der Frauen zu ordnen, bzw. nur in den seltensten Fällen auf die Minderwertigkeit der weiblichen Körper zurückzuführen:

„Ich will nicht sagen, dass Frauen nicht können, aber, ich glaube, Frauen sind, die wollen das nicht. Die können das, aber die wollen das nicht."

„Ich denke, dass die Frauen das genauso gut machen können."

„[I]ch denke, dass es manche Bereiche gibt, wo Frauen vielleicht nicht können aufgrund ihrer Körperlichkeit oder nicht wollen."

Zweitens wird das Dilemma anhand von Ausnahmefrauen gelöst, die sich trotz körperlicher Verletzlichkeit ihrem Beruf hingeben. Interessanterweise wird diese weibliche Figur nicht am Fall einer oder mehrerer Kolleginnen, sondern der Interviewerin illustriert[160]:

---

160 In allen Interviewtranskripten wurden die Aussagen der Interviewerin kursiv markiert.

„Ich drücke Ihnen die Daumen für Ihre Arbeit. Und Sie werden dann Professor werden? *Also, erstmal muss ich habilitieren, also.* Das schaffen Sie. *Ja* [lacht]. Äh. Äh jemand, der sich da oben in die Kälte setzt. Geht 's Ihnen jetzt schon 'n bisschen besser? *Ja.* Fühlen Sie sich jetzt? *Ja, ist viel besser.*"

Um diesen Austausch interpretieren zu können, muss das Postskriptum herangezogen werden, denn diese Kontextualisierung gibt Informationen über den Rahmen des Gesprächs, auf den hier angespielt wird.[161] Diese am Ende des Interviews stattfindende Interaktion zeigt, dass in Martin Schweitzers Augen das stundenlange Warten der Interviewerin in der durch die winterliche Temperatur geprägten Eingangshalle eine sich für den Beruf opfernde Verhaltensweise beweist. So gehört die Interviewerin trotz ihres Geschlechts und ihrer körperlichen Schwäche zum gleichen Typ wie der Interviewte. Diese Einordnung ist für ihn sogar Grund genug, um den weiteren Verlauf ihrer Wissenschaftskarriere vorauszusagen.

4.3.2 Die Unfallchirurgie als Männerbastei

Auf der Ebene der Auswertung der Narrationssequenzen *(unités narratives)* wird – wie für die Handlungen *(actions)* – forschungsökonomisch vorgegangen. Nachdem das gesamte Transkript codiert und recodiert worden ist, sodass jede argumentative Aussage bzw. These in Argumentationssphären umgeordnet wurde, wird die tiefergehende Interpretation auf Themenbereiche beschränkt, welche das Deutungsmuster der Interviewten bezüglich der Fragestellung betreffen. Ausgangspunkt der Auswertung ist auch hier das Herausarbeiten von Disjunktionen und den damit verbundenen Hierarchien.

Im Rahmen der Auswertung wurden u. a. zwei Sequenzen aus Martin Schweitzers Interview zusammengebracht, denn beide dienen der Begründung seiner Entscheidung über das Ergreifen des Chirurg:inberufs:

„Und das, was mich da fasziniert hat, ist die- die Kombination aus Verbindung zwischen handwerklicher Tätigkeit als Operateur und intellektuellem äh ähm [Pause] äh Drumherum. Die Kombination."

„Von Operations- äh Fächern geht immer 'nen besonderer Reiz aus. Dieses äh handwerklich tätig äh äh das, deshalb sicherlich war 's ähm [Pause] was schaffen, was selber bewegen äh was, was äh äh was reparieren, das- das äh das ist ähm sicherlich äh trifft für mehrere Berufe zu, für Automechaniker auch und so weiter, aber dann- aber dann ist es noch der, dieses Intellektuelle, dass man noch über den Tellerrand hinaus ähm mit anderen Fächern zusammenarbeiten muss."

---

161 Siehe 4.1.1.

Die Interpretation ermöglicht es, weit über diese thematische Übereinstimmung hinauszugehen und eine nicht-manifeste Deutung der Disjunktion *operative Fachbereiche vs. nicht-operative Fachbereiche* herauszuarbeiten. Die Termini „faszinert" und „Reiz" beschreiben eine angenehme Anziehungskraft der Chirurgie. Diese bezaubernde Wirkung stamme aus der Verknüpfung zweier unterschiedlicher Elemente. Grammatikalisch wird die hohe Relevanz dieser Zusammenstellung sowohl durch die Tautologie „die Kombination aus Verbindung" als auch durch die Wiederholung im abschließenden Satz „Die Kombination" manifestiert.

Diese zwei Elemente, die oppositionell als das Handwerkliche und das Intellektuelle bezeichnet werden, sind in Martin Schweitzers Denkmuster in einer kreisförmigen Hierarchie verankert: Das Handwerk versteht er als Herz- und Kernstück der Chirurgie. Die Zweitrangigkeit des Intellektuellen ist erstens dadurch zu erkennen, dass es ihm schwerfällt, die geistige Leistung zu benennen: „aber dann- aber dann ist es noch der, dieses Intellektuelle", „und intellektuellem äh ähm [Pause] äh Drumherum". Mit dem Wort „Drumherum" wird zweitens eine hierarchisierende Zellanalogie angedeutet: Das Intellektuelle gehört notwendigerweise zur chirurgischen Tätigkeit, aber es hat nur die Funktion des Zytoplasmas in dem Sinne, dass es nur das ist, was den wichtigsten Teil umrandet. Zentral ist dagegen der manuelle Einsatz, der im Rahmen der Eingriffe durchgeführt wird. Die Kernhaftigkeit der schöpferischen Arbeit betrachtet Martin Schweitzer keineswegs als ein exklusives Merkmal der Chirurgie. Daher kann er seine Tätigkeit mit derjenigen eines „Automechaniker[s]" vergleichen. Ähnlich wie in einer Werkstatt arbeitet der „Operateur" im Eingriffsraum daran, dank seines Geschicks eine Störung aufzuheben bzw. zu „reparieren". So ist der Fachbereich der Chirurgie im Martin Schweitzers Denkmuster nicht als Profession identifizierbar. Wesentlich für die Tätigkeit ist das operative Können, das vom akademischen Wissen umzingelt ist – und nicht ein wissenschaftlich fundiertes Wissen, das ein Handlungskompetenzmonopol und eine Distinktion begründen könnte.

Bei der Auswertung der Thesen und Argumente muss schließlich auf Zusammenhänge mit der Ebene der Aktant:innen geachtet werden. Diese Kreuzung der Teilergebnisse aus den Diskursebenen Handlungen *(actions)* und Narrationen *(narrations)* kann besonders gewinnbringend sein. Beispielsweise ermöglicht die Betrachtung transversaler Elemente das Herausarbeiten eines für die Forschungsfrage hoch triftigen Aspekts im Denkmuster von Martin Schweitzer: Die Vorstellung der Unfallchirurgie als Männerbastei.[162] Infolge der Auswertung lässt

---

162 Schon auf manifester Ebene war es beobachtbar, dass von ärztlichen Kolleg:innen aus seinen Abteilungen immer mit dem männlichen Genus gesprochen wird, bzw. dass sie klar als männlich identifiziert werden (u. a. „mein Chef und mein Doktorvater", „Das sind junge äh ähm teilweise Familienväter"). Diese Tatsache wurde von der Interviewerin während des Gesprächs wahrgenommen und infolge einer Nachfrage bestätigt: *Haben*

sich die These aufstellen, dass in diesem Interview der Tätigkeit des Unfallchirurgs zwei Herausforderungen zugeschrieben werden, die latent die Nicht-Zugehörigkeit von Frauen zu diesem Berufsfeld erklären. Erstens ist eine körperliche Unterlegenheit von großem Nachteil bei der Durchführung unfallchirurgischer Eingriffe, denn sie erfordern Kraft und Ausdauer:

> „[I]n den chirurgischen Fächern, das ist körperlich schwer. Weil- weil wenn Sie nun zierlich sind, das ist dann schlecht."

> „Es ist körperlich schwer, sie müssen die Patienten heben äh sie müssen lange stehen, weil Operationen dauern. Es gibt Operationen, da die dauern vier Stunden, stehen sie auf äh auf 'ner Fläche von fünfzig mal fünfzig Zentimetern."

Zweitens wird die alltägliche Ausübung des Unfallchirurgenberufs durch ihre ständige Unplanbarkeit definiert, die negative Empfindungen auslöst – und daher als inkompatibel mit der von Ärztinnen erzielten Vereinbarkeit zwischen produktiven und reproduktiven Funktionen sowie mit ihrer selbstschützenden Haltung ist:

> „Aber der Tag ist ähm dennoch durch immer wiederkehrende Notfälle äh und Veränderungen äh äh dadurch ähm ziemlich schlecht planbar. Und das- das- das ähm das erhöht den Druck. Das macht die Situation manchmal äh unangenehm."

> „Wenn Notfälle [...] umstoßen. Wir machen einen äh OP-Plan morgens und der OP-Plan wird dann im Laufe des Tages mehrfach umgestellt. Und Sie wissen nicht, soll ich jetzt gleich hin oder kommt das erst später. Und das ändert sich manchmal schnell und das macht 's unangenehm."

Eine Kreuzung der zwei Herausforderungen mit den Aktant:innen-Auswertungen bildet also eine Figur des Unfallchirurgen als kraftvoller, flexibler und hingebungsvoller Arzt, der nur in Ausnahmefällen nicht männlich sein kann.

Mittels der strukturalen Interviewanalyse sollen im empirischen Teil der vorliegenden Studie Kategorien und Hierarchien in Beschreibungen und Erzählungen einzelner Ärzte freigelegt werden. Angenommen wird hierbei, dass eine Aufhebung der Sequenzialität und eine Umordnung der Sequenzen notwendige Schritte sind, um eine Selektion des Materials vorzunehmen und anschließend manifeste und nicht-manifeste Disjunktionen herauszuarbeiten.

Sie weibliches Personal auf der Station? Manchmal, ja. *Und?* Äh. Äh Ärztinnen auch, ja. Aber es ist selten". Bei der Auswertung ist also nicht von Interesse, auf quantitativer Ebene nach einer Bestätigung der Frauen- bzw. Männeranteile zu suchen, sondern zu verstehen, inwiefern Martin Schweitzers Berufsverständnis dieses Arrangement begründen kann.

Das Ziel des Offenlegens des nicht-manifesten Sinns ist keineswegs eine Besonderheit der strukturalen Interviewanalyse. Nichtdestotrotz betrachte ich vier Merkmale der strukturalen Interviewanalyse als besondere Stärken.[163] Erstens ermöglicht die Sortierung des Materials nach Barthes' Diskursebenen das Zusammenfügen von ursprünglich verstreuten Sequenzen, die dann zusammen ausgewertet werden. Zweitens ist die strukturale Interviewanalyse dafür geeignet jene Vorstellungsstrukturen zu erreichen, die dem individuellen Bewusstsein entgehen. Dadurch wird es möglich, Nicht-Übereinstimmungen zwischen der primären und der sekundären Sinnschicht aufzudecken. Drittens verhindert die forschungsökonomisch notwendige Selektion des Materials die Gefahr, auf nicht-manifester Ebene relevante Gesprächsstellen zu übersehen, da die Auswahl erst nach vollständiger, systematischer Codierung und präziser Recodierung des gesamten Gesprächstranskripts durchgeführt wird. Viertens versteht sich diese Interpretationstechnik nicht als Kunstlehre. Ihr Erlernen und ihre Anwendung macht keine Einbindung in Forschungswerkstätten erforderlich. Ein fehlendes Netzwerk an interessierten Mitinterpretierenden dürfte daher keine Hürde darstellen, um den Schritt zu wagen, Transkripte mit diesem Verfahren auszuwerten.

Methodische Zwischenbetrachtung – Eine Fremde im Feld

Wie bereits erwähnt wurde, ist der Begriff der symbolischen Tiefenstruktur sowohl an Bourdieus Sozialtheorie als auch an die strukturale Semiotik angelehnt. Die Orientierung an der *École de Paris* dürfte dank der Erläuterung und Veranschaulichung der Schritte und des Instrumentariums der strukturalen Interviewanalyse deutlich geworden sein. Mein zentrales Anliegen ist es, in Tiefenstrukturen der Erzählungen von Einzelnen Komplexe von miteinander verknüpften Elementen herauszuarbeiten, die aufgrund ihrer Beziehungen zueinander (semantische Gemeinsamkeit) gedeutet werden können. Akteur:innen werden hierbei als Träger:innen überindividueller, tief verinnerlichter Wahrnehmungs-, Denk- und Bewertungsschemata – kultureller Codes – betrachtet. Anders als Semiotiker:innen haben aber Soziolog:innen die Möglichkeit, das auszuwertende Material selbst zu erstellen. Eine wichtige methodologische Prämisse ist hierbei eine Erhebungstechnik zu verwenden, die die Generierung von forschungsrelevanten Erzählungen fördert. In der vorliegenden Studie wurde dies mittels pro-

---

163 Es lassen sich im deutschsprachigen Raum mehrere Auswertungsverfahren mit ähnlichem Ziel finden. Die Betonung der Vorzüge der semiotisch geprägten Interviewauswertung sollte daher keineswegs als Überlegenheitsanspruch gegenüber auf dem deutschsprachigen Feld etablierten qualitativen Auswertungsverfahren missgedeutet werden. Vielmehr soll die Hervorhebung der Besonderheiten und des spezifischen Potenzials dazu dienen, die Vorteile einer bisher leider noch zu wenig rezipierten Auswertungstechnik aufzuzeigen und seine Anwendbarkeit für weitere Forschungsprojekte deutlich zu machen.

blemzentrierter Interviews umgesetzt, deren Leitfaden unter Berücksichtigung der leitenden Frage und des Forschungsstands entworfen wurde.

Ein Charakteristikum der für die empirische Studie entwickelten Forschungsstrategie, das bisher noch nicht erläutert wurde, und nun kurz skizziert werden soll, ist die Selbstpositionierung der Interviewleiterin als Fremde im Feld. Ich erkannte in der Tatsache, dass ich aufgrund meiner sozialwissenschaftlichen Fachzugehörigkeit, meines spanischen Nachnamens und meines französischen Akzents bei der Anfrage bzw. spätestens bei der Begrüßung als nicht-dazugehörig eingeordnet werden würde, eine Gelegenheit, Offenheit und Erzählbereitschaft der Interviewpartner zu stärken. Sofern sie mir fehlendes Wissen unterstellten, konnten sie einerseits ihre eigene Position als die eines Experten wahrnehmen.[164] Dies konnte sie dazu bringen, mir u. a. von Sachverhalten, Umständen, Handlungen oder Verfahren zu berichten, die feldintern als selbstverständlich gelten. Meine Fremdheit gab ihnen andererseits die Möglichkeit, Konflikte zwischen Akteur:innenkategorien zu schildern, zu denen ich mich ihrer Ansicht nach nicht zugehörig fühlen konnte – bspw. West- oder Ostdeutsche oder Fachärzt:innen aus unterschiedlichen medizinischen Bereichen.

Das folgende Kapitel dient der Darstellung von Auswertungsergebnissen. Hierbei handelt es sich um keine Aneinanderreihung vollständiger Rekonstruktionen symbolischer Tiefenstrukturen von einzelnen Interviewpartnern, sondern um für das zentrale Anliegen der vorliegenden Schrift relevante Analysen, die mittels ausgewählter Sequenzen veranschaulicht werden. Somit soll sowohl eine bessere Nachvollziehbarkeit als auch eine Lesbarkeit gewährleistet werden. Die von mir gepflegte zustimmende Haltung lief durch nonverbale und verbale Zeichen, die, falls sie hörbar waren, in den im Folgenden verwendeten Zitaten kursiv markiert sind.

---

164 Diese Selbstwahrnehmung der Interviewten als Experte wurde möglicherweise durch das weiblich codierte Erscheinungsbild der Interviewerin (Kleid, halblanges offen getragenes Haar, unterdurchschnittliche Körpergröße) sowie durch ihr Alter zum Zeitpunkt der Gespräche (30 bzw. 31 Jahre) begünstigt.

5 Hürden und Spielräume des Geschlechterwandels in Erzählungen von Ärzten

In ihrem Buch *Sex and Medicine: gender, power and authority in the medical profession* (1998) stützt sich Rosemary Pringle u. a. auf Bourdieus und Connells Konzepte, um zu erklären, warum trotz der sichtbaren Erhöhung des Frauenanteils die Innere Medizin und die Chirurgie weiterhin männlich codiert und dominiert sind. Laut der Soziologin orientieren sich die in diesen Feldern tätigen Professionellen an einer hegemonialen Männlichkeit, die durch körperliche und mentale Stärke, Entschlossenheit, Autorität sowie Streben nach Macht und Prestige charakterisiert wird. Sie stellt fest, dass Chirurgen „the toughness and physical resilience of the male body" (ibid., S. 99) als Vorbedingung für das Durchhalten in operativen Feldern definieren. Deswegen erachten sie Chirurginnen als zum Scheitern verurteilt und geben ihnen zu verstehen, dass sie unter ihnen nicht willkommen sind (ibid., S. 69). Im Gegensatz dazu würden die Internisten einer Öffnung der Grenzen ihrer Disziplin für intellektuell hochbegabte Frauen nicht entgegenstehen. Jene weisen nämlich die „intellectual brillance" (ibid., S. 127) auf, die von den sich an der Figur des Gentlemans orientierenden Fachärzten für Innere Medizin erwartet wird. Pringles Schilderungen bringen die Gleichzeitigkeit eines Weiterbestehens des *libido dominandi* und eines Wandels des Glaubens an eine biologische Vorherbestimmtheit von Geschlechterhierarchien ans Licht, dessen Umfang sich immer stärker auf körperliche und emotionale Selbstbeherrschung zu reduzieren scheint.

Vor dem Hintergrund der strukturalen Auswertung von 30 mit Ärzten geführten Interviews, die den Zugang zu den symbolischen Tiefenstrukturen der Erzählungen ermöglichte, werden in diesem Kapitel ausgewählte Ergebnisse dargestellt, um folgenden Fragen nachzugehen: Welche miteinander verknüpften Elemente treten wiederkehrend auf, die auf manifester und/oder nicht-manifester Ebene auf eine Vergeschlechtlichung von Kategorisierungen und Hierarchisierungen von Aktant:innen hinweisen? Tauchen in den Erzählungen einzelne Aktant:innen oder Aktant:innenkategorien auf, die nicht in die vorreflexiven Visionen und Divisionen hineinpassen? Inwiefern ergibt sich aus solchen Einzelfällen eine Anpassung oder eine Aufrechterhaltung der bestehenden binär-hierarchischen Einteilungen?

Bei der Schilderung der symbolischen Tiefenstrukturen in Erzählungen von Ärzten werden überindividuelle Wahrnehmungs-, Klassifizierungs- und Bewertungsmuster dargestellt. Hierbei wird insbesondere Bezug auf manifeste und nicht-manifeste Disjunktionen genommen, die auf der Grundlage einer oder mehrerer Sequenzen herausgearbeitet wurden. Eine derartige Grundverknüpfung zwischen zwei Wörtern bzw. zweier Wörtergruppen innerhalb einer axiomatischen Achse kann dadurch erkannt werden, dass sie folgende Vorbedingungen erfüllt: (1) Nur zwei Elemente sind betroffen (Binarität); (2) eine semantische Achse wird von beiden Elementen geteilt (Homogenität); (3) die Verbindung zwischen beiden Elementen ist vollständig und erschöpfend (Exhaustivität) und (4) es besteht keine Konfiguration, in welcher beide Elemente zusammengehören (Exklusivität).[165] Dank der Erläuterung von einzelnen Disjunktionen soll darüber hinaus die Interpretationsarbeit verdeutlicht und/oder die gewonnenen Ergebnisse illustriert werden, sodass Leser:innen die freigelegten Kategorien und Hierarchien nachvollziehen können.

Die sich anschließende Darstellung der Auswertungsergebnisse wurde anhand dreier thematischer Schwerpunkte erarbeitet. Zu Beginn werden manifest vergeschlechtlichte Aktant:innenkategorien innerhalb der Ärzteschaft in den Fokus gesetzt. Anschließend werden in den Erzählungen Differenzierungen und Hierarchisierungen innerhalb der Pflege- und der Ärzteschaft untersucht, um herauszufinden, wie tief verwurzelt geschlechtlich codierte Elemente in hoch komplexen Hierarchiegefügen sind. Schließlich werden ärztliche Idealfiguren, die als überindividuelle Orientierungsleitbilder dienen, herausgearbeitet, um zu analysieren, inwiefern sie geschlechtlich codiert sind. In jedem Unterkapitel wird danach gefragt, inwieweit die herausgearbeiteten kognitiven Elemente und ihre Interrelationen Spielräume für Varianzen zulassen.

5.1 Geschlechtliche Kategorisierungen und Hierarchisierungen von Ärzt:innen

Innerhalb des humanmedizinischen Feldes wird aktuell die Geschlechterthematik stark unter dem Blickwinkel der Folgen einer stetigen Erhöhung des Frauenanteils bei Studierenden und Professionellen diskutiert. Auf der Grundlage der Annahme unterschiedlicher *Care-Work Balances* von Ärzt:innen mit Kindern je nach Geschlecht und Generationszugehörigkeit wird u. a. diskutiert, inwiefern der Rückgang des Männeranteils den jetzigen Ärzt:innenmangel in der Bundesrepublik verstärkt, mit welchen neuen Kosten Kliniken und Krankenhäuser aufgrund der Schaffung arbeitszeitkompatibler Kinderbetreuungsangebote konfrontiert werden sowie ob die Neubesetzung von Leitungspositionen durch

---

165 Siehe 4.2.2.

fehlende Karriereorientierung bzw. durch elternschaftbedingte Karriereeinbußen erschwert wird.

Auf eine künftige Gefährdung des Berufsprestiges und der medizinischen Versorgung spielte der Titel des 2014 von der Robert Bosch Stiftung finanzierten interdisziplinären Workshops an: *Frauen erobern die Medizin: ein Strukturwandel im Gesundheitssystem.* Mit diesem Bonmot wird nicht nur verschwiegen, dass es sich um eine Rückkehr von Frauen infolge der Aufhebung ihres Ausschlusses von der Berufsgruppe handelt, sondern es wird die Idee vermittelt, dass die männlichen ‚Ureinwohner' des medizinischen Gebietes von ‚Invasorinnen' aus ihrem ‚Territorium' verdrängt werden. Die Fragen nach einer Benachteiligung männlicher Studienbewerber in Medizin und nach einer Exklusion aus weiblich dominierten Fachbereichen scheinen im Feld zu zirkulieren. So hieß 2014 eine der im Rahmen des obengenannten Workshops organisierten Podiumsdiskussion „Männer auf verlorenem Posten?".

Diese Deutung verwendeten auch zwei meiner Gesprächspartner in ihren Antworten auf die Interviewfrage nach potenziellen Folgen der Erhöhung des Frauenanteils für das Krankenhaus und den Ärzt:inberuf im Allgemeinen:

„Also ich hab' keine Angst, dass irgendwie Frauen äh wie die [kurze Pause] uns Männer überrollen [lacht]. Nicht, so überhaupt nicht." (Dirk Ingold)

„Aber die Frau wird 'ne ähm äh das wird immer mehr [kurze Pause] und ähm ich sehe keine Gefahr für die Medizin oder für die, für den ähm Betrieb oder für uns Männer oder so [kurze Pause]. Ich seh' das vollkommen [kurze Pause] entspannt." (Maximilian Scheer)

Die Selbstbezeichnung als „uns Männer" gibt zwar eine als selbstverständlich und legitim erachtete manifeste Grenzziehung gegenüber dem Weiblichen zu erkennen, jedoch wird im Folgenden nachgezeichnet, inwiefern auch in den symbolischen Tiefenstrukturen der Erzählungen sowohl ein schon in Diskursen aus dem späten 19. Jahrhundert beobachteter Glaube an biologisch bedingte Differenzen zwischen den Geschlechtern als auch Überwindungen von zweigeschlechtlichen Dichotomien im beruflichen wie auch im familiären Kontext vorhanden sein können.

5.1.1 Taffe Frauen sind Männer wie alle Anderen

Auf manifester Ebene identifizieren alle Interviewpartner zwei Geschlechter: Das Männliche und das Weibliche. Diese Gattungen werden als zwei Gesamtheiten verstanden, deren Anteile innerhalb der Menschheit biologisch vorbestimmt seien. Die angenommene Zweiteilung in zwei gleich große Hälften wird als ein natürliches Gleichgewicht gedeutet, das nicht gefährdet werden sollte. Diese Vorstellung auf der Ebene der Berufsgruppe oder der verschiedenen organisationalen Einheiten zu verwirklichen, damit sie die Gesamtbevölkerung abbilden, wird von einigen Ärzten als ein erstrebenswertes Ziel definiert:

> „Ich finde es persönlich angenehm. Ja. Wenn 'ne Abteilung gemischt ist. Sie spiegelt für mich mehr die Situation auf der Straße oder in der Gesellschaft wider. Irgendwie ist das viel angenehmer." (Werner Schellenberg)

> „[D]a ja unser Patientenkollektiv ja auch ungefähr fünfzig-fünfzig männlich und weiblich ist- ist es gut, wenn das, sozusagen, sich auch vielleicht auch auf der ärztlichen Ebene und der pflegerischen Ebene widerspiegelt [...]." (Kurt Ingelfeld)

> „Also ich hoffe ja, dass es ein bisschen ausgewogen bleibt. Weil ich glaube, dass Männer und Frauen gleichermaßen ähm ihre Aufgabe [kurze Pause] oder ihren Platz haben in der Medizin. *Hmh.* Das ist kein reiner Frauenberuf oder reiner Männerberuf. Das ist [kurze Pause] da würde ich, glaube ich, fünfzig-fünfzig gut finden." (Friedrich Igel)

Aus dem Erhalt bzw. der Schaffung einer numerischen Gleichverteilung weiblicher und männlicher Akteur:innen innerhalb der Ärzteschaft wird eine harmonische Verteilung von geschlechtlich codierten Merkmalen bei Professionellen erhofft. Davon würden sowohl das Arbeitsklima als auch die Qualität der erbrachten Leistungen profitieren. Aus diesem Grund erscheint es Interviewpartnern legitim, das biologische Geschlecht zu einem zentralen Kriterium bei Rekrutierungsprozessen zu machen:

> „Ich glaube, das ist immer so 'ne ausgewogene Mischung, weil irgend- weil eben beide Geschlechter haben so ihre besonderen Fähigkeiten und Stärken und ich hab' immer den Eindruck, dass das in einem gemischten Team einfach da kommt dann alles so zur Geltung. Und ähm wir das immer favorisieren ausgeglichen, geschlechtermäßig ausgeglichene Besetzung." (Markus Ittner)

> „[E]s ist ja inzwischen so, also die- die- die Chefärzte sagen ja inzwischen mhh also natürlich aus- aus Witz, aber 'n bisschen ist es ja so, wenn man- wenn man quasi Kinderarzt ist, dann bekommt man schon deswegen 'ne Stelle, weil man quasi fast jeden Kinderarzt einstellen muss, den man kriegt, um das Teamverhältnis bei fünfzig-fünfzig zu halten, ja." (Karl Kessler)

Die Relevanz des biologischen Geschlechts entpuppt sich aber nach Auswertung des Materials geringer als von den Interviewpartnern explizit angenommen. So wird bspw. ein biologisch als männlich identifizierter Arzt im Zusammenhang

mit seiner Homosexualität symbolisch verweiblicht und daher von einem interviewten Kinderarzt als Angehöriger der weiblichen Gattung gedeutet:

„Ich hab' [...] Defizite verspürt, wenn in der- [kurze Pause] in der einen Klinik zu viele
Frauen waren und zu wenig Männer oder umgekehrt. Was mir auch z. B. in der einen Klinik nicht gefallen hat, innerhalb der Klinik, dass es nur männliche Oberärzte
gab [Pause] und auch der Chef männlich war. Das ähm [Pause] das hab' ich sehr
bedauert. Der eine der Oberärzte war schwul ähm [kurze Pause]. Der hatte 'ne sehr
schöne weibliche Art. Der hat, dem ganzen 'ne Weichheit gegeben, die [kurze Pause]
die wieder ausgleichend gewirkt hat." (Lutz Krause)

In diesem Unterkapitel wird untersucht, inwiefern in den symbolischen Tiefenstrukturen der Erzählungen der interviewten Ärzte Hierarchisierungen zwischen
den vergeschlechtlichten Aktant:innenkategorien *Ärztinnen* und *Ärzte* vorhanden
sind. Hierbei wird die Gleichzeitigkeit einer fortbestehenden Dichotomie der
Geschlechter und einer symbolischen Vermännlichung von einigen biologisch
als weiblich identifizierten Professionellen rekonstruiert.

Wie schon in Vorträgen und Veröffentlichungen von Ärzten aus der Jahrhundertwende[166] beobachtet, lässt sich im ausgewerteten Material die Vorstellung einer
Komplementarität männlicher und weiblicher Wahrnehmungs- und Denkmuster
erkennen. In mehreren Interviewtranskripten besteht eine Dichotomie zwischen
einer altgewohnten männlichen Betrachtungsweise und einer neuartigen weiblichen Betrachtungsweise. Diese Differenz beruht auf der Vorstellung einer Andersartigkeit von Frauen. Die weibliche Betrachtungsweise wird als Ergänzung
zur normalen (männlichen) Betrachtungsweise gedeutet. Mit anderen Worten:
Aus der Zusammenarbeit mit Ärztinnen ergebe sich eine Vervollständigung des
Männlichen, die zu einer begrüßenswerten Verbesserung der ärztlichen Leistung
führe:

„Ähm und hier war es so, die vier Oberärzte, da waren [kurze Pause] war auch eine
Frau dabei. Das war gut [Pause]. Also, die- die [kurze Pause] dadurch war dieses
Team [kurze Pause] hat einfach noch eine- eine andere Sichtweise, immer wieder
mal- mal mitgeteilt bekommen ähm. Find' ich gut." (Lutz Krause)

„[G]rundsätzlich hab' ich damit auch [Pause] ich finde das gut, dass Frauen das auch
machen. Also, die bringen ja 'n an- an- nochmal 'n anderen Blickwinkel mit rein in
so das Fach. Also Frauen sehen ja schon bestimmte Sachen 'n bisschen anders als
Männer und den- den Blickwinkel finde ich einfach gut." (Julian Schacht)

---

166 Siehe 3.1.

Bei medizinischen Entscheidungsprozessen würden sich Ärzt:innen je nach Geschlecht auf Informationen stützen, die der anderen Gattung nicht zugänglich seien. Zum Beispiel ordnet der Pädiater Karl Kessler Frauen als weniger „faktenorientiert" – d. h. mehr emotionsorientiert – als ihre Kollegen ein. Er begründet weibliche Stellungnahmen anhand eines nicht objektivierbaren und für ihn weder zugänglichen noch nachvollziehbaren „Gefühl[s]". Ähnlich stellt der Chirurg Manfred Schadewald eine „stärker auf Dinge fokussier[t]e[]" Denkweise von „Männer[n]" einer „so ein bisschen ganzheitlicher[en]" Denkweise von „Frauen" gegenüber.

Über ein Jahrhundert nach Eintritt der Frauen in die Profession in Deutschland erweist sich die Vorstellung einer Neuartigkeit des weiblichen Beitrages zur Humanmedizin als nach wie vor resistent. Dies illustriert die in folgender Sequenz vorhandene Disjunktion *schematische Denkweise vs. unkonventionelle Denkweise*:

> „Wir haben, ich sag' mal, Frau Schülein zum Beispiel bringt, für [Pause] ich sag' mal [Pause] rein mechanisch und eher robuster denkende Männer, sag' ich mal, vielleicht so [kurze Pause] ja manch' frische Ideen halt selber auch ein wie man bestimmte Krankheitsbilder oder Patienten oder Behandlungen angehen kann. Sachen, an die man eben halt so nicht gedacht hat." (Moritz Schattschneider)

Im Element *schematische Denkweise* stützen sich Entscheidungen und Strategien, die im klinischen Alltag getroffen bzw. angewendet werden, nicht auf ein aktives Mit- und Nachdenken, sondern auf vorgegebene und automatisch eingesetzte Muster. Die Professionellen, die in dieses Element eingeordnet werden, richten sich nach den lange bestehenden und erprobten Schemata des medizinischen Handelns aus. Sie stehen unter soliden Vorgaben, die nicht hinterfragt werden, und keinen Platz für Veränderung lassen. Diese Denkweise, die als normal und vorherrschend gilt, ist männlich codiert. Im Gegensatz dazu werden im Element *unkonventionelle Denkweise* ungewöhnliche und kreative Gedanken entwickelt, um Diagnosen zu erstellen und Behandlungspläne zu entwerfen. Die erdachten Vorschläge sowie die neu entwickelten Verfahren und Lösungen werden als originell und innovativ definiert. Diese Denkweise ist weiblich codiert und wird als komplementär zur männlich codierten Denkweise verstanden. Die Hierarchie zwischen beiden Elementen kann mit Sicht auf die ihnen zugeschriebene Relevanz entschlüsselt werden: Während die *schematische Denkweise* eine effiziente Behandlung bzw. Aufhebung der Beschwerden, an denen die allergrößte Mehrheit der Patient:innen leiden, ermöglichen sollte, ließe sich die aufwendige *unkonventionelle Denkweise* nur in einigen außergewöhnlichen Fällen sinnvoll einsetzen.

In zahlreichen Interviewtranskripten geht die Vorstellung einer Dichotomie der Geschlechter mit einer manifesten Hierarchisierung des Weiblichen über dem Männlichen einher. Zum Beispiel behauptet der Oberarzt Ralph Scheunemann:

„Und ähm viele von denen sind besser als die männlichen Kollegen, muss man auch sagen". Ähnlich erklärt der Assistenzarzt Tobias Killian: „Also, ich halte insgesamt, glaube ich, Frauen für [Pause] [lacht] die besseren Ärzte".

Den Ärztinnen wird erstens ein größeres Organisationstalent zugeschrieben. Ihre höhere Strukturiertheit und ihr stärkeres *Multitasking* ermögliche ihnen ein besseres Verständnis und eine effizientere Implementierung von organisationsinternen Prozeduren, was Reibungen im klinischen Alltag vermindere:

> „Also, ich hab' halt manchmal den Eindruck, dass die Frauen bei uns auf der Station auch besser organisiert sind. Vielleicht einfach so, was so die Arbeitsabläufe betrifft, so die täglichen kleinen Arbeitsabläufe." (Tobias Killian)

> „[D]ann würde ich sagen, gibt es eine Tendenz, dass die Frauen besser sortiert sind, strukturierter sind und ähm schneller erfassen, worum es geht, in so 'nem System zu funktionieren und die geforderte Leistung zu bringen." (Herbert Schübel)

Den Frauen werden zweitens geschlechtsspezifische sozial-kommunikative Kompetenzen attribuiert – bspw. „Zugewandtheit" und „Offenheit" (Tobias Killian). Dieser Komplex von weiblichen Fähigkeiten präge ihre Interaktionen mit Patient:innen, indem er den Informationsfluss sowie das Vertrauensverhältnis fördere, was die Richtigkeit von Diagnosen und Behandlungen steigere.

Im Umgang mit Kolleg:innen wird drittens den Ärztinnen eine Rücksichtnahme zugesprochen, die Männern fehlen würde. Dies illustriert u. a. die manifeste Disjunktion *auf andere achtende Frauen vs. auf sich selbst achtende Männer* in folgender Sequenz aus dem Interview mit dem Internisten Markus Ittner:

> „Natürlich gibt es Unterschiede. Also, es gibt ähm ähm und da würde ich immer eher Frauen zuzählen, die sozialer sind, die eher auf den Anderen gucken und äh schauen, wenn der super viel Stress hat, dann frag' ich den: ‚Kann ich dir helfen? Kann ich dir was abnehmen?'. Wo Männer vielleicht tendenziell eher auf sich selbst gucken und wenn sie fertig sind und der Andere ist aber noch total gestresst, dann ist ja trotzdem schön: ‚Ich bin fertig und gehe nach Hause'. Und der Andere bleibt halt noch drei Stunden länger." (Markus Ittner)

Aktantinnen, die in das Element *auf andere achtende Frauen* eingeordnet werden, werden durch eine hohe Rücksichtnahme für ihre Kolleg:innen charakterisiert. Ihre Mitarbeit in der Abteilung passen sie der Belastung weiterer Mitglieder des ärztlichen Teams an. Sie nehmen überdurchschnittliche Beanspruchungen wahr und entlasten die Betroffenen, indem sie ihnen ihre Unterstützung anbieten und einen Teil der anfallenden Aufgaben übernehmen. Mit anderen Worten: Ärztinnen werden als uneigennützig denkend und gemeinwohlbezogen dargestellt. Im Gegensatz dazu werden *auf sich selbst achtende Männer* als selbstbezogen definiert. Ihr Wohlbefinden hängt nicht von der Verfassung ihrer direkten Umgebung ab. Ihre Präsenzzeit in der Abteilung steht einzig und allein in Korrelation mit der Bearbeitung von ihnen persönlich zugeteilten Aufgaben. Die Hierarchisierung zwischen beiden Elementen der Disjunktion ist in der oberen Sequenz nicht manifest. Dank der Auswertung weiterer Stellen aus diesem Interview wird aber ersichtlich, dass das weibliche Element höher als das männliche bewertet wird, da Markus Ittner die rücksichtsvolle Handlungsweise und die Rücksichtnahme seiner Kolleginnen als „sehr angenehm" einschätzt.

Die vierte Hierarchisierung zugunsten des Weiblichen stützt sich auf eine Kritik gegen das vorherrschende männliche „Konkurrenzdenken" (Ronny Keilbach) und das stark von Hierarchien geprägte „militärische […] Machogehabe" (Karl Kessler). Insbesondere bei Kinderärzten, die im klinischen Alltag mit vielen Ärztinnen zusammenarbeiten, lässt sich mehrmals eine Dichotomie erkennen zwischen einerseits einem männlichen animalischen „Revierverhalten" (Ronny Keilbach), in welchem der Umgang kalt und hart sei und der Einsatz von „Ellenbogen" (Ronny Keilbach, Lutz Krause) nötig sei, und andererseits einem weiblichen zivilisierten Kooperieren, in welchem „es weniger um- um Status [kurze Pause] weniger um äh ‚Ich bin besser als der Andere' geht, sondern es geht einfach mehr darum, zusammen was zu erreichen" (Karl Kessler). Im Fall eines Konfliktes wird sogar von Ärztinnen erhofft, dass sie nicht an bisherige kämpferische Verhaltensweisen[167] anschließen, indem sie sich in einen „Zickenterror" (Tobias Killian) stürzen, sondern dass sie ihn dank ihrer höheren Kooperationsbereitschaft und ihres sanfteren Umgangstons „anders entschärf[en]" (Maximilian Scheer).

Meinungsverschiedenheiten unter Kolleg:innen betreffend lässt sich im Transkript des Interviews mit dem Internisten Douglas Imlauer eine manifeste Unterscheidung herauslesen, je nachdem ob die Diskussion homo- oder heterosozial ist:

> „Es ist so, dass ich noch in dem System groß geworden bin, wo es sehr männlich hierarchisch ist [kurze Pause] und äh finde aber, diesen empfinde diesen Anteil letztendlich, den steigenden Anteil von Frauen in dem Beruf, letztendlich [kurze Pause] als für die [kurze Pause] Atmosphäre in einem Krankenhaus [kurze Pause] besser. Der Umgang miteinander ist besser. Männer sind im hierarchischen System immer sehr- [kurze Pause] sehr aggressiv miteinander. Und mit Frauen ist das, sagen wir mal, wenn diese, wenn- wenn ähm Probleme anders ausgetragen, in der [kurze Pause] Diskussion miteinander und auch, letztendlich vielleicht auch über ähm über eine andere Diskussionsgrundlage. Also ich kann mich [kurze Pause] vortrefflicher mit männlichen Kollegen streiten, mit Frauen [kurze Pause] oder mit weiblichen Kollegen nicht so. Das kann halt so sein, dass ich letztendlich vielleicht auch dem- dem- dem Charme einer weiblichen Kollegin erliege. Sie- sie sagt, wenn sie ihre Position besser [kurze Pause] vertreten kann. Und letztendlich mir sagt, dass sie mir das besser verkaufen kann. Weil sie das besser, weil sie ein besseres Argument hat, ja? Das ich einfach sagen kann: ‚Gut, das verstehe ich. Das machen wir so'. Ja

---

167 Siehe 5.3.2.

[kurze Pause]. Während ich bei männlichen Kollegen häufig irgendwie eher so eine aggressive Grundtendenz einfach habe, zum Teil. Ja?" (Douglas Imlauer)

Das erste Element der Disjunktion kann als *kämpferisches Wortgefecht unter Männern* bezeichnet werden. Homosoziale Gespräche, in denen kein Konsens herrscht, werden als Kampf um die Durchsetzung der eigenen Meinung gedeutet. Ziel ist es, die Fähigkeit unter Beweis zu stellen, die Oberhand behalten zu können, damit die aktuelle Position in der männlichen Rangordnung nicht gefährdet wird bzw. eine höhere erreicht wird. Hingegen wird im Element *verführerischer Ideenaustausch mit Frauen* die Diskussion zur Aufhebung einer Meinungsverschiedenheit als ein Zwiegespräch unter Heterosexuellen definiert. Kolleginnen werden nicht als potenzielle Konkurrentinnen wahrgenommen, sondern als Frauen mit „Charme", deren Argumente sich der Mann gerne kampflos ergäbe. Dieser Disjunktion liegt eine Naturalisierung Douglas Imlauers Diskussionsmuster zugrunde: In seinem Revier übt er ein agonistisches Verhalten gegenüber seinen Konkurrenten und ein verführerisches Verhalten gegenüber potenziellen Sexualpartnerinnen aus.

Eine Biologisierung der Hierarchisierung des Männlichen über das Weibliche lässt sich auf manifester Ebene nur am Rand erkennen, wenn über den Einsatz von Kräften beim Operieren berichtet wird. Da die körperliche Kraft der Frauen – verglichen mit der von Männern – als geringer bewertet wird, fehle ihnen bei chirurgischen Eingriffen die notwendige Stärke, was sie dort anfälliger für einen Kollaps mache. Das sei keine Seltenheit, dass Ärztinnen „irgendwie so zusammenklappen, also um- umfallen" (Christian Isbrecht), dass sie in der Unfallchirurgie mit den „natürlich[en] Grenzen" (Werner Schellenberg) ihrer Kraft konfrontiert werden und dass sie „dann auf [die Hilfe männlicher Ärzte] zurückgreifen" (Moritz Schattschneider).

Im Material lässt sich vor allem eine Hierarchisierung des Männlichen über das Weibliche auf sozial-kommunikativer Ebene beobachten. Ärzte seien „ein bisschen humorvoller" (Georg Kagelmacher), „'nen bisschen sachlicher, ruhiger, belastender" (Matthias Idelberger) sowie „ein ganz klein bisschen direkter in ihrer Kommunikation" als ihre Kolleginnen.[168] Schnell anfallende emotionale Reaktionen von Ärztinnen auf Hinterfragung, Infragestellung und Kritik von Diagnosen und Behandlungen – z. B. Scham, Furcht oder Traurigkeit – werden als Hürden zur Aufrechterhaltung eines rein fachlichen kollegialen Austausches gedeutet. Die Zusammenarbeit mit Frauen wird als psychisch aufreibender als die mit Männern eingestuft, weil das Empfinden der Kolleginnen berücksichtigt

---

168 Eine wiederholte Betonung der minimalen Ausprägung dieser männlichen Überlegenheit war weder bei der körperlichen Hierarchisierung noch bei Aussagen über Vorzüge von Ärztinnen zu beobachten. Sie kann als Ergebnis einer sozialen Erwünschtheit gedeutet werden.

werden muss. Dies illustrieren bspw. die manifesten Disjunktionen *weibliche Verarbeitungsprozesse vs. männliche Verarbeitungsprozesse* sowie *weiblicher Umgang
mit Fehlerbenennungen vs. männlicher Umgang mit Fehlerbenennungen*, die sich
aus Transkripten von Interviews mit Internisten herausarbeiten ließen:

> „Ich denke, dass ähm in der- in der hohen Belastung, die wir hier arbeiten, es [kurze
> Pause] für Männer einfacher ist, diese Situationen emotionaler zu verarbeiten. Dass
> ich häufiger äh Gespräche mit Kolleginnen hatte, die die hohe Belastung als- als
> auch emotional [kurze Pause] stark [kurze Pause] anstrengend empfunden haben.
> Letztendlich ähm [Pause]. Die hohe Arbeitsbelastung auch als- als Belastung inner-
> lich empfunden haben und auch, sagen, wohl auch die [kurze Pause] Situationen,
> die man dann eben sozusagen mit Leben und Tod diejenigen empfunden haben, für
> Ärztinnen zum Teil [kurze Pause] schwerer zu verarbeiten waren. Das muss man ganz
> ehrlich so sagen. Männer [kurze Pause] verarbeiten das anscheinend für sich alleine
> und innerlich. Frauen eher emotionaler und nach außen gehend." (Douglas Imlauer)

> „Und das kann manchmal schwierig sein. Übrigens auch, wenn man einfach mal was
> was sagt oder was Kritisches anbringt. Also, ich hab' z. B. wenn ich einfach wirklich
> nur eine medizinische Sache, also eine [kurze Pause] sachlich kritisiere ähm nur
> das Medizinische, dann ist es halt oft so, dass [kurze Pause] Frauen das sofort auf
> ihre Person beziehen. Also dass sie seh', also sie an sich sind jetzt infrage gestellt
> und bei Männern [kurze Pause] ist das meistens nicht so. Sondern dann sagen die:
> ,Ja, nee hast recht. Ja, oh. Ja, hätt' ich vielleicht nicht. Ja'. Also man kann mehr am
> Thema bleiben, und es geht nicht sofort auf diese Ebene ähm, ne? Hmh. Das- das
> Persönliche. Bei Frauen halt, glaub' ich, viel häufiger noch dieses Persönliche: ,Ich-
> ich bin persönlich für alles eigentlich verantwortlich und für alles schuld' […]. Und
> ähm ja und tatsächlich finde ich es so, in [kurze Pause] mit Männern ähm finde ich
> manchmal einfach sehr viel angenehmer, weil […] eben grade weil Frauen das oft
> [kurze Pause] mit ihrer ganzen Person [kurze Pause] in Verbindung bringen, jeden
> Fehler, den sie machen." (Georg Kagelmacher)

Männern werden schließlich Denkweisen zugeschrieben, die ihnen ein effizi-
enteres Arbeiten im Ärzt:inberuf als Frauen ermöglichen. Sie besäßen Kompetenzen, die notwendig sind, um schnell medizinische Entscheidungen treffen zu
können, und welche Frauen tendenziell eher fehlen würden. Sie hätten erstens
die Fähigkeit sich auf Fakten zu „fokussieren […] in der extremen Art" (Manfred
Schadewald), sodass sie sich beim fachlichen Nachdenken weder vom Empfinden
der Patient:innen noch von ihren eigenen Gefühlen hin- und herreißen lassen
würden. Sie hätten zweitens einen leichteren Zugang zu einer rein analytischen
Perspektive. Trotz ihrer persönlichen Meinung über die Patient:innen hätten sie
keine Schwierigkeiten, „noch mal aus der Vogelperspektive, von oben, drauf[zu]
gucken" (Georg Kagelmacher). Ärzte würden drittens *per se* über ein größeres
Selbstvertrauen als ihre Kolleginnen verfügen: „[I]rgendwie haben die Männer

[lacht] wahrscheinlich irgendwie so- so 'n- so 'n Grundurvertrauen in ihr eigenes Tun und den Frauen fehlt das manchmal" (Georg Kagelmacher). Dieses ermögliche ihnen „risikobereiter" (Georg Kagelmacher) zu handeln, denn sie würden sich nicht durch irrelevante Details, nicht einholbare Informationen sowie potenziell negative Konsequenzen ihrer Behandlung aufhalten lassen. Sie ließen sich nicht von „kleine[n] Fitzelproblem[en]" verunsichern, sondern pragmatisch und zügig „die Entscheidung [fällen] und zack, jetzt so läuft 's so" (Markus Ittner).

Zur Illustration der latenten Hierarchisierung der Denkweisen zu Gunsten des Männlichen bei gleichzeitiger manifester Hochschätzung des Weiblichen kann die folgende Sequenz aus dem mit dem Chirurgen Maximilian Scheer geführten Interview herangezogen werden:

> „Es gibt aber auch Kollegen von mir, die haben die Gabe, denen ist das in die Hand gefallen und das sind oft Frauen, die tatsächlich [kurze Pause] 'n gewisses [kurze Pause] Talent [kurze Pause] operatives Talent mitbringen. Und da bin ich neidlos und sage: ‚Gut, das machst du sehr gut. Das find' ich sehr übersichtlich wie du das machst. Und das hat Hand und Fuß'. Die denken 'nen bisschen anders. Also 'ne ähm ähm [Pause] sie denken einfach [kurze Pause] anders. Sie versuchen nicht so kategorisiert zu denken wie wir Männer, glaub' ich. Das macht, das bereichert auch die Tätigkeit. ‚Also wie soll der nächste? Was willst du? Welches soll dein nächstes Auto sein?' – ‚Blau'. [Pause] Also sie denken ganz anders. Und ähm [Pause] ich glaub auch, dass das [Pause]. Wenn man den operativen Teil sieht [kurze Pause] hohe Kreativität [Pause]. *Hmh.* Wenn man mal den organisatorischen Teil sieht ähm oft sehr gut organisiert und fokussiert [Pause]. Ich seh' die Grenzen verschwimmen. Definitiv. Die können viel fokussierter sein [kurze Pause] die Kolleginnen. Die sind oft zielstrebiger. Wir- wir Jungs haben soooo [Pause]: ‚Guckst mal hier, guckst mal da. Und was kommt eigentlich im Fernsehen heute Abend?'. Das- das ist ähm schon so 'nen bisschen [kurze Pause] anders, glaub' ich gewesen. Aber ich sehe keinen großen Unterschied. Es sind Kleinigkeiten." (Maximilian Scheer)

In dieser Sequenz lässt sich eine explizite Überzeugungsleistung des Chirurgen beobachten. Der Interviewerin will er vermitteln, dass er weder an eine Dichotomie der Geschlechter noch an eine männliche Überlegenheit glaubt. Dies betont er in drei kurzen affirmativen Sätzen: „Ich seh' die Grenzen verschwimmen", „Aber ich sehe keinen großen Unterschied" und „Es sind Kleinigkeiten". Nichtsdestotrotz wird – wie in anderen Transkripten – eine Unterscheidung zwischen männlichen und weiblichen Denkweisen vorgenommen: Dem Weiblichen wird eine Komplementarität zum Männlichen zugewiesen. Es lassen sich Substantive, Adjektive und Komparative finden, die als Indizien einer Hierarchisierung der geschlechtlichen Denkweisen zu Gunsten des Weiblichen gedeutet werden könnten. In Bezug auf die operativen Tätigkeiten wird den „Frauen" ein „Talent" und eine „hohe Kreativität" zugeschrieben. Die Organisation des alltäglichen Arbeitens betreffend werden sie als „sehr gut organisiert und fokussiert" sowie

„viel fokussierter" und „zielstrebiger" als ihre Kollegen eingestuft. Jedoch macht die strukturale Auswertung der Disjunktion *verdienstvoller Vater vs. beschenkte Mädchen* sichtbar, dass auf latenter Ebene das männliche Element über dem weiblichen Element steht.

Aktantinnen, die im Element *beschenkte Mädchen* eingeordnet sind, besäßen eine angeborene Anlage, welche eine besondere Leistungsfähigkeit auf dem operativen Gebiet ermögliche. Ihr Potenzial bekämen sie durch Zufall und sie müssten sich keine besondere Mühe geben, um ihr Können weiterzuentwickeln. Diese Leichtigkeit beim Operieren ermögliche ihnen, sich aus dem Rahmen zu bewegen, indem sie sich auch nicht-erlernten Mustern bedienen. Dies wird am Beispiel der verwendeten Kriterien bei der Fahzeugwahl illustriert. Hiermit wird aber auch eine Hierarchisierung gezeigt: Die Farbe ist ein rein ästhetisches oberflächliches Kriterium, das von Nicht-Kenner:innen – bspw. Kindern – verwendet wird. Als anerkannte Wahlkriterien gelten eher männlich codierte Kriterien wie Technik und Kraft (u. a. Pferdestärke, Verbrauch, Ausstattung). In der Disjunktion steht Maximilian Scheer hingegen als *verdienstvoller Vater*. Seine Befähigung zu operativen Leistungen erlangte er – wie die meisten in chirurgischen Fachbereichen tätigen Männer – durch Erlernen und Üben. Sein Verdienst ist noch größer als der seiner Kollegen, denn ihm fehle nicht nur eine angeborene Anlage, sondern als Linkshänder musste er darüber hinaus einen natürlichen Nachteil überwinden, um mit Instrumenten für Rechtshänder:innen operieren zu können.[169] Die Höherstellung des männlichen Elements *verdienstvoller Vater* lässt sich insbesondere durch die Infantilisierung der Chirurginnen erkennen, deren Arbeit kommentiert und bewertet wird. Das erste vom Interviewpartner eingefügte Zitat ist ein Lob, dessen Formulierung eher in einem Eltern-Kind-Gespräch als in einer kollegialen Einschätzung unter Professionellen erwartbar ist: Die Begleitung und die Stärkung sind paternalistisch.

In den symbolischen Tiefenstrukturen eines Großteils der ausgewerteten Erzählungen lässt sich wiederkehrend eine Figur erkennen, die die vorgegebenen binär-hierarchischen Einteilungen zwischen Weiblichem und Männlichem zu sprengen scheint: Ausnahmefrauen. In ihren Erzählungen verwenden viele Ärzte das Adjektiv „taff" oder sein englischsprachiges Äquivalent „tough", um solche Aktantinnen zu bezeichnen. Dies illustrieren beide folgende Sequenzen:

„Da [in der Unfallchirurgie] sind zwei Oberärztinnen. Das ist schon [kurze Pause] besonders. Ja. Aber die sind auch taff [leises Lachen]." (Sonchai Inchareon)

„Aber es gibt natürlich auch Frauen, die sowas packen, aber das sind wirklich 'n ganz besonderer Menschenschlag, die sehr sehr tough sind." (Konstantin Isenberg)

---

169 Siehe 5.3.1.

Taffe Frauen werden dadurch charakterisiert, dass sie sowohl unempfindlich genug sind, um die medizinischen Gegebenheiten durchgängig nüchtern zu analysieren und effizient zu handeln, als auch psychisch und körperlich robust genug sind, um sich in Männerdomänen und/oder in Leitungspositionen durchzusetzen.

Auf manifester Ebene bilden mehrere Ärzte eine Disjunktion zwischen diesen als Ausnahmen wahrgenommenen Frauen und den als ‚normal' wahrgenommenen Frauen. Auf latenter Ebene findet hingegen eine Einordnung dieser Aktantinnen im Männlichen statt. Im Transkript des mit dem Internisten Konstantin Isenberg geführten Interviews lässt sich z. B. die Disjunktion *taffe Frauen vs. mütterliche Frauen* erkennen, die auf den ersten Blick zwei weibliche Elemente gegenüberstellt. Die im Element *mütterliche Frauen* eingeordneten Aktantinnen entsprechen aber der schon herausgearbeiteten Disjunktion zwischen dem Weiblichen und dem Männlichen, denn sie werden dadurch charakterisiert, dass sie gegenüber ihren Mitmenschen – und insbesondere Patient:innen – „besorgter sind". Darüber hinaus wird das professionelle Handeln der Aktantinnen, die dem Element *taffe Frauen* zugeordnet werden, durch eine männlich codierte Eigenschaft gekennzeichnet: Die „Bravour". Sie schlagen sich mit Tapferkeit und Mut durch und entsprechen hiermit dem Männlichen. Bei der Erzählung des Chirurgen Julian Schacht lässt sich eine ähnliche Beobachtung machen. In der Disjunktion *die Mäuschen vs. keine Mäuschen* wird dem zweiten Element eine männlich codierte Eigenschaft zugewiesen: Die körperliche Kraft. Die hier eingeordneten Aktantinnen sind stark genug, um lang andauernde und hoch anstrengende Eingriffe zu bewerkstelligen – wie bspw. „sechs Stunden bei […] 'ner unfallchirurgischen OP […] das Bein [zu] halten". Die Fähigkeit, eine solche Leistung zu erbringen, wird sonst nur Männern zugeschrieben. Der Wunsch, solche Eingriffe wiederholt durchzuführen, wird nur besonders tapferen Männern und taffen Frauen unterstellt. So erklärt der Neurochirurg, dass er sich solche kräftezehrenden Operationen „selber […] nicht mehr […] antun [lacht]" will. Die Disjunktionen *taffe Frauen vs. mütterliche Frauen* und *die Mäuschen vs. keine Mäuschen* zeigen, dass auf nicht-manifester Ebene taffe Frauen mit männlich codierten Charakteristika assoziiert werden. Mit anderen Worten: Taffe Frauen sind Männer wie alle Anderen.

Die rekonstruierte Gleichsetzung der taffen Frauen mit Männern lässt sich bei vier Interviewtranskripten sogar dank eines expliziten Vergleiches zwischen solchen Ausnahmefrauen und den Ärzten bestätigen. So berichtet Maximilian Scheer von Ärztinnen, die „ihre Interessen genauso knallhart wie Männer verfolgen können". Kurt Ingefeld erzählt von Internistinnen, die „genauso belastbar oder genauso kompetent wie [kurze Pause] ihr [kurze Pause] ja Männer" sind. Sonchai Inchareon schildert, dass die wenigen Unfallchirurginnen „taffe Frauen" sind, die „mindestens genauso Sprüche klopfen […] wie die Männer [können]." Konstantin Isenberg behauptet schließlich, dass ohne „solche Frauen" die von der Feminisierung des Ärzt:inteams betroffenen Abteilungen nicht funktionieren würden, denn „die stehen, die machen da alles äh wie 'n- wie 'n Mann" (Konstantin Isenberg).

Taffe Frauen werden als ernst zu nehmende Mitspielerinnen bei „Spielen des Wettbewerbs" (Bourdieu 1997, S. 203) erachtet. Ihre Konkurrenzfähigkeit bestehe aber vor allem am Anfang ihrer Berufstätigkeit und würde dann sinken. Dies illustrieren u. a. folgende Sequenzen:

> „Und ansonsten gibt es ähm sehr viele junge Assistentinnen. Alle ziemlich taff sag' ich mal. Klare Ziele ähm. Alles kluge Frauen, die ähm auch Bezug zur Neurochirurgie haben. Ich mach' eigentlich wenig Unterschiede zwischen Mann und Frau." (Maximilian Scheer)

> „Also, wenn Sie jetzt, einfach mal als Beispiel, eine fünfundzwanzigjährige Frau und einen fünfundzwanzigjährigen Mann vergleichen als Berufsanfänger, sagen wir jetzt mal, dann würde ich sagen, gibt es eine Tendenz, dass die Frauen besser sortiert sind, strukturierter sind und ähm schneller erfassen, worum es geht, in so 'nem System zu funktionieren und die geforderte Leistung zu bringen." (Herbert Schübel)

> „[W]as ich feststelle, ist dass die- [kurze Pause] dass die Frauen, gerade auch ganz junge Frauen in der- in der Pädiatrie, unglaublich selbstbewusst sind [kurze Pause]. Also viel selbstbewusster und viel zielstrebiger als gleichaltrige männliche Assistenzärzte. Männliche Assistenzärzte sind irgendwie so ein bisschen lockerer, ja. Ähm gerade junge Ärztinnen sind unglaublich zielstrebig [Pause]. Das ist sehr auffallend. Das fällt nicht nur mir auf, sondern [kurze Pause] da- da unterhalten wir uns auch immer wieder mal drüber. Ähm sehr zielstrebig, sehr [kurze Pause] klar, was sie wollen. Auch karrierebewusst. Sehr stark karrierebewusst. Ähm ich kann 's nicht im Detail vergleichen, aber in meiner Wahrnehmung ist es schon so, dass sie ähm karrierebewusster und zielstrebiger als im Moment gleichaltrige oder auf dem gleichen Wissensstand befindliche Männer sind, ja." (Lutz Krause)

Vor dem Hintergrund der im folgenden Unterkapitel dargestellten Analysen kann behauptet werden, dass diese Unterscheidung nach dem Lebensalter bzw. den Berufsjahren nicht mit der Generationszugehörigkeit gleichgesetzt werden darf. Vielmehr kann eine latente Naturalisierung eines Rückzugs ins Weibliche angenommen werden. Wenig relevant für die vorliegende Analyse ist, ob in den Erzählungen das Selbstvertrauen, die Strukturiertheit, die Effizienz oder die Karriereorientierung bei mehr oder weniger vielen angehenden Ärztinnen als vorgegeben oder als Ergebnis harter Erarbeitung gedeutet wird. Viel interessanter scheint mir, dass sich wiederholt ein Muster beobachten lässt: Die große Mehrheit an taffen Frauen verwandelt sich in ihren Dreißigern zu ‚normalen' Frauen – nämlich dann, wenn sie Mütter werden.

5.1.2 Vergeschlechtlichung von Elternschaft(en)

Explizite Aussagen zum Thema Elternschaft bei Ärzt:innen erhielt ich hauptsächlich infolge der Interviewfrage, in welcher ich die Gesprächspartner darum bat, ihre Einschätzung potenzieller Konsequenzen der Erhöhung des Frauenanteils innerhalb der Ärzteschaft für das Krankenhaus und den Ärzt:inberuf im Allgemeinen zu äußern. Nur sehr wenige deuteten diese Frage als Einladung, um von ihren Hoffnungen auf einen sanfteren Umgangston im Kollegium, von Erwartungen auf ergonomische Verbesserungen in OP-Sälen oder von Befürchtungen eines möglichen Prestigeverlusts ihrer Profession zu berichten. Vielmehr wurde sie aufgrund einer Gleichsetzung zwischen ‚Frausein‘ und ‚Muttersein‘ als ein Impuls aufgegriffen, um die Vereinbarkeit von *Work* und *Care* zu thematisieren:

> „Ich glaube, unmittelbar im Krankenhaus hat es- hat es äh zur Folge, dass ähm also, dass die so Dienstmodelle viel flexibler gestaltet werden müssen […]. Das heißt einfach, dass die- die Arbeit ganz anders strukturiert oder die Arbeitszeitmodelle anders strukturiert werden müssen. Also, ich hatte das ähm oder jetzt auf Station häufiger, dass die Mütter oder Frauen mit Kindern reduziert z. B. arbeiten und ähm dann auf der Station um vierzehn Uhr sozusagen, haben 'ne 80-Prozent-Stelle und gehen dann um vierzehn Uhr nach Hause." (Markus Ittner)

> „Vielleicht werden Krankenhäuser durch den größeren Frauenanteil [kurze Pause] kinderfreundlicher. Wir haben z. B. 'nen Kindergarten direkt in unserer Klinik. Ähm der von, ich glaub', von um fünf bis abends um neun geöffnet hat. Das ist 'ne super Sache, gerade für [kurze Pause] Mütter auch. Natürlich auch für Familien insgesamt, aber gerade auch weil [kurze Pause] Mütter arbeiten als Ärztinnen oder auch anderes Personal, dass sie dadurch viel flexibler sind in der Arbeit, die sie annehmen können." (Olaf Kammerhoff)

> „Und von der Sache her, glaube ich, wenn der Frauenanteil an den Ärzten, also, insgesamt größer wird, finde ich das, glaube ich, insgesamt gar nicht schlecht. Ähm ich glaube, dass man [Pause] da dann halt eher gucken muss wegen äh wegen ordentlichen Arbeitszeitmodellen, dass man da das halt äh dass man dadurch, also, da halt auch viele Frauen halten kann." (Tobias Killian)

Die Hauptverantwortung für die Versorgung von Kindern wird bei heterosexuellen Elternpaaren den Frauen zugeschrieben, die sie geboren haben. Dies führt zu der Erwartung, dass Ärztinnen über geringere zeitliche Anpassungsfähigkeiten als ihre Kollegen verfügen. Krankenhäuser und Kliniken würden sich am Modell des männlichen Professionellen orientieren, dessen Rücken von einer sich um den Nachwuchs kümmernden Lebensgefährtin freigehalten wird. Da es nicht erwartbar sei, dass Ärztinnen eine ähnliche Entlastung innerhalb einer heterosexuellen Partnerschaft erfahren,[170] solle auf der Ebene der Organisation ein Entgegenkommen stattfinden. Ermöglicht werden sollten die Betreuung der Kinder am Arbeitsort und die Etablierung von regelmäßigen und verkürzten Dienstzeiten. Eine Entwicklung in Richtung Mütterfreundlichkeit wird von den meisten Interviewpartnern beobachtet bzw. erwartet, sobald „die alte Riege, die immer noch irgendwo in der Hierarchie bestimmt, wo es lang geht" (Werner Schellenberg), sich in den Ruhestand verabschiedet.

Die Gleichsetzung von ‚Frausein' und ‚Muttersein' bestätigt die im vorherigen Unterkapitel erläuterte These, wonach taffe Frauen auf eine Stufe mit Männern gestellt werden. Dies illustriert die Disjunktion *dynamische Single-Frauen vs. fest gebundene Mütter*, die sich anhand folgender Sequenz aus dem mit dem Internisten Konstantin Isenberg geführten Interview herausarbeiten lässt:

„Ach, ich glaube- ich glaube nicht unbedingt negative Folgen. Um Gottes Willen, nö, das würde ich nicht sagen. Also die Frauen, die stehen genauso ihren Mann äh sage ich mal so äh plakativ wie andere auch, aber sind natürlich für Frauen, hat 's manchmal negative Folgen oder so, ja. Weil ähm es ist natürlich 'n Problem, man kennt die einen Frauen äh die [Pause] natürlich für das- für die Abteilung äh äh wichtiger sind. Das sind die, eigentlich die noch jungen dynamischen Single-Frauen, die nicht fest gebunden sind, die keine Familie, keine Kinder haben, die äh bringen sich natürlich am meisten ein bei der Abteilung, ja. Das wäre jetzt hier die Frau Igel. Die puh hat keinen festen Freund oder- oder- oder hat 'n Freund, den sie ab und zu mal trifft irgendwie, aber äh die immer Zeit hat und gern' wegfährt und jetzt eben nach Berlin fährt zu dem Transplantmeeting und uns da auch repräsentiert als Abteilung. Und- und, na ja, und wo- wo was geht, die auch da sehr engagiert ist und- und auch dann Zeit und Lust hat und was von der Welt sehen will und- und eben auch keine Familie und Kinder hat. Und das sind natürlich die, die natürlich für die Abteilung wichtig sind. Ja. Und äh [Pause] und wenn 's solche Frauen halt, brauchen wir uns nicht über Abteilungen, können die, die stehen, die machen da alles äh wie 'n- wie 'n Mann oder was weiß ich- ich, ja. Aber es gibt auch noch andere, klar, die dann natürlich ähm wenn sie Kinder kriegen, Familie haben und- und logischerweise, weil sie 's müssen, eben dann mehr für Familie und alles da sind. Und- und dann eben auch so eben nicht: ‚Ach na ja, keine Zeit da hinzufahren und den Kongress und will

---

170 Ein Oberarzt in der Neurochirurgie berichtet während des Interviews von einer gleichrangigen Kollegin, die mit ihrem Ehemann eine umgedrehte geschlechtliche Arbeitsteilung ausübt. Ein solches Arrangement ist für ihn möglich, aber trotzdem weiterhin kaum vorstellbar für die meisten heterosexuellen Paare: „[W]obei ich aus meiner Sicht das Problem sehe, wie Frauen tatsächlich äh Familie und Beruf dann vereinbaren wollen. *Hmh.* Ich hab' ähm eine Kollegin jetzt auch gerade heute getroffen […]. Die hat auch vier Kinder. Und da bleibt eben der Mann ganztägig Zuhause. Die haben das so geregelt und sie geht arbeiten. Und bei uns ist es andersrum [lacht]. Mehr so das klassische Modell. Aber ähm da würde ich persönlich für mich als, wenn ich mir vorstelle, ich wäre eine Frau, würde ich Schwierigkeiten sehen. Ähm wirklich ähm als Neurochirurgin mit vielen Kindern durch 's Leben zu kommen. Geht aber auch, ja." (Ralph Scheunemann).

mich nicht weiterbilden und kann nicht und- und muss ja meine Kinder hüten und
das und muss für meinen Mann sorgen.' " (Konstantin Isenberger)

Bis zu ihrer festen Einbindung in eine persönliche Beziehung mit einem Lebens-
gefährten bzw. mit einem oder mehreren Kind:ern seien Ärztinnen durch eine
hohe Motivation und eine große zeitliche sowie örtliche Flexibilität charakterisiert. Ihre private Ungebundenheit ermögliche es ihnen, sich stark für ihre
berufliche Tätigkeit einzusetzen. Aufgrund ihrer regen Beteiligung am täglichen
Geschehen innerhalb der Klinik sowie an externen Veranstaltungen gelten sie
als tragende Elemente für die Stationen. Nach Konstantin Isenberg entsprechen
solche tüchtigen Ärztinnen den Erwartungen, die an einen (männlichen) Arzt
gestellt werden, und verdienen es, als gleich- bzw. vollwertige Mitglieder der
Abteilung zu gelten. Nach Eintritt in eine stabile heterosexuelle Zweierbeziehung
und der sich daraus ergebenden Gründung einer Familie werden Ärztinnen in das
zweite Element der Disjunktion eingeordnet. Ihr beruflicher Einsatz wird durch
ihr privates Gebundensein eingeschränkt, denn sie werden trotz ihrer bisherigen Berufsbiografie ungewollt in „Traditionalisierungsfallen"[171] (Rüling 2007)
gefangen. Da ein Großteil der ihnen zur Verfügung stehenden Energie und Zeit
ihren Angehörigen gewidmet wird, sind sie unbeweglich. Diese *fest gebundenen
Frauen* werden als weniger einsatzfähig und -willig betrachtet – salopp gesagt
als Ärztinnen zweiter Wahl für die Abteilungen. Einen „Wandel" der Dienstzeit-
modelle erachtet Konstantin Isenberg für notwendig, damit taffe Frauen künftig
nach dem Eintritt in die Elternschaft, den er für selbstverständlich erwünscht
hält, weiterhin als Grundpfeiler der Stationen wirken können.

Weibliche Elternschaft wird von allen Interviewpartnern mit Abwesenheit auf
Station assoziiert. Dies hängt mit einer als selbstverständlich wahrgenommenen
Hauptzuständigkeit von Frauen für *Care*-Tätigkeiten für ihre Kinder zusammen.
So erklärt bspw. Markus Ittner, dass „Frauen nun mal die Kinder bekommen
und sich häufiger auch intensiver [Pause] als Mütter doch noch irgendwie in
der Kinderversorgung eingebunden sind als die Männer". Ähnlich sieht Werner
Schellenberg keinen Einsatz des Vaters vor, wenn die Kinder erkranken: „Die
Kinder werden krank äh die Frauen fallen aus. Das- das 'ne, das ist unser Leben.
Das ist der natürliche Umgang auch miteinander, den man täglich hat. Und es
ist normal, dass man als äh Ärztin auch mal ausfällt". Die Arbeitsteilung zwischen Müttern und Vätern, die zu Fehlzeiten von Ärztinnen führt, wird von den

---

171 Anneli Rüling definiert „Traditionalisierungsfallen" als Punkte, an denen ein egalitäres
    Geschlechterarrangement innerhalb einer heterosexuellen Zweierbeziehung „droht, ins
    Traditionelle zu kippen" (2008, S. 4779). Dies kommt daher, dass Rahmenbedingungen
    und naturalisierende Deutungsmuster materiell und symbolisch die Erwerbstätigkeit von
    weiblichen Elternteilen erschweren bzw. abwerten, und gleichzeitig ihre Zuständigkeit
    und Kompetenz für die Betreuung und Pflege von kleinen Kindern fest verankern.

Interviewpartnern mittels eines naturalisierenden Deutungsmusters begründet. Sie liege am nicht-hinterfragbaren biologischen Unterschied zwischen den Geschlechtern auf der Ebene der Gestationsfähigkeit: „Das liegt [kurze Pause] das ist naturgegeben. Die Frauen kriegen dann Kinder [kurze Pause] die Männer nicht" (Manfred Schadewald). Die Biologisierung des Zusammenhangs zwischen weiblicher Elternschaft und beruflichem Disengagement ist in Erzählungen über Gestationszeiträume bei Ärztinnen[172] besonders sichtbar.

Das Auftreten einer Schwangerschaft wird von den interviewten Ärzten als eine Ursache für ein abruptes Austreten von Kolleginnen identifiziert, das für die Abteilungen zu personellen Engpässen und für sie selbst zur unerwünschten Mehrarbeit führe:

„Schwangerschaft hab' ich insofern mitgekriegt als dass dann einfach 'ne Stelle gefehlt hat. Also, das war einfach mehr Arbeit für alle Beteiligten, die dann da- da mitgemacht haben. Ähm und, es gab keine Schwangerschaftsvertretung bei uns. Das war einfach [kurze Pause] die waren dann weg und die Stelle musste dann irgendwie äh kompensiert werden." (Sonchai Inchareon)

„Wenn man dann halt mit Kollegen zusammengearbeitet hat, die schwanger geworden sind und die dann erstmal weg waren. Das ist halt von der Planung her doof, ne. Weil die Stelle ja nach wie vor noch besetzt ist. Aber trotzdem nicht unbedingt der Ersatz kommt, ne. Also für die, die dann mitarbeiten ist das immer doof, ne. Ja." (Matthias Idelberger)

„Oft ist es so, dass wenn die ähm die weiblichen Mitarbeiterinnen schwanger sind und ausfallen, dass dann eben andere dafür einspringen müssen und dafür mehr arbeiten müssen. *Hmh.* Und das ähm ist sicherlich nicht gut. Das ist [kurze Pause] aber ein Systemfehler." (Theodor Ilsemann)

„Äh es gab immer- immer mal Phasen, wo dann praktisch mehrere Kolleginnen schwanger geworden sind und die sind dann auch alle- alle natürlich dann äh ähm ausgefallen, konnten dann nicht arbeiten. Und dann gab 's immer die Schwierigkeiten, ja, wie werden jetzt die Stellen besetzt, man- man kurzfristig neue Ärzte finden und manchmal ist es gar nicht so einfach, wenn man kurzfristig jemanden haben will, dann jemanden zu finden. Das war öfters mal 'n Problem." (Christian Isbrecht)

Um die konsensuelle Schilderung von Schwangerschaft als Störung nachvollziehen zu können, muss kurz eine Besonderheit des medizinischen Berufsfeldes erläutert werden: Gravierende Einschränkungen im beruflichen Alltag treten ein, sobald eine Ärztin eine Schwangerschaft bei ihren Vorgesetzten oder bei der Krankenhausleitung anzeigt. Zur Vorbeugung einer Gefährdung des Embryos

---

172 Kein einziger Interviewpartner thematisiert die Schwangerschaften von Krankenschwestern.

bzw. des Fötus sowie der schwangeren Frau sieht das deutsche Mutterschutz-
gesetz weitreichende Einsatzverbote für Ärztinnen vor, was eine umgehende
Umorganisation ihrer Beschäftigung sowie der ihrer Kolleg:innen erfordert.
Aufsichtsbehörden von Kliniken verbieten häufig zahlreiche Tätigkeiten von
schwangeren Ärztinnen, da sie u. a. keinen potenziell gesundheitsgefährdenden
Stoffen ausgesetzt werden dürfen, mit keinen eventuell infektiösen Patient:innen
in Kontakt treten sollten[173] und nicht in Schichten zwischen 20.00 bis 06.00 Uhr
eingesetzt werden dürfen. Insbesondere in der Pädiatrie und in der Chirurgie
wird die Mitarbeit von schwangeren Ärztinnen als hoch risikobehaftet eingestuft,
sodass sie gleich nach der Mitteilung ihrer Schwangerschaft häufig nur noch Bü-
rotätigkeiten ausüben dürfen oder ein Beschäftigungsverbot erteilt bekommen.

Mehrere Interviewpartner berichten, dass alle Ärztinnen im gebärfähigen Alter
unter dem ständigen Verdacht stehen, künftig infolge einer Schwangerschaft
langfristig abwesend zu sein. Daraus entstehe einerseits das Ausschauhalten nach
potenziellen Schwangerschaftsvertretungen, „[o]bwohl die [Ärztinnen] noch
gar nicht schwanger sind. [Gemeinsames leises Lachen]" (Sonchai Inchareon).
Andererseits erfolge eine Bevorzugung von Kandidaten bei Auswahlverfahren,
da bei ihnen angenommen werde, dass sie nicht aufgrund eines Elternwerdens
am Arbeitsplatz fehlen würden:

> „Ich denke, es ist eher 'n Vorteil für einen männlichen Kollegen, dass er nicht schwan-
> ger werden kann, wenn 'ne Reihe von weiblichen Kollegen dabei sind. Weil das doch
> immer- immer mitschwingt und ähm sich der Chef, denke ich äh oder jeder Chef
> sich das immer nochmal überlegt, wann sie wohl ungefähr dann schwanger werden
> wird, wie lange sie fehlen wird und sowas. Und ähm das ist einfach, wenn man dann
> einen männlichen Kollegen hat, wo man weiß, der wird, wenn er nicht die Stelle
> wechselt äh im Prinzip sechs Jahre am Stück oder acht Jahre am Stück da sein für
> seine Facharztausbildung und keine großen Lücken reißen zwischendurch." (Ralph
> Scheunemann)

> „Ähm was es manchmal ein bisschen schwierig macht, ist, dass natürlich [kurze
> Pause] viele Kolleginnen [kurze Pause] häufiger natürlich ausfallen, wenn sie dann

---

173 Eine Gefährdung aufgrund einer Übertragung durch den Erzeuger des ungeborenen
Kindes bzw. den Lebenspartner einer Schwangeren wird nicht berücksichtigt. So berichtet
der Oberarzt in der Neurochirurgie Ralph Scheunemann, der vierfacher Vater ist, und der
sich selbst im Verlauf des Interviews zweimal als „streng" mit schwangeren Chirurginnen
bezeichnet: „Ich hab' so weitergemacht wie immer. Und ähm nein, ich- ich bin brav regelmäßig beim Betriebsarzt meine HIV und Hepatitis-Tests und lass' mich auch regelmäßig
gegen Hepatitis impfen, obwohl ich zu den Leuten gehöre, die auf die Hepatitisimpfung
nicht ansprechen. Die- die wirkt bei mir offensichtlich nicht. Und ähm und ich bemüh'
mich auch, wenn was Infektiöses ist, da vorsichtig vorzugehen. Aber ich hab' jetzt keine
besonderen Vorsichtsmaßnahmen oder Schutzmaßnahmen getroffen. Das [Pause] ist,
glaube ich, auch nicht notwendig. Soll auch nicht zu viel Angst dann haben [leise]".

irgendwann Kinder kriegen. Das ist- ist natürlich logisch [...]. Aber das haben wir doch gerade in den letzten Jahren erlebt, dass es häufig von der Planung schwierig ist. Und ich bin auch mit in der Kommission, die auch Neueinstellungen [...] macht ähm dass wir natürlich schon teilweise relativ schnell auch in Schwierigkeiten kommen, wenn viele ausfallen plötzlich." (Thorsten Kaffenberger)

„Und deshalb hat sich auch so 'n bisschen, also unser- unser Chefarzt, habe ich das Gefühl, der versucht schon, das ausgewogen [Pause] äh die- die Struktur der Mitarbeiter ausgewogen zu halten, sodass er schon guckt äh was jetzt Neueinstellungen betrifft äh dass es immer gleich bleibt, dass er ab und zu mal 'n Mann einstellt, dann wieder 'ne Frau. Aber manchmal auch so [lacht] nach so ähm Episoden, wo dann mehrere [kurze Pause] weibliche Ärzte und alle schwanger wurden und dass dann so personell Probleme gab, da war schon zu merken, dann, dass die nächsten Einstellungen dann Männer waren oder [lacht]." (Christian Isbrecht)

Dass manche Ärzte im Zusammenhang mit dem Vaterwerden doch mehrere Monate lang von der Station abwesend sind, berichten aber einige Interviewpartner, die selbst und/oder deren Kollegen Elternzeit beantragt haben. Ein paar von ihnen äußern die Hoffnung, dass die zunehmende Übernahme der Betreuung von Babys durch ihre Väter „die Benachteiligung für Frauen" senken wird, „weil eben der Chef sich dann denken muss: ‚Okay, der dreißigjährige Mann, der kann auch acht Monate ausfallen, wenn er ein Kind kriegt und dann Elternzeit nimmt' " (Jan Kupfer). Jedoch lassen sich im Material vor allem Strategien zur Vermeidung eigener Benachteiligung erkennen. In Feldern, die durch ein sehr hohes Prestige und eine starke Wettbewerbsorientierung charakterisiert sind – wie bspw. die Abteilungen für Kardiologie oder Chirurgie an Universitätskliniken – wird ein Antrag auf Elternzeit von Ärzten als große Gefahr für den weiteren Karriereverlauf wahrgenommen[174]:

„Hab' für meine beiden Kinder keine Elternzeit genommen, weil das nämlich ähm zumindest suggeriert wird, von den Oberärzten und Chefs, dass das nicht gut ist, wenn man das macht. Ne? Und es gibt natürlich Mittel und Wege, jemanden, der 'ne Elternzeit nimmt ähm weniger schnell vorankommen zu lassen. Den auf einer Station versauern zu lassen, und so etwas. Und das wird [kurze Pause] knallhart gemacht. Das war auf der In- das war in der Uniklinik so. So nett der Chef war, aber das hat er gemacht. Kein Verständnis. Gar kein Verständnis für die Elternzeit gehabt." (Sonchai Inchareon)

---

174 In Feldern mit einem sehr hohen Frauenanteil – bspw. der Pädiatrie – und in Organisationen, die sich als familienfreundlich darstellen, seien Ärzte, die Elternzeit beantragen, „nicht mehr so völlig exotisch" (Gero Kochmann) bzw. dienen als „günstiges Aushängeschild" (Werner Schellenberg).

„[I]ch hab' auch eher Elternzeit genommen ähm an der Klinik in [Großstadt in Bayern], die zwar nicht relevant, also ich hab' sie beantragt und hab' mich dort auch großem Risiko ausgesetzt, weil ich dafür sehr angefeindet wurde." (Karl Kessler)

„Ich hab' erst etwas Skrupel gehabt, weil ich nicht wusste, wie mein Chef darauf reagiert und weil zu dem Zeitpunkt mein Vertrag noch nicht geregelt war. *Hmh.* Und, ja dann hab' ich [kurze Pause] irgendwie [kurze Pause] überlegt, ob ich stattdessen vier Wochen Urlaub nehme." (Friedrich Igel)

„[M]ein Chef konnte mir nicht sagen, dass er deshalb den Vertrag nicht verlängern hat. Das hätte er, konnte er aus politischen Gründen aber in der Ka- Kardiologie, in der- äh in der- ähm in der Klinik, auf der ich [kurze Pause] in der ich war, da grade ähm gilt das aber sozusagen als klarer Grund, so, also da. Keiner will mehr Elternzeit dort äh ohne [Pause] äh Angst den Vertrag nicht verlängert zu bekommen, mehr nehmen äh dort. Das ist jetzt klar. Also es äh herrscht da weiter Angst unter denen." (Dirk Ingold)

Um ihre berufliche Einbindung nicht zu gefährden, entwarfen einige Interviewpartner Strategien, die explizit das Ziel verfolgten, ihre verärgerten Vorgesetzten zu besänftigen. Darunter zählen u. a. die Reduzierung der Elternzeit auf zwei Monate, die Festlegung des Abwesenheitszeitraums durch den Vorgesetzten oder die Abgabe von selbst eingeworbenen Forschungsmitteln an die Klinik.

Bei mehreren Interviewpartnern lässt sich die Disjunktion *eine richtige Elternzeit vs. die beiden Vätermonate* erkennen. Das Element *eine richtige Elternzeit* ist dadurch charakterisiert, dass die Betreuung und Erziehung des kleinen Kindes zur Hauptbeschäftigung des jeweils freigestellten Elternteils wird. Mütter und Väter wechseln sich bei ihrem gemeinsamen Baby ab:

„Also die Kollegen, die ich jetzt erwähnt hab', die jetzt das machen, die machen es tatsächlich auch so, dass die Frauen schon früher wieder anfangen zu arbeiten und sie wirklich dann auch zuhause sind. Und dann auch für ein halbes Jahr. Einfach statt der Frau dann auch zuhause sind. Also insofern ist das dann schon, finde ich das wirklich gut, weil das einfach ein Abwechseln ist." (Thorsten Kaffenberger)

Sobald die erste Hälfte der bezahlten Elternzeit vorbei ist, nimmt die Frau ihre Erwerbsarbeit wieder auf, während der Mann seine für die übrig bleibenden Monate aufgibt.[175] Als Hauptverantwortlicher für die alltägliche *Care*-Arbeit verbringt er – genauso wie seine Partnerin vorher – viel Zeit mit dem Kind, was

---

175 Die unhinterfragte Mutter-Vater-Reihenfolge kann mit naturalisierenden Deutungsmustern in Verbindung gebracht werden, wonach nach der Geburt weiterhin eine Symbiose zwischen Mutter und Kind bestehen würde.

ihre emotionale Bindung zueinander stärkt und die Annahme einer biologisch vordeterminierten höheren Verbundenheit von Mutter und Kind widerlegt:

> „[F]ür mich ist das so 'n bisschen auch [Pause] also für mich ist das natürlich, leichter zu sagen, ich mach' das nicht, weil einfach gesellschaftlich und ähm auch von der Bindung her, vielleicht die Bindung zur Mutter klassischerweise größer ist. Aber nach der Elternzeit muss ich sagen, kann ich das nicht so behaupten. Also ich hab' halt in der Elternzeit sehr viel mit der Romy gemacht und war auch danach immer sehr viel für sie da ähm hab' mit ihr auch einfach ganz normale Sachen gemacht." (Karl Kessler)

> „Also ich hab', ich bin jetzt nicht so der Event-Papa, der jeden, sich überlegt: ‚So da gehen wir ins Museum und da gehen wir ins Schwimmbad und da machen waren dies und da machen jenes'. Aber ähm ich äh zeig' ihr eben, so wie unser Leben abläuft und dass wir ganz- ganz normale Sachen machen wir da [...]." (Karl Kessler)

Richtig „teilhaben" (Werner Schellenberg) heißt dem Kind tagsüber seine gesamte Aufmerksamkeit zu widmen. Selbstständig im eigenen Haushalt ein Kind zu betreuen, wird daher als ein „Fulltimejob" (Christian Isbrecht) definiert – egal zu welcher Geschlechtskategorie der hauptzuständige Elternteil gehört.

Im Gegensatz dazu werden *die beiden Vätermonate* dadurch charakterisiert, dass sie dem Mann von seiner beruflichen und familialen Routine befreien. In diesem Element der Disjunktion sind Väter nicht hauptverantwortlich für die Betreuung des Kindes, da ihre Lebensgefährtin gleichzeitig freigestellt ist, die Eingewöhnungszeit in der Kindertagesstätte schon begonnen hat, oder Unterstützung Dritter – oft einer Großmutter – erhalten wird. Diese wenigen Wochen sind durch ein selbst entworfenes Programm durchgetaktet. Hierbei wird bspw. von Reisen, Teilnahmen an sportlichen Ereignissen und Kursen, der Fertigstellung einer Qualifikationsarbeit sowie dem Halten von Vorträgen auf Kongressen berichtet. Diese Zeit der väterlichen Selbstentfaltung ist nicht an die Ko-Präsenz des Kindes gebunden:

> „In der ersten Woche hatte ich noch einiges aufzuarbeiten. Wir haben eine neue Therapie- Therapie äh äh etabliert. Dafür habe ich die S-P-O, also die Standard Operation Procedure geschrieben und ein bisschen geholfen, das zu implementieren [Pause]. Und danach sind wir einen Monat lang [kurze Pause] verreist. Waren [...] in Südfrankreich. *Hmh.* Und äh da hab' ich auch fast nicht gearbeitet. Nur ein bisschen gelesen. Und äh danach hab' ich dann noch einmal eine Woche. Also ich hatte danach eine Prüfung zu machen. Für Intensivmedizin, die Facharztprüfung. Und dann hab' ich in dieser Zeit halt, die letzten drei Wochen, ein dickes Buch durchgelesen, ein paar Fortbildungen vorbereitet und bin dann noch eine Woche mit meinem Schwiegervater [kurze Pause] verreist. *Und mit dem Kind auch? Nee. Ohne das Kind?* Nur Männerreise [kurzes Lachen] [...]. So habe ich die Elternzeit [kurze Pause] verbraucht

und ähm zwei Monate waren so schnell rum, ich hätte da noch viel mehr Ideen gehabt." (Friedrich Igel)

Kurz gefasst: *Die beiden Vätermonate* werden als eine „Mindestzeit" (Manfred Schadewald) definiert, die Männern eingeräumt wurde, um sich von den Strapazen des Elternwerdens zu erholen sowie um die aufgrund der Beschäftigung mit ihrem Baby ausgelassene berufliche Weiterqualifikation nachzuholen.

Die Erzählungen, die die Disjunktion *eine richtige Elternzeit* vs. *die beiden Vätermonate* enthalten, fallen unterschiedlich aus, was die Hierarchisierung beider Elemente angeht. Die einen stützen sich auf naturalisierende Muster, um zu begründen, dass die männliche Elternzeit am Ende des ersten Lebensjahrs vom Kind stattfinden sollte. Nach der Geburt bestehe nämlich eine symbiotische Verbindung zwischen Mutter und Kind, die eine enorme Tragweite für die körperliche und emotionale Entwicklung des Babys habe und daher nicht gestört werden sollte.[176] Nach diesem Muster sollte die berufliche Freistellung von Vätern erst beginnen, wenn das Kind einen Bezug zu Dritten haben kann, damit diese Zeit für den Aufbau einer Bindung verwendet werden kann:

„Also die Idee fand ich sehr gut, diese zwei Monate, die den Vätern zugestanden werden, zu machen. Einmal finde ich es inhaltlich gut. Also für die Familie und für die [kurze Pause] Bindung zum Kind [Pause]. Und wir haben das auch bewusst am Ende von den ersten zwölf Monaten gemacht, also im dreizehnten und vierzehnten Lebensmonat, wo einfach auch ein bisschen mehr [kurze Pause] Interaktion zwischen [kurze Pause] Vater und Kind dann möglich ist." (Friedrich Igel)

„Ähm meine Meinung ist dazu auch, dass ich sagen kann, dass die Elternzeit am Anfang eigentlich gar nicht so- so [kurze Pause] sinnvoll ist für Väter. Dass das für Väter eigentlich, denk' ich, glaub' ich, zum Ende des ersten Jahres viel interessanter wird [...]. Hab' ich das Gefühl. Am Anfang kann man noch gar nicht so viel eingreifen als Vater [Pause]. Da ist sozusagen die Mutter-Kind-Bindung viel stärker." (Douglas Imlauer)

Andere hinterfragen kritisch die Realität des Betreuungs- und Erziehungsauftrags, der vom Staat anhand des Elterngeldes finanziert wird. Eine bezahlte zweimonatige Auszeit vom klinischen Alltag zum Zwecke der Erholung oder Weiterbildung, während die Mutter die Hauptverantwortung für die Deckung des *Care*-Bedarfs des Kleinkindes weiterhin innehat bzw. diese von Dritten übernommen wird, betrachten sie als Täuschung. Dies illustriert folgende Sequenz aus dem mit dem Internisten Dirk Ingold geführten Interview:

---

176 In keinem der ausgewerteten Interviewtranskripte wird die biologisch bedingt gedeutete Zusammengehörigkeit zwischen Mutter und Kind in direkte Verbindung mit dem Stillen gebracht.

„Aber ich war der erste, der solange hat Elternzeit genommen und davor ähm gab es einige Kollegen, die haben irgendwann nur zwei Monate genommen. Das wird, das zählt ja nicht. Das muss man ganz klar sagen: Zwei Monate Elternzeit, die nehmen die ja dann parallel mit ihren Frauen, ne, damit sie äh quasi äh damit sie Geld bekommen, ja, also 1.800 Euro bekommen [kurze Pause] bezahlten Urlaub im Endeffekt. Ne. Also, das hat ja nichts mit richtiger Elternzeit zu tun, wie- wie sich um ein kleines Kind zu kümmern, ja, und dafür alleine verantwortlich zu sein [Pause]. Damit hat es ja überhaupt nichts zu tun. Somit war ich eigentlich der erste, würde ich sagen, der richtig Elternzeit genommen hat." (Dirk Ingold)

Die Zuschreibung der Hauptverantwortung für die Pflege und Betreuung des Nachwuchses an die Frauen führt insbesondere bei den Chirurgen zur Annahme einer exklusiv weiblichen Notwendigkeit, eine für ihre „Familienverhältnisse äh passende Stelle" (Jesko Schieferdecker) zu finden, falls sie nach dem Mutterwerden weiterhin als Ärztin tätig sein wollen. Dies kann einerseits durch den Wechsel auf eine halbe Stelle oder die Reduzierung des Stundenumfangs in ihrem bisherigen Arbeitsvertrag erfolgen:

„[D]ie [Kollegin] macht 'ne Halbtagsstelle, weil sie eben halt auch noch äh äh relativ kleine Kindergarten- und schulpflichtige Kinder hat [lacht kurz]. Ähm hat sie hier eine 50-Prozent-Stelle hier in der Ambulanz. Die hatte sie sich so auserbeten und für uns kam es eigentlich wie gerufen, sag' ich jetzt mal." (Moritz Schattschneider)

„Sie suchte 'ne Halbtagsstelle, das war aussichtlos damals und sie ist dann ähm das war auch 'ne zwar Halbtagstelle, sie ist dann in der Strahlentherapie in der [Name des Uniklinikums] gelandet." (Jesko Schieferdecker)

Möglich sei es andererseits durch das Aus- bzw. Abwählen bestimmter humanmedizinischer Schwerpunkte vor dem Eintritt in die Facharztausbildung. Hier wird sowohl zwischen operativen und nicht-operativen als auch innerhalb der operativen Fächer hierarchisiert, je nachdem wie viel Freiraum zur Gestaltung von *Care-* und *Work-*Zeiten sie zulassen – wie dies z. B. in folgender Sequenz aus dem Interview mit dem Oberarzt für Neurochirurgie Ralph Scheunemann sichtbar ist:

„Es [weibliche Kolleginnen] sind viele ledig [...], weil es eben schwierig ist, Neurochirurgie damit zu vereinbaren. Es gibt äh sage ich mal, Fächer, wo sich das viel besser vereinbaren lässt. Also, z. B. Hals-Nasen-Ohren-Heilkunde [...]. Oder Augenheilkunde, da dauern die OP's nicht Stunden, sondern 'ne halbe Stunde oder 'ne dreiviertel Stunde. Das kann man dann irgendwie mit Kindergarten und Schule bringen, vereinbaren. Oder auch die Internisten, die sind ja nicht an den OP dann äh gefesselt. Und ähm ich denk', es gibt viele Frauen ähm grad in der Kinderklinik, ja, wo ich denke, wo 's viel einfacher ist, das unter einen Hut zu bekommen." (Ralph Scheunemann)

Die Gleichsetzung zwischen ‚Frausein' und ‚Muttersein' begründet bei einem Oberarzt für Herzchirurgie sogar die naturalisierende Deutung der horizontalen Geschlechtssegregation innerhalb der Profession. Dies kann anhand der Disjunktion *frauen-adäquate Fachbereiche vs. frauen-inadäquate Fachbereiche* illustriert werden:

„Ne ähm wichtig wäre, dass im Moment eben noch nicht so abzusehen, ob ähm diese [Pause] Medizinstudentinnen auch alle nachher im Arztberuf landen und in welchen Arztberufen. Weil, ich meine, das ist ganz klar, es gibt also, ich meine, Herzchirurgie ist, glaube ich, der, die, ist nicht so die erste äh erste Wahl für 'ne Frau. Soll, also äh äh ich habe mit meiner Frau auch schon öfter drüber gesprochen, das ist denn doch körperlich 'n bisschen anstrengender ähm während das natürlich viele äh viele Bereiche gibt, die auch familienfreundlicher sind und ich meine äh Erziehungszeiten und diese ganzen Modelle, die es heutzutage gibt, hin und her äh äh die neun Monate trägt die Frau das Kind und auch hinterher ist natürlich die Mutter äh der- der primäre äh Versorger. Also, das muss man natürlich irgendwie in Übereinstimmung bringen und äh da gibt 's, sage ich mal ähm äh einige Bereiche, die so für 'ne Frau vielleicht nicht geeignet sind." (Jesko Schieferdecker)

Als *frauen-inadäquat* werden Fachbereiche eingeordnet, die organisatorisch und körperlich nicht mit dem Mutterwerden bzw. -sein kompatibel seien. Mit dem Beispiel der Herzchirurgie – ein männlich dominierter Bereich – wird beschrieben, dass gewisse Fachbereiche physische Belastung und zeitliche Unplanbarkeit erfordern, und deswegen für (werdende) Mütter inadäquat seien. *Frauen-adäquate Fachbereiche* werden im Gegensatz dazu als die Bereiche definiert, bei denen körperliche Schwäche akzeptiert wird, und eine Vereinbarkeit von *Work* und *Care* dank kurzer bzw. planbarer ärztlicher Tätigkeiten ermöglicht werde. Die Einsortierung von Frauen in für sie geeignete Bereiche hängt daher weder mit ihren inhaltlichen Vorlieben noch mit ihren beruflichen Kompetenzen zusammen, sondern einzig und allein mit ihrer mütterlichen Hauptverantwortung für den Nachwuchs. Durch diese Disjunktion wird sowohl die geschlechtliche Arbeitsteilung innerhalb der Profession als auch die Hierarchie der Fachbereiche naturalisiert: Die Königsdisziplin Herzchirurgie ist *per se* Männerdomäne.

Das Mutterwerden wird als Hauptursache für die vertikale geschlechtliche Segregation in der Ärzt:inprofession gedeutet: Die Abwesenheitsphasen und die Reduzierung der Arbeitszeit führen zu einer Verlängerung der Facharztausbildung bei den Assistentinnen und erschweren das Hinaufsteigen auf der Karriereleiter nach Erhalt der Approbation:

„Es gibt natürlich einen Unterschied ähm wie- wie immer, eigentlich, dass natürlich bei uns mehr Männer [Klingeln ertönt] in der Oberarztriege sind. Es gibt mehr Oberärzte als Oberärztinnen. Ja, das ist richtig. Das liegt, das ist naturgegeben. Die Frauen kriegen dann Kinder, die Männer nicht." (Manfred Schadewald)

„Männer, Frauen. Ja also, was jetzt die Leitungsebene betrifft, gibt, eine weibliche Oberärztin gibt 's, der Rest sind alles Männer, ja. Also, man merkt schon, was ich gerad' sagte, was- was die Karriere betrifft äh sind die Frauen oft benachteiligt durch die sozialen Umstände, ne, Familie und." (Christian Isbrecht)

„Das ist sozusagen: viele Assistenzärztinnen doch irgendwann den [kurze Pause] Wunsch verspüren, letztendlich Mutter zu werden. Und damit letztendlich aus diesem- aus diesem [kurze Pause] Karriere, aus dieser Karriereschiene immer mehr ausscheiden. Letztendlich durch Halbtagsarbeit, durch ähm letztendlich auch durch die Elternzeit, die sie selber machen [kurze Pause] letztendlich in der- in der Ausbildung zurückfallen, weil es natürlich [kurze Pause] nicht- nicht stringent weitergeht. Und letztendlich aber auch sich, nach der- nach der Elternzeit dafür entscheiden, nur noch eine Teilzeitstelle anzunehmen. Und damit letztendlich auch ihr- ihr Fortkommen letztendlich in der- in der Funktionsdiagnostik, in der Ausbildungszeit für die- für den Facharzt, das alles so nach hinten gestreckt wird. Und damit letztendlich auch ihr ähm hinter ihren männlichen äh Ko- Kollegen zurückstehen, die sozusagen ja durchgängig weiterarbeiten, trotz diesen wenigen Monaten Elternzeit, die die Männer halt im [kurze Pause] letztendlich das eine Jahr Kinderbetreuung Zuhause [kurze Pause] die äh in dieser Hierarchie halt auch zurückwerfen. Das ist einfach so." (Douglas Imlauer)

Einige Interviewpartner definieren sogar das Mutterwerden als „Karriereschritt, -rückschritt" (Douglas Imlauer), da es mit einem temporären Rücktritt aus der Professionsausübung bzw. einer zeitlich begrenzten Anwesenheit auf der Station einhergeht. Insbesondere Chirurgen thematisieren den Zusammenhang zwischen mütterlichen *Care*-Aufgaben, dem „[V]erlernen" operativer „Fertigkeiten und Fähigkeiten" (Herbert Schübel) und dem Ausschluss aus mehrstündigen sowie hochkomplexen Eingriffen.

Väter, die in einem männlich dominierten Fachbereich eine leitende Position innehaben, und den Wunsch äußern, ihr berufliches Engagement zwecks Kinderpflege und -betreuung zu reduzieren, stoßen daher auf Unverständnis oder erleiden eine symbolische Verweiblichung:[177]

„Der [Oberarzt aus der Kardiologie] hat den Chef wohl gefragt, ob er Elternzeit nehmen kann. Da ging es auch nur um zwei ähm Monate, vielleicht auch nur 'nen Monat, also den hätte man dadurch eigentlich bezahlt bekommen ähm naja, egal. Ähm aber da hat der Chef nur gelacht. Und [lacht] hat ihn ausgelacht, den Oberarzt, und der hat 's nicht genommen, hat keinen [kurze Pause] Oberarzt äh Elternzeit." (Dirk Ingold)

---

177 In vielen weiblich dominierten Abteilungen für Pädiatrie wurde die Teilzeittätigkeit zur Norm, sodass Leitungsfunktionen über mehrere Ärzt:innen verteilt werden.

„Also, ich glaub', in den chirurgischen Fachbereichen, glaube ich, gibt es Männer mit Teilzeit ganz wenig, gibt es Oberärzte mit Teilzeit praktisch gar nicht äh das wird als Weicheiertum äh, glaube ich, angesehen." (Gero Kochmann)

Die Erhöhung des Frauenanteils unter den Medizinstudent:innen sowie den Professionellen begünstigt die Bildung heterosexueller Ärzt:innenpaare. Unter den Interviewpartnern berichteten drei Internisten, vier Pädiater und sieben Chirurgen, sich in einer langjährigen Zweierbeziehung mit einer Medizinerin und/oder einer Ärztin befunden zu haben bzw. zu befinden. Die meisten von ihnen haben ihre Partnerin im Studium oder während der Assistenzzeit kennengelernt.

Zu Beginn ihrer Beziehung verfügten sie über eine ähnlich hohe Qualifikation sowie vergleichbare Berufserfahrungen in Universitätskliniken bzw. in Lehrkrankenhäusern. All jene Interviewten, die im Rahmen einer solchen Zweierbeziehung eine oder mehrere Vaterschaften erlebt haben, beobachten, dass das Elternwerden das berufliche Weiterkommen ihrer Partnerin viel mehr als ihr eigenes beeinträchtigt hat. Dies wird durch den temporären Ausschluss vom Feld, die Zuschreibung einer weiblichen Hauptverantwortung für die gemeinsamen Kinder und/oder die damit verbundene Naturalisierung einer Reduzierung der Arbeitszeit begründet:

„Ja, also, ich weiß es ja aus, von meiner Frau. Äh ja, sie hat sich natürlich, klar, für die Kinder oder sie musste sich ja für die Kinder äh entscheiden." (Jesko Schieferdecker)

„*Und Ihre Frau? Die arbeitet in der Klinik, haben Sie gesagt* ähm. Ja, jetzt wieder. *Hmh.* Sie hat etwas mehr als ein Jahr [kurze Pause] Pause gemacht. Wegen des Kindes." (Friedrich Igel)

„Aber für uns ist das nicht so problematisch. Ich fang' morgens um halb acht an, meine Frau um acht. Das heißt, sie bringt sie hin. Bis acht Uhr. *Hmh.* Und, die Kleine verbringt den Vormittag, dann das Mittagessen, dann den Mittagsschlaf zwischen zwei und halb drei holt meine Frau sie in der Regel wieder ab." (Friedrich Igel)

„Und als sie nach Deutschland zurückgegangen ist, hat sie dann [kurze Pause] nur noch in Praxen gearbeitet für den Rest ihrer Weiterbildungszeit. Ähm aber das war im Grunde kein Problem, sondern einfach die verschiedenen Dinge sich anerkennen lassen kann. Wobei sie natürlich auch durch Pausen nach den Kindern ähm dann einfach ein bisschen länger für den Facharzt dann [kurze Pause] gebraucht hat als [kurze Pause] als ich." (Thorsten Kaffenberger)

„Sie, ja, genau, deswegen ist sie eben länger, weil sie dann immer, sie war nach jedem Kind so ein Jahr Zuhause." (Konstantin Isenberg)

Im Zusammenhang mit der Gleichwertigkeit der Qualifikationen sowie mit den feldinternen Kenntnissen der Partnerinnen lassen sich bei den betroffenen Interviewpartnern Verhandlungsprozesse auf der Ebene von *Work-Care*-Verteilungen erkennen. So berichtet Lukas Kriwitz, dass er eine Weile lang als Honorararzt tätig gewesen ist, um nach der Geburt des ersten Kindes seine Beziehung mit einer Psychiaterin zu retten. Um eine erneute Gefährdung der Zweierbeziehung nach der Geburt des zweiten gemeinsamen Kindes vorzubeugen, überlegt er, seine Stelle im Krankenhaus zu verlassen oder seine Arbeitszeit zu reduzieren. Als „eines der Opfer, die man halt bringen muss" (Jesko Schieferdecker) bezeichnet ein Herzchirurg die Strategie, die er und seine Ehefrau verfolgt haben. Um ihre Assistenzzeit in der Inneren Medizin beginnen zu können, musste seine Lebensgefährtin mit den gemeinsamen Zwillingen nach ihrer mehrjährigen Erziehungszeit in den über 100 Kilometer entfernten Wohnort ihrer Eltern umziehen, während er allein in der Landeshauptstadt blieb, in welcher sie bisher zusammenlebten, und in einem international anerkannten Universitätsklinikum Oberarzt wurde. Um sich nicht „immer nur hin- und herstressen" (Jan Kupfer) zu lassen und den „Ärger [d]er Frau" (Konstantin Isenberg) zu vermeiden, erklären einige Interviewpartner auf quantitative Gleichheit zu setzen. Zum Beispiel beantragen sie gleich lange Elternzeit wie ihre Lebensgefährtin, reduzieren ihre Wochenarbeitsstunden und gleichen sie denen der Mütter an (bspw. von 100% auf 75%) oder zählen akribisch, wie viele Male sie und ihre Partnerin den Nachwuchs in den Kindergarten bzw. in die Schule gebracht und abgeholt haben.

Nichtsdestotrotz muss schließlich festgehalten werden, dass einige Ärzte im Zusammenhang mit der Gleichsetzung zwischen Weiblichkeit und Mutterschaft ihr eigenes medizinisches Profil als deutlich wertvoller als das ihrer Partnerinnen einschätzen. Diese Einstellung wird in den Interviews hinter einer wertschätzenden paternalistischen Haltung verborgen. Dies ist besonders klar bei der Transkription des Gespräches mit einem Neurochirurgen zu beobachten, der seine Ehefrau infantilisiert, indem er sie so beschreibt, als ob sie seine Tochter wäre: „Und die ist halt schon erwachsen, die ist schon groß, die ist auch schon dreißig" (Maximilian Scheer). Das Medizinstudium, das sie nach einer langjährigen Berufstätigkeit als Krankenschwester aufgenommen hat, setzt er mit einem Hobby gleich:

> „Ich find' das besser als zum Yoga zu gehen. Als Hausfrau und Mutter. Sondern dass sie tatsächlich versucht. Dass wir es alles zusammen versuchen. Und ich glaube schon, dass sie es davon abhängig macht, wie die familiäre Situation sein wird in sechs, sieben, acht, neun oder zehn Jahren. Denn so lange wird das dauern als Mu- Mutter und [kurze Pause] Frau und so wird man, wird sie nicht [kurze Pause] das in zwölf Semestern durchrocken können. Und ich glaub', das entsteht da auch erst ganz zum Schluss. Wenn es so weit kommt überhaupt. Für mich ist es auch wichtig,

dass meine Frau sich verwirklichen kann, dass sie das ähm dass wir die Möglichkeit haben." (Maximilian Scheer)

Aus dieser Sequenz kann die latente Disjunktion *Medizinstudium als erfolgsorientiertes Streben vs. Medizinstudium als ausgleichender Zeitvertreib* herausgearbeitet werden. Das erste Element der Disjunktion ist latent. Es entspricht der Norm, in welcher sich Maximilian Scheer selbst verortet. Demnach sollte das Studieren der Humanmedizin zügig und zielbewusst bewerkstelligt werden: Innerhalb von zwölf Semestern müssten alle Lehreinheiten abgeschlossen, die Pflichtpraktika absolviert und das Staatsexamen bestanden werden. All der Fleiß, die Energie und der Ehrgeiz der Studierenden wird dem Vorankommen in dieser Haupttätigkeit gewidmet. Der Leistungswille und die Ambition begründen das alltägliche Schuften. Im Gegensatz dazu bedeutet das *Medizinstudium als ausgleichender Zeitvertreib*, dass es sich um eine verzichtbare Nebenbeschäftigung handelt. Erzielt wird ein Wohlbefinden, das dadurch erreicht werden soll, dass das Lernen die Entfaltung der eigenen Persönlichkeit und die Realisierung der eigenen Wünsche ermöglicht. Diese Ich-Orientierung beinhaltet einen Beiklang von Egoismus und entwertet das Medizinstudium als entspannendes Hobby. Auf diesem Steckenpferd zu reiten, heißt einer Beschäftigung nachzugehen, die jederzeit aufgegeben werden kann, falls die vorrangig zu erfüllenden Aufgaben es erfordern. Maximilian Scheers Lebensgefährtin wird zuallererst als „Hausfrau und Mutter" definiert: Für diese Medizinerin haben innerfamiliäre *Care*-Tätigkeiten den Vorrang.

Die Erfüllung mütterlicher Aufgaben dient auch bei Friedrich Igel als Begründung für die Hierarchisierung zwischen seinem medizinischen Profil und dem seiner Ehefrau. Den „Spagat" zwischen klinischer Tätigkeit und wissenschaftlichem Arbeiten beim Jonglieren mit *Work* und *Care* zu schaffen, betrachtet er „als Herausforderung"; seine Frau hingegen nach seinem Wortlaut „als Bedrohung". Aus seiner Erzählung kann entnommen werden, dass sie darin eine Balance sieht, die zu leisten sie nicht imstande wäre und deren Ausführung sie zum Scheitern führen würde. Die Hierarchisierung zwischen ihren beiden medizinischen Profilen, die damit einhergeht, wird nicht mit unterschiedlichen intellektuellen Voraussetzungen begründet, denn Friedrich Igel bezeichnet seine Ehefrau als „extrem intelligent" und „schlauer als" sich selbst. Genau wie bei Martin Schweizer oder wie bei Jesko Schiefendecker wird darauf rekurriert, dass das Einnehmen einer niedrigeren beruflichen Position die Folge einer Entscheidung zugunsten mütterlicher Aufgaben sei.

Nach Auswertung des gesamten Materials kann festgehalten werden, dass die Prioritätensetzung zugunsten von *Care*-Tätigkeiten, die Ärztinnen vornehmen würden, wenn sie ihr Elternwerden vorbereiten, als ein alternativloser Entschluss gedeutet wird, dem sie sich nicht entziehen können. Die Naturalisierung von

Mutterschaft, die herausgearbeitet wurde, scheint kaum Spielräume für Verschiebungen zuzulassen. Sogar die taffen Frauen müssten sich während der Schwangerschaft und der ersten Lebensmonate ihrer Kinder vom medizinischen Spielfeld vertreiben lassen, während werdende und junge Väter in der Gestaltung ihres beruflichen Alltags nicht eingeschränkt werden würden. Auf der Ebene der symbolischen Tiefenstrukturen lassen sich nichtsdestotrotz Spielräume für Verschiebungen in der Wahrnehmung und Bewertung von elterlichen Arrangements erkennen, weil väterliche Handlungsmuster – im Gegensatz zu mütterlichen – als nicht *per natura* prädeterminiert begriffen werden.

Der Glaube an eine selbstbestimmte Gestaltung ihres eigenen väterlichen Engagements scheint bei den interviewten Ärzten insbesondere durch drei Komponenten geprägt zu sein. Erstens dienen die beobachteten Handlungen von Freunden und Kollegen sowie die darauf folgenden Konsequenzen für die weitere ärztliche Laufbahn zur Orientierung im Möglichkeitshorizont der Vereinbarkeit von *Work* und *Care* für Väter. Je nach Fachbereich und Organisation scheint zweitens eine potenzielle vorübergehende Abwesenheit und/oder eine Reduzierung des Umfangs der Arbeitsstunden von Ärzten, wenn sie Väter werden, auf mehr oder weniger Akzeptanz zu stoßen. In weiblich dominierten Abteilungen und in unter Ärzt:innenmangel leidenden Krankenhäusern scheint eine familienfreundliche Gestaltung von Arbeitsplätzen und Karriereverläufen auch für Männer zu greifen. Mit Sicht auf die rasante Erhöhung des Frauenanteils in der Ärzteschaft in den letzten Dekaden und die chronischen Engpässe in der medizinischen Versorgung der alternden Bevölkerung in Deutschland ist es wahrscheinlich, dass sich die angebotenen Gestaltungsmöglichkeiten für die Vereinbarung des ärztlichen Engagements mit dem väterlichen Engagement weiterhin vergrößern werden. Drittens deuten die aus der strukturalen Auswertung gewonnenen Ergebnisse darauf, dass der (Nicht-)Glaube der Lebensgefährtinnen an eine biologisch prädeterminierte Hauptverantwortung von Frauen für ihre Kinder die Verhandlungen der Verteilung von *Care* und *Work* zwischen den Elternteilen stark prägt. Die Ärzte, die eine Zweierbeziehung mit einer Sozialwissenschaftlerin, einer Juristin oder eine Psychiaterin führen, berichten, dass sich ihre Vorstellungen über die geschlechtliche Arbeitsteilung an die ihrer Partnerin angeglichen haben bzw. sich angleichen müssen, damit die Beziehung weiterhin bestehen kann.

Zum Schluss dieses ersten Unterkapitels kann festgehalten werden, dass die Analyse von symbolischen Tiefenstrukturen in Sequenzen, die manifest geschlechtliche Ärzt:innenkategorien in beruflichen und familiären Kontexten thematisieren, sowohl ans Licht brachte, wie tief verankert der Glaube an eine Dichotomie und Hierarchie der Geschlechter ist, als auch dass trotz naturalisierender Deutungen Spielräume für Variationen bereitstehen. Als hoch resistent erweisen sich Muster, die Geschlechter an körperliche Merkmale festbinden. Die niedrigere Muskelmasse und die Gestationsfähigkeit von Frauen bereiten den Boden für eine Naturalisierung der horizontalen und vertikalen Segregation in der Ärzt:inprofession. Die Vorstellung einer Komplementarität zwischen weiblichen und männlichen Denkweisen, die schon in Diskursen von Ärzten aus der Jahrhundertwende festgestellt wurde[178], besteht auch fort. Trotz der Betonung der Geschlechtergleichheit oder der weiblichen Überlegenheit in der Ärzteschaft lassen sich Hierarchisierungen des Männlichen über das Weibliche auf nicht-manifester Ebene beobachten. Als gleichwertig gelten aber taffe Frauen, die ‚ihren Mann stehen'. Diese Aktantinnenkategorie, die den zweigeschlechtlichen Visionen und Divisionen nicht entsprechen, beweisen, dass trotz naturalisierender Muster Spielräume für Verschiebungen möglich sind. Diese Ausnahmefrauen werden auf der Ebene der symbolischen Tiefenstrukturen dem männlichen Geschlecht zugeordnet. Nichtsdestotrotz stehen sie aber unter dem Verdacht einer ‚Verwandlung' zur ‚normalen' Frau, falls sie Mütter werden.

Die Mutterschaft betreffend herrschen naturalisierende Muster, die nur Varianzen am Rand vorstellbar machen. Die Vereinbarkeit von *Work* und *Care* wird als eine Herausforderung verstanden, die alle Ärztinnen *per natura* als (potenzielle) Mütter betrifft. Die Vorstellung über die Dauer und den Umfang der Hauptzuständigkeit von Frauen für *Care*-Tätigkeiten zugunsten ihrer Kinder fällt aber unterschiedlich aus. Männern werden beim Eintritt in die Elternschaft breite Gestaltungsmöglichkeiten zugeschrieben. Die verschiedenen Deutungen des 2007 in Kraft getretenen Bundeselterngeld- und Elternzeitgesetzes lassen erkennen, dass die gleichen Maßnahmen sowohl als Stütze zur Entfaltung neuer egalitärer elterlicher Arrangements als auch zur Verstärkung von langjährigen naturalisierenden Mustern dienen können. Zur Vertiefung der Analyse der Vorstellungen vom väterlichen Engagement und von der elterlichen Arbeitsteilung auf der Ebene der symbolischen Tiefenstrukturen wäre die Durchführung von weiteren problemzentrierten Interviews notwendig, die u. a. Erzählungen über die eigenen Erfahrungen und die von Kolleg:innen aus verschiedenen Fachbereichen bzw. Organisationen sowie über Verhandlungsprozesse innerhalb der Zweierbeziehungen generieren würden.

5.2 Zwischen Zusammenarbeit und Konkurrenz

In den Abteilungen von Krankenhäusern und Universitätskliniken interagieren tagtäglich Akteur:innen miteinander, die u. a. verschiedenen Berufsgruppen, Generationen und Milieus angehören, sodass Kategorisierungs- und Hierarchisierungsprozesse hoch komplex verlaufen. Nichtsdestotrotz werden eine Lockerung von hierarchischen Strukturen und eine Steigerung der intra- und interprofessionellen Kollegialität im humanmedizinischen Feld als Prozesse des Wandels

---

178 Siehe 3.1.1.

wahrgenommen, die sich in den letzten Jahrzehnten aufgrund der Professionalisierungstendenzen von der Pflege und der Erhöhung des Frauenanteils innerhalb der Ärzteschaft ergeben haben. Auf manifester Ebene stellen die Interviewpartner fest, dass immer weniger Akteur:innen sich mit ‚Schwester/Pfleger + Vorname' bzw. ‚Herr/Frau Dr. + Nachname' ansprechen. Das Duzen sei dabei, zur Norm zu werden. Ein gegenseitiges Siezen bestehe fast nur noch bei großen Gefällen im Alter oder in der hierarchischen Position – wie z. B. zwischen Krankenschwestern und Oberärzt:innen oder zwischen Assistenzärzt:innen und Chefärzt:innen. Die Verhältnisse zwischen Krankenpfleger:innen und Ärzt:innen sowie unter Ärzt:innen seien immer weniger durch unhöfliche Ausbrüche und herablassende Äußerungen gegenüber den Angehörigen untergegebener Gruppen geprägt (Loos 2006, S. 398). Angehörige der verschiedenen Berufsgruppen und Fachbereiche erleben nichtsdestotrotz weiterhin Konflikte, bspw. beim Verhandeln von Zuständigkeitsgrenzen, bei der Verteilung von Aufgaben oder in Kämpfen um Ressourcen. Im Folgenden soll herausgefunden werden, inwiefern in Erzählungen über Beziehungen zwischen Krankenpfleger:innen und Ärzt:innen sowie von Ärzt:innen untereinander geschlechtlich codierte Elemente auf primärer und sekundärer Sinnschicht vorhanden sind, und wie stark sie die Vorstellungen des Miteinander- bzw. Gegeneinanderarbeitens prägen.

5.2.1 Ärzt:innen *vs.* Krankenpfleger:innen?
Komplexe Hierarchiegefüge zweier Berufskategorien

Kaum ein Interviewpartner spricht sich für den Erhalt einer strengen vertikalen Rangordnung zwischen Ärzt:innen und Krankenpfleger:innen aus.[179] Auf manifester Ebene schließen sich die Ärzte dem aktuell im Feld vorherrschenden Diskurs eines „hierarchiereduzierenden Umgang[s] mit Pflegenden" (Loos 2006, S. 310) an. Die Inszenierung einer Enthierarchisierung wird durch die häufige Verwendung des Wortes „Teamarbeit" im Material widergespiegelt. Die als Zusammenarbeit zwecks Erreichung eines gemeinsamen beruflichen Ziels – das Sich-Wohler-Fühlen bzw. die Genesung der Patient:innen – definierte „Teamarbeit" bringt keine Infragestellung der traditionellen Vorstellung einer hierarchischen Ordnung zwischen den Mitgliedern zweier Berufskategorien mit komplementärem Wissen und komplementären Kompetenzen mit sich. Eine Lockerung der Umgangsformen wird zwar immer wieder betont, indem thematisiert wird, dass sich Ärzt:innen und Krankenpfleger:innen häufig gegenseitig duzen bzw. mit Vornamen ansprechen, oder dass durchgängig auf höfliche Umgangsformen geachtet wird. Jedoch deuten die meisten Interviewpartner diese Lockerung nur

---

179 Martin Schweitzers Definition der Befehlskette als „Diktat" ist sprichwörtlich die Ausnahme, die die Regel bestätigt.

als eine angenehmere Form der Kommunikation zwischen den Mitgliedern zweier Berufskategorien innerhalb einer hierarchischen Struktur. Trotz rhetorischer Angleichung betrachten die Ärzte Krankenpfleger:innen als ihre Untergebenen, deren Leistungen sie kontrollieren und bewerten:

> „Die [Schwester] haben halt einen ganz anderen Ausbildungsstand äh als die Ärzte. Und es ist schon so, dass die oberflächlich [kurze Pause] vielleicht verstehen, was der Patient hat, aber nicht wenn es in die Tiefe geht […]. Es geht einfach auch oft mal was sch- schief. Da muss man schon darauf achten. Und wenn [kurze Pause] etwas schief geht, dann muss man das auch sagen. Nicht zu vorwurfsvoll und nicht zu von-oben-herab, aber [Pause]. Es ist schon oft so, dass man denkt: ‚Jetzt denk doch mal nach! So. Das kann so nicht sein.' Ja." (Theodor Ilsemann)

Im Folgenden werden ausgewählte Ergebnisse der strukturalen Interviewauswertung herangezogen, um ans Licht zu bringen, dass in den symbolischen Tiefenstrukturen der Erzählungen von Ärzten die Kategorisierungen und Hierarchisierungen zwischen den Aktant:innen viel komplexer sind, als die Interviewpartner sie manifest schildern, wenn sie eine Dichotomie zwischen der ehemaligen streng hierarchischen Arzt-Schwester-Beziehung und der jetzigen kollegialen Teamarbeit betonen.

Innerhalb der Kategorie Krankenpfleger:innen lassen sich Disjunktionen herausarbeiten, bei welchen sich die zur Einordnung in gegenübergestellten Kategorien führenden Eigenschaften je nach Fachbereichen unterscheiden. Erstens nehmen Chirurgen Hierarchisierungen vor, indem sie die in OP-Räumen arbeitenden über die in stationären Abteilungen tätigen Pflegekräfte stellen. Zum Beispiel differenziert der Herzchirurg Jesko Schieferdecker zwischen den *OP-Schwestern* und den *Schwestern auf Station*. Die im ersten Element der Disjunktion eingeordneten Aktant:innen bezeichnet er auch als „unsere […] Hauptschwestern". Sie verbringen „die meiste Zeit zusammen" mit den operierenden Ärzt:innen. Sie dienen als „Handlanger, also [kurze Pause] Zuarbeiter" für die verantwortlichen Chirurg:innen, deren Vorgaben sie vor ihren Augen während der Eingriffe befolgen. Die auf den Stationen tätigen Krankenpfleger:innen „kümmern sich da [überwiegend selbstständig] um die ähm Schwesteraspekte" bzw. „um ihren eigenen Kram". Mit diesen beiden ungenauen Bezeichnungen der von den *Schwestern auf Station* durchgeführten Aufgaben wird sichtbar, dass in Jesko Schieferdeckers Erzählung keine Anerkennung für routinierte, unsichtbare prä- und postoperative Pflege der Patient:innen verliehen wird. Chirurg:innen interagieren kaum mit den Aktant:innen, die in diesem zweiten Element der Disjunktion eingeordnet werden, da sie nur für einen Bruchteil ihrer beruflichen Tätigkeiten ärztliche Verordnungen benötigen, und diese in schriftlichen Dokumenten nach der Visite

erhalten. Die Chirurg:innen verfügen daher über eine viel begrenztere Befehls-
und Kontrollgewalt über die *Schwestern auf Station* als über die *OP-Schwestern*.[180]

Zweitens stellen Pädiater *Kinderkrankenschwestern* den *sich um erwachsene
Patient:innen kümmernden Pflegekräften* entgegen. Im Zusammenhang mit den
wenig kontrollierbaren Verhaltensweisen und der schwankenden Kooperationsbereitschaft der jungen Patient:innen werden die auf Kinderstationen tätigen
Krankenpfleger:innen als anpassungsfähiger, geduldiger und belastbarer wahrgenommen als diejenigen, die auf Stationen für Erwachsenenmedizin arbeiten.

Drittens lassen sich insbesondere in Transkriptionen von mit Internisten
geführten Interviews Disjunktionen zwischen Mitgliedern der *Krankenpflege
aus Intensivstationen* und der *Krankenpflege aus anderen Stationen* erkennen.
Den Krankenpfleger:innen, die zur Betreuung akut lebensgefährlich erkrank-
ter Menschen eingesetzt werden, werden eine höhere Intelligenz, ein besserer
Bildungsstand und eine größere Motivation als ihren Kolleg:innen aus weiteren
Abteilungen zugeschrieben:

„[D]as Pflegepersonal auf den Intensivstationen ist ähm noch mal was anderes, als
auf der Normalstation. Die sind besser ausgebildet, die sind oft auch interessier-
ter, bilden sich besser fort. Und ähm haben insgesamt ʼnen, finde ich, ʼn höheres
fachliches Niveau, als auf der Normalstation [Pause]. Und sind auch anders mo-
tiviert. Auf der Intensivstation geht es immer um Leben und Tod. Jeden Tag. Und
das wissen die. Und, so arbeiten die da auch. Da ist alles [kurze Pause] tipptopp.
Auf der Normalstation, wo eine [...] nicht mal Zeit hat, denen [den Patienten] den
Arsch abzuwischen. Geschweige denn, denen das Essen irgendwie so ein bisschen
anzureichen, das ist natürlich klar, dass da auch die Motivation dann auch nicht so
gut ist [...].“ (Theodor Ilsemann)

„[A]uf Intensivstation oder auf, in der Rettungsstelle, wo ʼs um diese akute Medizin
geht, da sind häufig die äh sind, ist die Pflege sehr fit, also, wirklich sehr gut [...]. [Sie]
werden sehr- sehr- sind sehr- sehr gut [...]. Und man muss sagen, die sind einfach
richtig gut und ähm also ähm [Pause] auch so von, einfach von, überhaupt von ihrem,
sie sind, die sind [Pause] also, die sind, manchmal auf Station sind wirklich Pflege da,
die ist, also, total bescheuert. Wirklich, wirklich [Pause] dumm sozusagen. Ja. Auch
wenn ʼs zur, jetzt äh zu hart ist, das so zu sagen, aber die wirklich, die einfach nicht
sehr clever sind. Muss ich sagen. Und auf diesen Intensivstationen, Rettungsstelle
sind wirklich, sie sind [...] total ähm lernbereit und äh clever und ähm. Ja, das ist
wirklich, das ist, also, muss ich sogar aus meiner Erfahrung sagen, das ist ʼn großer
Unterschied.“ (Markus Ittner)

Die Binarität der Disjunktion *Ärzt:innen vs. Krankenpfleger:innen* wird durch
das Auftauchen eines dritten Elements in der semantischen Achse gefährdet: *die*

---

180 Jesko Schieferdecker bedauert explizit die Separierung in zwei mit verschiedenen Inter-
     essen behafteten Sphären: „[S]o ʼne eigene Welt hier Ärzte, hier Schwestern“.

Fachkrankenpfleger:in in der Intensivmedizin. In den Erzählungen von mehreren Interviewten wird die Dichotomie zwischen Mitgliedern der Pflege- und der Ärzteschaft durch diese Figur getrübt, da diese Aktant:innenkategorie zwar als Teil des Pflegeteams definiert wird, aber mit Charakteristika beschrieben wird, die sonst dem ärztlichen Element zugeschrieben werden. Ihr Wissen wird nicht zum erfahrungsbasierten „Nicht-Wissen [...] degradier[t]" (Loos 2006, S. 389 f.), sondern genießt eine starke Anerkennung von ärztlicher Seite. Die Ärzt:in-Krankenpfleger:in-Hierarchie ist stark abgeflacht. Die *Fachkrankenpfleger:innen in der Intensivmedizin* werden symbolisch professionalisiert, indem ihnen eine breite Autonomie, eine große Verantwortung sowie die Fähigkeit zum Wechsel in die höher gestellte Berufskategorie zugeschrieben werden:

> „Also Intensivstation haben die Schwestern 'n anderen Stellenwert in der Krankenhaushierarchie und deswegen reden Ärzte und Schwestern anders miteinander. Also fast auf Augenhöhe." (Lukas Kriwitz)

> „Und auf diesen Intensivstationen, Rettungsstelle sind wirklich, sie sind äh ganz norm-, so wie du ich, sind, also, die hätten auch studieren können und viele studieren von denen ja auch später noch immer mehr auch dann Medizin und sind wirklich super fit." (Markus Ittner)

Bei einigen Interviewpartnern lässt sich sogar eine Umkehrung der Ärzt:in-Krankenpfleger:in-Hierarchie im Fall der Disjunktion *berufsunerfahrene rotierende Assistenzärzt:in vs. berufserfahrene Fachkrankenpfleger:in in der Intensivmedizin* herausarbeiten. In Lehrkrankenhäusern und Universitätskliniken wird die durch langjährige praktische klinische Erfahrung erworbene medizinische Kompetenz über das an der Universität erlangte akademische Wissen gestellt. In dieser Vorstellung besitzen die Krankenpfleger:innen sowohl die Entscheidungsmacht über medizinische Behandlungen als auch die Kontrollgewalt über ärztliche Leistungen.

Dies illustriert die in folgender Sequenz aus dem Interview mit Herbert Schübel herausgearbeitete Disjunktion *kritisch beäugte Neulinge vs. beachtete Alteingesessene.* Während der sechs ersten Monate ihrer Rotation auf der Intensivstation gehören Assistenzärzt:innen zum Element *kritisch beäugte Neulinge.* Die Fachkrankenpfleger:innen beobachten gründlich und streng beurteilend ihre Handlungen und ihren Umgang mit Patient:innen sowie mit Pflegekräften. Auf dem ständigen Prüfstand stehen u. a. ihr:e Lernfähigkeiten und -verhalten, das Leben einer offenen Fehlerkultur und die An- bzw. Verkennung des umfangreichen intensivmedizinischen Wissens der Fachkrankenpfleger:innen:

> „[I]ch kam neu in diese Klinik auf eine Intensivstation. Und da wird man natürlich sehr abgemessen oder man hat, man ist erstmal der Neue. Die Intensivpfleger und

Schwestern, die haben ja auch 'ne relativ intensive Aus- und langjährige Ausbildung und haben dann schon viel Erfahrung in der Intensivtherapie. Mehr, als der junge Arzt, der jetzt frisch da hinkommt. Und da wird man richtig kritisch beäugt: ‚Was der kann der jetzt? Wie verhält der sich? Wie behandelt der die Patienten?' Ähm. ‚Macht der Fehler oder macht der- macht der viele Fehler, macht der wenig?' Also gibt da praktisch keinen, der keine Fehler macht, aber man guckt ähm: ‚Macht der viele Fehler oder macht der weniger Fehler? Ist der sehr sorgfältig? Versucht der sich das Wissen, was dort erforderlich ist, anzueignen?' Äh. ‚Wie geht der mit Fehlern um? Oder also versucht der, das zu vertuschen? Oder steht der dazu oder holt der sich Rat, wenn das erforderlich ist? Oder akzeptiert auch wie, was- was die Pflegenden dort und die- die- die Pflege ähm was die dort machen?' Also äh nimmt der das ernst oder ist er quasi so 'n arroganter Schnösel, der- der quasi sagt: ‚Ich bin hier der Arzt und du hast nix zu melden, du verstehst davon nix'. Und so. Also, jetzt mal extrem gesagt. Ähm wie gibt der sich. Ähm also das war in diesem halben Jahr, wie soll ich sagen ähm war klar, dass man beurteilt wird von der Pflege." (Herbert Schübel)

Durch das Eintreffen neuer unerfahrener Ärzte in die Abteilung für Intensivmedizin wechseln die seit sechs Monaten anwesenden Assistenzärzt:innen plötzlich und zwangsläufig in das zweite Element der Disjunktion. Den *beachteten Alteingesessenen* werden breite durch die praktische Arbeit gewonnene Kenntnisse zugeschrieben. Sie gelten als erfahren und kundig – als „alte Hase[n]" – und werden den Neulingen „automatisch herübersortiert". Nun gelten sie als den Fachkrankenpfleger:innen gleichwertig. Ihr Benehmen und ihr Handeln werden als angemessen erachtet – d. h. als nicht mehr überwachungsbedürftig. Die gewonnene „Achtung" erlaubt fortan nicht-fachbezogene Unterhaltungen und die Entstehung persönlicher Beziehungen zwischen den im zweiten Element der Disjunktion eingeordneten Assistenzärzt:innen und den Fachkrankenpfleger:innen für Intensivmedizin:

„Und dieses zweite halbe Jahr war sehr, auch menschlich, sehr gut. Also gab viele ähm Schwestern und Pfleger, mit denen ich mich da gut verstanden hab' und man hat ja auch da relativ viele Nachtdienste gemacht und da immer wieder auch Zeit für persönliche Gespräche oder wo man auch einfach sehr, wie soll ich sagen ähm wo man sich näher kam. Auch menschlich näher kam." (Herbert Schübel)

Die zur Umkehrung der Ärzt:in-Krankenpfleger:in-Hierarchie dazugehörende Regel ist, dass sie in interberuflichen Interaktionen nicht offen gezeigt werden darf. Diese Aufrechterhaltung der Illusion der ärztlichen Omnipotenz trotz pflegerischer Dominanz entspricht dem *doctor-nurse game revisited*.[181] Explizite Weisungen und Kritik an Ärzt:innen durch Mitglieder der Pflege sind unerwünscht. Ärztliche Bitten um eine Mitwirkung von erfahrenen Krankenpfleger:innen

---

181 Siehe 3.2.2.

beim Diagnostizieren oder beim Treffen von Behandlungsentscheidungen sollen verdeckt geschehen bzw. als Offenheit für Ratschläge[182] getarnt werden:

> „So, die Schwester, die erfahrene Schwester fragt den erfahrenen äh den unerfahrenen Assistenten, wie sie was machen soll. Weil sie 's halt muss. Und das sind halt manchmal so schräge Situationen und das habe ich mir dann halt so gemerkt, sodass wenn du halt nichts weißt oder nicht weiter weißt, dann sagst du: ‚Wie immer'. Ähm [lacht]." (Tobias Killian)

> „Das [...] schafft ein' gewisse Vertrauensbasis, auch für die Ärzte. So 'ne Kuschelatmosphäre. So dass man sozusagen nicht das Gefühl hat, man muss alle Entscheidungen alleine treffen. Ja? Im Schichtdienst auch, wenn man nachts alleine ist. Ist es manchmal ganz gut, wenn jemand da ist, der sich auch ein bisschen mit auskennt." (Douglas Imlauer)

Die Entstehung einer emotionalen Nähe wird als Vorbedingung für einen potenziell hierarchiefreien Umgang zwischen Mitgliedern der Pflege- und der Ärzteschaft aus einem Krankenhaus bzw. einer Klinik gedeutet. Bei Aktant:innen, die außerhalb der Berufssphäre freiwillig miteinander verkehren, rückt die Zugehörigkeit zu einer Berufskategorie in den Hintergrund. Befreundete Krankenpfleger:innen[183] werden nicht als Vertreter:innen der Pflegeschaft eingeordnet. Momente der Geselligkeit während der Pausen, nach Feierabend oder an freien Tagen – bspw. gemeinsames Frühstücken, Kaffeetrinken und Feiern – gelten als Übergänge zu potenziellen privaten Verbindungen zwischen ausgewählten Mitgliedern der beiden Berufskategorien:

> „Es gibt halt auch Kolleginnen, Kollegen, ja, die mit dem Pflegepersonal abends noch was trinken und essen und so ähm gehen. Und mit denen beste Freunde sind so. Gibt 's- äh gibt 's auch." (Dirk Ingold)

> „[W]ir haben ähm jetzt schon fast 'n Ritual daraus gemacht, dass wir z. B. ähm im Winter, im- im Januar so für 'n verlängertes Wochenende wegfahren, gemeinschaftlich [...]. Und äh da entstehen- entstehen dann eben mal mit der Zeit eben [kurze Pause] auch recht, ja, freundschaftliche Beziehungen, wo man sich auch privat

---

182 Dies bestätigt David Hughes' Forschungsergebnisse, wonach die aktive Mitwirkung von Krankenpfleger:innen bei medizinischen Entscheidungen von unerfahrenen Ärzt:innen als Übernahme einer Rolle als „advice givers" (Hughes 1988, S. 17) gedeutet wird.

183 Von Sexual- oder Liebesverhältnissen zwischen Ärzten und Krankenschwestern berichtet nur der einzige Junggeselle unter den Interviewpartnern. Affären und Zweierbeziehungen mit weiblichen Mitgliedern der Pflegeschaft lassen sich aber in den biografischen Angaben mehrerer Ärzte finden oder erahnen. Es lässt sich im Gesamtmaterial weder die Spur einer intimen Beziehung zwischen einer Ärztin und einem Krankenpfleger noch die eines homosexuellen Verhältnisses zwischen Mitgliedern aus den beiden Berufskategorien finden.

dann zu Hause mal trifft, oder sich dann eben halt auch im Sommer mal zum Grillen einlädt, auch ganz egal ob jetzt äh Schwestern, Pfleger oder Küchenpersonal [...]." (Moritz Schattschneider)

„Äh da ist auch, also, wo 's ähm wo dann auch die Grenzen dann richtig verwischen, also wo man richtig mit den Schwestern zusammensitzt. Und also wir haben auch schon gemeinsam da getanzt und alles, ja. Also das ist- ist da relativ locker, sage ich mal, da findet auch keiner was dabei, weil 's, das ist ja schön." (Konstantin Isenberg)

Die Verbindungen zu Mitgliedern der Pflegeschaft innerhalb der Stationen werden je nach Geschlecht der Ärzt:innen dichotom gedeutet. Einerseits wird beim Verhältnis zwischen unerfahrenen Ärzten und älteren erfahrenen Krankenschwestern eine familiäre Analogie gebildet, die keine Äquivalenz in den homosozialen Verhältnissen kennt. Die Struktur der intergenerationellen Interaktionen wird mit der Mutter-Sohn-Dyade verglichen. Den älteren weiblichen Mitgliedern der Pflegeschaft wird eine mütterliche Fürsorge zugeschrieben: Ihre Erinnerungen, Rückfragen und Vorschläge werden als hilfreiche, wohlwollende Begleitung des noch heranwachsenden Arztes wahrgenommen.[184] Andererseits wird das intergenerationelle homosoziale Verhältnis als Konkurrenzbeziehung zwischen jungen Ärztinnen, die gegenüber Pflegenden dominant – als ‚Frau Doktorin' – auftreten, und erfahrenen Krankenpflegerinnen, die keine Infragestellung ihres Wissens und ihrer Position durch eine jüngere Frau dulden, gedeutet. Dies illustrieren folgende Sequenzen:

„Und bei jungen männlichen Ärzten [kurze Pause] lief 's aber besser. Meistens ist man mit ihr ausgekommen. Da hat sie vielleicht so 'ne Art mütterliche [kurze Pause] Rolle aufgebaut, keine Ahnung. Aber oft war 's dann so, dass äh äh dass sie den jungen weiblichen Ärztinnen gezeigt hat äh äh dass sie dann die, sie ist die Person, die da seit Jahren tätig ist und ähm hat auch versucht, gewisse Machtpositionen auszuspielen, ne. Und- und- und äh genau. Das war halt oft für die jungen Ärztinnen nicht einfach. Ähm von daher gibt 's auch äh den, das Gegenspiel, ne. Dass äh also auch weibliche Berufsgruppen im Krankenhaus durchaus Reibungspunkte haben, ne." (Christian Isbrecht)

„[B]ei den älteren Schwestern ist es oft so, dass man äh das Gefühl hat, dass die dann so ein bisschen [kurze Pause] mütterliche Gefühle für einen haben. Vom Alter her könnte ich ja auch [kurze Pause] deren Sohn sein, in vielen Fällen. Und wenn man dann nett ist und höflich und respektvoll, dann mögen die einen auch. Und dann ist es so ein bisschen [kurze Pause] Mutter-Sohn-Verhältnis [Pause]. Und ähm die können einem ja auch viel zeigen. Die haben ja jahrzehntelange Erfahrung. Von denen kann man einfach auch viel lernen. Und wenn man denen das auch signalisiert: Ich lern'

---

184 Das äquivalente Muster zwischen Krankenpflegern und Ärztinnen, d. h. die Analogie mit einer Vater-Tochter-Dyade, ist in keiner der ausgewerteten Erzählungen vorzufinden.

was von euch und lass mir was von euch erklären und ähm hin und wieder muss ich als Arzt dann sagen: ‚So. Das machen wir aber so und so'. Dann funktioniert das sehr gut." (Theodor Ilsemann)

„[W]enn man diese Hierarchie zu offen macht, so: ‚Ich bin die Ärztin, du bist die Schwester. Und du machst was ich sage' [Pause]. Dann ähm kann das äh. Ja, kann das in- ja so ein bisschen [kurze Pause] zickige Stimmung geben, nicht? Dass die Schwestern dann das Gefühl haben […]: ‚Da kommt jetzt so eine junge Ärztin, die ist irgendwie gerade von der Uni und vielleicht Mitte zwanzig, oder so was, und sagt mir jetzt wie es hier laufen soll. Und das äh kann ich nicht, möchte ich nicht akzeptieren.' " (Theodor Ilsemann)

Die Vorstellung eines Konkurrenzverhältnisses unter Frauen aus Pflege- und Ärzteschaft wird bei mehreren Interviewpartnern auf die gesamte weibliche Belegschaft ausgeweitet – egal zu welcher Berufskategorie und Generation sie gehören. Als Gründe für derartige homosoziale Reibungen werden nicht nur Verhandlungen von Zuständigkeiten oder die An- bzw. Aberkennung von beruflichen Kompetenzen benannt, sondern auch ein Streben danach, den Männern zu gefallen. Heteronormativ wird allen auf einer Station erwerbstätigen Frauen ein emotionales und/oder sexuelles Interesse an den Ärzten unterstellt. So erzählt bspw. der Assistenzarzt Theodor Ilsemann: „Und ähm ich hab' es eher so erlebt, dass Frauen [kurze Pause] sich dann eher bekriegen und [kurze Pause] so kleine Eifersüchteleien, wer die Gunst [kurze Pause] des Oberarztes oder des Assistenzarztes hat und so". In dieser Vorstellung lässt sich die Prägung eines langjährigen heterosexuellen Skripts erkennen, wonach sich Frauen bei der Partnerwahl Männer aussuchen würden, die beruflichen Ehrgeiz bzw. Erfolg vorweisen und mindestens genauso viel wie sie verdienen. Vor diesem Hintergrund scheint weder eine emotionale Zuneigung noch eine erotische Beziehung zwischen Ärztinnen und Krankenpflegern oder zwischen Aktant:innen des gleichen Geschlechts vorstellbar.

Über Krankenpfleger wird von den Interviewpartnern erst nach direkter Nachfrage berichtet. Auf manifester Ebene stellen sie meistens fest, dass sie in ihrer bisherigen Arztlaufbahn mit sehr wenigen Pflegern Kontakt gehabt haben. Kinderärzte schildern sogar, dass sie innerhalb pädiatrischer Abteilungen so gut wie nie mit Männern aus der Pflegeschaft interagieren. Die Abwesenheit von Pflegern in der Kindermedizin begründen sie mit dem Verdacht von pädophilen Neigungen, der in vielen Stationen vorherrscht, bzw. mit auf der eigenen Station erlebten Skandalen infolge sexueller Missbräuche von minderjährigen Patient:innen. Nach der strukturalen Auswertung wird aber sichtbar, dass die Figur des Krankenpflegers für die vorliegende Analyse besonders spannend ist. Ähnlich wie das Element *Krankenpfleger:innen für intensive Medizin* trübt die

Aktantenkategorie *Krankenpfleger* die Disjunktion *Ärzt:innen vs. Krankenpfleger:innen*. Das Element *Krankenpfleger*, das als eine Untergruppe innerhalb des Pflegeteams identifiziert wird, erschwert nämlich die Erkennung der Binarität zwischen nur zwei Elementen sowie der Exklusivität der Charakteristika der beiden Elemente, was aber zwei der vier Vorbedingungen für die Feststellung einer Disjunktion sind.

Es lässt sich ein viel niedrigeres hierarchisches Gefälle zwischen *Ärzt:innen* und *Krankenpflegern* als zwischen *Ärzt:innen* und *Krankenschwestern* erkennen: „Männliche Pfleger gibt 's auch, aber [...] mit denen ist es [...] dann plötzlich wieder [Pause] fast auf Augenhöhe" (Lukas Kriwitz). Männlichen Mitgliedern der Pflegeschaft wird ein höheres Wissen und Können, eine stärkere Berufsorientierung und eine größere Selbstständigkeit als ihren Kolleginnen zugeschrieben. Durch die Verleihung dieser Charakteristika werden die Pfleger ein Stück weit symbolisch professionalisiert. Zwar besteht keine Vorstellung einer Ebenbürtigkeit zwischen *Ärzt:innen* und *Krankenpflegern*, aber vielen Pflegern wird die Fähigkeit attribuiert, in die Ärzteschaft einzutreten. Einige Interviewpartner haben in ihrer Jugend selbst eine Ausbildung als Krankenpfleger in Erwägung gezogen oder abgeschlossen bzw. ihr Studium durch Jobs in der Pflege finanziert. Einen Übergang von Aktanten aus der niedrigeren zur höheren Berufskategorie haben viele Ärzte darüber hinaus während ihrer Studienzeit und/oder im Rahmen ihrer Tätigkeit in einem Krankenhaus bzw. einer Klinik beobachtet. Kurz gefasst: Wenn es innerhalb der Disjunktion nicht vorstellbar ist, dass ein:e Aktant:in zu beiden Elementen gleichzeitig gehören kann, ist ein Elementwechsel für diese höher gestellten Aktanten aus dem unteren Element denkbar.

In Maximilian Scheers Erzählung wird die Disjunktion *Ärzt:innen vs. Krankenpfleger:innen* noch um einiges mehr getrübt, denn sie überlapp sich teilweise mit einer nicht-manifesten Disjunktion, die innerhalb der Pflegeschaft verortet wird, nämlich *Krankenschwestern vs. Kollegen aus der intensiven Medizin*:

> „Es gibt äh auf den Stationen, gerade im Intensivbereich gibt es mehr männliche Pfleger [kurze Pause] als auf den allgemeinen Stationen. [...] Und das oft Pfleger, männliche Pfleger [kurze Pause] versuchen 'ne [kurze Pause] Karriere anzustreben. Also der Intensivpfleger, der mir beigebracht hat wie Patienten mit 'nem Beatmungsgerät durch die Gegend fährt, ist jetzt stellvertretender Pflegedirektor z. B. Ja, die Karrieren, die die gehen. Also die sind schneller wieder weg [...]. Es gibt wenige Pfleger, die seit zehn Jahren nur Krankenpflege machen [Pause]. Das sind auch immer Respektspersonen. Die haben auch. Die machen ihren Job auch tadellos. Und die spricht man an und das sind alte [kurze Pause] Kollegen, die man braucht. Und die man anspricht." (Maximilian Scheer)

Ins Element *Kollegen aus der intensiven Medizin* werden Mitglieder der Pflegeschaft eingeordnet, die die umfangreiche Weiterbildung als Fachkrankenpfleger für Intensivmedizin abgeschlossen haben, über eine lange Berufserfahrung verfügen und dem männlichen Geschlecht zugeordnet werden. Die Aktanten werden symbolisch professionalisiert, denn sie werden als hoch anerkannte Experten wahrgenommen, deren Wissen und Können als Ressource für Ärzt:innen gilt. Bei unerfahrenen Ärzt:innen üben sie eine Lehrerfunktion aus, da sie Kenntnisse vermitteln und für Rückfragen sowie Ratschläge zur Verfügung stehen. Für erfahrene Ärzt:innen sind sie „Kollegen", d. h. Gleichwertige, mit denen fachlicher Ideenaustausch stattfinden kann. Ihnen werden sehr starke Kompetenzen und ein zügiger Erfolg beim beruflichen Aufstieg attribuiert. Für sie sei die Tätigkeit in der Pflegeschaft nur eine kurzzeitige Etappe auf dem Weg zu höheren beruflichen Zielen – z. B. der Übernahme einer Leitungsfunktion. Im Gegensatz dazu werden die ins nicht-manifeste Element *Krankenschwestern* eingeordneten Aktantinnen als Untergebene der Ärzt:innen definiert. Ihre Berufstätigkeit wird als Sackgassen-Job gedeutet. Sie führen routiniert und perspektivlos bei Patient:innen die Handlungen aus, die von Mitgliedern der Ärzteschaft verordnet und kontrolliert werden. Die geschlechtliche Komponente dieser nicht-manifesten Disjunktion wurde durch den Einbezug weiterer Sequenzen aus dem Interview mit Maximilian Scheer bestätigt. So wird sogar den „Oberschwester[n]" aus „den Allgemeinstationen" die Fähigkeit abgesprochen, „dem jungen Arzt [...], was bei[zu]bringen". Trotz ihrer Leitungsposition werden diese Aktantinnen nicht als Trägerinnen einer „Lehrer- und Vorbildfunktion" für unerfahrene Ärzt:innen wahrgenommen. Die Hierarchie zwischen dem männlich und dem weiblich codierten Element der Disjunktion ist klar: Aktantinnen, die sich mit der Ausübung von *Care*-Tätigkeiten zufrieden geben, werden ohne besondere berufliche Kompetenzen und ohne berufliche Aussichten dargestellt, während bei Aktanten mit Karriereorientierung technische und fachliche Expertise assoziiert werden.

Eine Vergeschlechtlichung auf der Ebene der symbolischen Tiefenstrukturen lässt sich schließlich in Erzählungen über ärztliche Hilfeleistungen zur Unterstützung von Krankenpfleger:innen herausarbeiten. Mehrere männliche Mitglieder der Ärzteschaft, die interviewt wurden, konzipieren ihre Bereitschaft zur Hilfestellung bei Schmutz- und Schwerarbeit als eine situative Geste des Stärkeren bzw. des hierarchisch höher Gestellten zu Gunsten von Schwächeren bzw. von Untergebenen. Die gelegentliche freiwillige und selbstbestimmte Überschreitung der berufskategorialen Grenzen entspricht einem schon von Erving Goffman analysierten heterosexuellen Skript, wonach der ritterliche Mann seine höhere Stellung temporär verlässt, um die Hilfe benötigende Frau zu beschützen (Goffman 1994, S. 147). Dass die Übernahme von pflegerischen Tätigkeiten als gelegentliche, unbestimmte Gefälligkeit gedeutet wird, illustriert die wiederholte Verwendung der Adverbien „mal" und „irgend" in folgender Sequenz:

„Ähm und es umgekehrt auch die Schwestern sehr schätzen, wenn die merken, dass man auch, mal irgendwo mit anfasst oder mal 'n Bett schiebt oder mal irgendwas macht, was man vielleicht nicht unbedingt machen muss, aber wo man einfach mal hilft, ja? Oder jemand mal 'nem Patienten mal irgendwas bringt was. Sonst 'ne Schwester machen müsste." (Thorsten Kaffenberger)

Eine Hierarchisierung zwischen den Aktanten, die diesen Genderismus befolgen und denjenigen, die es nicht tun, lässt sich bspw. in der Disjunktion *arroganter Arzt vs. entgegenkommender Arzt* erkennen, die in folgender Interviewpassage vorhanden ist:

„Zum Beispiel Blut abnehmen, das ist ja so 'ne Anfängerarbeit für Ärzte. Und wenn man Blut abnimmt, bricht ja nun niemandem 'n Zacken aus der Krone und dann läuft immer mal was ins Bett, wenn man zu den Schwestern hingeht und der einfachste, nicht hingeht und sagt: ‚Hier, ich hab' das Bett schmutzig gemacht, bezieh' das mal neu!‘. Sondern hingeht und sagt: ‚Du, ich hab' das Bett da schmutzig gemacht. Wo sind 'n hier die Laken? Ich mach' das selbst schnell weg‘. Bricht niemandem 'n Zacken aus der Krone. Und das macht man zwei oder dreimal und dann muss man das nie wieder machen, weil die Schwestern wissen, dass man 's machen würde und allein das zählt für die. Dann sagen die: ‚Nee, lass mal, ich mach' das schon‘. Ja, oder wenn sie viel zu tun haben, man muss es dann natürlich auch machen, wenn sie 's sagen [lacht] hier: ‚Nee, mach' mal‘. Oder wenn man seinen Dreck selbst wegräumt. Das sind so, auch bei Ärzten gern' beliebt was zu machen, es einfach liegen zu lassen und die dummen Pflegekräfte können das schon wegräumen. Das geht nicht. Ja, oder wenn man sieht, wie sich zwei Schwestern abmühen am Bett irgendwie so 'n 150 Kilo Patienten hochzuziehen, ja, warum kann ich denn dann nicht mit anfassen. Und ich glaube, dass Schwestern sowas sehr honorieren oder Pflegekräfte an sich, wenn die sehen, ich geh' da nicht vorbei, sondern ich fass' da mit an. Und dann hat man eigentlich kein Problem mit Pflegekräften." (Julian Schacht)

In das Element *arroganter Arzt* werden Aktanten eingeordnet, die gar keine Tätigkeiten ausführen, die eine Degradierung ihres professionellen Status bedeuten könnten. Da Schmutz- und Schwerarbeit nicht zu ihren ärztlichen Aufgaben gehören, lassen sie die während Besprechungen und Behandlungen verursachte Unordnung und den von ihnen produzierten Schmutz hinter sich liegen. Sie verorten nämlich ihre Beseitigung im Zuständigkeitsgebiet der Pflegeschaft. Diese strikte Trennung zwischen ärztlicher und pflegerischer Tätigkeit wird als Ausdruck einer Überheblichkeit sowie eines Herabsehens auf Mitglieder der Pflegeschaft gedeutet: „die dummen Pflegekräfte können das schon wegräumen". Im Gegensatz dazu sind die im Element *entgegenkommender Arzt* verorteten Aktanten dadurch charakterisiert, dass sie sporadisch den Schwestern zur Hand gehen, um ihre Hilfsbereitschaft zu signalisieren oder um Frauen ‚in der Not' zu retten, bspw. wenn ihnen die körperliche Kraft fehlt, um eine außergewöhnliche

Herausforderung zu meistern. Zuvorkommend-höflich kommen sie Bitten um Unterstützung der Schwestern nach, wenn diese von der Menge der anliegenden Aufgaben überfordert sind. Solche kurzweiligen Aufhebungen der hierarchischen Arbeitsteilung werden nicht als Gefährdung der ärztlichen Distinktion gedeutet, denn der hohe Rang des Besitzers der „Krone" wird keinesfalls verloren, wenn Schwächeren – insbesondere Frauen – kurz geholfen wird. Ritterliche Absichten rufen sogar einen Prestigegewinn bei Schwestern hervor, der weder mit der Qualität noch mit der Quantität der tatsächlich geleisteten Hilfe zusammenhängt. Das Signalisieren eines entgegenkommenden Willens genügt zur Einordnung in das zweite Element der Disjunktion.

Schließlich kann nach der strukturalen Auswertung der geführten Interviews festgehalten werden, dass die Persistenz des Glaubens an eine Überlegenheit der *Ärzt:innen* gegenüber den weiblich codierten *Krankenpfleger:innen* mit einer Wahrnehmung von Angleichungen sowie von Machtumdrehungen zwischen Aktant:innen aus Untergruppen innerhalb beider Berufskategorien einhergeht. Die weibliche Codierung der Pflege erweist sich als so hartnäckig, dass in den Erzählungen die in der Pflegeschaft zugeordneten Aktant:innenkategorien durchweg als ‚die Schwester' und ‚das Schwesterteam' bezeichnet werden, obschon bei den Interviewpartnern das Wissen um die tatsächliche Zugehörigkeit männlicher Mitglieder zur Berufskategorie Krankenpfleger:innen vorhanden ist. In zwei Transkripten wird sogar das Oxymoron ‚männliche Schwester' (Olaf Kammerhoff, Lukas Kriwitz) verwendet. Diese Zusammenstellung zweier sich widersprechender vergeschlechtlichter Begriffe zeigt, dass erstens die Säkularisierung des Pflegeamtes abgeschlossen ist, denn eine Bezeichnung als ‚Brüder'[185] ist nicht vorstellbar, und dass zweitens die mit der Ausübung dieser Tätigkeit einhergehende symbolische Verweiblichung so tief verankert ist, dass in Erzählungen über Aktanten anhand eines Substantivs zur Kennzeichnung von Personen des weiblichen Geschlechts berichtet werden kann, ohne sichtbare Irritation hervorzurufen. Diese Hartnäckigkeit der weiblichen Codierung der Pflege geht mit einem tief verankerten Glauben an die Hierarchie zwischen beiden Berufskategorien sowie zwischen den Geschlechtern einher. Als besonders persistent stellt sich auch die heteronormative Vorstellung der Beziehungen zwischen Aktant:innen aus beiden Berufskategorien heraus. Ein schon von Goffman herausgearbeitetes tradiertes Geschlechterarrangement ist in den symbolischen Tiefenstrukturen der Erzählungen verfestigt: Den Frauen wird ein Streben danach, Männern zu gefallen, und den Männern eine Selbstinszenierung als hilfsbereiter und schützender Ritter für das schöne bzw. schwächere Geschlecht zugeschrieben. Der homosoziale Umgang zwischen Mitgliedern beider Berufskategorien wird als

---

185 Lange Zeit wurde die Pflege von den Mitgliedern religiöser Gemeinschaften – Schwestern und Brüder – ausgeübt (siehe 1.1).

reibungs- bzw. konfliktreicher geschildert, da die zweigeschlechtliche traditionelle Arzt-Schwester-Hierarchie nicht reproduziert werden kann, wenn Frauen als Angehörige der Ärzteschaft mitwirken.

Festgestellt wurde darüber hinaus, dass die Disjunktion *Ärzt:innen vs. Krankenpfleger:innen* in den symbolischen Tiefenstrukturen aller Erzählungen vorhanden ist, jedoch durch Elemente aus weiteren Disjunktionen getrübt wird. Die Ausnahmefiguren *Krankenpfleger:innen für intensive Medizin* und *Krankenpfleger* werden zwar innerhalb der Pflegeschaft verortet, aber sie werden symbolisch professionalisiert. Hierdurch nähern sie sich dem Element *Ärzt:innen* und erschweren die Feststellung der grundlegenden und breit geteilten Hauptdisjunktion *Ärzt:innen vs. Krankenpfleger:innen*. Anzumerken ist schließlich, dass die herausgearbeiteten Charakteristika der Aktant:innen, die innerhalb der Pflege höher gestellt werden, vorherige Ergebnisse zum Teil bestätigen. Es handelt sich nämlich um einige symbolisch vermännlichte taffe Frauen[186] sowie um wenige Männer, die als nur vorübergehend in der weiblich codierten Pflege tätig wahrgenommen werden, bevor sie in eine geschlechtsadäquatere berufliche Position übergehen.

Ein letzter Spielraum zum Wandel der Geschlechterverhältnisse, der sich aus der vorliegenden Analyse herleiten lässt, hängt mit der Autonomisierung der Pflegeschaft zusammen. Dadurch dass die Pflegeleitung die von Ärzt:innen angefertigten schriftlichen Dokumente und digitalen Dateien verwaltet und die sich daraus ergebenden Aufgaben innerhalb der eigenen Berufsgruppe selbst verteilt, scheinen Anordnungen immer weniger direkt von einem Mitglied der Ärzteschaft an ein Mitglied der Pflegeschaft gegeben zu werden. Möglicherweise könnte diese Umgestaltung der interberuflichen Befehlskette zu einer Abflachung der Ärzt:in-Krankenpfleger:in-Hierarchie in alltäglichen Interaktionen führen.

5.2.2 Ärztliche Kämpfe – Zwischen Allianzen und Fronten

In den Erzählungen über intraprofessionelle Beziehungen fällt auf, dass die Interviewten das semantische Feld des Kriegs verwenden. Es wird u. a. von „Front[en]" (Jesko Schieferdecker, Herbert Schübel) und „schweren Kämpfen" (Lutz Krause) gesprochen. Diese Metaphern dienen der Hervorhebung der hohen Konflikthaftigkeit des Umgangs von Ärzt:innen untereinander. Hier werden „ernste Spiele des Wettbewerbs" (Bourdieu 1997, S. 203) innerhalb der Ärzteschaft geschildert, die im Folgenden als ‚ärztliche Spiele' bezeichnet werden.

Unabhängig davon, ob die Interviewten sich selbst als Kontrahent, Opfer oder Zuschauer inszenieren, lässt sich im Material wiederholt die Disjunktion *harmonisches Zusammenarbeiten vs. konflikthaftes Gegeneinanderarbeiten* her-

---

186 Siehe 5.1.1.

ausarbeiten. Das Element *harmonisches Zusammenarbeiten* ist durch ein tiefes Vertrauen und eine hohe Kooperationsbereitschaft unter den Aktant:innen charakterisiert. Die Mitglieder des ärztlichen Kollegiums werden als eine solidarische Gruppe definiert: Wissen wird geteilt, Ideen werden ausgetauscht, gegenseitiges Verständnis wird aufgebracht, Hilfestellungen werden geleistet. Dies verdeutlichen folgende Sequenzen:

> „Und äh darf dann eigentlich über alle Probleme, auch die mit äh uns vielleicht haben oder wir mit denen haben, wird ganz offen drüber geredet. Da gibt 's also auch keine allzu großen Feindschaften und Konflikte. Eigentlich, recht harmonisches Zusammenarbeiten hier." (Moritz Schattschneider)

> „[I]nsgesamt ist es ein kollegiales Verhältnis und man hilft sich und ich hab' das auch [kurze Pause] während meiner Ausbildung hier so empfunden, dass durch die älteren, erfahrenen Assistenzärzte [kurze Pause] man konnte sich immer an die wenden, wenn man Fragen hatte, hat Unterstützung bekommen [...]. Ähm und ähm da [kurze Pause] verstehen sich eigentlich auch alle insgesamt ganz gut." (Theodor Ilsemann)

> „Man sollte natürlich kollegial miteinander umgehen. Dass man sich auf den anderen verlassen kann, dass äh wenn man mal einen Tag eher gehen muss, weil was mal was ansteht, weil man zum Arzt muss oder sonst was machen muss. Dass man da halt ähm dann auch auf das Verständnis hoffen kann, des anderen, dass er dann halt mal länger bleibt oder so. Das wäre wünschenswert, ja, das ist aber leider nicht immer so." (Matthias Idelberger)

Dieses kollegiale Kooperieren ermögliche eine gelöste Stimmung und eine familiäre Atmosphäre. Der Umgangston wird als freundlich und das Miteinandersein als locker beschrieben, sodass Raum für hierarchiefreie Gespräche und Späße gegeben sei. In diesem ersten Element besteht keine klare Abgrenzung zwischen dem Kolleg:innen- und dem Freund:innenkreis. Der Arbeitsplatz ist nur einer der Orte, an welchen man zusammenkommt. Berichtet wird nämlich auch von gemeinsamen Ausflügen, Grillabenden oder Kindergeburtstagen – d. h. von Momenten der Geselligkeit, die außerhalb professioneller Räumlichkeiten und während der Freizeit stattfinden.

Im Gegensatz dazu wird das Element *konflikthaftes Gegeneinanderarbeiten* dadurch gekennzeichnet, dass „Feindschaften und Konflikte" (Moritz Schattschneider) vorherrschen. Um ihre Position innerhalb der Ärzteschaft zu verteidigen bzw. zu erhöhen, entwickeln Aktant:innen Strategien, die es ihnen ermöglichen sollen, bei Vorgesetzten besser als ihre Kolleg:innen – d. h. ihre Konkurrent:innen – dazustehen. Dies erfolgt hauptsächlich durch die häufige Thematisierung des eigenen Engagements für die Station bzw. die Abteilung, durch die regelmäßige Berichterstattung von Erfolgen im Umgang mit medizinischen Herausforderungen sowie durch die breite Bekanntgabe von Zusagen beim

Publizieren von Forschungsergebnissen und beim Einwerben von Drittmitteln. Einige Interviewpartner schildern auch Intrigen, die die Verbesserung des eigenen Ansehens bei den Vorgesetzten durch die Bloßstellung oder die Herabsetzung von Kolleg:innen bezwecken. Dies illustrieren die beiden folgenden Sequenzen:

> „Und er hat sich dann nächsten Tag über die lustig gemacht [...]. Und das ist natürlich einfach im Team 'ne unglaublich ungute Geschichte gerade vor dem Vorgesetzten, ja. Ähm und das hat der natürlich auch ausgenutzt. Also das war quasi auch [Pause] intendiert und geplant. Solche Sachen, wo man dann auch merkt, dass das innerhalb des Teams jetzt kein respektvoller Umgang miteinander ist, sondern dass das mehr so 'ne- so 'n leben und leben lassen, aber nicht ähm kein- kein respektvoller Umgang. Ähm ist schon 'n Haifischbecken gewesen." (Karl Kessler)

> „Wobei es, also das ist jetzt nicht mehr so, aber es gab hier einige Mitglieder im Team, die [Pause] ähm sehr intrigant waren und die immer so hintenrum irgendwie und so schadenfroh und zynisch." (Herbert Schübel)

Zu diesem zweiten Element gehören auch offene Konflikte. Akribisch gezählt und präzise eingeschätzt werden die eigenen Ressourcen sowie die der Konkurrent:innen, sodass ein Vergleich vorgenommen werden kann. Ziel ist es, die Kluft zu den höhergestellten Aktant:innen zu verringern, während die zu den Untergebenen und den Gleichgestellten größer wird. Beispielsweise beschreibt ein Chirurg die Verhandlungen zur Verteilung von Stellen innerhalb der Universitätskliniken als Ausbrüche des „große[n] Hauen[s] und Stechen[s]" (Werner Schellenberg). Eine hohe Konfliktbereitschaft wird auch bei der Gestaltung der Rotationspläne für die Assistenzärzt:innen sowie bei der Fertigstellung von Dienstplänen sichtbar. Da solche Konkurrenzkämpfe nicht ohne eine gewisse Anzahl an Verlierer:innen beendet werden können, empfindet ein Teil der Aktant:innen aus der Ärzteschaft immer wieder einmal Ärger oder Neid. Das Element *konflikthaftes Gegeneinanderarbeiten* ist daher durch „Missstimmung[en]" (Theodor Ilsemann, Markus Ittner) charakterisiert.

Bei den Schilderungen von ärztlichen Spielen werden wiederholt zwei Metaphern verwendet, die eine Hierarchisierung zwischen den Teamplayer:innen und den Einzelkämpfer:innen verfestigen. Kritik an der Durchsetzung der eigenen Interessen ohne Berücksichtigung der Kolleg:innen im Umfeld wird zum einen durch Anspielungen auf den Einsatz der Ellenbogen in sportlichen Wettkämpfen geäußert:

> „Also ich hab' auch das Glück gehabt, nie mit so Leuten zusammengewesen zu sein großartig, die gab 's auch bei uns in der Klinik [...] eigentlich nie und gibt 's auch nach wie vor äh nicht oder noch nicht, die wirklich nur an, an ihre eigene Karriere gedacht

haben, nur an sich und nicht zusammenarbeiten konnten und nur mit Ellenbogen." (Konstantin Isenberg)

„Irgendwie könnt' man jetzt natürlich denken, dass irgendwie so ein bisschen Ellenbogen oder sowas dann gibt oder so Ellenbogenmentalität oder so […]." (Dirk Ingold)

„Also, was ich noch nie erlebt habe [kurze Pause] mit ganz wenigen Ausnahmen, ist irgendwie so ein Kompetenzgerangel oder sozusagen, dass wirklich Ellenbogen ausgefahren werden, weil irgendjemand jetzt nach vorne will. Ähm was eher passiert ist [kurze Pause] also sozusagen, es ist nie so, dass sozusagen im alltägli- in der alltäglichen [kurze Pause] Umgang miteinander, dass ich merke, da will sich jetzt jemand vordrängeln […]." (Kurt Ingelfeld)

„Ich hab' viele als ähm [kurze Pause] äh man hat eine sehr intensive Ellenbogen-Mentalität kennengelernt, sehr früh. Und auch viele die einen [Pause] ja, ausgespielt haben, ja […]. Das kam immer wieder vor. Ähm [Pause]. Also 'ne ausgeprägte Ellenbogenmentalität." (Lutz Krause)

Dass das berufliche Vorankommen von Einzelnen nicht auf Kosten von Kolleg:innen sondern gemeinsam innerhalb einer Mannschaft erreicht werden sollte, wird zum anderen von mehreren Ärzten anhand von maritimen Analogien veranschaulicht. Missbilligt werden die Versuche, Schwächere und Konkurrent:innen zu eliminieren, indem man sie ‚über Bord wirft'. Die Solidarität unter den Mitgliedern eines ärztlichen Teams wird über den Erfolg einzelner solitärer Kämpfer gestellt. Dies illustriert folgende Sequenz aus dem Interview mit dem Kinderarzt Ronny Keilbach besonders prägnant:

„Und das fand' ich- fand' ich sehr schön eigentlich, da nicht alleine zu sein, sondern da ähm nich' nur ihn, sondern mehrere zu haben, die- die einfach im selben Boot saßen und die auch ähm ich sag' jetzt mal, gemeinsam in dieselbe Richtung gerudert sind und eben nicht geguckt haben, dass sie den anderen aus dem Boot stoßen, damit sie schneller vorankommen. So. Das fand' ich ganz nett. Ja." (Ronny Keilbach)

Wie schon im Rahmen der Erläuterung des Elements *harmonisches Zusammenarbeiten* angemerkt wurde, ist die Abgrenzung zwischen dem Kolleg:innen- und dem Freund:innenkreis unscharf. Die Unmöglichkeit einer klaren Einordnung eines Teils der Aktant:innen in die eine oder die andere Kategorie verursacht bei mehreren Interviewpartnern eine Irritation, die unterschiedlich gelöst wird. Eine solche Irritation ist im Transkript des mit dem Chirurgen Julian Schacht geführten Interviews besonders gut erkennbar. Die Sequenz über die Beziehungen unter den Oberärzten beginnt und endet nämlich mit der Betonung der Dichotomie zwischen dem Kolleg:innen- und dem Freund:innenkreis, obwohl er davon berichtet, dass er außerhalb der Klinik einen Teil seiner Freizeit mit einigen dieser Kolleg:innen verbringt:

> „[D]as eine ist Arbeit und das andere ist mein Freundeskreis, aber z. B. hier mit meinem leitenden Oberarzt versteh' ich mich schon gut. Also mit dem geh' ich auch weg, ja, oder auch hier mit- mit ähm Arztkollegen, z. B. mit einem da geh' ich immer zum Fußball. Und ähm da puh aber es sind jetzt [Pause]. Das eine ist schon meine Arbeit und das andere ist mein Freundeskreis." (Julian Schacht)

Aus der Auswertung des Materials wird sichtbar, dass die Konkurrenzverhältnisse und die Hierarchie, die die intraprofessionellen Beziehungen in Krankenhäusern und Kliniken prägen, als unvereinbar mit der emotionalen Nähe und dem tiefen Vertrauen, die Freundschaften charakterisieren, gedeutet werden. Jedoch stellen einige Interviewpartner beim Betrachten ihres Verhältnisses zu einigen Aktant:innen aus der Ärzteschaft eine gegenseitige Zuneigung, eine Verlässlichkeit und ein Wohlbefinden fest:

> „[Es ist] zu 80 Prozent äußerst kollegial. Also so, dass man ohne irgendwie Hemmungen andere Leute fragen kann und sagen kann, hier, das, davon versteh' ich nix oder da weiß ich nichts von, ohne dass man irgendwie äh das Gefühl hat äh da darf man sich jetzt nicht blamieren oder so, sondern das- das einfach, da hat jeder den, irgendwie keine, brauch' keiner irgendwie Theater vorspielen, sondern jeder weiß auch, was er kann und was er eben auch nicht so gut kann und- und- und braucht da nicht irgendwie mehr zu scheinen, als er ist." (Gero Kochmann)

> „Und äh bei einigen sagt man halt, merkt man, ja, man hat gemeinsame Themen, über die man sprechen kann oder hier oder das und dann kann man dann auch mal privat etwas außerhalb der Arbeit zusammen machen. Klar." (Matthias Idelberger)

> „Ähm und ähm wenn man auf einer Station ist, dann geht man mit denen auch mal abends essen und trinkt irgendwie [kurze Pause] ein Bier [kurze Pause] oder auch mal ein Bier zu viel, irgendwie sozusagen. Also es ist schon [kurze Pause] insgesamt ganz locker." (Theodor Ilsemann)

Die mit der unscharfen Abgrenzung zwischen dem Kolleg:innen- und dem Freund:innenkreis verbundene Irritation wird häufig durch die Einführung weiterer Disjunktionen gelöst. Zur Erläuterung kann erstens die in Tobias Killians Erzählung herausgearbeitete Disjunktion *ärztliche Clique vs. richtige Freunde* herangezogen werden. Einige der Aktant:innen, die innerhalb der Arbeitssphäre kennengelernt werden, gehören zum ersten Element. Solche „Grüppchen von so sechs, sieben Ärzten" werden aufgrund einer Solidarität bei den intraprofessionellen „ernsten Spielen des Wettbewerbs" (Bourdieu 1997, S. 203) sowie durch gemeinsame Geschmäcker und Hobbys gebildet. Mit diesen Aktant:innen wird sowohl innerhalb als auch außerhalb der Arbeitssphäre – z. B. auf Partys und Ausflügen – interagiert. Im Gegenteil dazu sind die Beziehungen unter Aktant:innen, die ins Element *richtige Freunde* eingeordnet werden, dadurch gekennzeichnet, dass das Verhältnis exklusiv auf gegenseitiger Zuneigung beruht und ihr Weiterbestehen weder durch gemeinsame Interessen noch durch regelmäßigen Austausch in der Arbeitssphäre bedingt ist. Dem zweiten Element der Disjunktion wird ein höherer Wert verliehen:

> „[W]enn ich jetzt ehrlich bin, selbst wenn die sich manchmal treffen, also, komme ich vielleicht zu jedem dritten Event dazu, aber ansonsten treffe ich eher meine Freunde [lacht] außerhalb." (Tobias Killian)

In Ralph Scheunemanns Erzählung lässt sich ebenfalls eine Vermehrung von Disjunktionen zur Aufhebung der unscharfen Trennung zwischen dem Kolleg:innen- und dem Freund:innenkreis rekonstruieren. Zuerst ist die Disjunktion *höfliche Distanz vs. vertrauensvolle Synergie* erkennbar. Die ins Element *höfliche Distanz* eingeordneten intraprofessionellen Beziehungen werden im hierarchischen Gefüge verortet. Die Aktant:innen stehen in unterschiedlichen Positionen, die durch ihre Funktionen innerhalb der Organisation sichtbar werden. Auf Abstand zu bleiben wird als Vorbedingung für ein reibungsloses Erteilen und Erhalten von Anweisungen und Kritik gedeutet. Innerhalb dieses ersten Elements herrscht das Siezen vor:

> „Zum Chef die Beziehung, fangen wir oben an. Ist ähm ich sieze ihn, ganz klar, ich respektiere ihn. Und ähm er hört auch gern' seinen Titel, wenn man ihn anspricht [lacht]. Und ähm das ist ähm ähm am Anfang war 's höflich distanziert, würde ich sagen." (Ralph Scheunemann)

> „Ich bemühe mich darum ähm die- äh die alle zu siezen, dass da 'ne gewisse Distanz bleibt [...]. [D]er Herr Schleicher ist per du mit den Assistenzärzten, aber ich bin der Ansicht äh bei der Arbeit, wenn auch manchmal ähm ähm seine Meinung durchtrotzen muss gegen die Meinung des Assistenzarztes, ist es besser, wenn die Distanz gewahrt bleibt [...]. Und ähm da achte ich [...] streng drauf, wen ich duze und wen ich sieze. Einfach um auch den- den Abstand zum Ausdruck zu bringen [...]. So würde ich mir das vorstellen. Und ähm ich- ich denke, dazu gehört eben auch 'ne- 'ne gewisse Distanz, wenn man jemandem was beibringen soll. Das- das geht nicht, wenn man, das geht nicht immer, wenn man per du ist." (Ralph Scheunemann)

Das Element *vertrauensvolle Synergie* wird durch eine hierarchiefreie Komplementarität zwischen den Aktant:innen gekennzeichnet. Die jeweiligen Stärken und Schwächen sind gegenseitig bekannt. Sie auszugleichen, wird als Ergänzung unter den Professionellen verstanden. Ein über lange Zeit herausgebildeter Zusammenhalt gilt als Basis des *harmonischen Zusammenarbeitens* und des gemeinsamen beruflichen Vorankommens. Dieses Element kann anhand folgender Beschreibung der Beziehung von Ralph Scheunemann mit einem Oberarztkollegen, den er während ihrer gemeinsamen Assistenzzeit kennenlernte, illustriert werden:

> „Und ähm das ist ähm würde ich sagen ein- eine gute Synergie. Wir ergänzen uns gut. Wenn er sich mal ärgert, beruhige ich ihn. Wenn ich mich mal ärger', ist es doch: ‚Stell dich nicht so an!' Genau. Und ähm da, das ist relativ ähm positiv. Und ähm wir kriegen 'n bisschen was auch auf die Beine gestellt." (Ralph Scheunemann)

Im Themenkomplex der intraprofessionellen Beziehungen lässt sich im Transkript des mit diesem Neurochirurgen geführten Interviews noch eine weitere Disjunktion erkennen: *höfliche Freundschaft vs. kumpelhafte Freundschaft.* Auch wenn Ralph Scheunemann das Adjektiv „freundschaftlich" zur Kennzeichnung des ersten Elements verwendet, handelt es sich hier um Freundlichkeit und nicht um Freundschaft.[187] Die Aktant:innen werden als respektvoll, entgegenkommend und zuvorkommend im Umgang miteinander beschrieben. Eine derartige intraprofessionelle Beziehung besteht aber nur im Zusammenhang mit der Zugehörigkeit zur Ärzteschaft. Im Gegensatz dazu bezieht sich das Element *kumpelhafte Freundschaft* auf Verhältnisse, die über die berufliche Sphäre hinausgehen. Sowohl in professionellen wie auch in privaten Räumen ist der Kontakt mit den in diesem zweiten Element eingeordneten Aktant:innen erwünscht und ersucht. Die tiefe emotionale Bindung zwischen den Aktant:innen führt dazu, dass ihre Abwesenheit auf der Arbeit mit Bedauern bemerkt und als Mangel empfunden wird.

Nach der Gesamtbetrachtung der Sequenzen, die die Disjunktion *harmonisches Zusammenarbeiten vs. konflikthaftes Gegeneinanderarbeiten* enthalten, kann festgehalten werden, dass diese geschlechtlich geprägt ist. Wenn über heftige Auseinandersetzungen und harte Zusammenstöße mit Mitgliedern des ärztlichen Kollegiums berichtet wird, sind die involvierten Aktant:innen mit Sicht auf ihre Namen und/oder die verwendeten Pronomen fast immer dem männlichen Geschlecht zuordenbar. Einige Interviewpartner thematisieren sogar auf manifester Ebene die Zugehörigkeit der feindseligen und angriffslustigen Ärzte zum männlichen Geschlecht – bei einigen inklusive sich selbst:

> „[M]ehr Konflikte hab' ich mit den [kurze Pause] männlichen jungen Kollegen." (Maximilian Scheer)

---

187 Diese Verwechselung zwischen den Adjektiven „freundlich" und „freundschaftlich" ist in mehreren Transkriptionen vorhanden. Sie bestätigt die unscharfe Abgrenzung zwischen Kollegialität und Freundschaftlichkeit.

„Also ähm also das waren dann vor allen Dingen [kurze Pause]. Klar, also so Bess-erwisser-Sachen und so Testosteron-gesteuerte Sachen mit den- mit den- äh mit den männlichen Kollegen, ne." (Sonchai Inchareon)

„Männer sind im hierarchischen System immer sehr [kurze Pause] sehr aggressiv miteinander [...]. Also ich kann mich [kurze Pause] vortrefflicher mit männlichen Kollegen streiten, mit Frauen [kurze Pause] oder mit weiblichen Kollegen nicht so." (Douglas Ilmauer)

Im Gegensatz dazu zeigt sich wiederholt, dass die weibliche numerische Do-minanz innerhalb einer Abteilung und die Besetzung von Leitungsfunktionen durch Frauen mit dem ersten Element der Disjunktion assoziiert werden. Solche Konstellationen werden bspw. als „eine sehr gute Zusammenarbeit" (Friedrich Igel), „ein sehr kollegiales Miteinander (Herbert Schübel) oder „ein wirklich sehr sehr harmonisches Zusammenarbeiten" (Moritz Schattschneider) bezeich-net. Im Allgemeinen wird Ärztinnen weniger Interesse für „so Gerangel und so Machtspielchen" (Herbert Schübel) und mehr Geschmeidigkeit beim Mitteilen und Vertreten ihrer Position als ihren Kollegen zugeschrieben.

In Erzählungen über heterosoziale intraprofessionelle Beziehungen wird teilweise auf Handlungsmuster rekurriert, die sich an das *doctor-nurse game* (Steiner 1967) anlehnen[188] und als Konflikte vorbeugend gedeutet werden. Wie bei US-amerikanischen Krankenschwestern der 1960er Jahren wird bei Frauen aus der deutschen Ärzteschaft heutzutage festgestellt, dass sie eine indirekte Vor-gehensweise anwenden, wenn sie Kollegen einen Ratschlag mitteilen oder ihnen gegenüber Kritik äußern. Die Vermeidung von konfrontativen Diskussionen ermögliche, dass der Ideenaustausch von Ärzt:innen weder als Infragestellung ihres Wissens bzw. Könnens noch als Wettbewerb unter Professionellen gedeutet wird, sondern als konstruktive Hinweise oder inspirierende Nachfragen. Beson-ders prägnant kann dieses Muster anhand folgender Sequenz illustriert werden:

„Das ist ähm Frauen widersprechen anders. Frauen können, das ist jetzt sehr pau-schal, aber Frauen haben die Gabe, so zu widersprechen, dass man es meint, man hätte, es wäre die eigene Idee gewesen. Also, sie soufflieren einem das so, ne? Und, die Männer [kurze Pause] opponieren offen. Oder [kurze Pause] ne, aber das. Auch hier gibt es keine Regel ohne Ausnahme. Natürlich nicht. Aber es gibt äh es läuft da eigentlich geschmeidiger [kurze Pause] mit weiblichen Kollegen. Wenn, gerade Konflikte oder halt auch Dinge, die komplex sind [kurze Pause] Rücksicht aufeinander [kurze Pause] wird nicht genommen, ob man jetzt Mann oder [kurze Pause]. Also wer das hier macht, mu- muss [kurze Pause] muss die Power mitbringen." (Maximilian Scheer)

---

188 Siehe 3.2.1.

Ein grundsätzlicher Unterschied ist aber, dass Ärztinnen – im Gegensatz zu Krankenschwestern – die Möglichkeit eingeräumt wird, sich an Kontroversen und Konkurrenzkämpfen zu beteiligen. Falls sie mitmischen wollen, wird aber von ihnen erwartet, dass sie nach den männlichen Regeln spielen, und nicht die als unfair erachtete „Frauenkarte" (Julian Schacht) als Joker in Anspruch nehmen, falls sie verlieren.

Schließlich lässt sich in einigen wenigen Interviewtranskripten eine vergeschlechtlichte Ausnahmefigur beobachten, die die Dichotomie zwischen dem Kolleg:innen- und dem Freund:innenkreis trübt. Es handelt sich hierbei um einen männlichen Aktanten aus dem ärztlichen Kollegium, der den Stand des besten Freundes innehat. Zu dieser Aktantenkategorie bestehe eine starke emotionale Bindung, eine große Solidarität sowie ein tiefes Vertrauen in jedem Feld und zu jeder Zeit. Im Material werden derartige Beziehungen unter Ärzten nur sehr selten und äußerst kurz angesprochen. Die strukturale Auswertung der wenigen triftigen Sequenzen ermöglicht es leider nicht, Aussagen über die Relevanz der Geschlechterzugehörigkeit der Aktant:innen für die Vorstellung von derartigen Beziehungen machen zu können.

In Erzählungen über intraprofessionelle Beziehungen werden die Vorgesetzten als eine Aktant:innenkategorie mit großer Gestaltungsmacht definiert. Sie seien erstens in der Lage, die Entstehung von Konkurrenzkämpfen zu minimieren. Hier berichten die Interviewpartner sowohl von einer Forderung von Handlungsweisen, die ein *harmonisches Zusammenarbeiten* begünstigen, wie auch von einer Vorbeugung von Frust und Neid in unvermeidbaren Wettbewerbssituationen, indem keine ungerechtfertigte Bevorzugung einiger weniger „kleine[r] Könige" (Konstantin Isenberg) zugelassen wird. Im Rahmen fachlicher Auseinandersetzungen wird den Vorgesetzten zweitens die Funktion eines Schiedsrichters zugeschrieben. Bei Verstößen gegen die Spielregeln können sie Mitglieder des ärztlichen Teams zurückweisen. Im Fall von Unstimmigkeiten, die bspw. Diagnosen oder Behandlungsverfahren betreffen, entscheiden sie, wie fortgefahren wird, sodass ihre Untergegebenen „sich dann untereinander nicht zu sehr in die Haare zu bekommen [brauchen]" (Ralph Scheunemann). Eine Neubesetzung der Chefärzt:inposition wird drittens als Krisenerfahrung für jedes Mitglied des ärztlichen Teams gedeutet. Ein:e neue:r Inhaber:in der Position wird nämlich wahrscheinlich andere Kriterien in der Arbeitsgestaltung und -bewertung einführen. Oftmals werden neue Kolleg:innen mitgebracht, die mittelfristig auf besetze Positionen platziert werden sollen. Viele Ärzt:innen ‚retten sich selbst', indem sie sich von den Kolleg:innen entsolidarisieren, um sich ‚einzuschmeicheln', oder sie ‚ergreifen die Flucht', indem sie eine andere Stelle annehmen oder sich selbstständig machen:

„Wobei der Chef damals noch recht neu war in der Chirurgie und versuchte 'n paar alte Zöpfe abzuschneiden [...]." (Maximilian Scheer)

„Und 2009 kam unser neuer Chef hierhin und da bin ich einer der wenigen, die über-lebt haben. Also, viele Kollegen wurden halt [Pause] nicht mehr weiter beschäftigt oder wurden gebeten, sich doch eine bessere Stelle woanders zu suchen und [kurze Pause] aber ich war halt noch jung genug, um [kurze Pause] mitmachen zu dürfen. Dass ich also den neuen Chef überlebt habe, bis heute." (Maximilian Scheer)

„Es gab Chefarztwechsel, die das Team total zerrüttet haben [...]. Aber das hat auf jeden Fall dazu geführt, dass diese Klinik sehr [kurze Pause] dass in dieser Klinik, seit letztendlich vier Jahren, eine sehr sehr große Unruhe herrscht. Unruhe und eine sehr hohe Fluktuation [Pause]. Personalfluktuation." (Lutz Krause)

Innerhalb der Aktant:innenkategorie der Vorgesetzten kann bei mehreren Transkriptionen die latente Disjunktion *Chef:innen vs. Ziehvater* herausgearbeitet werden. Die im ersten Element eingeordneten Aktant:innen sind aufgrund ihrer übergeordneten Position innerhalb der Organisation Krankenhaus bzw. Universitätsklinik berechtigt, allen Mitgliedern ihrer ärztlichen Teams Anweisungen zu geben. Als Anführer:innen einer Gruppe von Ärzt:innen gilt ihr Interesse der Abteilung. Im Gegensatz dazu besteht die Funktion der Aktanten, die als *Ziehvater* identifiziert werden, darin, jüngeren bzw. unerfahreneren Professionellen zur Seite zu stehen, um ihr individuelles Vorankommen in der ärztlichen Karriere zu fördern. Für ihre Protegés sind sie ein Lehrer, der ihnen Wissen vermittelt; ein Ratgeber, der ihnen aufgrund seiner längeren Berufserfahrung Tipps gibt; ein Fürsprecher, der ihre Interessen vertritt; sowie ein Vorbild, deren Denk- und Handlungsweisen als Orientierungsfolie dienen. Als Begleiter und Beschützer gilt der *Ziehvater* als Sonderfigur in den ärztlichen Spielen: Er handelt nicht nur in seinem eigenen Interesse oder im Interesse des Teams, sondern auch im Interesse eines anderen Professionellen. Derartige Unterstützer und Förderer werden als wichtige Verbündete bei harten Konkurrenzkämpfen gedeutet. Dies illustrieren die beiden folgenden Sequenzen:

„Es ist so, dass man grade in größeren Krankenhäusern immer 'nen Supporter braucht. Also so jemanden, der so ein bisschen- ein bisschen auf einen achtet. Der sozusagen aus 'ner nächstü- nächsthöheren Ebene. Das ist jetzt hier z. B. ein Oberarzt, der sozusagen sich drum kümmert, dass man so ein bisschen äh in die Position letztendlich, in den äh in der Weiterbildung kommt, die man möchte. Sonst geht man relativ schnell unter [...]. Aber ähm danach, wie die Ausbildung dann weiter-geht, letztendlich, hängt auch so ein bisschen davon ab, wie gut man [kurze Pause] zu Potte tritt, ja? Also, ob es jemanden gibt, der sagt: ‚Hier da ist Einer, der hat sich immer bemüht. Der müsste jetzt mal das und das machen'. Ja? Das sind also Dinge, die ähm wo man letztendlich auch viel [kurze Pause] Unterstützung braucht. Ja? [...]

Dass man also jemanden hat, der so ein bisschen hinter einem steht und sagt: ‚Der Doktor xy hat seinen- seinen Job bis jetzt gut gemacht. Dann müssen wir- wir gucken, dass der sozusagen das und das macht.' " (Douglas Imlauer)

„Ich hab' einen äh Oberarzt dann, auch ein Lehrer von mir, der mich äh an die einfache Wirbelsäulenchirurgie zunächst, der also mich auch [kurze Pause] beschützt hat […] und der hat also dafür gesorgt, dass ich [kurze Pause] regelmäßig äh operiere. Der hat quasi abgegeben von seinen Patienten. Die hätte er ja auch selber operieren können. Aber er hat abgegeben, er hat ausgebildet. So entstanden [sic] eine [kurze Pause] Koalition, die auch im Gegenzug natürlich [kurze Pause] meine ganze [kurze Pause] Leistung diesem Mann auch zurückgegeben habe. So 'ne Art Protegé [sic] war das schon für mich." (Maximilian Scheer)

Beim *Ziehvater* ist – anders als bei *Chef:innen* – nicht nur eine gewissenhafte Ausführung von professionellen Aufgaben gewährleistet, sondern als Gegengabe wird von den Protegés Hingabe und Treue erwartet. Diese Vorstellung erklärt, warum Herbert Schübel die Tatsache, dass ihn eine „sehr renommiert[e]" Universitätsklinik „sehr hofiert" hat, als einen „Loyalitätskonflikt" deutet. Sich vom *Ziehvater* abzunabeln, schildert er als einen zwiespältigen Prozess: „[I]ch war […] hin und hergerissen, weil […] ich fühlte mich meinem vormaligen Lehrer auch irgendwie verpflichtet" (Herbert Schübel). Mit anderen Worten: Die Beziehung zum *Ziehvater* beinhalte emotionale Komponenten, die bei der Beziehung zu *Chef:innen* nicht vorhanden seien.

In Erzählungen von Ärzten wird eine derartige intensive Beziehung nur männlichen Aktanten zugeordnet. Das bedeutet, dass im Gesamtmaterial keine einzige Aktantin – sogar keine symbolisch vermännlichte taffe Frau – dem Element *Ziehvater* zugeordnet wird. Aufgrund des Forschungsdesigns kann die vorliegende Untersuchung die Frage nicht beantworten, inwiefern in Erzählungen von Ärztinnen eine geschlechtliche Prägung von Mentor:innenfiguren bestehen würde. Spannend wäre es aber zu rekonstruieren, ob bei Frauen diese Aktant:innenkategorie auch männlich codiert ist, ob sie als homosozial gedeutet wird, oder ob sie auf der Ebene der symbolischen Tiefenstrukturen entgeschlechtlicht wird.

Ein weiteres Muster, das wiederholt rekonstruiert wurde, ist die Vorstellung, dass je nach Feld andere Regeln für ärztliche Spiele herrschen. Sie lässt sich erstens auf der Ebene der Organisationen erkennen, da viele Transkriptionen die Disjunktion *hartes Durchfechten an der Universitätsklinik vs. angenehmes Miteinanderarbeiten in einem kleinen Haus* beinhalten. Im ersten Element zählt die individuelle Leistung. Ziel ist es, „physisch und psychisch" lange genug die sehr hohe Arbeitsbelastung und den starken Konkurrenzdruck „durch[zu]stehen", um „klinisch Karriere [zu] machen" (Herbert Schübel), d. h., um innerhalb renommierter Kliniken auf immer höhere Positionen aufzusteigen. Diesen harten Karriereweg nachzugehen, bedeutet mit „Spannungen [...] und Friktionen" (Friedrich Igel) unter Ärzt:innen zurechtkommen zu müssen und so zu manövrieren, dass man bei „politische[n] Grabenkämpfe[n]" (Friedrich Igel) nicht zwischen die Fronten gerät. Das Element *angenehmes Miteinanderarbeiten in einem kleinen Haus* ist dadurch charakterisiert, dass eine gemütliche Arbeitsatmosphäre herrscht und ein Umgang „auf Augenhöhe" (Werner Schellenberg) zwischen den Aktant:innen aus der Ärzteschaft erwünscht ist. Das Erbringen einer gemeinsamen Leistung erfordert eine wohlwollende Haltung gegenüber den anderen Professionellen sowie die Berücksichtigung der Wünsche und Möglichkeiten aller Teammitglieder.

Die Hierarchie zwischen den beiden Elementen der Disjunktion ist komplex. Zwar wird die Härte der Spielregeln im ersten Element auf manifester Ebene kritisiert, aber der erlebte oder potenzielle Wechsel vom ersten zum zweiten Element scheint von den Interviewten als rechtfertigungsbedürftig empfunden zu werden. Im Gegensatz dazu wird ein Wechsel in die andere Richtung als Ehre, Erfolg oder sogar „Traum" (Herbert Schübel) wahrgenommen. Eine Hierarchie zwischen beiden Elementen ist auch dadurch erkennbar, dass Schilderungen über den Umfang und die Qualität der erbrachten Leistungen nur beim Element *angenehmes Miteinanderarbeiten in einem kleinen Haus* vorkommen. Dies illustriert folgende Sequenz besonders prägnant:

> „Ähm und trotzdem ist die Arbeit anspruchsvoll und ähm trotzdem wird erwartet, dass man sich voll einbringt. Also das ist keine Schluffi-Klinik, wo man dann quasi hinläuft und sagt [hustet], wenn man da ist, dann- dann hockt man rum und, und dreht Däumchen und trinkt Kaffee oder so, überhaupt nicht." (Karl Kessler)

Die Fachbereiche sind die zweite Ebene, auf die die Interviewten rekurrieren, wenn sie von feldspezifischen Regeln für ärztliche Spiele berichten. Vor dem Hintergrund ihrer Erfahrungen während des chirurgischen Tertials des praktischen Jahres berichten Internisten und Pädiater von härteren Konkurrenzkämpfen in operativen als in nicht-operativen Fachbereichen.[189] Die Mitteilung einer Schwäche oder die Bitte um Hilfe verursache bei Chirurg:innen Spott und einen Ausschluss aus der Gruppe der ernst zu nehmenden Mitspieler:innen. Zum Beispiel erzählt Karl Kessler, dass er sich nach einer siebenstündigen Operation an einem schwerverletzten Motorradfahrer erschöpft fühlte, unter Schock stand und deswegen einen der für ihn zuständigen Chirurgen darum bat, früher als geplant Feierabend machen zu dürfen. Seine Erwartung, als Anfänger „an die Hand" genommen zu werden, stieß aber auf Unverständnis und rief eine Abwertung als Weichling hervor:

---

189 Anzumerken ist, dass die interviewten Chirurgen kaum bis gar nicht über ihre Erfahrungen in nicht-operativen Fachbereichen berichten.

„Und dann meinte der eine Chirurg noch so zu mir, der eine Assistenzarzt: ‚Ach ja, komm' Karl, jetzt mach' mal nicht so 'n Ding, ja. Nur die Harten kommen in Garten. Jetzt hab' dich mal nicht so!' " (Karl Kessler)

Chirurgische Fachbereiche werden auch dadurch charakterisiert, dass dort eine viel stärkere pyramidale Hierarchie als in der Inneren Medizin und in der Pädiatrie bestehe. Je höher die Position einer Aktantin bzw. eines Aktanten sei, desto größer sei die Akzeptanz des Holzens bei den ärztlichen Spielen. Als besonders hart und roh wird die Spielweise von Chef:innen – d. h. von den Aktant:innen mit der höchsten Position – eingestuft:

„Ich hab' es auch mitgekriegt äh im OP-Saal, dass ähm der Chefarzt dann irgendwie rumgeschrien hat oder ganz unmöglich war. Und ich auch immer nich' verstehen konnte [Pause], warum man- warum man sowas mit sich machen lässt ähm, wenn man dort als junger Kollege arbeitet." (Jan Kupfer)

„Na ja, und dann war 's deutlich hierarchischer. Also in der Inneren war 's auch so 'n bisschen hierarchisch, in der Pädiatrie überhaupt nicht ähm und in der Chirurgie ist halt klassische chirurgische Geschichte: Der Chef ist der Boss und so wie er das sagt, so wird 's gemacht. Und äh der Chef sitzt bei der Röntgenbesprechung in der ersten Reihe, die Oberärzte sitzen in der zweiten Reihe, die Assistenten in der dritten und vierten und die PJler ganz hinten. Und ähm der Chef kann zu spät kommen und alle anderen […], aber auf keinen Fall." (Gero Kochmann)

Dank der Herausarbeitung von Disjunktionen lassen sich drei Erklärungsmuster für die unterschiedlichen Spielregeln in operativen und nicht-operativen Fachbereichen erkennen. Erstens beginne eine chirurgische Laufbahn mit einem größeren Druck, da es Assistenzärzt:innen in der Chirurgie schwerer haben, die minimale Anzahl an Behandlungsverfahren durchzuführen, die in ihrem Logbuch eingetragen werden müssen, damit sie zur Fachprüfung zugelassen werden. Angehenden Chirurg:innen fehlen häufig die gleichen Eingriffe in ihrem Weiterbildungskatalog, sodass sie sich gegenseitig bekriegen, um bei den betroffenen Operationen eingeteilt zu werden. Da sie vor allem chronische Krankheiten und häufig auftretende Beschwerden behandeln und durch das Rotieren *per se* mit unterschiedlichen Krankheitsbildern konfrontiert werden, bräuchten Internist:innen und Pädiater:innen keine „Ellenbogengeschichten" (Gero Kochmann), um beruflich voranzukommen. Ärztliche Entscheidungen würden zweitens je nach Fachbereich in unterschiedlich hohen Geschwindigkeiten erfolgen, sodass mehr oder weniger Zeit für das Nachdenken, den intraprofessionellen Austausch sowie freundliche Umgangsformen gegeben seien. Im Zusammenhang mit potenziellen bzw. vorhandenen Komplikationen und mit der Kostspieligkeit von operativen Eingriffen stünden Chirurg:innen unter hohem Zeitdruck. Sie würden deswegen „schnell ungeduldig" (Christian Isbrecht) werden. Ihr „rauer[er]"

(Jan Kupfer, Christian Isbrecht, Markus Ittner) Ton sei dadurch bedingt, dass sie sich rasch durchsetzen müssen. Im Gegensatz dazu seien Internist:innen um „Konsens" bemüht und ließen sich Zeit zu „erklären, [zu] besprechen" (Markus Ittner), bevor sie sich für eine Behandlung entscheiden. Es lässt sich drittens die Vorstellung herausarbeiten, wonach eine Kongruenz zwischen der individuellen Eigenart der Aktant:innen und der in einem Fachbereich vorherrschenden Spielart bestehe. Im Vergleich mit den Internist:innen und den Kinderärzt:innen seien Chirurg:innen in sich „derber, rustikaler" (Tobias Killian), „ruppiger" (Sonchai Inchareon) und „gröber" (Markus Ittner). Sie würden sich wohl fühlen, wenn es unter Kolleg:innen „menschlich sehr herb zugeht" (Friedrich Igel). Im Gegensatz zu ihnen seien Internist:innen und Pädiater:innen „Softies" (Markus Ittner), die „Machtdemonstration[en]" als „sehr anstrengend" (Karl Kessler) empfinden. Die Relevanz der Kongruenz zwischen der individuellen Eigenart und der fachspezifischen Geisteshaltung wird für so bedeutend erachtet, dass sie als eine hauptsächliche Begründung für den Eintritt bzw. den Nicht-Eintritt in einen medizinischen Fachbereich verstanden wird.

Dieses Muster ist besonders am Beispiel des gemeinsamen Lachens der Chirurg:innen zu erkennen. Hierarchisierungen und Sexuierungen, die von Aktant:innen aus operativen Bereichen als humorvoll gedeutet werden (Sander 2009, S. 292 ff.), werden als Sinnbild ihrer Zusammengehörigkeit gedeutet. Die Tatsache, dass sie bei witzig gemeinten Äußerungen ein Unwohlsein oder sogar Empörung empfanden, wurde von mehreren Interviewten als Signal wahrgenommen, dass sie trotz ihrer Vorliebe für operative Tätigkeiten und/oder ihres langjährigen Wunsches, Chirurg zu werden, nicht dazu gehören und sich deswegen umorientieren müssen. Dies illustriert folgende Sequenz:

> „Und da [in der Unfallchirurgie] war der Umgang miteinander total ruppig. Also das ist einfach fachspezifisch und das ist auch so. Dass sie halt total dumme Sprüche klopfen, total ähm sexistisch, super, also ähm von Männern geprägt, dieser Beruf [...]. Und ähm also ziemlich rau [kurze Pause] ja, rauer Ton, dumme Sprüche äh ja, sowas. Und ähm das war schon- das war schon anstrengend, also weil ich das irgendwie doof finde. Und auch doof finde, wenn man Sprüche klopfen muss, um gut anzukommen, find' ich total ätzend. Deswegen äh war auch echt 'nen Mit-Grund das nicht zu machen." (Sonchai Inchareon)

Am Beispiel des Humors ist erkennbar, dass Ärzte, die sich an der Figur des Gentlemans oder am Ideal der Gleichberechtigung der Geschlechter orientieren, „frauenfeindliche Witze" (Tobias Killian) auch Jahre später als nicht duldbar erachten. In das Feld nicht einzutreten bzw. das Feld so schnell wie möglich zu verlassen, wenn die dort vorherrschende Geisteshaltung als unpassend empfunden wird, ist eine Lösung, die in vielen Erzählungen vorhanden ist, da befürchtet wird, man würde sich sonst „in negativer Weise [verändern] oder […] darunter leiden" (Friedrich Igel).

Innerhalb der Inneren Medizin lässt sich eine letzte fachspezifische Dichotomie erkennen, nämlich zwischen dem intraprofessionellen Umgang von Kardiolog:innen und dem von Internist:innen ohne oder mit anderen Subspezialisierungen. Unter dem Motto „Kardiologen gelten […] als die Chirurgen […] unter den Internisten" (Douglas Imlauer) wird eine „sehr vertikale Ordnung" (Douglas Imlauer) innerhalb kardiologischer Ärzt:innenteams geschildert. Anstatt wie üblich in der reflexiv orientierten Inneren Medizin „auf Augenhöhe" den Stand der Dinge zu „bespr[e]ch[en]" und zu „klär[en]" (Friedrich Igel), würden kardiologische Entscheidungen von den Aktant:innen getroffen werden, die die höchste Position innehaben und anschließend von Hierarchiestufe zu Hierarchiestufe weitergegeben werden, ohne dass Raum für Verbesserungsvorschläge oder gar Kritiken gewährt wird. Mit anderen Worten: Unter Kardiolog:innen werde die für die Innere Medizin als charakteristisch erachtete reflektierte Haltung zunichtegemacht.

Unter Kardiolog:innen bestehe keine kooperative Zusammenarbeit, sondern jede:r spiele für sich und würde auch zu unfairen Mitteln greifen, falls sich daraus ein Vorteil ergebe. Zum Beispiel berichtet der Internist Friedrich Igel, dass bei der Verteilung von Aufgaben zwischen Kardiolog:innen „einfach Ellenbogen ausgefahren" werden und sich Kolleg:innen gegenseitig „rumschubsen". Bei der Schilderung von den Beziehungen zwischen Kardiolog:innen und Nephrolog:innen wird sogar in der Erzählung Konstantin Isenbergs ein langjähriger Kampf zwischen beiden internistischen Teilgebieten geschildert. Genauso wie sein ehemaliger Chef warnt er junge Generationen von Nephrolog:innen davor, sich „von irgendwelchen arroganten Kardiologen oder so mit- mit ja [lacht] großer Fresse [reinreden zu lassen]". Eine „Abschottung" von Kardiolog:innen sollte weiterhin verfolgt werden, damit das nephrologische Territorium innerhalb der Medizin nicht umstritten wird: „Das ähm und das versuche ich eben auch, jetzt noch zu leben bei meinen Assistenten, dass wir sagen: ‚Wir sind Nephrologie und- und wir lassen uns hier nicht irgendwie reinreden von irgendwelchen Klugscheißern!' ".

Nach der Auswertung des gesamten Materials lässt sich feststellen, dass die zentralen Disjunktionen über intraprofessionelle Beziehungen die Vorstellung enthalten, dass ein Wechsel vom einen zum anderen Element möglich sei, insofern Aktant:innen es wünschen. Mehrere Kinderärzte und Internisten berichten, in Erwägung gezogen zu haben, Chirurg zu werden, bevor sie sich aufgrund des hohen Konkurrenzdrucks unter Ärzt:innen und/oder des derben Stils im Umgang mit unter- und gleichgestellten Kolleg:innen für eine andere Facharztausbildung entschieden haben. Die Hoffnung auf harmonischere intraprofessionelle Beziehungen und/oder die Angst davor, harte Konkurrenzkämpfe nicht zu überstehen, wiegen schwer bei der Entscheidung, eine Universitätsklinik zugunsten eines kleineren Hauses zu verlassen. Ein Organisationswechsel kann aber auch als Erfolg bei ärztlichen Spielen gedeutet werden, insofern eine höhere Position eingenommen wird – und dies insbesondere, wenn sie von einer Universitätsklinik angeboten wird. Sich ein Feld auszusuchen, in dem die herrschenden Regeln für die ärztlichen Spiele als annehmbar gedeutet werden, ist aber eine Strategie, die zur Verfestigung der Dichotomien und Hierarchisierungen auf der Ebene der Organisationen sowie der Fachbereiche und daher zur Reproduktion ihrer Vergeschlechtlichung beiträgt. Es wird in männlich codierten Feldern weiterhin hart gespielt, während sich symbolisch verweiblichte Ärzte – „Softies" (Markus Ittner) und „Weicheier" (Thorsten Kaffenberg) – in kampffreie Zonen begeben.

Ein Wechsel in das Element *Chef:innen* wird von vielen Interviewten erhofft.[190] In den Erzählungen wird ein derartiger Wechsel vor allem anhand einer strategischen Auswahl von Subspezialisierungen, einer Vielzahl von zügig erworbenen Zusatzweiterbildungen oder aktiver Bemühungen um die Erfüllung aller Voraussetzungen für die Habilitation geplant. Beim Interviewpartner Friedrich Igel enthält dieser Vorbereitungsprozess auf die Übernahme einer Abteilung auch eine bewusste Erhärtung bzw. Vermännlichung: Er sei noch „zu mild" mit Kolleg:innen und müsste „aggressiver werden", um nicht mehr als „der liebe große Bruder", sondern als der Vorgesetzte, „der die Ansagen macht", wahrgenommen zu werden. Hart – d. h. nach männlich codierten Regeln – zu spielen, wird als Vorbedingung für den Erhalt einer Chef:inposition verstanden. Mitspielen dürften daher nur ‚richtige Männer' – inklusive taffe Frauen, die wie Männer denken und handeln.

Zum Schluss dieses zweiten empirischen Unterkapitels kann folgendes festgehalten werden: Beziehungen zwischen Krankenpfleger:innen und Ärzt:innen sowie unter Ärzt:innen sind komplexer als die doxische Vorstellung des Arzt-Krankenschwester-Duetts es annimmt. Die hierarchischen Gefüge sind nicht nur von den innerhalb der Organisation besetzten Positionen, sondern auch von der Berufserfahrung, den Weiterbildungen, den Spezialisierungen sowie der Geschlechtszugehörigkeit gerahmt.[191] Auf der Ebene der symbolischen Tiefenstrukturen erweisen sich die weibliche Codierung der Pflege und der Glaube an eine ärztliche Überlegenheit als besonders resistent, was den Boden für das Weiterbestehen von heteronormativen Skripten in den Denkmustern der Interviewten bereitet: Krankenschwestern wird ein Interesse an emotionalen Bindungen mit Ärzten zugeschrieben; Ärzte werden als beschützend an der Seite der Krankenschwestern inszeniert. Diese Muster sind so tief verwurzelt, dass sie teilweise auch für die Deutung der Beziehungen von Ärztinnen verwendet werden. Zum

---

190 Selbst in die Akant:innenkategorie *Ziehvater* einzutreten, ist aber eine Vorstellung, die bei keiner Transkription rekonstruiert wurde.

191 Siehe 3.2.

Beispiel werden ihre Konflikte mit Krankenschwestern als Konkurrenz für das Erhalten der Gunst oder sogar der Zuneigung männlicher Ärzte gedeutet und ihnen werden die Verhaltensweisen einer Souffleuse bei intraprofessionellen Interaktionen zugeschrieben.

Spielräume für Varianzen konnten auch herausgearbeitet werden. Dichotome Kategorisierungen und Hierarchisierungen, die die Vorstellung der Krankenpfleger:innen-Ärzt:innen-Beziehungen strukturieren, bestehen nach wie vor. Die Binarität der Hauptdisjunktion *Ärzt:innen vs. Krankenpfleger:innen* wird aber durch Ausnahmefiguren – bspw. unerfahrene Ärzt:innen oder ‚männliche Pfleger' – getrübt. Die symbolische Professionalisierung der Aktant:innenkategorien *Fachkrankenpfleger:in in der Intensivmedizin* und *Krankenpfleger* führt dazu, dass dieser Auslese der Angehörigen des Pflegeteams Charakteristika verliehen werden, die einen Wechsel in das Element *Ärzt:in* vorstellbar machen.

Die Gleichzeitigkeit von Permanenz und Wandel bei der Wahrnehmung von ärztlichen Spielen kann durch die Vorstellung entschlüsselt werden, wonach Aktant:innen ihren Arbeitsplatz so aussuchen würden, dass die in der Abteilung vorherrschende Regel der von ihnen individuell bevorzugten Spielweise entsprechen. Demnach würden ‚richtige' Männer – inklusive taffen Frauen – hart und roh in konkurrenzstarken Feldern kämpfen, während sich ‚normale' Frauen und symbolisch verweiblichte Männer für Organisationen und Fachbereiche entscheiden würden, in welchen ein spaßiges und harmonisches Zusammenspielen erwünscht ist. Da Aktant:innen während ihrer ärztlichen Laufbahn verschiedene Stellen innehaben müssen, bestehe auf individueller Ebene immer einmal wieder die Möglichkeit eines Wechsels von dem einen zu einem anderen Spielfeld. Dies ist z. B. der Fall, wenn bei den „ernsten Spielen des Wettbewerbs" (Bourdieu 1997, S. 203) gewonnen oder verloren wird.

5.3 Die versteckte Vergeschlechtlichung ärztlicher Idealfiguren

Durch die Interviewfragen, was einen ‚guten' Arzt sowie einen ‚guten' Chirurgen, Internisten bzw. Pädiater ausmacht, wurden die Gesprächspartner dazu aufgefordert, Definitionsarbeit zu leisten und Stellung zu beziehen. Hier herrscht manifest Konsens über die Relevanz von Fachwissen, handwerklichem Können und einer patient:innenzentrierten Haltung – drei Elemente, deren Relevanz u. a. in der Ausbildung und in Gesellschaften für Humanmedizin immer wieder zur Sprache gebracht wird. Unterschiedlich fällt aber die Gewichtung dieser Elemente je nach eigener Fachbereichszugehörigkeit aus. Chirurgen betonen stark die Zentralität der „technische[n] Geschicklichkeit" (Herbert Schübel), Internisten die vom Beherrschen der „aktuellen Sachkenntnisse" (Kurt Ingelfeld) und Kinderärzte die vom „menschlichen Kontakt" (Thorsten Kaffenberg). Einige Interviewte thematisieren explizit die geschlechtliche Codierung dieser Elemente:

> „Na, wenn man so ein bisschen scherzhaft sagt: ‚Die Kinderärzte sind die Weicheier unter den Ärzten'. Weil man einfach sehr viel reden muss und sehr viel überlegen und dann ‚Ach nein' und dann machen wir es doch nicht. Und- und das, glaube ich, macht schon einen großen Teil aus." (Thorsten Kaffenberg)

> „[D]er war ein exzellenter Unfallchirurg, relativ burschikoser Typ, klassisch Chirurg und Unfallchirurg wie man sich ihn im Buche vorstellt. Ein bisschen polternd, aber kernig, herzlich! [klatscht in die Hand]" (Moritz Schattschneider)

Die Degradierung von Kinderärzten innerhalb der professionellen Hierarchie erfolgt über eine symbolische Verweiblichung. Ihnen würden die Entschlossenheit und die Risikobereitschaft fehlen, die für ‚richtige' Männer charakteristisch seien. Die Verwendung einer abwertenden genitalen Metapher zur Bezeichnung der eigenen Berufskollegen beim Beschreiben der Eigenschaften eines ‚guten' Kinderarztes lässt aber auch erkennen, dass innerhalb des pädiatrischen Feldes weiblich codierte Merkmale positiv konnotiert sind. Hypermaskulin codierte Muster genießen im Gegensatz dazu eine breite Anerkennung innerhalb operativer Fachbereiche.

Im folgenden Unterkapitel wird die Analyse der ärztlichen Ideale sowohl die „primäre Sinnschicht" (Bourdieu 1970, S. 127) – also den offenkundigen Sinn – als auch die „sekundäre Sinnschicht" (ibid., S. 128) auf der nicht-manifesten Ebene einbeziehen. Aus der strukturalen Analyse der Interviews lassen sich in den symbolischen Tiefenstrukturen der Erzählungen vier Idealfiguren herausarbeiten, die als überindividuelle Orientierungsleitbilder dienen. Die Merkmale dieser Figuren werden nachfolgend in einzelnen Unterkapiteln erläutert und illustriert. Infolge dieser Schilderung wird für jede einzelne Figur gefragt, inwiefern sie eine versteckte Vergeschlechtlichung beinhaltet.

Die Tatsache, dass diese Figuren unterschiedlich geschlechtlich codiert bzw. entgeschlechtlicht sind, wurde in ihrer Benennung festgehalten: Superheld, Wissenschaftler, Barmherziger Mensch und Doppelbegabte. Nach diesen Schilderungen wird im Schluss dieses Unterkapitels auf einige beobachtete Persistenzen aufmerksam gemacht und es werden potenzielle Spielräume für Verschiebungen der Merkmale der verschiedenen Idealfiguren diskutiert.

5.3.1 Superheld

Eine ärztliche Idealfigur, die sich hauptsächlich in Erzählungen von Chirurgen herausarbeiten lässt, ist der Superheld. Charakteristisch für ihn sind Tapferkeit, Unerschrockenheit, Cleverness sowie Flinkheit. Um in Gefahr geratene Menschen zu retten, setzt er seine überdurchschnittliche Kraft, seine hohe Intelligenz bzw. fortgeschrittene Technologie ein. Diese männlich codierte Figur zeichnet sich vor allem dadurch aus, dass ihre besonderen Fähigkeiten und ihr außergewöhnlicher Mut im Angesicht einer Bedrohung Dritter zu Tage treten.

Die Idealfigur des Superhelden hat drei Haupteigenschaften. Erstens löst sie eine starke Bewunderung aus. Besonders bei Kindern und Jugendlichen, die einen Einblick in ihr Handeln erhalten, wird sie aufgrund der ausgeführten Taten zum Vorbild gemacht. Das Aufschauen zu Ärzten, die sie entweder beim Arbeiten beobachtet haben oder von deren Fähigkeiten sie über Medien erfahren haben, liegt dem Berufswunsch mehrerer Interviewpartner zugrunde, die sich an dieser Idealfigur orientieren. Folgende Sequenzen illustrieren diese Anziehungskraft aus den verschiedenen Perspektiven – als Familienmitglied eines Arztes, als Leser und als Patient:

> „Die [Kollegen seines als Arzt in einem Krankenhaus tätigen Vaters] haben mich dann auch mal mit in den OP genommen, ich durfte mal ins grüne Tuch gucken. Und das fand ich faszinierend, die Chirurgie fand ich faszinierend." (Werner Schellenberg)

> „Ähm und diese Bücher [Hans Killians chirurgische Romane und eine Biografie vom Chirurgen Ferdinand Sauerbruch] [Pause] haben mich so fasziniert, dass ich äh nicht nur, nicht mehr Tierarzt werden wollte und Arzt werden wollte, sondern eigentlich schon relativ früh wusste, dass ich Chirurg werden will. Also in der siebten, achten Klasse war das. Und das war, also diese Bücher waren für mich mehr oder weniger ein Schlüsselerlebnis und die Welt, die dort beschrieben wurde mit diesen Operationen und- und auch dieses- dieses ha- gleichzeitig Wissenschaft sein auf der einen Seite, aber auf der anderen Seite auch dieses Handwerkliche, Hand anlegen können und damit Menschen helfen können, das war, das hat mich unglaublich fasziniert. Und deswegen war ab dem Zeitpunkt ähm mein Traumberuf Chirurg und das, deswegen ging das quasi eigentlich ziemlich gradlinig in diese Richtung." (Herbert Schübel)

> „Ähm die Geschichte geht eigentlich darauf zurück, dass ich äh selber ähm 'ne schwere Erkrankung hatte als kleines Kind und dadurch immer wieder zu regelmäßigen Nachuntersuchungen in der Klinik war. Und das hat mich immer total fasziniert, was die da gemacht haben und das war auch total super. Und ähm irgendwann mit, schätze mal das war so acht oder zehn oder so, war ich dann wieder da zur- zur Untersuchung. Das war- das war das Herzzentrum [...]. Und dann meinte ich, das will ich auch mal machen." (Karl Kessler)

Gemeinsam haben diese drei Sequenzen, dass sie die anziehende Kraft der Medizin im lexikalischen Feld der Faszination verorten. Damit deuten sie auf eine magische Wirkung des Erstkontaktes mit den Ausnahmekräften von Ärzten. So wird der Boden für das zweite Hauptcharakteristikum dieser Figur bereitet: Die Transformation. Die Reaktion, die dem direkten Kontakt mit der Medizin folgt, wird als unausweichlich verstanden. Arzt zu werden, ist in diesem Muster ein Prozess, der weder vom Willen gesteuert wird, noch das Ergebnis einer bewussten Überlegung ist:

> „Also was hat mich an der Chirurgie fasziniert ähm ja, das- das Schneiden, das Handwerkliche oder dieses, einfach dieses Tun, also das- das Arbeiten mit Instrumenten am menschlichen Körper. Das ist für mich jetzt ganz schwer, das irgendwie rational zu erklären, aber eigentlich so dieses- diese und dann auch ei-, etwas, wie soll ich sagen, etwas Künstlerisches." (Herbert Schübel)

> „Ich hatte da keine Ahnung. Und dann ist das passiert, was man glaub' ich ‚Blutlecken' nennt, also es war so faszinierend für mich, so komplex, so umfangreich, das das war Traumatologie, Kinderheilkunde, Intensivmedizin, Chirurgie, Onkologie. Also das war alles so bei vom zweiundzwanzig Wochen, Frühgeburt bis zum Hundertjährigen, unheimlich faszinierendes Fach." (Maximilian Scheer)

Die Analogien mit der Kunst und den Raubtieren weisen auf ein Verständnis der Metamorphose zum Chirurgen als unkontrollierte Antwort auf einen unbewussten inneren Antrieb. Nach dieser Vorstellung wird das ärztliche Verhalten nicht auf Einsicht, sondern auf Impuls gegründet. Dieser unwiderstehliche Drang, seine Fähigkeiten einzusetzen, um bedrohten Menschen zu helfen, stößt bei der eigenen Verwundbarkeit des Arztes an seine Grenze.

Die Leidensfähigkeit ist aber eine dritte Eigenschaft der ärztlichen Idealfigur des Superhelden, die allerdings bei wenigen Transkripten vorkommt. Nichtsdestotrotz kann sie als eine Anknüpfung an ein stilistisches Element gedeutet werden, das bei vielen Superhelden der Popkultur besteht: Die Bewältigung der eigenen Unvollkommenheit. Der Umgang mit eigenen Schwächen soll den Mut dieser Figuren zeigen. So fliegt Superman in den Kampf, obwohl ihm bewusst ist, dass in der Nähe des grünen Kryptonits seine Kräfte schwinden. Ähnlich steht Tony Stark in ständiger Lebensgefahr, sobald er seine Ironman-Rüstung anzieht, da Metallsplitter in sein Herz eindringen könnten. Von einer derartigen individuellen Schwäche berichtet ein Neurochirurg, wenn er eingesteht: „[I]ch bin ja Linkshänder. Ich dürfte das eigentlich gar nicht können, was ich mache" (Maximilian Scheer). Da die in Krankenhäusern und Kliniken verwendeten chirurgischen Instrumente – wie bspw. Scheren oder Klemmen – für Rechtshänder:innen konstruiert werden, erfordert das Operieren von ihm entweder die Überwindung der intuitiven Bewegungsrichtung oder das Benutzen der schwachen Hand. Seine Fähigkeit, mikrochirurgische Eingriffe an Gehirnen und Wirbelsäulen durchzuführen, betrachtet er deshalb als ein den Naturgesetzen widersprechendes Wunder.

Die Idealfigur des Superhelden ist ein Orientierungsleitbild, das sich insbesondere in den Transkriptionen der mit Chirurgen geführten Interviews herausarbeiten lässt. Einerseits wird eine Faszination mit technischen und handwerklichen Komponenten in Verbindung gebracht, die in chirurgischen Fachbereichen überdurchschnittlich verwendet werden. Andererseits wird die Aufhebung einer akuten Gefahr durch Eingriffe eher mit operativen Bereichen assoziiert.[192]

In den symbolischen Tiefenstrukturen der Erzählungen von sich an diesem Ideal orientierenden Ärzte befinden sich Hierarchisierungen zwischen Aktant:innen. Dies wird sowohl durch die Unterwerfung der Patient:innen unter ärztliche Heilfiguren[193] als auch durch eine innerprofessionelle Überhöhung einiger weniger Ärzte sichtbar. Als Illustration hierfür kann die in der folgenden Sequenz enthaltene Abgrenzung zwischen zwei Kategorien von Chirurg:innen herangezogen werden:

„Ein guter Chirurg muss handlungsfähig sein [Pause]. Und er muss, aus meiner Sicht auch ein Rückgrat haben. Also so. Sie müssen- Sie müssen eine gute Kondition und 'ne Konstitution haben, ja? Weil wir natürlich [kurze Pause] immer mit Extremsituationen des menschlichen Lebens auch zu tun haben. Ähm also ich hab' z. B. diese Woche [kurze Pause], also hatte ich eine Patientin, mit einer Hauptschlagader. Und die war erweitert und ist geplatzt [...]. Ein guter Chirurg zeichnet sich aus meiner Sicht dadurch aus, dass er auch ein gutes Komplikationsmanagement hat. Also wenn Sie einen Patienten operieren [kurze Pause], es kommt zu einer Komplikation [kurze Pause] dann müssen Sie da ran wieder, ja? Also dass man das erkennt und dass man es behandeln kann. Und da trennt sich, aus meiner Sicht, so ein bisschen die Spreu vom Weizen. *Hmh.* Sag' ich mal, ne? Weil Operieren kann man lernen. Also. Es gibt mehr Begabte und weniger Begabte. Aber im Prinzip kann man diese, das Operieren kann man lernen. Das können Sie auch. Müssen sich nur lange genug damit beschäftigen. Dann kann man das. *Diese handwerkliche Seite?* Genau. Das ist ein Handwerk. Ähm also es ist erlernbar, aus meiner Sicht. Außer man hat irgendwie zwei linke Hände, ja? Dann geht es vielleicht nicht, aber [kurze Pause] im Prinzip ist es erlernbar. Ähm aber dieses Komplikationsmanagement und das meinte ich ja. Also man hat eine intellektuelle Herausforderung und eine handwerkliche Herausforderung. Das macht

---

192 Akute lebensbedrohliche Zustände durch Unfall, Erkrankung oder Suizidversuch werden aber *de facto* zum größten Teil über notfall- und intensivmedizinische Behandlungen aufgehoben.

193 Mehrere Interviewpartner, die sich an einer anderen Idealfigur orientieren, kritisieren die mit dieser Hierarchisierung einhergehende Selbstwahrnehmung und bezeichnen diese Kollegen als „Halbgötter in Weiß".

für mich den Reiz aus [...]. Also man braucht so 'n- so 'n Rückgrat, ja? *Hmh.* Ähm nicht alle Entscheidungen, die man trifft, freut alle." (Manfred Schadewald)

Das erste Element in Manfred Schadewalds Disjunktion kann als *Jedermensch* bezeichnet werden. Dazu gehören Aktant:innen, die Zugang zum Chirurg:innenberuf aufgrund eines erlernten Wissens sowie durch Übung erlangter Fähigkeiten erhalten haben. Die Kenntnisse und Techniken, die sie im beruflichen Alltag anwenden, können nach einer gewissen Zeit von allen beherrscht werden – sogar von der das Interview führenden Sozialwissenschaftlerin. Die intellektuellen und handwerklichen Leistungsfähigkeiten, die diese ‚normalen' Menschen vorweisen, genügen, um Routineeingriffe durchzuführen. Ihre Entscheidungen und Handlungen entsprechen vorgegebenen Mustern und können – wenn nötig – nach Recherchen oder Rücksprachen stattfinden. Im Fall einer plötzlich auftretenden Lebensgefahr bei Patient:innen zeigt sich der niedrige Wert dieser Chirurg:innen: Ihnen fehlen die besonderen Anlagen, die notwendig sind, um akut bedrohte Menschen zu retten. Im Fall einer Konfrontation mit einer tödlichen Bedrohung Dritter entpuppen sich aber andererseits bei einigen wenigen Ärzten – ähnlich wie bei den Superhelden der Popkultur – höchst außergewöhnliche geistige und körperliche Fähigkeiten. Unerschrocken und blitzschnell bewältigen sie unvorhergesehene plötzlich auftretende Probleme – wie bspw. den Riss einer aus dem Herzen kommenden Arterie. Die Hochwertigkeit solcher Aktanten wird nicht nur an ihre Unerschütterlichkeit oder Rapidität, sondern auch an ihre Körperstärke sowie ihre Gewitztheit gebunden. Die am Anfang und am Ende der Sequenz stehende Rückgrat-Metapher soll die Stabilität der aufrechten Haltung der zu diesem zweiten Element gehörenden Aktant:innen verdeutlichen. Ihre Standhaftigkeit ermöglicht es ihnen, für ihre Entscheidungen und Handlungen sprichwörtlich gerade zu stehen. Über die hohe Willensstärke hinaus weist diese Metapher auf die zur Bewältigung chirurgischer Herausforderungen notwendige Körperkraft hin. Manfred Schadewalds Verständnis der Überdurchschnittlichkeit des Körperbaus („Konstitution") und der körperlichen Verfassung („Kondition") als zentrale Stütze des superheldenhaften chirurgischen Handelns kann mit Sicht auf das Unterkapitel 5.1.1 sowie auf Kirsten Sanders Forschungsergebnisse (2009, S. 341) als eine nicht-manifeste Vermännlichung dieses zweiten Elements der Disjunktion interpretiert werden, das deshalb als *Wunderchirurg* bezeichnet wird.

Aus den für diese ärztliche Idealfigur charakteristischen Zügen – u. a. Mut, Unerschütterlichkeit, Blitzschnelle, Kraft, Technologieaffinität – kann entnommen werden, dass sie männlich codiert ist. Wie bei den Superhelden der Popkultur äußert sich die Maskulinität dieser Figur insbesondere in ihren überdurchschnittlichen körperlichen Kräften. Die Annahme eines biologisch vordeterminierten weiblichen „Kraftlimit[s]" (Moritz Schattschneider) begründet den Ausschluss von Frauen aus den Reihen der potenziellen Ausnahmemenschen, die sich diesem

Ideal nähern könnten. „[H]eroisch" zu handeln heißt darüber hinaus, „permanent Verantwortung für das Leben anderer" (Loos 2006, S. 231) zu tragen und lässt keinen Platz für ein Privatleben – geschweige für eine engagierte Elternschaft. Mit anderen Worten: „[A]n der Grenze des Machbaren" (Karl Kessler) zu arbeiten, ist in diesem Muster nur wenigen hypermaskulinen Ärzten gegeben.

5.3.2 Wissenschaftler

Die Idealfigur des Wissenschaftlers lässt sich hauptsächlich in Interviews mit an Universitätskliniken tätigen Ärzten herausarbeiten. Die Fähigkeit, hervorragende intellektuelle Leistungen zu erbringen, ist eine Vorbedingung für den Zugang zu wissenschaftlichen Tätigkeiten, stellt aber keine Hauptcharakteristika dieser Figur dar.

Viel prägender für diese Idealfigur ist erstens eine spielerische Haltung beim Forschen. Diese ermöglicht eine Deutung von schwer lösbaren Problemen nicht „als Bedrohung", sondern „als Herausforderung" (Friedrich Igel), deren Annahme sehr anspruchsvoll ist, und bei deren Überwindung Spaß empfunden wird. Die Suche nach Lösungen wird in diesem Muster als eine Beschäftigung verstanden, die Vergnügen bereitet und in einer entspannten Atmosphäre stattfindet:

> „[D]as Ziel eigentlich ist, dass man ruhig ähm auf dem Sofa sitzt und seinen Kaffee trinkt und wenn man halt arbeiten muss, dann geht man arbeiten und danach setzt man sich wieder ruhig hin und forscht 'n bisschen oder, aber es möglichst stressfrei zu machen." (Ralph Scheunemann)

Bei der in dieser Sequenz vorhandenen Disjunktion *Arbeiten vs. Entspannen* gilt das Forschen als eine der Tätigkeiten, die frei von Belastungen durchgeführt wird. Im Gegensatz zu neurochirurgischen Eingriffen, bei denen in ungemütlichen OP-Räumen gestanden und eine hohe Beanspruchung physischer und psychischer Art erfahren wird, erfordert das Forschen weder Spannungen noch Anstrengungen. Das empfundene Wohlgefühl wird insbesondere durch die gepolsterte bequeme Ruhebank und das gemütliche Zusichnehmen eines warmen Getränks symbolisiert. Kurz gefasst: Das Forschen wird nicht als *Arbeiten* verstanden, denn es ist mit einer Erholung von den operativen Strapazen vereinbar.

Charakteristisch für die Idealfigur des Wissenschaftlers ist zweitens eine Orientierung am kombinierten Karriereweg von Klinik und Forschung. Ein Engagement u. a. beim Erheben von Daten, Experimentieren im Labor, Verfassen von wissenschaftlichen Texten, Lehren an humanmedizinischen Fakultäten sowie bei Zusammenkünften von Expert:innen[194] sollte demnach parallel zur

---

194 Zum Beispiel Workshops oder Tagungen.

Mitarbeit auf Station betrieben werden. Der Versuch, wissenschaftliches Arbeiten im klinischen Alltag „nebenbei" (Konstantin Isenberg, Olaf Kammerhof) bzw. „nebenher" (Friedrich Igel, Markus Ittner) zu leisten, lässt die Ärzte spüren, wie groß die Kluft zwischen dem als Orientierung dienenden Ideal und dem realen Managen von nicht uneingeschränkten Zeitressourcen ist. Dass er sich hierdurch mit einem unlösbaren Widerspruch konfrontiert sieht, berichtet Konstantin Isenberg in folgender Sequenz:

> „Wo natürlich Forschung ist, aber so äh ähm na ja, sie, Patienten, mit wirklich noch viel Zeit verbringen, das werden halt schon leider weniger, weil natürlich die Anforderungen von Forschung und für- für ähm auch Lehre und natürlich für das ganze Renommee immer mehr natürlich steigen, das ist natürlich schon richtig, ja [...]. Dann wär 's ideal, aber so muss man sich halt äh vielfach zerteilen zwischen Forschung, Lehre, Krankenversorgung [...]." (Konstantin Isenberg)

Da er die Tätigkeit in der Klinik und diejenige in der Forschung als zwei Standbeine betrachtet, worauf man sich idealerweise gleichmäßig stützen sollte, ist Konstantin Isenberg nicht in der Lage, der einen Betätigung einen höheren Stellenwert als der anderen beizumessen. Daraus ergibt sich, dass er das Weiterkommen in der wissenschaftlichen Laufbahn gleichzeitig begrüßt und bedauert, weil seine steigende Teilnahme als Experte in akademisch-humanmedizinischen Feldern mit einer sinkenden Beteiligung bei der Patient:innenbehandlung einhergeht. Durch die Wiederholung des Adverbs „natürlich" wird ausgedrückt, dass diese Verschiebung im Einsatz der Zeitressourcen als eine erwartbare und nicht aufzuhaltende Entwicklung verstanden wird. Eine Lösung dieses Zwiespalts betrachtet Konstantin Isenberg als unerreichbar, da ihm die Fähigkeit der Bilokation fehlt.

Herr über seine eigene Zeit zu sein, ist die dritte Eigenschaft der ärztlichen Idealfigur des Wissenschaftlers. Faktisch ist keiner der sich an diesem Ideal orientierenden Interviewpartner in der Lage, diesem Charakteristikum zu entsprechen.[195] Beim Umgang mit ihren Zeitressourcen geben sie an, auf Knappheit zu stoßen und deshalb Frustration[196] oder Unbehagen[197] zu empfinden. Die in

---

195 Um sich diesem Ideal zu nähern, wird ein partieller oder vorübergehender Rücktritt von der Krankenversorgung angestrebt. Damit der fehlende Arbeitsvertrag in einer Klinik- bzw. Krankenhausstation zu keinen finanziellen Einbußen führt, berichten mehrere Interviewpartner von ihren Bemühungen, sich anhand selbstständig eingeworbener Drittmittel für die Forschung ‚freizukaufen'.

196 Das frustrierende Empfinden, bei der Generierung von wissenschaftlichem Wissen gebremst zu werden, lässt sich u. a. in der Transkription des mit Friedrich Igel geführten Interviews an folgenden Sequenzen feststellen: „[M]eine Wissenschaft ist nicht [kurze Pause] high output. Dafür müsste ich mehr Zeit haben"; „Wenn man wirklich Zeit zum Forschen hätte, hätte man das auch in der halben Zeit machen können".

197 Beispielsweise berichtet Konstantin Isenberg, dass es ihm bei der Betrachtung von einzuhaltenden Fristen „'n bisserl schwer im Magen liegt".

folgender Sequenz vorhandene Disjunktion *besonnenes Nacheinander vs. strapaziöses Durcheinander* illustriert die Kluft zwischen Ideal und Realität bei wissenschaftlichen Bestrebungen:

„Ja, Träume wär 's, was ich noch besser verbinden kann [kurze Pause] so die- die vielen äh verschiedenen Richtungen in der Arbeit, Forschung, Lehre, Krankenversorgung und so, dass es eben nicht so hektisch mit einem ist oder so, ne, dass man eigentlich mehr Zeit hat, aber mehr Zeit hat man nicht, ja […]. Wo ich also versuche, hier möglichst fertig in der nächsten Woche, na gut, das werde ich nicht ganz schaffen, aber hier 'ne- 'ne kleine Publikation zu schreiben, die mir schon lange untern Nägeln brennt. Ja, was auch noch ältere Daten sind, aber die ich jetzt endlich mal unter die Leute bringen will […] und das müssen wir schaffen […]. Und wo ich dann eben oft ähm was sich leider nicht geändert hat, auch als Oberarzt nicht, dachte ich mir, ich hab' dann mehr Zeit für sowas, aber ähm wo ich oft dann eben abends sitze bis um zwölf vorm Rechner oder so und mich noch motiviere und so und dann hoffe ich, dass meine Kinder schlafen, meine Frau, dann die geht ja schon ins Bett und dann sitze ich da halt noch, aber meistens ist ja das Problem jetzt also primär, sind seit 2010 verheiratet und so und- und, ja [lacht] ähm und äh hab' jetzt nicht mehr so Lust abends zu sitzen, ja. Ich hab' früher, wo ich alleine gewohnt habe, habe ich noch oft viele Abende gearbeitet […]. Das ist halt schwierig. Also, dass man mehr Zeit hätte und das noch besser trennen kann und auch ähm das wäre so 'n Traum […].“ (Konstantin Isenberg)

Diese Sequenz beginnt und endet mit dem Begriff „Traum" bzw. „Träume". Daran lässt sich erkennen, dass sich Konstantin Isenberg nach der Erreichung eines bislang unerfüllten Wunsches sehnt. In seiner Wunschvorstellung wäre er in der Lage, die verschiedenen Aufgaben, die er als wissenschaftlich tätiger Arzt zu bewältigen hat, in Einklang zu bringen, sodass er sie mit selbstbeherrschter Gelassenheit erfolgreich zum Abschluss führen könnte. In diesem idealisierten Bild würde ein Ebenmaß zwischen „Forschung, Lehre [und] Krankenversorgung" bestehen. Das harmonische Verhältnis zwischen diesen drei Teilen würde eine Trennung der ihnen zustehenden Zeitfenster ermöglichen. Konstantin Isenberg könnte mit gleich hohem innerem Antrieb, seinen Verstand einsetzen, um die anfallenden Arbeitsaufträge einen nach dem anderen mit Ruhe, Disziplin und Reflektiertheit zu bewerkstelligen. Seine alltägliche Wirklichkeit stellt er sich im Gegensatz dazu als ein *strapaziöses Durcheinander* vor. Ihm misslingt es, seine Aufgaben souverän abzuschließen. Dieses Element der Disjunktion ist durch Schmerz, Anstrengung, Unrast, Antriebsarmut und Scheitern charakterisiert. Als Haupthürde zur Verwirklichung seiner Wunschvorstellung, sich vollkommen auf die Erreichung seiner beruflichen Ziele zu fokussieren, identifiziert Konstantin Isenberg seine familiäre Einbindung als Ehemann und Vater. Zuhause kollidieren die mit der Partnerschaft und der Elternschaft einhergehenden Momente des

Zusammenseins mit der zur Erfüllung wissenschaftlicher Aufgaben notwendigen Ruhe und Einsamkeit.

Charakteristisch für die sich am Ideal des Wissenschaftlers orientierenden Ärzte ist viertens die Definition von Freizeit als stationsfreie Zeit. Abende, Wochenenden, Ausgleiche von Überstunden und Urlaubstagen werden als ungestörte Zeitfenster gedeutet, die zum Lesen von Abschlussarbeiten und Fachpublikationen, zum Schreiben von Gutachten, Veröffentlichungen und Anträgen sowie zum Erheben und Auswerten von Daten verwendet werden sollten. Als Illustration hierfür kann die in der Transkription des mit Friedrich Igel geführten Interviews vorhandene manifeste Disjunktion *Arbeitszeit vs. Urlaubszeit* herangezogen werden:

> „Also diese Woche hatte ich Urlaub, um das konkret zu machen. *Hmh.* Ich habe die Kleine morgens in der Krippe abgegeben. Mich dann an den Schreibtisch gesetzt, um Dinge abzuarbeiten, die ich sonst nicht schaffe. Ich habe eine Doktorarbeit korrigiert, eine andere gelesen und Gutachten geschrieben. Ähm an einem Buchkapitel gearbeitet. Lauter so Sachen gemacht, in meinem Urlaub [...] weil ich das normalerweise nicht schaffe [...]. Und ähm dann bin ich nachmittags noch mal in die Klinik gefahren und dann haben wir Versuche gemacht. Wir haben die bewusst auf Nachmittag gelegt, bis in den Abend hinein [...]. Ich muss nicht bis in den Abend hinein bleiben, aber [kurze Pause] bin dann doch häufig dann [kurze Pause] auch den späteren Nachmittag noch in diese Projekte eingebunden, weil ich das während der Arbeitszeit nicht schaffe [...]. Und ähm so hat meine Woche ausgesehen. Und ähm da schafft man dann zwar was. Ist [kurze Pause] darüber auch zufrieden, wenn man sich über das definiert, was man schafft." (Friedrich Igel)

Eine *Urlaubszeit* definiert Friedrich Igel nicht als Erholungs- sondern als eine Nachholungszeit. Dank der Stationsfreiheit und der Externalisierung seiner *Care*-Aufgaben kann eine effiziente Zweiteilung des Tages erfolgen. Vormittags widmet er sich Lese- und Schreibtätigkeiten, die eine hohe mehrstündige Konzentration – d. h. ein Alleinsein – und nur wenige technische Mittel erfordern. Nach dem Mittagessen begibt er sich in die Laboreinrichtung der Klinik, an der er tätig ist. Dort forscht er mit Wissenschaftler:innen zusammen. Diese beiden Phasen ermöglichen den Abbau der im normalen Alltag – d. h. in der *Arbeitszeit* – gesammelten Frustration sowie eine Steigerung des Erfolgsgefühls, da ein zügiges Vorankommen und das Erledigen von bislang nicht bewerkstelligten Aufgaben erfahren wird.

Die Idealfigur des Wissenschaftlers ist männlich codiert. Sich ihr zu nähern, erfordert eine Spiel- und Wettbewerbsaffinität, eine Hartnäckigkeit bei der Verfolgung beruflicher Ziele sowie Priorisierungen zu Gunsten der Karriere, die einen männlichen Habitus voraussetzen (Bourdieu 2005/2016). Forschung und Lehre parallel zum Klinikalltag zu bewältigen, bedeutet eine hohe Robustheit und eine berufliche Erstrangigkeit, die mit der Vorstellung einer weiblichen Fragilität[198] und mit einer engagierten Elternschaft[199] kollidieren. Die Exklusion des Weiblichen aus dieser Idealfigur heißt nicht, dass alle biologisch als Frauen eingeordneten Aktantinnen von einer Orientierung am Ideal des Wissenschaftlers ausgeschlossen werden. Aufgrund einer symbolischen Vermännlichung werden taffe Frauen als potenzielle Mitverfolgerinnen dieses Ideals gedeutet. Insbesondere bei ihnen scheinen aber im Fall einer Elternschaft die zu bewältigenden Hürden bei einer Annäherung an dieses Ideal außerordentlich groß – wenn nicht sogar unüberwindbar – zu sein, denn die Mutterschaft wird als energie- und zeitraubender als die Vaterschaft wahrgenommen.

5.3.3 Barmherziger Mensch

Das im Rahmen der Klostermedizin[200] von Ordensmitgliedern befolgte Gebot, im Namen Gottes kranken Menschen zu helfen, lässt sich in den symbolischen Tiefenstrukturen der Erzählungen männlicher Ärzte in einer säkularisierten Fassung erkennen. Die Idealfigur des barmherzigen Menschen spiegelt sich auf manifester Ebene durch die wiederkehrende Forderung wider, die Hilfe für kranke Mitmenschen in den Mittelpunkt des ärztlichen Handelns zu stellen. Diese ist bspw. in beiden folgenden Sequenzen leicht herauszulesen:

> „Ähm also der Arzt sollte sich [Pause] um den Patienten kümmern, um die kranken Menschen. Und wenn, und das- das hört sich dann ganz einfach an, aber das ist ziemlich kompliziert manchmal. Und er sollte versuchen, den kranken Menschen zu helfen. Er muss ihn nicht immer gesund machen, aber er sollte versuchen, ihm zu helfen." (Lukas Kriwitz)

> „[W]enn man eben am Krankenbett ist, dem- dem Patienten das Gefühl geben kann der Einzigartigkeit, ja. Dass man eben in dem Moment nur für sie da [...] Dass man wirklich diese, dass sie das Gefühl haben [Pause] dass man halt immer da ist in irgend 'ner Weise [...]. Aber dass man versucht, weiter am- am Patienten, zum Wohl des Patienten zu arbeiten [...]." (Konstantin Isenberg)

In der christlichen Klostermedizin beruhte die aktive Hilfeleistung der Ordensmitglieder auf dem Gebot der Barmherzigkeit. Jesus Christus' Appell zur Nächstenliebe folgend sollten sich die Nonnen und Mönche der Kranken erbarmen. In den ausgewerteten Transkriptionen lässt sich bei vielen Ärzten ein Imperativ der Empathie erkennen, der als ein säkularisierter Abdruck dieser Vorstellung

---

198 Siehe 5.1.1.
199 Siehe 5.1.2.
200 Siehe 1.1.

gedeutet werden kann. Die Fähigkeit, sich in die Patient:innen hineinzuversetzen, setzt voraus, dass Ärzt:innen ein ehrliches und tiefgründiges Interesse für jeden kranken Mensch haben, dem geholfen werden soll. Über eine innere Haltung der Anteilnahme oder eine Gabe des Einfühlens hinaus benötigen sie hierfür Zeitfenster, in denen sie den einzelnen Patient:innen ihre uneingeschränkte Aufmerksamkeit zuwenden können. In dieser Vorstellung ist es weder das fachliche Wissen noch das technische Können, die die ‚guten‘ Ärzt:innen charakterisieren, sondern das aufmerksame mitfühlende Zuhören, wenn Kranke ihre medizinische Vorgeschichte erzählen, ihre Beschwerden beschreiben, über ihre Sorgen berichten oder ihre Strategien der Alltagsgestaltung erläutern. Durch das Zuhören gewinnen die Ärzt:innen einen Zugang zu relevanten Informationen, die eine Personalisierung der Diagnose und der Therapie ermöglichen. Darüber hinaus verbessert das Reden über ihre Probleme das seelische Empfinden der Patient:innen, was ihr Leiden teilweise reduzieren kann. Dies illustrieren folgende Sequenzen:

> „Ich sag mal, der- der gute Arzt alleine, der jetzt vielleicht 'n super toller Operateur nur ist [Pause], aber keine Zeit für den Patienten hat, der macht für mich allerdings keinen guten Arzt aus, sondern das ist wirklich wichtig, wie die Empathiefähigkeit dem Patienten gegenüber ist, wie viel Zeit man sich für den Patienten individuell nimmt. Auch den eben halt mit einem Beschwerden, Klagen anzuhören, sie dann wahrzunehmen und patientengerecht zu behandeln.“ (Moritz Schattschneider)

> „Ähm jemand, der sich ähm [lange Pause] in die- in die Patienten einfühlen kann und sich ähm ähm [Pause] ähm die Probleme der- der Patienten vergegenwärtigen kann und sie nachvollziehen kann ähm [Pause]. So das ist, glaube ich, ein sehr wichtiger Punkt, also so diese- diese- diese Empathie, die man haben sollte. Ähm und das ist vielleicht manchmal sogar wichtiger als ähm jetzt fachlich immer hundertprozentig gut sein.“ (Jan Kupfer)

> „Man muss ähm man muss irgendwie empathisch sein ähm irgendwie, das hilft ja schon vielen Patienten vielmehr als vielleicht auch die richtige Tablette, wenn irgendwie, wenn sie sich einfach verstanden fühlen und irgendwie ernst genommen fühlen.“ (Markus Ittner)

Zur Illustration der Einbettung des Ideals eines barmherzigen Menschen im christlich geprägten klostermedizinischen Wertesystem der Nächstenliebe kann die Disjunktion *herzgeleitetes Ausführen vs. distanziertes Erledigen* herangezogen werden, die aus folgenden Passagen des mit dem Chirurgen Julian Schacht geführten Interviews herausgearbeitet wurde:

> „Ähm und dass man aber, was man so an anderen Sachen macht, dass man einfach das mit Liebe macht. Und das fängt dann an beim Brief schreiben, ja, wo man halt nicht das einfach so, manchmal, wenn man da so Briefe liest, die Ärzte schreiben,

dann ist das ganz oft, wo ich einfach sage, so, das sehe ich, dass der das grad nicht meint, was er schreibt, dass ihm das eigentlich egal ist. Das sieht man im Brief. Ja, wenn Floskeln benutzt werden, wenn z. B. Patienten nicht mit Namen geschrieben, sondern immer nur ‚der Patient', ‚die Patientin'. ‚Dann berichtete die Patientin' finde ich so 'n ganz schrecklichen Satz." (Julian Schacht)

„Wo man einfach sagt, wo ich sage, genauso lieblos, wie ihr Briefe schreibt, macht ihr eben auch eure Arbeit manchmal. Da wird oft Arbeit so gemacht, dass einem niemand ans Zeug kann. Wenn wir sagen, gut, ich sage, mach' das und das, dann wird das zwar gemacht, aber irgendwo, wo ich sag', da fehlt mir das Gefühl dabei." (Julian Schacht)

„Das sind zwei 100 Prozent verschiedene Sachen, finde ich. Das eine ist, ich sag' mal, hingerotzt, und das andere ist mit Liebe gemacht." (Julian Schacht)

„Ähm aber so [kurze Pause] was ich manchmal, mir das so 'n bisschen fehlt, vielleicht bin ich da irgendwie, hab' ich 'n anderen Anspruch daran. Also ich finde immer, dass wenn man seine Arbeit mit Liebe macht, dann wird das auch gut. Und dass manchmal, wenn ich mir das so angucke und so manchmal auch sehe, was so abgeliefert wird an Arbeit, wo ich sage, da sieht man einfach, dass da Liebe fehlt." (Julian Schacht)

Auf manifester Ebene bedauert der Chirurg, dass manche Ärzt:innen ihre Arbeit „lieblos" ausführen und bei ihrem beruflichen Handeln die „Liebe fehlt". Ärzt:innen sollen in seinen Augen „mit dem Herz dabei sein". Darunter ist zu verstehen, dass die Kopfarbeit – d. h. die Verwendung vom „Fachwissen" beim Diagnostizieren und Behandeln – keinen Ausschluss von Gutherzigkeit beim Umgang mit Kranken bedeuten darf. Eine nähere Erläuterung des Einsatzes der Nächstenliebe im ärztlichen Handeln kann dank der Auswertung des zweiten Elements der Disjunktion stattfinden. Ein erstes Charakteristikum des *distanzierten Erledigens* ist die Entpersonalisierung der Kranken. Dies wird insbesondere in Julian Schachts Kritik an Ärzt:innenbriefen sichtbar. Ein Schreiben, in welchem die behandelten Menschen nur als „Patient" bzw. „Patientin" bezeichnet werden und die Informationen mittels einer Aneinanderreihung unpersönlicher Redewendungen zusammengefasst werden, mache aus Kranken namenlose Fälle, die abgearbeitet werden müssen. Ein zweites Charakteristikum des *distanzierten Erledigens* ist, dass das ärztliche Behandeln eine zur belanglosen Routine gewordene Tätigkeit ist, die schnell, unachtsam und mit Gleichgültigkeit durchgeführt wird. Vor diesem Hintergrund kann das *herzgeleitete Ausführen* der ärztlichen Arbeit als eine rücksichtvolle personalisierte Betreuung von erkrankten Mitmenschen definiert werden.

Sich dem Wohlergehen jedes einzelnen Menschen zu widmen, bedeutet, die Sorge für die Patient:innen vor und über alles zu stellen. Dieses Engagement wird von mehreren Ärzten als „Dienst" bezeichnet. Seinen „Dienst" als barmherziger Mensch zu leisten, erfordert eine vollkommene Selbstlosigkeit. Über die Bereitstellung von medizinischen Kenntnissen und Fertigkeiten hinaus läuft die ärztliche Hingabe über eine Nicht-Berücksichtigung der eigenen Person. Alle Kräfte werden dafür angewendet, den Kranken zu helfen:

> „[D]ie Bereitschaft, sich so, sag' ich mal, vollständig in die Sache dieses Berufes hineinzuknien." (Jesko Schieferdecker)

> „[I]ch komm' aus 'ner Zeit, wo noch ähm wo noch äh das [Pause] alles gegeben wurde. Alles! [kurze Pause] Körperlich, zeitlich [...]." (Maximilian Scheer)

In dieser Vorstellung bilden die Akteur:innen eine Gemeinschaft mit anderen Ärzt:innen, die sich am selben Ideal orientieren – wie einst es Nonnen und Mönche taten. Diese Zusammengehörigkeit beruht erstens auf dem Empfinden eines Wir-Gefühls unter Kolleg:innen, das u. a. als „Gemeinschaftsgefühl" (Ronny Keilbach, Christian Isebrecht), „Zusammengehörigkeitsgefühl" (Christian Isebrecht) und „gewisse Grundverbundenheit" (Christian Isebrecht) bezeichnet wird. Der Zusammenhalt wird zweitens durch eine Solidarität zwischen barmherzigen Ärzt:innen gekennzeichnet. Es soll darauf geachtet werden, dass die selbstlose Haltung das Standhalten im Ärzt:inberuf nicht gefährdet:

> „[D]as sehr, 'n sehr großes Gemeinschaftsgefühl gab, im Sinne von jeder guckt, dass jeder gleich viel abbekommt und dass alle irgendwie gesund da durchkommen." (Ronny Keilbach)

> „[I]st es halt sehr angenehm, dass man einen sehr starken Teamgedanken hat. Also jeder hilft dem anderen und äh versucht nicht, sich auf Kosten von anderen zu profilieren oder so, sondern äh es geht um die Sache, es geht um die Patienten." (Gero Kochmann)

Drittens lässt sich beobachten, dass der Verzicht auf persönliche Ansprüche mit einer sehr hohen Anwesenheitszeit im Krankenhaus bzw. im Klinikum einhergehen sollte, was den Arbeitsplatz zum Lebensmittelpunkt macht. Erwartet wird, dass dann innerhalb des beruflichen Feldes einige im Gefühl der gegenseitigen Zuneigung begründete Beziehungen entstehen und sich entfalten:[201]

> „Das heißt, irgendwann wird die Gruppe, mit der man arbeitet, so 'ne Ersatzfamilie und man fängt an, diese Gruppe zu mögen und auch von der Gruppe abhängig zu werden, indem man möchte, dass man von der Gruppe gemocht wird." (Karl Kessler)

---

201 In dieser Idealvorstellung sind die Bindungen mit ausgewählten Mitgliedern der ärztlichen Gemeinschaft nicht sexualisiert.

„Eine Kollegin, die ist auch schon ganz lange hier [...]. Und ähm aber eigentlich ist das 'n fast schon liebevolles Verhältnis über die Jahre, wo man sich auch [kurze Pause] wo man sich auch beschützt [...]." (Maximilian Scheer)

Bei vier Chirurgen ist die klostermedizinisch geprägte Orientierungsfolie der vollständigen Hingabe besonders klar zu sehen, denn sie verwenden die Märtyrer:inmetapher des Opfertums bei ihren Beschreibungen des ärztlichen Einsatzes. Ihr Anspruch reicht bis zur Bereitschaft, bewusst für die Erfüllung eines höheren Zwecks auf Selbstrücksicht zu verzichten und Leiden zu ertragen. Als Illustration dieses Elementes der ärztlichen Idealfigur des barmherzigen Menschen kann die Disjunktion *selbstlose Haltung vs. ichbezogene Haltung* verwendet werden, die in folgender Sequenz aus der Transkription des mit Herbert Schübel geführten Interviews zu finden ist:

„Ähm [Pause] meines Erachtens muss der Arzt ein Dienender sein. Äh das sind alles so altmodische Worte, aber dienen und Demut, das ist- sind für mich ganz wichtige Begriffe. Und ähm Aufopferung ähm persönlicher Verzicht ein Stück weit oder also die Bereitschaft ähm die eigenen Ansprüche zurückzustellen, um für andere da sein zu können. Ähm Empathie. Altruismus. Also das sind für mich ganz wichtige Eigenschaften. Das wird auch so 'n bisschen als das äh ja ‚Helfersyndrom' bezeichnet. Ähm ja, ich glaube, das muss man haben. Man muss helfen wollen. Und eben dem gegenüber passen Eigenschaften wie Überheblichkeit, Arroganz, Zynismus, das passt eben überhaupt nicht zu 'nem guten Arzt [Pause]. Also das- das ist wahrscheinlich das Entscheidende, dass man ähm [Pause] dass man bereit ist, sich, ja, aufzuopfern. Auch das ist so 'n altes Wort, aber dass man äh die eigenen Bedürfnisse, dass man in der Lage ist, die eigenen Bedürfnisse auch zurückzustellen und- und ähm [Pause] einen gewissen- eine gewisse Erfüllung darin sieht, für andere da sein zu wollen und zu können." (Herbert Schübel)

Die *selbstlose Haltung* ist durch ein freiwilliges Zurücknehmen der eigenen Interessen gegenüber der höheren Aufgabe der barmherzigen Krankenhilfe gekennzeichnet. Das Wohlergehen der Patient:innen in den Mittelpunkt zu stellen, heißt für die Ärzt:innen, keinen Bezug auf persönliche Wünsche und Nöte zu nehmen. Dieser bescheidenen Geisteshaltung setzt Herbert Schübel eine ich-orientierte innere Einstellung entgegen. Die ichbezogene Haltung ist dadurch charakterisiert, dass das ärztliche Handeln auf einem zu hoch eingeschätzten Selbstbild beruht. Die Bezeichnung der *selbstlosen Haltung* als „Helfersyndrom" zeigt, dass in Herbert Schübels Denkschema die klostermedizinisch geprägte Vorstellung der Selbstlosigkeit nicht als vorherrschend innerhalb des professionellen Feldes verstanden wird, sondern dass die von ihm hoch gewertete Hilfs- und Aufopferungsbereitschaft heutzutage als psychische Störung pathologisiert wird. Die eigenen Wünsche und Bedürfnisse ständig hinter die Nöte von Patient:innen zu stellen, wird inzwischen nicht selten zur selbstschädigenden Fixierung auf die

Helfer:inrolle degradiert. Da die übermäßige Hilfe die körperliche und psychische Gesundheit von Ärzt:innen gefährde, gelte es, sie zu vermeiden. Mit anderen Worten: Das ehemals vorherrschende Ideal des barmherzigen Menschen verwandele sich zu einem abweichenden Orientierungsmuster.

Dem Wohl der Patient:innen zu dienen, bedeutet die Unterordnung des Helfenden unter den höheren Zweck der Barmherzigkeit. In diesem Ideal ist ein Einsatz als Ärzt:in eine Hingabe. Das Ideal wird erfüllt, wenn die eigenen Fähigkeiten in den Dienst der Kranken gestellt werden. Dies ist mit keinen weiteren Einbindungen oder Engagements vereinbar. Um dieser ärztlichen Idealfigur zu entsprechen, dürfen Ärzt:innen keine anderen Ziele verfolgen bzw. keine weiteren anspruchsvollen Aufgaben übernehmen. Zurückgestellt werden Ansprüche, die in der modernen Geschlechterordnung weiblich bzw. männlich codiert sind. Emotionen und Zeit sollen einerseits für die Sorge um die Patient:innen – und nicht um die eigenen Familienangehörigen – aufgewendet werden, was mit einer ‚guten' Mutterschaft bzw. einer engagierten Elternschaft nicht zu vereinbaren ist. Sich der Hilfe kranker Mitmenschen hinzugeben, bedeutet andererseits, persönliche Ansprüche auf Karriere und Gewinn zu reduzieren. Da die Mitglieder der Ärzt:innengemeinschaft solidarisch handeln sollten, sind männlich codierte „ernste Spiele des Wettbewerbs" (Bourdieu 1997, S. 203) unerwünscht. Mit anderen Worten: Ähnlich wie bei den zu Orden gehörenden Nonnen und Mönchen, die sich einem höheren geschlechtslosen Zweck widmen, tritt bei den barmherzigen Menschen die Geschlechtszugehörigkeit in den Hintergrund.

5.3.4 Doppelbegabte

Der:die Doppelbegabte ist eine Idealfigur, die zwei gleichwertige Talente besitzt, welche als Lebensauftrag definiert werden. Beide Bestimmungen enthalten Aufgaben, die trotz möglicher inhaltlicher Überlappungen räumlich und zeitlich klar voneinander getrennt werden. Beide Tätigkeiten werden als ausgleichend empfunden und ihnen wird mit hohem Engagement nachgegangen. Ihre harmonische Verknüpfung wird als notwendig für das Wohlbefinden der doppelprädestinierten Akteur:innen erachtet.

Charakteristisch für die interviewten Ärzte, die sich am Ideal des:der Doppelbegabten orientieren, ist, dass sie beide Tätigkeitsfelder in Einklang bringen wollen. Hierfür streben sie danach, die Zeiträume zu optimieren, die sie dem Einen oder dem Anderen widmen. An einem vorbestimmten Zeitpunkt soll umgeschaltet werden. Jeden Tag zur gleichen Uhrzeit, an gewissen Tagen im wöchentlichen Verlauf oder jede zweite bzw. dritte Woche wird der Arztkittel abgelegt und ein anderes gleichwertiges Amt bekleidet. Karl Kessler berichtet bspw. von einem leitenden Oberarzt, der morgens später als die anderen Ärzt:innen auf der Station eintrifft, weil er seine Kinder in die Schule bringt, sowie von einer von ihrem Lebenspartner getrennten Ärztin, die aufgrund eines Wechselmodells für die Betreuung des gemeinsamen Kindes zwischen zwei wöchentlichen Dienstzeiten wechselt, damit sie „quasi optimal Zeit" für *Care*-Aufgaben hat. Die Doppelbestimmung darf aber nicht als Synonym für die Vereinbarkeit zwischen *Work* und *Care* bei engagierten Elternteilen verstanden werden. Als gleichwichtiges Standbein kann u. a. auch die Ausübung einer Kunst oder einer Sportart gelten. So ist Tobias Killian sowohl auf einer pädiatrischen Station als Arzt als auch in einem Kinderzirkus als Betreuer tätig.

Als Illustration für dieses erste Charakteristikum kann die Disjunktion *wirbelnde Kliniker vs. patient:innenbehandelnde Vielinteressierte* herangezogen werden, die sich aus der Transkription des mit dem Pädiater Jan Kupfer geführten Interviews herausarbeiten lässt:

> „[E]s hat mich auch wieder sehr darin bestätigt, dass ich ähm so nicht arbeiten möchte, weil die- die Assistenzärzte, also in den ersten Jahren ähm äh wie- wie bescheuert arbeiteten. Also, die fingen da um halb sieben und halt morgens und waren oft ähm erst um acht Uhr abends fertig und hatten zusätzlich dann natürlich noch Dienste. Und ich weiß noch, ich kann mich noch an einen erinnern, der dann mal erzählt hat [...]: ‚An den letzten dreiundzwanzig Tagen war ich jeden Tag in der Klinik!‘ [...]. Und da- da dachte ich dann auch wieder, es ist schade, weil eigentlich find' ich 's spannend, aber ich hab' keine Lust ähm so zu leben und ich sah-, hab' jetzt auch nie, also schon damals mir gedacht, ich möchte gerne als Arzt arbeiten, aber das wird nicht das- das Wichtigste und nicht alles in meinem Leben sein, sondern ich hab' auch noch viele andere Interessen und ähm möchte vielleicht später auch mal Familie haben [...]." (Jan Kupfer)

Jan Kupfer unterscheidet zwischen zwei Kategorien von Ärzt:innen, die er hierarchisiert. Auf der einen Seite stehen die *wirbelnden Kliniker*. Ihre Tätigkeit im Krankenhaus ist ihnen am allerwichtigsten. Sie können und wollen sich der Organisation nicht entziehen. Diese Haltung wird vom Pädiater als bedauernswert eingestuft, denn solche Ärzt:innen geben all ihre Zeit und Energie für die Erfüllung ihrer beruflichen Aufgaben. Ihr Leben dreht sich nur um die Klinik. Als erstrebenswert klassifiziert er hingegen eine selbstbestimmte und selbstschützende Einstellung. Der als Ärzt:in tätige Mensch sollte die Befriedigung seiner Bedürfnisse und die Entfaltung seiner vielfältigen Neigungen anstreben. In dieser Vorstellung verwenden *patient:innenbehandelnde Vielinteressierte* einen klar begrenzten Teil ihrer Kraft und ihrer Zeit für die Erwerbsarbeit. Ihre Lebensinhalte und -zwecke sollten individuell nach Wunsch und Vorlieben entschieden und verschoben werden.

Die Interviewpartner, die eine Kluft zwischen dem Ideal des:der Doppelbegabten und ihrem eigenen Alltag wahrnehmen, sind dadurch gekennzeichnet, dass es sie an der Organisation Krankenhaus bzw. Universitätsklinikum „stört" (Lukas Kriwitz, Jan Kupfer), dass sie nach Beendigung ihres offiziellen Arbeitszeitraums „nicht pünktlich nach Hause gehen" (Lukas Kriwitz) können und dass ihre Arbeitszeiten vom Schichtsystem – und nicht von den Anforderungen ihrer anderen Tätigkeit – abhängen. Damit sich die Kluft zwischen ihrem Ideal und ihrer Wirklichkeit verkleinert, streben sie nach einer individuellen Gestaltung ihrer Arzttätigkeit. So wägen sie das Für und Wider einer Tätigkeit als Honorararzt, einer Niederlassung in einer Praxis oder einer Teilzeitbeschäftigung im Krankenhaus ab – bzw. sind diesen letzten Schritt schon gegangen.

Die Möglichkeit einer Teilzeitbeschäftigung entpuppt sich aber als stark stationsabhängig. Im Fall der Pädiatrie gibt es sowohl Kinderärzte, die davon berichten, dass eine 75-Prozent-Stelle die Norm in ihrer Abteilung sei, als auch solche, die die Reduzierung der Arbeitszeit als unerreichbare Wunschvorstellung definieren. Mehr als das Personalmanagement oder der Personalmangel scheint hier die Vorstellung einer Ersetzbarkeit eine große Rolle zu spielen. Dies kann in folgender Sequenz aus dem mit dem Kinderarzt Gero Kochmann geführten Interview am Beispiel der Gestaltung der Teilzeitarbeit als Halbtagsbeschäftigung festgestellt werden:

„Das ist echt schwierig, in dem Bereich hinzukriegen. Ähm da hab' ich noch keine gute Lösung. Also was ganz klar ist bei mir z. B., ist, wenn ich teilz-, ich hab' ja 'ne Dreiviertel-Stelle, das heißt aber nicht, ich kann nach sechs Stunden nach Hause gehen ähm weil das, ich würde trotzdem zehn Stunden bleiben, weil wenn ich da bin-bin ich da und dann sind Anforderungen und dann bin ich sozusagen derjenige, der sich dann auch drum kümmert und dann bleibe ich, bis es gelöst ist. Ähm das heißt, so 'ne- so 'ne Stelle irgendwie nach sechs Stunden nach Hause, bringt überhaupt nichts [...]. Es gibt Bereiche in der Klinik wie z. B. die Neugeborenenvorsorgeuntersuchung, da geht das ganz gut [...]. Aber es gibt eben Bereich in der Akutpädiatrie, da geht 's nicht. Da kann man nicht sagen: ,So jetzt zack bin ich weg'. Das funktioniert halt nicht. Und das ist echt schwierig, das hinzukriegen [...], äh wird das, glaube ich, echt schwierig, das gut zu organisieren [...]. Wie bleibt man 'n guter Arzt und kriegt trotzdem Zeit für die Familie, ne." (Gero Kochmann)

Diese Sequenz beinhaltet die Disjunktion *Verantwortung nach Takt vs. Verantwortung nach Bedarf*. Im ersten Element sind die Aufgaben planbar und routiniert durchführbar, sodass der Arbeitsplatz nach Beenden der vereinbarten Anwesenheitszeit verlassen werden kann. Die Uhr gibt das Signal, dass der Dienst von einer anderen Person übernommen wird. Als Illustration hierfür nennt Gero Kochmann die Vorsorgeuntersuchung, die direkt nach der Entbindung im Kreissaal stattfindet. Bei dieser ärztlichen Begutachtung werden bei allen Säuglingen die gleichen Handlungen durchgeführt, bspw. das Abhorchen von Herz und Lungen oder die Überprüfung angeborener Reflexe. Nach ein paar Minuten ist der Prozess abgeschlossen. Falls Störungen festgestellt werden, wird das Neugeborene an Kolleg:innen der geeigneten Station übergeben. Im zweiten Element der Disjunktion wird die Verantwortung für Patient:innen als unteilbar und unübergebbar definiert. Nicht die Beendigung der Schicht, sondern die Aufhebung der Beschwerde bzw. die Einleitung therapeutischer Maßnahmen legitimiert, dass die verantwortliche Person vorübergehend die Station verlässt. Nichtsdestotrotz trägt sie weiterhin die Fallverantwortung bis ihre Patient:innen von der Station entlassen werden. Bei Säuglingen und Kindern, die in einem akutpädiatrischen Bereich behandelt werden, erachtet Gero Kochmann eine solche kontinuierliche ärztliche Verantwortlichkeit als unerlässlich.

Eine ursprünglich weibliche Codierung dieser vierten Idealfigur wird von mehreren Interviewpartnern thematisiert. Dass Frauen gleichzeitig ,gute' Ärztinnen und ,gute' Mütter sein wollen, scheint ihnen vollkommen legitim. Einige Pädiater und Internisten beobachten, dass die Verknüpfung professioneller und elterlicher Engagements nicht mehr nur von Frauen angestrebt wird, sondern von immer zahlreicheren involvierten Vätern ersehnt bzw. verwirklicht wird:[202]

> „Und ähm das wird sicherlich, aber nicht nur dadurch, dass mehr Frauen in den Beruf kommen, sondern auch dass Männer andere Ansprüche haben an Vereinbarkeit von Familie und Beruf, sich weiterentwickeln." (Gero Kochmann)

> „Das wird schon so ein bisschen normaler, dass ähm dass Frauen, aber auch Männer sagen ähm sie möchten weniger arbeiten ähm für die Familie." (Jan Kupfer)

> „Und ich denke, dass haben- wird zwangsläufig in Deutschland kommen müssen. Dass Teilzeitarbeit für alle Leute möglich sein muss, um 'ne vernünftige Vereinbarkeit von Familie und Beruf zu kriegen. Nicht nur für weibliche Mitarbeiter, sondern möglicherweise auch für männliche Mitarbeiter. Wenn man sich sagt, man teilt sich die [kurze Pause] Elternpflichten vernünftig." (Douglas Irmlauer)

In der Auswertung wird ersichtlich, dass die weibliche Codierung dieser ärztlichen Idealfigur aktuell dominiert. Nichtsdestotrotz muss festgehalten werden, dass das gleichzeitige Betreiben von Medizin und Kunst eine lange männliche Tradition kennt. Als bekannte Maler mit medizinischer Ausbildung können u. a. Leonardo da Vinci (1452–1519), Carl Gustav Carus (1789–1869) oder Kurt Reuber (1906–1944) genannt werden. Als ,Dichterärzte' bzw. ,Schriftstellerärzte' werden bspw. François de Rabelais (1494–1553), Paul Fleming (1609–1640), Friedrich von Schiller (1759–1805) oder Alfred Döblin (1878–1957) bezeichnet. Daraus muss geschlussfolgert werden, dass die Idealfigur des:der Doppelbegabten nicht *per*

---

202 Das Streben nach einer besseren Gestaltung des väterlichen Engagements wird nicht nur mit einem inneren Bedürfnis, sondern auch als notwendiger Kompromiss innerhalb einer heterosexuellen Zweierbeziehung mit einer Akademikerin gerechtfertigt.

se vergeschlechtlicht ist, sondern die Begabungen – sowohl innerhalb als auch außerhalb der Medizin – weiblich oder männlich codiert sein können.

Zum Schluss dieses dritten empirischen Unterkapitels kann festgehalten werden, dass die ärztlichen Idealfiguren Superheld, Wissenschaftler, barmherziger Mensch und Doppelbegabte in den symbolischen Tiefenstrukturen der ausgewerteten Erzählungen einzeln oder mehrfach zu beobachten sind. Die interviewten Ärzte orientieren sich teilweise an mehreren Idealen und werden in ihrem beruflichen Leben mit Idealen konfrontiert, die sie nicht teilen. Die Offenlegung dieser Figuren kann daher als ein Schlüssel betrachtet werden, um Reibungen unter Ärzt:innen sowie mit Organisationsleitungen zu verstehen. So kollidiert der Wunsch von Doppelbegabten, ihr Arbeitspensum zu reduzieren, um sich nachmittags und abends um ihre Kinder zu kümmern, sowohl mit dem Verzicht auf ein Privatleben, das in der Idealfigur des barmherzigen Menschen herausgearbeitet wurde, als auch mit der pragmatischen Logik der Dienstplanung, die bevorzugen würde, dass Ärzt:innen mit einer 75-Prozent-Stelle eine freie Woche pro Monat haben. Ähnlich ist eine Vereinbarkeit der engagierten Elternschaft mit komplexen und inhaltlich interessanten operativen Einsätzen nicht durchsetzbar, wenn das heldenhafte Ideal in einer chirurgischen Abteilung vorherrscht, weil in einer solchen Konstellation die rettungserzielenden Handlungen als unteilbar verstanden werden:

> „Kann natürlich sein, dass jemand in 'ner chirurgischen Abteilung z. B. arbeitet und immer von allen großen Operationen ausgeschlossen ist, weil, na, sie müssen ja mittags nach Hause um zwei. Das geht nicht." (Julian Schacht)

Die geschlechtliche Deutung dieser Reibungen ist im Material wiederholt sichtbar. Die Idealfigur des:der Doppelbegabten ist aktuell weiblich codiert und scheint im Zusammenhang mit naturalisierenden Mustern[203] für Frauen weitgehend akzeptiert zu sein. Ähnlich wird es keineswegs als problematisch erachtet, wenn Ärztinnen sich nicht an der Idealfigur des Superhelds orientieren, da geglaubt wird, dass sie biologisch bedingt niedrigere Körperkraft besäßen. Auf homosozialer Ebene scheint jedoch das Konfliktpotenzial viel größer zu sein. Zum Beispiel ist Julian Schacht der Meinung, dass es illegitim sei, zwecks Selbstentfaltung sein Arbeitspensum zu reduzieren. Ein hohes berufliches Engagement würden Ärzt:innen – mit Ausnahme der Mütter – der Gemeinschaft schulden, die ihnen ihre Bildung und Ausbildung finanziert hat. Die außerberuflichen Tätigkeiten von Ärzten werden zu Hobbys degradiert und ihr niedrigeres berufliches Engagement wird mit einem Lachen herabgesetzt:

---

203 Siehe 5.1.2.

„Ähm finde ich allerdings, nachdem man 'n Studium geschenkt bekommen hat, das von der Kassiererin bei Netto u. a. bezahlt wurde, die nämlich zwei Jobs machen muss, weil sie sonst nämlich nicht auskommt mit ihrem Gehalt, finde ich das 'n bisschen, wo ich sagen muss: ‚Weißt du, du bist jetzt erstmal dran, was zurückzuzahlen'. Und nicht: ‚Ich geh' mal halbe Stelle, weil ich sonst meine Hobbys nicht schaffe.' " (Julian Schacht)

„[W]ir sind äh zwei Vollzeit-Oberärzte und zwei Halbtags-Oberärzte und eine dieser Halbtags-Oberstellen ist halt eine Kollegin von mir. *Okay. Und der zweite, der so halbtags arbeitet als Oberarzt?* Ja, der möchte nicht mehr arbeiten [lacht]. Der sagt, das reicht ihm. *Okay. Und die Frau, das ist so?* Ja, die hat halt auch äh glaube, das ist einfach auch, die hat Kinder und äh. *Also das.* Die muss das einfach auch 'n bisschen organisiert kriegen, glaube ich, zu Hause, ne. Da muss man die Kinder da abholen und die kommt ja auch jeden Tag und muss dann aber halt um drei oder um zwei manchmal halt gehen. Und ich glaub', die muss einfach 'n bisschen das auch organisiert kriegen für sich zu Hause." (Julian Schacht)

Die Erwartung an ein hohes berufliches Engagement rechtfertigt die Idee, dass Doppelbegabte das Feld räumen sollten. Eine Ausgrenzung von Doppelbegabten aus Universitätskliniken wird ähnlich legitimiert: Da in der Idealfigur des Wissenschaftlers die Zeit als eine knappe Ressource gilt, mit der sehr sparsam umgegangen werden soll, ist es nicht vorstellbar, im Feld zu bleiben, wenn einer anderen Tätigkeit genauso viel Zeit gewidmet wird. Mit anderen Worten: Die latente Vergeschlechtlichung der ärztlichen Idealfiguren begründet sowohl homosoziale Hierarchisierungen als auch heterosoziale Arbeitsteilungen innerhalb der Profession.

Hinsichtlich der vier ärztlichen Idealfiguren, die in diesem Unterkapitel herausgearbeitet wurden, können sowohl Resistenzen als auch Spielräume für Verschiebungen auf der Ebene der symbolischen Tiefenstrukturen beobachtet werden. Erstens kann die Figur des Superhelden als eine im 20. Jahrhundert entstandene Umdeutung von übermenschlichen Heilfiguren verstanden werden, die schon in den griechischen und römischen Mythologien vorhanden waren. Als Beispiele hierfür können u. a. der Gott der Heilung Apollon, der Gott der Heilkunst Asklepios, die Göttin der Gesundheit Hygieia und die Personifizierung des Heilens durch Pflanzen Panakeia genannt werden. Die religiöse Prägung der Idealfigur des Superhelden ist im ausgewerteten Material kaum zu sehen. Sie wird vor allem durch die Verwendung der negativ konnotierten Bezeichnung „Halbgott in Weiß" sichtbar. Dies zeigt, dass eine Orientierung an einer überhöhten (Selbst-)Einschätzung von Ärzt:innen zum jetzigen Zeitpunkt nicht mehr als erstrebenswert gilt. Ein weiterer Spielraum zur Verschiebung der Inhalte dieser ersten Idealfigur zeigt sich im Material: Im Zusammenhang mit der Erhöhung der Relevanz technischer Innovationen scheint die Zentralität der körperlichen Überlegenheit in den Hintergrund treten zu können. Die männliche Codierung dieser Figur könnte daher trotz des Weiterbestehens des Glaubens an eine biologisch bedingte Geschlechterhierarchie möglicherweise abgeschwächt werden. Zweitens kann beobachtet werden, dass die Figur des:der Doppelbegabten, die in Verbindung mit künstlerischen Begabungen lange Zeit männlich codiert war, aktuell eher weiblich geprägt ist. Nach dem Eintritt von Frauen in den Ärzt:inberuf rückte die Verknüpfung professioneller und elterlicher Engagements immer mehr in den Fokus dieser Idealvorstellung. Aufgrund der sich in den letzten Jahrzehnten verbreitenden Vorstellung der engagierten Vaterschaft erscheint es wahrscheinlich, dass diese Idealfigur in Zukunft weniger als weiblich codiert wahrgenommen wird. Drittens zeigt sich, dass der freiwillige Verzicht auf ein Privatleben sowie auf eine außerberufliche Selbstentfaltung, die die Idealfiguren des Wissenschaftlers und des barmherzigen Menschen teilen, innerhalb des medizinischen Feldes in Kritik gerät. Sich diesen beiden Idealen nähern zu wollen, scheint immer häufiger als schädlich für Lebenspartnerschaften und Familien sowie für die körperliche und psychische Gesundheit erachtet zu werden. Die vermehrte Hinterfragung ihrer Haltung und Pathologisierung ihrer Verhaltensmuster erklären einige Interviewpartner anhand der von den Medien verbreiteten Vorstellung von einer ‚Generation Y‘ bzw. einer ‚Generation *Me*‘, die einen größeren Wert auf die *Work-Life-Balance* als frühere Kohorten legen würde. Ein hohes berufliches Engagement wird jedoch weiterhin als Voraussetzung für eine klinische Karriere und die Übernahme von Leitungsfunktionen gedeutet.

Resümee – Wandlungsräume und Persistenzen in Erzählungen männlicher Ärzte

In Anlehnung an die Annahme der bourdieuschen Sozialtheorie und der strukturalen Semiotik der *École de Paris*, wonach Akteur:innen Träger:innen tief verwurzelter, manifester sowie nicht-manifester Klassifikationen und Differenzierungen sind, wurde im empirischen Teil der vorliegenden Studie der Fokus auf die Tiefenstrukturen der Erzählungen von Ärzten gelegt. Anhand der strukturalen Analyse von problemzentrierten Interviews mit Chirurgen, Internisten und Pädiatern konnten wiederkehrende Kategorisierungen und Hierarchisierungen herausgearbeitet werden, die in geordneten und überindividuellen Mustern auftreten. Symbolische Tiefenstrukturen, d. h. Komplexe von miteinander verknüpften manifesten und nicht-manifesten kognitiven Elementen, wurden insbesondere mithilfe der Rekonstruktion von Disjunktionen aufgezeigt.

Für die Darstellung der Auswertungsergebnisse wurden drei thematische Schwerpunkte ausgewählt: (1) manifest vergeschlechtlichte Aktant:innenkategorien innerhalb der Ärzteschaft; (2) Differenzierungen und Hierarchisierungen innerhalb der Pflege- und Ärzteschaft sowie (3) ärztliche Idealfiguren. Vor dem

Hintergrund der in diesem empirischen Kapitel präsentierten Ergebnisse soll nun der Frage nachgegangen werden, inwiefern die Erforschung symbolischer Tiefenstrukturen in Erzählungen von Ärzten ein Verständnis der Gleichzeitigkeit von Wandel und Permanenz ermöglicht.

Es konnte gezeigt werden, dass die meisten herausgearbeiteten Elemente und ihre Interrelationen eine hohe Stabilität aufweisen. Insbesondere naturalisierende Muster und heteronormative Skripte sind sehr tief verankert – und dies trotz der auf manifester Ebene wiederholt ausgesprochenen festen Überzeugungen, dass die Geschlechter gleichgestellt seien bzw. sein sollten. Lebensweltliche Veränderungen, die zu einer Umgestaltung des Geschlechterarrangements führen könnten, haben nur eine schwache Wirkung auf die symbolischen Tiefenstrukturen in den Erzählungen der Interviewten. Sie werden vielfach ausgeblendet oder umgedeutet, wenn sie nicht mit den tief verankerten Vorstellungen und Einteilungen übereinstimmen. Zum Beispiel können die männlich codierten Regeln der ärztlichen Spiele trotz des rasanten Anstiegs des Frauenanteils unter den Ärzt:innen weiterhin als Norm gelten, wenn die horizontale und vertikale Segregation innerhalb der Profession naturalisiert wird und die wettbewerbsorientierten Aktantinnen symbolisch vermännlicht werden. Eine weitere Illustration derartiger Resistenz ist die Deutung des 2007 in Kraft getretenen Gesetzes zum Elterngeld und zur Elternzeit. Festgestellt wurde, dass naturalisierende Muster je nach Beziehungsdynamik mit der Lebensgefährtin und den eingeschätzten Folgen einer Unterbrechung der Berufstätigkeit für die weitere Laufbahn mehr oder weniger stark verwendet werden. Hinter der Entscheidung, nach der Geburt eines Kindes für ein paar Monate nicht auf der Station tätig zu sein, lässt sich bei einigen Interviewpartnern keineswegs die Hoffnung auf eine ausgeglichenere Verteilung der *Care*-Arbeit durch eine Steigerung des väterlichen Engagements erkennen, sondern das Streben nach einer Beschleunigung der beruflichen Qualifikation bzw. einer Erhöhung der professionellen Visibilität. Denn bei mehreren Interviewten wurden die regere Teilnahme an Kongressen oder die zügige Fertigstellung von Publikationen während ihrer Elternzeit dadurch ermöglicht, dass Frauen aus ihrem Familienkreis – meistens ihre Lebensgefährtin, ihre Mutter oder ihre Schwiegermutter – die *Care*-Tätigkeiten für die Kinder übernommen haben.

Nichtsdestotrotz werden in den ausgewerteten Erzählungen auch Spielräume für Wandel sichtbar. Anstöße für Erneuerungen auf der Ebene der symbolischen Tiefenstrukturen scheinen vor allem einzelne Aktant:innen und Aktant:innenkategorien zu geben, die nicht in die vorreflexiven Visionen und Divisionen hineinpassen. Das Auftreten solcher neuen Elemente geht häufig mit Veränderungen auf der Meso- oder Makroebene einher, wie z. B. der familienfreundlichen Umgestaltung der Arbeitsbedingungen in einer Organisation, den Professionalisierungstendenzen in den Krankenpflegeberufen, der Erhöhung des Frauenanteils innerhalb eines medizinischen Fachbereiches oder der Einführung der bezahlten

Elternzeit für Väter. Die Rekonstruktion von Elementen, die die oppositionelle Dualität innerhalb einer Disjunktion zu sprengen scheinen, zeigte aber, dass keine Aufhebung der dualen Strukturierung der Komplexe von kognitiven Elementen stattfindet. Die Erläuterung der Disjunktionen und die Interpretationsarbeit ließen erkennen, dass trotz des Auftretens von außergewöhnlichen Konfigurationen langjährige Kategorisierungen und Hierarchisierungen weiterbestehen. Neue axiomatische Matrizen werden zur Deutung von außergewöhnlichen bzw. neuartigen Konfigurationen geöffnet. Eine solche Vervielfachung von Oppositionspaaren führt dazu, dass ein Element innerhalb einer Nebendisjunktion binär-hierarchisch höhergestellt werden kann, obwohl dieses in der Hauptdisjunktion untergeordnet bleibt. Dies ist z. B. der Fall, wenn Krankenpfleger trotz ihrer Zugehörigkeit zum Pflegeteam eine symbolische Professionalisierung und ‚taffe Frauen' aus der Ärzteschaft trotz ihrer biologischen Geschlechtszugehörigkeit eine symbolische Vermännlichung erfahren.

Auch Verschiebungen auf der Ebene der Charakteristika einzelner kognitiver Elemente wurden mehrfach aufgezeigt. Die Analyse von derartigen langsamen und subtilen Transformationen erweist sich als besonders komplex. Sie erfordert den Einbezug historischer Daten bei der Interpretation von tief verankerten Mustern, da diese in den Erzählungen von Einzelnen nur am Rand aufgedeckt werden können. Solche Transformationen lassen sich in Transkripten vor allem dadurch erkennen, dass die Interviewpartner ein Unverständnis, eine Irritation oder eine Kränkung schildern, wenn sie davon berichten, dass ein Charakteristikum eines von ihnen höher gestellten Elements durch Dritte kritisch hinterfragt, herablassend belächelt oder sogar stigmatisiert wird. Solche Verschiebungen lassen sich mit Blick auf die ärztlichen Idealfiguren besonders eindeutig erkennen. Hier spielen auch Veränderungen auf der Meso- und der Makroebene eine große Rolle. Dies ist z. B. der Fall, wenn aufgrund von technologischen Innovationen das Einsetzen von Körperkraft bei medizinischen Behandlungen unnötig bzw. unerwünscht wird oder wenn die Jahrhunderte lang hoch gewertete Hilfs- und Aufopferungsbereitschaft als psychische Störung pathologisiert wird.

Schließlich muss festgehalten werden, dass symbolische Tiefenstrukturen gleichzeitig hoch stabil und beweglich sind. Kognitive Elemente können nämlich in Erzählungen langfristig an Zentralität verlieren, wenn ihre gesellschaftliche Relevanz schwindet. Veränderungen auf der Meso- oder der Makroebene müssen jedoch nicht notwendigerweise mit Verschiebungen oder Erneuerungen auf der Ebene der symbolischen Tiefenstrukturen einhergehen. Umdeutungen und Ausblendungen können einerseits zur Nicht-Wahrnehmung von ‚realen' Metamorphosen im Geschlechterarrangement oder im beruflichen Gefüge führen. Die Entstehung von Nebendisjunktionen zur Deutung von Sonderfiguren oder neuen Konfigurationen ermöglicht andererseits eine Nicht-Infragestellung der tief verwurzelten Kategorisierungen und Hierarchisierungen trotz zunehmender Komplexität der Bewertungsmuster.

6 Fazit – Wandel in der Permanenz

Der Übergang zur bürgerlichen Gesellschaft machte aus der Zugehörigkeit zu vergeschlechtlichten Kategorien ein fundamentales Element sozialer Differenzierung und Hierarchisierung. Naturalisierende Deutungsmuster bereiteten den Boden für eine normative Neubemessung der geschlechtlichen Arbeitsteilung unter Heilkundigen. Der kollektive Ausschluss der Frauen aus der Medizin, der die Akademisierung und die Professionalisierung des Ärzt:inberufs begleitete, verhinderte jedoch nicht ihre weitere tatkräftige Mitwirkung bei der Behandlung von Kranken. Der Glaube an eine Komplementarität der Geschlechter legitimierte, dass Frauen, die (noch) nicht ihre ‚natürlichen Pflichten‘ als Hausfrau und Mutter erfüllten, ihre weiblichen Kompetenzen in den Dienst der Gesellschaft stellten, indem sie Ärzten assistierten und sich fürsorglich um die Patient:innen kümmerten. Zeitgleich wurde die Medizin zu einer Tätigkeit aufgewertet, die überdurchschnittliche intellektuelle und körperliche Fähigkeiten erfordere und deswegen nur von einer Auslese der ‚besten‘ Männer ausgeführt werden könnte.

Im human-, sozial- und naturwissenschaftlichen Diskurs des 18. und 19. Jahrhunderts wurden Vernunft und Rationalität zu Merkmalen des männlichen Geschlechts deklariert. Die Monopolisierung der qualifizierten Berufe und der Professionen durch die Männer verstärkte den Glauben, dass sie die treibende Kraft in der bürgerlichen Gesellschaft seien. Die Erwerbszentrierung der Männlichkeitskonstruktion streckte sich aber weit über die elitären Kreise hinaus. Eine ausgeprägte Berufsorientierung und das Trachten nach beruflichem Erfolg wurden gesellschaftsübergreifend als tragende Säule der männlichen Identität erachtet. Die Soziologie gehört zu den Wissenschaften, die zu der normativen Absicherung des bürgerlichen Geschlechterarrangements beigetragen haben. Schon im späten 19. Jahrhundert entwarfen Soziolog:innen erste Theorien zur Arbeitsteilung, die die vergeschlechtlichte Aufteilung der Aufgaben als Vorbedingung für das Weiterbestehen von modernen Gesellschaften definierten.

Lange Zeit blieben die soziologischen Vorstellungen über das Mannsein stark vom Androzentrismus geprägt. Das Männliche wurde in den Analysen dem Allgemein-Menschlichen gleichgestellt. Dies erschwerte die Erforschung von Geschlechtlichkeiten, insofern die untersuchten sozialen Welten hauptsächlich aus Männern bestanden. Erst ab den 1990er Jahren ermöglichte die Einnahme einer konstruktivistischen Perspektive die Entstehung soziologischer Konzeptualisierungen von Männlichkeit(en). Männlichkeitssoziologische Studien zeigten wiederholt sowohl homo- und heterosoziale Herrschaftsverhältnisse als auch starke Zusammengehörigkeitsgefühle unter den wettbewerbsorientierten Männern auf.

Trotz des Wandels innerhalb der Geschlechterordnung, der seit dem späten 19. Jahrhundert stattgefunden hat, wurde in soziologischen Analysen der Erwerbsarbeit kontinuierlich eine zentrale Bedeutung für die männliche Identität zugesprochen. Männlichkeitssoziologische Untersuchungen aus den letzten drei Dekaden stellen häufig Transformationsprozesse fest, die von Kontinuitäten bzw. Wandlungsresistenzen begleitet werden. Jedoch ist der Blickwinkel im deutschsprachigen Raum tendenziell eher auf Transformationen gerichtet. Als Indizien für diese Fokussierung können die Titel von Beiträgen und Aufsätzen sowie die in Monografien enthaltenen Forschungsfragen herangezogen werden. Dort ist regelmäßig u. a. vom ‚Wandel von Männlichkeit(en)‘, von ‚Transformationsprozessen‘ oder vom ‚Strukturwandel‘ die Rede. Die Formulierungen scheinen von politischen Idealen der Forscher:innen geprägt zu sein, die in den 1980er und 1990er Jahren die Kritik der hetero- und homosozialen Machtverhältnisse, den Kampf gegen das Patriarchat sowie die Förderung der Geschlechtergleichstellung als Hauptziele der *men's studies* definierten. Begünstigt wird diese Prägung insbesondere durch die breite Rezeption von Connells Monografie *Der gemachte Mann* (1995/1999) und die mehr oder weniger reflektierte Übernahme ihrer Konzepte. Erstaunlicherweise verhindert sogar eine kritische Auseinandersetzung mit Connells begrifflicher Unschärfe und dem Mangel an theoretischer Substanz ihres Ansatzes keineswegs ihre weitere Verwendung oder eine direkte Anlehnung an sie bei der Formulierung neuer Begriffe.[204]

Die wissenschaftstheoretische Denktradition, die in der vorliegenden Studie angewendet wurde, könnte ein möglicher Weg sein, um sich aus dieser Prägung herauszulösen und zu einer bruchhaften Erkenntnisdynamik zu gelangen. Sicherlich gibt es neben der französischen Epistemologie weitere Vorgehensweisen, deren Anwendung epistemologische Wachsamkeit und eine analytische reflektierte Denkhaltung begünstigt. Den Geboten des ‚Sich-Entziehens‘ der „Macht der Sprache" (Bourdieu, Chamboredon, Passeron 1968/2011, S. 24) zu folgen, ist ein Ansatz, der normativ geprägtes Vorwissen bewusst machen kann, das durch die Übernahme von innerhalb eines Forschungsgebiets verwendeten Begriffen weitertransportiert wird. Ein solches kritisches Reflektieren könnte sowohl die Entstehung von innovativen Forschungsfragen fördern als auch zur Erlangung

---

204 Dies ist z. B. bei Sylka Scholz der Fall, die trotz ihrer Hinterfragung der „Hegemonie des Konzepts" (2017) der hegemonialen Männlichkeit und ihrer Kritik gegen die „erhebliche Unschärfe in der Anwendung des Konzepts" (2012, S. 25) dafür plädiert, über die Erforschung einer „hegemonialen Weiblichkeit" (2010) nachzudenken. Auch bei Lothar Böhnisch verwundert es etwas, dass er nach harter Kritik an der connellschen Prägung der Männerforschung mehrmals selbst von „patriarchale[r] Dividende" (2013, S. 39, 139), von „männliche[r] Dividende" (ibid., S. 39,139, 214) bzw. von „rassistische[r] Dividende" (ibid., S. 144 f.) spricht.

von neuen Erkenntnissen verhelfen. Vor diesem Hintergrund wurde in der vorliegenden Studie darauf geachtet, weder der Suche nach Transformationen noch dem Aufzeigen von Stabilität einen Vorrang einzuräumen, sondern das Verhältnis von Wandel und Permanenz zum Gegenstand der Analyse zu machen.

Die Gleichzeitigkeit von Stabilität und Wandel wurde als ein Symptom für die Spannungen zwischen den dauerhaft und stabil internalisierten Dispositionen auf der Mikroebene und den sich wandelnden Rahmenbedingungen auf der Makroebene betrachtet. Vor diesem Hintergrund wurde davon ausgegangen, dass die kognitiven Strukturen einzelner Akteur:innen ein Schlüssel zum Verständnis von Trägheitseffekten bzw. Umbrüchen in hoch komplexen sozialen Feldern sind. Um auf der Mikroebene der Akteur:innen die Gleichzeitigkeit von Permanenz und Wandel zu erforschen, wurde der Begriff der symbolischen Tiefenstrukturen entworfen. Symbolische Tiefenstrukturen sind Komplexe von miteinander verknüpften kognitiven Elementen, die in geordneten und wiederkehrenden Mustern auftreten und den Wahrnehmungs-, Denk- und Bewertungsschemata der Gesellschaftsmitglieder eine gewisse Stabilität verleihen. Diese Elemente enthalten tief verwurzelte, verinnerlichte Kategorisierungen und Hierarchisierungen, deren prägende Stärke weder durch ein Bewusstmachen noch durch einen Wandel des gesellschaftlichen Rahmens abgeschwächt wird. Meiner Ansicht nach sind kognitive Elemente und ihre Interrelationen sowohl durch eine hohe Stabilität wie auch durch eine große Beweglichkeit charakterisiert, sodass Spielräume für Varianzen bestehen, sofern die Verschiebungen und Erneuerungen keine Infragestellung von tief verwurzelten Kategorisierungen und Hierarchisierungen bedeuten.

Das Konzept der symbolischen Tiefenstrukturen habe ich im Gebiet der Geschlechterforschung entwickelt, aber seine Anwendbarkeit geht weit darüber hinaus. Wünschenswert wäre es, dass dieses Konzept von Forscher:innen aufgegriffen wird, die in ihren Analysen Wandel und Permanenz nicht als Gegensätze begreifen, sondern danach streben, die Gleichzeitigkeit von Wandel und Permanenz zu rekonstruieren. In der Arbeitssoziologie würde dies z. B. ein tiefgehendes Verständnis der auf der Mikroebene herrschenden Vorstellungen und Einteilungen bei Verschiebungen der Arbeitsinhalte, innovationsbedingten Neuerungen der Prozesse oder der Entstehung neuer Berufe ermöglichen. In der Diversitätsforschung könnte diese Perspektive dazu beitragen, die Persistenz von hierarchisierenden Ungleichbehandlungen trotz breit geteilter Gleichheitsideale und steigender Gleichstellungsrichtlinien zu verstehen. Vorstellbar wäre auch eine Verwendung in Studien aus der Bildungsforschung, die sich mit den Mechanismen der Ungleichbehandlungen von Schüler:innen durch Lehrer:innen, deren Selbstbild stark von der Meritokratie geprägt ist, auseinandersetzen. Das Konzept der symbolischen Tiefenstrukturen könnte schließlich fruchtbar in Forschungsvorhaben angewendet werden, die Analysen auf der Mikro-, Meso- und/oder Makroebene kombinieren.

Um offenzulegen, inwiefern derartige kognitive Komplexe sowohl Wandlungs-spielräume wie auch -resistenzen rahmen, wurde eine empirische Studie über 30 an deutschen Krankenhäusern und Universitätskliniken tätigen Ärzten aus den Fachbereichen Chirurgie, Innere Medizin und Pädiatrie konzipiert. In Anlehnung an eine Gruppe von Semiotiker:innen, die als *École de Paris* bezeichnet wird, orientierte sich die Empirie an der Annahme, dass sich in den Tiefenstrukturen der Erzählungen von Einzelnen gesellschaftlich verwurzelte kulturelle Codes niederschlagen. Deswegen wurden mit den Ärzten problemzentrierte Interviews geführt, deren Transkriptionen anhand eines strukturalen Verfahrens ausgewer-tet wurden. Insbesondere dank der Rekonstruktion und der Interpretation von Gegensatzpaaren innerhalb ausgewählter axiomatischer Matrizen – d. h. von Disjunktionen – konnten auf dem ersten Blick verborgene kognitive Komplexe sichtbar gemacht werden. Die herausgearbeiteten manifesten und nicht-mani-festen Kategorisierungen und Hierarchisierungen ließen erkennen, inwiefern geschlechtlich codierte Elemente in das Berufsverständnis von Ärzten einfließen und inwieweit die Ärzt:inprofession als ein Eckpfeiler in das geschlechtliche Selbstbild von Männern einbezogen ist.

Wie im einleitenden Kapitel dargestellt, wurde die vorliegende Schrift nicht verfasst, um eine weitere Theorie des Männlichen zu entwerfen, sondern um zu zeigen, dass die Gleichzeitigkeit von Wandel und Permanenz mikrosoziologisch erklärt werden kann, wenn in die ‚Tiefe der Köpfe' sozialer Akteur:innen ein-getaucht wird. Hierbei erwies sich eine Anlehnung an die strukturale Semiotik der *École de Paris* als besonders fruchtbar. Die Verwendung von analytischen Werkzeugen, die u. a. von Algirdas Julien Greimas und Roland Barthes entwickelt wurden, ermöglichte die Freilegung von komplexen Sinnzusammenhängen, die auf der primären und sekundären Sinnschicht zu verorten sind. Wenn dieser semiotisch orientierte Ansatz eine höhere Aufmerksamkeit in der deutschsprachi-gen sozialwissenschaftlichen Landschaft erhalten würde, würde es zweifelsohne eine Bereicherung für die Analyse von symbolischen Herrschaftsverhältnissen darstellen. Besonders Forscher:innen, die sich Pierre Bourdieu anschließen, könn-ten in diesem Ansatz ein nützliches Angebot finden, um Klassifikations- und Bewertungsmuster methodisch kontrolliert aufzudecken.

Dank der Offenlegung von wiederkehrenden Kategorisierungen und Hierarchi-sierungen von einzelnen Aktant:innen bzw. Aktant:innenkategorien, von ihren Beziehungen zueinander sowie von ärztlichen Idealfiguren brachte die struktu-rale Interviewanalyse sowohl Wandlungsspielräume wie auch -resistenzen ans Licht.

Der Fokus auf manifest vergeschlechtlichte Aktant:innenkategorien innerhalb der Ärzteschaft bewies erstens, wie tief verankert der Glaube an eine Dichotomie der Geschlechter ist und dass trotz hoch stabiler naturalisierender Deutungen Spielräume für Variationen bereitstehen. Als besonders resistent erweisen sich

228

Muster, die die horizontale und vertikale Segregation in der Ärzt:inprofession naturalisieren. Besonders die Gleichsetzung von ‚Frausein' und ‚Muttersein' dient zur Rechtfertigung der ungleichen Geschlechterverteilung in den verschiedenen Fachbereichen, Organisationen und hierarchischen Positionen. Ein hohes elterliches Engagement von Frauen wird als ‚natürlich' – d. h. als selbstverständlich und unvermeidbar – erachtet und von allen Ärztinnen mit Kind(ern) erwartet. Insbesondere Interviewpartner, deren Lebensgefährtin ebenfalls im Ärzt:inberuf tätig ist, beobachten, dass das Mutterwerden ihren Karriereweg beeinträchtigt und ihr Vorankommen verlangsamt hat, erachten dies aber meistens als eine biologisch prädeterminierte Entwicklung.

Sehr stabil ist auch die Vorstellung einer Komplementarität männlicher und weiblicher Wahrnehmungs- und Denkweisen. Mittels der strukturalen Interviewanalyse wurden Muster rekonstruiert, die schon in Vorträgen und Veröffentlichungen von Ärzten aus der Jahrhundertwende zu finden waren. Die Mitarbeit von Frauen in der Ärzteschaft sei demnach als vorteilhaft für die ärztliche Leistung zu verstehen, denn sie ermögliche eine Ergänzung zur normalen (männlichen) Betrachtungsweise. Männern werden auch weiterhin Denkweisen zugeschrieben, die ihnen ein schnelleres Treffen von medizinischen Entscheidungen und ein durchgehend fachliches Analysieren ermöglichen. Kurz gefasst: Ärzte gelten damals wie heute als die effizienteren Professionellen. Die Ausnahmefigur, die als ‚taffe Frauen' bezeichnet wurde, zeigte jedoch, dass Spielraum für Wandel auf der Ebene der symbolischen Tiefenstrukturen besteht. Die symbolische Vermännlichung einer Auslese von Frauen aus der Ärzteschaft machte aus ihnen ernst zu nehmende Kolleginnen im beruflichen Alltag und kompetitive Mitstreiterinnen im Rennen um Ansehen und höhere Positionen. Die Zuschreibung einer biologisch vorbestimmten Hauptzuständigkeit der Frauen für ihre Kinder, die alle Ärztinnen betrifft, ließ nichtsdestotrotz erkennen, dass im Gegensatz zu ihren biologisch als männlich eingeordneten Kollegen von den ‚taffen Frauen' ein unausweichliches starkes elterliches Engagement erwartet wird, falls sie Mütter werden. Es wird davon ausgegangen, dass sie sich in einem solchen Fall in ‚normale' Frauen verwandeln.

Den Schwerpunkt auf Erzählungen über interberufliche und intraprofessionelle Beziehungen zu setzen, ermöglichte zweitens herauszufinden, dass in hoch komplexen Hierarchiegefügen ein Wechsel von einem Element einer Disjunktion zum anderen vorstellbar ist und als Folge von Entscheidungsprozessen – und nicht von biologischen Prädeterminierungen – verstanden wird. Eine Auslese der Angehörigen des Pflegeteams wird symbolisch professionalisiert, indem ihnen Eigenschaften verliehen werden, die für Ärzt:innen charakteristisch sind, und ihnen die Fähigkeit zugeschrieben wird, in die Ärzteschaft einzutreten. Ärzt:innen wird auch die Möglichkeit eingeräumt, sich je nach Kampfbereitschaft bzw. Erfolgspotenzial in verschiedenen Organisationen und/oder medizinischen Fachbereichen einzusortieren. Ein Wechsel zwischen den Feldern der ärztlichen

Spiele, in denen mehr oder weniger harte Spielregeln für den Wettbewerb unter Professionellen vorherrschen, kann als Raum für Wandel gedeutet werden. Auf der Ebene der symbolischen Tiefenstrukturen wurde nichtsdestotrotz festgestellt, dass tief verwurzelt geschlechtlich codierte Elemente weiterhin bestehen. Die weibliche Codierung der Pflege und der Glaube an eine ärztliche Überlegenheit sind so dominant, dass die damit verbundenen heteronormativen Skripte teilweise auch für die Deutung der heterosozialen Beziehungen unter Ärzt:innen verwendet werden.

Drittens wurden vier ärztliche Idealfiguren rekonstruiert: Superheld, Wissenschaftler, barmherziger Mensch und Doppelbegabte. Diese Orientierungsleitbilder werden als ein Schlüssel zum Verständnis von Reibungen unter Ärzt:innen sowie mit Organisationsleitungen erachtet, denn die mit ihnen einhergehenden unterschiedlichen Erwartungen und Wünsche kollidieren öfters miteinander. Dies wurde u. a. anhand des Umfangs des Arbeitspensums oder der Prioritätensetzung aufgezeigt. Die latente Vergeschlechtlichung dieser Figuren begründet sowohl homosoziale Hierarchisierungen als auch heterosoziale Arbeitsteilungen innerhalb der Profession. Diese überindividuellen Orientierungsleitbilder lassen aber Spielräume für allmähliche kognitive Verschiebungen – inklusive geschlechtliche Umcodierungen – zu. Zum Beispiel wird eine Orientierung an der Idealfigur des:der Doppelbegabten aktuell für Ärztinnen weitgehend besser akzeptiert als für Ärzte. Es wird davon ausgegangen, dass Frauen *Work* und *Care* vereinbaren müssen, und sich daher im Voraus einen adäquaten medizinischen Fachbereich aussuchen bzw. eine passende Stelle besetzen. Im Gegensatz dazu wird die Reduzierung des Arbeitspensums durch Männer zwecks Ausführung nicht-medizinischer Aufgaben häufig kritisch beäugt oder belächelt, denn von ‚richtigen Männern' wird ein hohes berufliches Engagement erwartet. Untersuchenswert wäre es hier, wie Ärzt:innen, die sich an der Idealfigur des:der Doppelbegabten orientieren, von ihren Kolleg:innen und Vorgesetzten wahrgenommen werden, wenn sie als kinderlose Frauen und involvierte Väter kategorisiert werden.

Mit Blick auf die erarbeiteten empirischen Ergebnisse wurde schließlich festgestellt, dass die symbolischen Tiefenstrukturen gleichzeitig hoch stabil und dennoch beweglich sind. Der Wandel lässt sich durch (1) die Eröffnung von neuen axiomatischen Matrizen zur Deutung von außergewöhnlichen bzw. neuartigen Konfigurationen, (2) Verschiebungen auf der Ebene von Charakteristika einzelner kognitiver Elemente sowie (3) den langfristigen Verlust an Zentralität von einigen kognitiven Elementen erkennen. Herausgearbeitet wurde aber, dass trotz dieser Spielräume für Wandel langjährige Kategorisierungen und Hierarchisierungen weiterbestehen. Diese Permanenz konnte dadurch erklärt werden, dass (1) die binär-hierarchisch strukturierten Relationen zwischen kognitiven Elementen innerhalb einer Disjunktion hoch stabil sind, (2) Umdeutungen und Ausblendungen teilweise zur Nicht-Wahrnehmung von ‚realen' Metamorphosen im Geschlechterarrangement oder im beruflichen Gefüge führen und (3) die Entstehung von Nebendisjunktionen zur Deutung von Sonderfiguren oder neuen Konfigurationen keine Infragestellung von Hauptdisjunktionen mit sich bringen müssen. Kurz gefasst: Auf der Ebene der symbolischen Tiefenstrukturen besteht der Wandel innerhalb der Permanenz.

Literatur

Abele, Andrea (2006): Karriereverläufe und Berufserfolg bei Medizinerinnen. In: Dettmer, Susanne/Kaczmarczyk, Gabriele/Bühren, Astrid (Hrsg.): Karriereplanung für Ärztinnen. Berlin und Heidelberg: Springer, S. 35–57.

Achatz, Juliane/Fuchs, Stefan/Stebut (von), Janina/Wimbauer, Christine: Geschlechterungleichheit in Organisationen. Zur Beschäftigungslage hochqualifizierter Frauen. In: Allmendiger, Jutta (Hrsg.): Organisationssoziologie. Wiesbaden: Westdeutscher Verlag, S. 284–318.

Acker, Joan (1990): Hierarchies, jobs, bodies: A theory of gendered organizations. In: Gender and Society 4(2), S. 139–158.

Acker, Joan (1992): Gendering organizational theory. In: Mills, Albert/Tancred, Petra (Hrsg.): Gendering organizational analysis. Newbury Park: Sage, S. 248–260.

Albert, Eduard (1895): Die Frauen und das Studium der Medicin. Wien: Alfred Hölder.

Albisetti, James C. (1982): The Fight for Female Physicians in Imperial Germany. In: Central European History 15, S. 99–123.

Allen, Davina (1997): The nursing-medical boundary: a negotiated order? In: Sociology of Health & Illness 19(4), S. 498–520.

Baar, Robert (2010): Allein unter Frauen. Der berufliche Habitus männlicher Grundschullehrer. Wiesbaden: VS.

Bachelard, Gaston (1938/1984): Die Bildung des wissenschaftlichen Geistes. Beitrag zu einer Psychoanalyse der objektiven Erkenntnis. Frankfurt a. M.: Suhrkamp.

Balde, Mamadou Diouldé (1975): Die Syndrome der kompletten und inkompletten testikulären Feminisierung mit Darstellung von 2 Fällen der inkompletten Form. Inaugural-Dissertation zur Erlangung der Doktorwürde der Hohen Medizinischen Fakultät der Universität zu Köln.

Barthes, Roland (1964/1983): Elemente der Semiologie. Frankfurt a. M.: Suhrkamp.

Barthes, Roland (1966): Introduction à l'analyse structurale des récits. In: Communications 8, S. 1–27.

Barthes, Roland (1970/1981): Das Reich der Zeichen. Frankfurt a. M.: Suhrkamp.

Barthes, Roland (1976/1987): S/Z. Frankfurt a. M.: Suhrkamp.

Barthes, Roland (1985/1988): Das semiotische Abenteuer. Frankfurt a. M.: Suhrkamp.

Barthes, Roland: (1957/1964): Mythen des Alltags. Frankfurt a. M.: Suhrkamp.

Battagliola, Françoise (2008): Histoire du travail des femmes. Paris: Presses Universitaires de France.

Baumann, Ursula (1993): Frauenarbeit in kirchlicher Diskussion und Praxis im Kaiserreich. In: Ders. (Hrsg.): Geschlechterhierarchie und Arbeitsteilung. Zur Geschichte ungleicher Erwerbschancen von Männern und Frauen. Göttingen: Vandenhoeck & Ruprecht, S. 147–166.

Baur, Nina/Luedtke, Jens (2008a): Konstruktionsbereiche von Männlichkeit. Zum Stand der Männerforschung. In: Ders. (Hrsg.): Die soziale Konstruktion von Männlichkeit. Hegemoniale und marginalisierte Männlichkeiten in Deutschland. Opladen: Barbara Budrich, S. 7–29.

Baur, Nina/Luedtke, Jens (2008b): Männlichkeit und Erwerbsarbeit bei westdeutschen Männern. In: Ders. (Hrsg.): Die soziale Konstruktion von Männlichkeit. Hegemoniale und marginalisierte Männlichkeiten in Deutschland. Opladen: Barbara Budrich, S. 81–104.

Becker, Howard/Geer, Blanche/Hughes, Everett/Strauss, Anselm (1961): Boys in White: Students Culture in Medical School. Chicago: University of Chicago Press.

Becker-Schmidt, Regina (1991): Individuum, Klasse und Geschlecht aus der Perspektive der Kritischen Theorie. In: Zapf, Wolfgang (Hrsg.): Die Modernisierung moderner Gesellschaften. Verhandlungen des 25. Deutschen Soziologentages in Frankfurt a. M. 1990. Frankfurt a. M.: Campus, S. 382–394.

Becker-Schmidt, Regina (2010): Doppelte Vergesellschaftung von Frauen: Divergenzen und Brückenschläge zwischen Privat- und Erwerbsleben. In: Becker, Ruth/Kortendiek, Beate (Hrsg.): Handbuch Frauen- und Geschlechterforschung. Theorie, Methoden, Empirie. Wiesbaden: Springer, S. 65–74.

Becker-Schmidt, Regina/Knapp, Gudrun-Axeli (1995): Das Geschlechterverhältnis als Gegenstand der Sozialwissenschaften. Frankfurt a. M.: Campus.

Becker-Schmidt, Regina/Knapp, Gudrun-Axeli/Schmidt, Beate (1983): Widerstreitende Interessen: Familie ohne Beruf, Familie und Beruf. In: Becker-Schmidt, Regina/Brandes-Erlhoff, Uta/Rumpf, Mechthild/Schmidt, Beate (Hrsg.): Arbeitsleben – Lebensarbeit. Konflikte und Erfahrungen von Fabrikarbeiterinnen. Bonn: Neue Gesellschaft, S. 125–149.

Beck-Gernsheim, Elisabeth (1979): Männerrolle, Frauenrolle – aber was steht dahinter? Soziologische Perspektiven zur Arbeitsteilung und Fähigkeitsdifferenzierung zwischen den Geschlechtern. In: Eckert, Roland (Hrsg.): Geschlechtsrollen und Arbeitsteilung. Mann und Frau in soziologischer Sicht. München: C. H. Beck, S. 165–201.

Beck-Gernsheim, Elisabeth (1980): Das halbierte Leben. Männerwelt Beruf, Frauenwelt Familie. Frankfurt a. M.: Fischer Taschenbuch.

Beer, Ursula (1990): Geschlecht, Struktur, Geschichte. Soziale Konstituierung des Geschlechterverhältnisses. Frankfurt a. M.: Campus.

Bereswill, Mechthild (2006): Vaterschaft im Wandel: multidisziplinäre Analysen und Perspektiven aus geschlechtertheoretischer Sicht. Weinheim und München: Juventa.

Bereswill, Mechthild/Meuser, Michael/Scholz, Sylka (2007): Dimension der Kategorie Geschlecht: Der Fall Männlichkeit. Münster: Westfälisches Dampfboot.

Bereswill, Mechthild/Neuber, Anke (Hrsg.) (2011): In der Krise? Männlichkeiten im 21. Jahrhundert. Münster: Westfälisches Dampfboot.

Berribi-Hoffmann, Isabelle (2011): Gleichheit und Differenz bei Émile Durkheim am Falle der Geschlechterbeziehungen. In: Wobbe, Theresa/Berrebi-Hoffmann, Isabelle/Lallement, Michel (Hrsg.): Die gesellschaftliche Verortung des Geschlechts. Diskurse der Differenz in der deutschen und französischen Soziologie um 1900. Frankfurt a. M.: Campus, S. 21–42.

Berthelot, Jean-Michel (1995): Durkheim, l'avènement de la sociologie scientifique. Toulouse: Presses Universitaires du Mirail.

Berthelot, Jean-Michel (2000): La constitution épistémologique de la sociologie française. In: Ders. (Hrsg.): La sociologie française contemporaine. Paris: Presses Universitaires de France, S. 29–46.

Besnard, Philippe (1973): Durkheim et les femmes ou le Suicide inachevé. In: Revue française de sociologie 14(1), S. 27–61.

Bischoff, Claudia (1984): Frauen in der Krankenpflege. Zur Entwicklung von Frauenrolle und Frauenberufstätigkeit im 19. und 20. Jahrhundert. Frankfurt a. M.: Campus.

Bischoff, Theodor (von) (1880): Das Gehirngewicht des Menschen. Eine Studie. Bonn: General Books.

Bischoff, Theodor (von) (1872): Das Studium und die Ausübung der Medicin durch Frauen. München: Literarisch-artistische Anstalt.

Bobeth-Neumann, Wiebke (2014): „Man(n) wird da so hineingelobt" – Ko-Konstruktion von Männlichkeit und Aufstieg ins Schulleitungsamt an Grundschulen. In: Budde, Jürgen/Thon, Christine/Walgenbach, Katharina (Hrsg.): Männlichkeiten – Geschlechterkonstruktionen in pädagogischen Institutionen. Opladen, Berlin und Toronto: Barbara Budrich, S. 85–101.

Böge, Sybille (1995): Geschlecht, Prestige und „horizontale" Segmentierung in der juristischen Profession. In: Wetterer, Angelika (Hrsg.): Die soziale Konstruktion von Geschlecht in Professionalisierungsprozessen. Frankfurt a. M.: Campus, S. 139–154.

Böhnisch, Lothar (2004): Männliche Sozialisation. Eine Einführung. Weinheim und München: Juventa.

Böhnisch, Lothar (2018): Der modularisierte Mann: Eine Sozialtheorie der Männlichkeit. Bielefeld: transcript.

Bohnsack, Ralf/Nentwig-Gesemann, Iris/Nohl, Arnd-Michael (2013): Die dokumentarische Methode und ihre Forschungspraxis: Grundlagen qualitativer Sozialforschung. Wiesbaden: Springer.

Boigeol, Anne (1996): Les femmes et les Cours. La difficile mise en œuvre de l'égalité des sexes dans l'accès à la magistrature. In: Genèses 22, S. 107–129.

Borgetto, Bernhard (2006): Zum Wandel der generellen gesellschaftlichen Erwartungen an Arzt und Patient. In: Rehberg, Karl-Siegbert (Hrsg.): Soziale Ungleichheit, kulturelle Unterschiede. Verhandlungen des 32. Kongresses der Deutschen Gesellschaft für Soziologie in München. Frankfurt a. M.: Campus, S. 1965–1975.

Bourdieu, Pierre (1970): Zur Soziologie der symbolischen Formen. Frankfurt a. M.: Suhrkamp.

Bourdieu, Pierre (1979/1982a): Die feinen Unterschiede. Kritik der gesellschaftlichen Urteilskraft. Frankfurt a. M.: Suhrkamp.

Bourdieu, Pierre (1980/1987): Sozialer Sinn. Kritik der theoretischen Vernunft. Frankfurt a. M.: Suhrkamp.

Bourdieu, Pierre (1982b): Was heißt sprechen. Die Ökonomie des sprachlichen Tauschs. Wien: Braumüller.

Bourdieu, Pierre (1992): Die verborgenen Mechanismen der Macht. Hamburg: VSA.

Bourdieu, Pierre (1992/1996): Die Praxis der reflexiven Anthropologie. In: Bourdieu, Pierre/ Wacquant, Loic (Hrsg.): Reflexive Anthropologie. Frankfurt a. M.: Suhrkamp, S. 251–294.

Bourdieu, Pierre (1997a): Die männliche Herrschaft revisited. In: Feministische Studien 2, S. 88–99.

Bourdieu, Pierre (1997b): Die männliche Herrschaft. In: Dölling, Irene/Krais, Beate (Hrsg.): Ein alltägliches Spiel. Geschlechterkonstruktion in der sozialen Praxis. Frankfurt a. M.: Suhrkamp, S. 153–217.

Bourdieu, Pierre (2001): Meditationen. Zur Kritik der scholastischen Vernunft. Frankfurt a. M.: Suhrkamp.

Bourdieu, Pierre (2005/2016): Die männliche Herrschaft. Frankfurt a. M.: Suhrkamp.

Bourdieu, Pierre (2017): Sprache. Schriften zur Kultursoziologie. Frankfurt a. M.: Suhrkamp.

Bourdieu, Pierre/Chamboredon, Jean-Claude/Passeron, Jean-Claude (1968/2011): Die Soziologie als Beruf: Wissenschaftstheoretische Voraussetzung soziologischer Erkenntnisse. Berlin: de Guyter.

Bradley, Harriet (1993): Across the Great Divide: The Entry of Men Into ,Women's Jobs'. In: Williams, Christine (Hrsg.): Doing ,Women's Work'. Men in Nontraditional Occupations. Newbury Park: Sage, S. 10–27.

Brake, Anne/Bremer, Helmut/Lange-Vester Andrea (2013): Empirisch arbeiten mit Bourdieu: Eine Einleitung. In: Ders. (Hrsg.): Empirisch arbeiten mit Bourdieu. Theoretische und methodische Überlegungen, Konzeptionen und Erfahrungen. Weinheim und Basel: Beltz Juventa, S. 7–19.

Brandt, Stefan (2007): Inszenierte Männlichkeit: Körperkultur und Krise der Maskulinität im spätviktorianischen Amerika. Berlin: wvb Wissenschaftsverlag.

Breitenbach, Eva/Bürmann, Ilse (2014): Heilsbringer oder Erlösungssucher? Befunde und Thesen zur Problematik von Männern in frühpädagogischen Institutionen. In: Budde, Jürgen/Thon, Christine/Walgenbach, Katharina (Hrsg.): Männlichkeiten – Geschlechterkonstruktionen in pädagogischen Institutionen. Opladen, Berlin und Toronto: Barbara Budrich, S. 51–66.

Bremer, Helmut/Teiwes-Kügler, Christel (2013): Habitusanalyse als Habitus-Hermeneutik. In: Zeitschrift für Qualitative Forschung 14(2), S. 199–219.

Brinkschulte, Eva (1994): Weibliche Ärzte: Die Durchsetzung des Berufsbildes in Deutschland. Berlin: Hentrich.

Budde, Gunilla (2003): Frauen der Intelligenz: Akademikerinnen in der DDR (1945 bis 1975). Göttingen: Vandenhoeck & Ruprecht.

Budde, Jürgen/Thon, Christine/Walgenbach, Katharina (2014): Einleitung. In: Ders. (Hrsg.): Männlichkeiten – Geschlechterkonstruktionen in pädagogischen Institutionen. Opladen, Berlin und Toronto: Barbara Budrich, S. 11–26.

Bundesinstitut für Bildungsbildung (2014): Top 10 der dualen Ausbildungsberufe nach Neuabschlüssen zum 30. September 2014, www.bibb.de/de/25322.php (Abfrage: 06.04.2022).

Burchardt, Anja (1994): Die Durchsetzung des medizinischen Frauenstudiums in Deutschland. In: Brinkschulte, Eva (Hrsg.) Weibliche Ärzte. Die Durchsetzung des Berufsbildes in Deutschland. Berlin: Hentrich, S. 10–23.

Cadden, Joan (1993): Meaningy of sex difference in the Middle Ages. Medicine, Science and Culture. Cambridge: Cambridge University Press.

Carrigan, Tim/Connell, Robert W./Lee, John (1985): Toward a new sociology of masculinity. In: Theory and Society 14(5), S. 551–604.

Cassirer, Ernst (2003): Gesammelte Werke, Aufsätze und kleine Schriften. Hamburg: Meiner.

Cockburn, Cynthia (1985/1988): Die Herrschaftsmaschine. Berlin: Argument.

Collin, Johanne (1995): Changement d'ordonnance: mutations professionnelles, identité sociale et féminisation de la profession pharmaceutique au Québec, 1940–1980. Montréal: Boréal.

Connell, Raewyn (2001/2013): Gender. Wiesbaden: VS.

Connell, Robert W. (1995/1999): Der gemachte Mann. Männlichkeitskonstruktionen und Krise der Männlichkeit. Opladen: Leske + Budrich.

Connell, Robert W./Messerschmidt, James W. (2005): Hegemonic Masculinity. Rethinking the Concept. In: Gender & Society 19(6), S. 829–859.

Demazière, Didier/Dubar, Claude (2007): Analyser les entretiens biographiques: l'exemple des récits d'insertion. Paris: Nathan.

Diaz-Bone, Rainer (2007): French Epistemology and its Revisions: Towards a Reconstruction of the Methodological Position of Foucaultian Discourse Analysis. In: Forum Qualitative Sozialforschung/Forum: Qualitative Social Research 2, www.qualitative-research.net/index.php/fqs/article/view/238/527 (Abfrage: 06.04.2022).

Diaz-Bone, Rainer (2010): Kulturwelt, Diskurs und Lebensstil: eine diskurstheoretische Erweiterung der bourdieuschen Distinktionstheorie. 2. erweiterte Auflage. Opladen: Leske + Budrich.

Dietz, Karl/Hesse, Peter (Hrsg.) (1971): Wörterbuch der Sexuologie und ihrer Grenzgebiete. 4. Auflage. Rudolstadt: Greifenverlag.

Dölling, Irene (2004): Männliche Herrschaft als paradigmatische Form der symbolischen Gewalt. In: Steinrücke, Margareta (Hrsg.): Pierre Bourdieu. Politisches Forschern, Denken und Eingreifen. Hamburg: VSA, S. 74–90.

Dölling, Irene (2009): Männliche Herrschaft. In: Fröhlich, Gerhard/Rehbein, Boike (Hrsg.): Bourdieu-Handbuch. Leben – Werk – Wirkung. Stuttgart: Metzler, S. 172–178.

Durkheim, Émile (1893/1991): De la division du travail social. 2. Auflage. Paris: Presses Universitaires de France.

Durkheim, Émile (1893/1992): Über soziale Arbeitsteilung. Studie über die Organisation höherer Gesellschaften. Frankfurt a. M.: Suhrkamp.

Durkheim, Émile (1895/1984a): Die Regeln der soziologischen Methode. 9. Auflage. Frankfurt a. M.: Suhrkamp.

Durkheim, Émile (1897/1983): Der Selbstmord. Frankfurt a. M.: Suhrkamp.

Durkheim, Émile (1906): Le divorce par consement mutuel. In: Revue bleue 44(5), S. 549–554.

Durkheim, Émile (1909): Débat sur le mariage et le divorce. In: Libres entretiens 5, S. 258–293.

Durkheim, Émile (1922/1966): Éducation et Sociologie. Paris: Presses Universitaires de France.

Durkheim, Émile (1922/1972): Erziehung und Soziologie. Düsseldorf, Schwann: Cornelsen.

Durkheim, Émile (1922/1984b]): Erziehung, Moral und Gesellschaft. Frankfurt a. M.: Suhrkamp.

Durkheim, Émile (1924/1976): Soziologie und Philosophie. Frankfurt a. M.: Suhrkamp.

Durkheim, Émile (1925/2012): L'éducation morale. 2. Auflage. Paris: Presses Universitaires de France.

Durkheim, Émile (2011): Sur l'éducation sexuelle. Paris: Payot et Rivages.

Erhart, Walter (2005): Das zweite Geschlecht: „Männlichkeit", interdisziplinär. In: Internationales Archiv für Sozialgeschichte der deutschen Literatur 30(2), S. 156–232.

Floge, Liliane/Merrill, Deborah M. (1986): Tokenism Reconsidered: Male Nurse and Female Physicians in a Hospital Setting. In: Social Forces 64(4), S. 925–947.

Freidson, Eliot (1970/1979): Der Ärztestand. Berufs- und wissenschaftssoziologische Durchleuchtung einer Profession. Stuttgart: Ferdinand Enke.

Frevert, Ute (1995): „Mann und Weib, und Weib und Mann". Geschlechter-Differenzen in der Moderne. München: C. H. Beck.

Garcia, Anne-Laure (2013a): Mères seules. Action publique et identité maternelle. Rennes: Presses Universitaires de Rennes.

Garcia, Anne-Laure (2013b): Staatliche Ordnung und familiale Identität. Eine Untersuchung über den Zusammenhang zwischen familienpolitischer Rahmung und individuellen Deutungsmustern. In: Sozialer Sinn 14(2), S. 253–276.

Garcia, Anne-Laure (2019): Von der Feminisierung zur Entmaskulinisierung. Epistemologische Reflexion über das begriffliche Instrumentarium zur soziologischen Erforschung vom Wandel der Geschlechterverhältnisse in der Berufssphäre. In: Freiburger Zeitschrift für Geschlechterstudien 25(1), S. 149–163.

Garcia, Anne-Laure (2022): Geschlechterforschung. In: Lenz, Karl/Hettlage, Robert (Hrsg.): Goffman-Handbuch. Leben – Werk – Wirkung. Stuttgart: Metzler, S. 505–513.

Garcia, Anne-Laure/Dietzsch, Ina (2018): Stillen als wissenschaftlicher Gegenstand. Epistemologische Überlegungen zur Untersuchung einer ‚natürlich sozialen Tatsache' am Beispiel des medizinischen Diskurses. In: GENDER 10(1), S. 100–114.

Garfinkel, Harold (1967): Studies in ethnomethodology. Cambridge: Polity Press.

Gerhard, Ute (1978): Verhältnisse und Verhinderungen. Frauenarbeit, Familie und Rechte der Frauen im 19. Jahrhundert. Frankfurt a. M.: Suhrkamp.

Gerhardt, Ute (1991): Gesellschaft und Gesundheit. Begründung der Medizinsoziologie. Frankfurt a. M.: Suhrkamp.

Giddens, Anthony (1984/1992): Die Konstitution der Gesellschaft: Grundzüge einer Theorie der Strukturierung. Frankfurt a. M.: Campus.

Gildemeister, Regine (2004): Doing Gender: Soziale Praktiken der Geschlechterunterscheidung. In: Becker, Ruth/Kortendiek, Beate (Hrsg.): Handbuch Frauen- und Geschlechterforschung. Theorie, Methoden, Empirie. Wiesbaden: VS, S. 132–140.

Gildemeister, Regine/Hericks, Katja (2012): Geschlechtersoziologie. Theoretische Zugänge zu einer vertrackten Kategorie des Sozialen. München: Oldenburg Wissenschaftsverlag.

Gildemeister, Regine/Maiwald, Kai-Olaf/Seyfarth-Konau, Elisabeth/Scheid, Claudia (2003): Geschlechterdifferenzierungen im Berufsfeld Familienrecht. Empirische Befunde und geschlechtertheoretische Reflexionen. In: Zeitschrift für Soziologie 31(5), S. 396–417.

Gildemeister, Regine/Wetterer, Angelika (1992): Wie Geschlechter gemacht werden. Die soziale Konstruktion der Zweigeschlechtlichkeit und ihre Reifizierung in der Frauenforschung. In: Knapp, Gudrun-Axeli/Wetterer, Angelika (Hrsg.): Traditionen Brüche: Entwicklungen feministischer Theorie. Freiburg i. B.: Kore, S. 201–254.

Goffman, Erving (1959/2005): Wir alle spielen Theater. Die Selbstdarstellung im Alltag. 12. Auflage. München: Piper.

Goffman, Erving (1982/1994): Interaktion und Geschlecht. Frankfurt a. M.: Campus.

Greimas, Algirdas-Julien (1966/1971): Strukturale Semantik. Braunschweig: Vieweg.

Greimas, Algirdas-Julien (1985): Des dieux et des hommes: Études de mythologie lithuanienne. Paris: Presses Universitaires de France.

Hämmerle, Christa (2008) (Hrsg.): Krise(n) der Männlichkeit? Wien, Köln und Weimar: Böhlau.

Hanisch, Ernst (2005): Männlichkeiten. Eine andere Geschichte des 20. Jahrhunderts. Wien, Köln und Weimar: Böhlau.

Hausen, Karin (1976): Die Polarisierung der „Geschlechtercharaktere" – Eine Spiegelung der Dissoziation von Erwerbs- und Familienleben. In: Conze, Werner (Hrsg.): Sozialgeschichte der Familie in der Neuzeit Europas. Stuttgart: Klett, S. 363–393.

Hausen, Karin (1986): Patriarchat. Vom Nutzen und Nachteil eines Konzeptes für Fraupolitik und Frauengeschichte. In: Journal für Geschichte 5(12), S. 12–21.

Hausen, Karin (1993): Geschlechterhierarchie und Arbeitsteilung. Zur Geschichte ungleicher Erwerbschancen von Männern und Frauen. Göttingen: Vandenhoeck & Ruprecht.

Hearn, Jeff (1987): The Gender of Oppression. Men, Masculinity, and the Critique of Marxism. Brighton: Wheatsheaf Books.

Hearn, Jeff (2016): Zum Zusammenhang von Männern, Männlichkeiten und Arbeitsmärkten. Trans(-nationale) Patriarchate, transnationale Männer und transnationale Männlichkeiten. In: Lengersdorf, Diana/Meuser, Michael (2016): Männlichkeiten und der Strukturwandel von Erwerbsarbeit in globalisierten Gesellschaften. Diagnosen und Perspektiven. Weinheim und Basel: Beltz Juventa, S. 15–36.

Hearn, Jeff/Morgan, David H. J. (1990): Men, Masculinities and Social Theory. London: Routledge.

Heintz, Bettina/Nadai, Eva/Fischer, Regula/Ummel, Hannes (1997): Ungleich unter Gleichen. Studien zur geschlechtsspezifischen Segregation des Arbeitsmarktes. Frankfurt a. M.: Campus.

Heite, Hans Joachim/Wokalek, Heinrich (1980): Männerheilkunde. Andrologie. Lehrbuch der Krankheiten und Funktionsstörungen des männlichen Genitale. Stuttgart: Fischer.

Hengstenberg, Heike (1992): Ingenieurinnenarbeit ist auch anders zu gestalten! In: Wetterer, Angelika (Hrsg.): Profession und Geschlecht: über die Marginalität von Frauen in hochqualifizierten Berufen. Frankfurt a. M.: Campus, S. 187–204.

Hesse, Ilse (1993): Klinik, Karriere, Kongresse, Kinder. Reflexionen einer Frauenbeauftragten zu den vier ‚Ks' von Klinikerinnen. In: Färber, Christine/Jenschke, Marie Louise (Hrsg.): Gleichstellungspolitik an Universitätsklinika. Berlin: FU Berlin, S. 109–115.

Hesse, Peter/Tembrock, Günther (1974): Sexuologie. Leipzig: Hirzel.

Hirschauer, Stefan (1989): Die interaktive Konstruktion von Geschlechtszugehörigkeit. In: Zeitschrift für Soziologie 18(2), S. 100–118.

Hirschauer, Stefan (1993): Die soziale Konstruktion der Transsexualität: Über die Medizin und den Geschlechtswechsel. Frankfurt a. M.: Suhrkamp.

Hirschauer, Stefan (2001): Das Vergessen des Geschlechts. Zur Praxeologie einer Kategorie sozialer Ordnung. In: Kölner Zeitschrift für Soziologie und Sozialpsychologie Sonderheft 41, S. 208–235.

Hochschild, Arlie Russel (1983/1990): Das gekaufte Herz. Zur Kommerzialisierung der Gefühle. Frankfurt a. M.: Campus.

Hofbauer, Johanna (2006): Konkurrentinnen außer Konkurrenz? Zugangsbarrieren für Frauen im Management aus der Perspektive des Bourdieu'schen Distinktions- und Habituskonzepts. In: Österreichische Zeitschrift für Soziologie 4(31), S. 23–44.

Hoffmann, Ute (1987): Computerfrauen. Welchen Anteil haben Frauen an Computergeschichte und -arbeit? München: Hampp.

Hölder, Alfred (1904): Handbuch der Urologie. Wien: K. U. K. Hof- und Universitäts-Buchhändler.

Honegger, Claudia (1991): Die Ordnung der Geschlechter: Die Wissenschaften vom Menschen und das Weib (1750–1850). Frankfurt a. M.: Campus.

Huerkamp, Claudia (1996): Bildungsbürgerinnen. Frauen im Studium und in akademischen Berufen (1900–1945). Göttingen: Vandenhoeck & Ruprecht.

Hughes, David (1988): When nurse knows best. Some aspects of nurse/doctor interaction in casualty department. In: Sociology of Health & Illness 10(1), S. 1–22.

Hughes, Everett C. (1949): Social Change and Status Protest: An Essay on the Marginal Man. In: Phylon 1(10), S. 58–65.

Hughes, Everett C. (1951): Studying the Nurse's Work. In: The American Journal of Nursing 51(5), S. 294–295.

Hughes, Everett C. (1958): Men and Their Work. Westport: Greenwood Press.

Hughes, Everett C. (1971/2017): The Sociological Eye. Selected Papers. London und New York: Routledge.

Jacobi, Juliane (1997): Modernisierung durch Feminisierung? Zur Geschichte des Lehrerinnenberufes. In: Zeitschrift für Pädagogik 43(6), S. 929–946.

Kanter, Rosabeth M. (1977): Some Effects of Proportions on Group Life: Skewed Sex Ratios and Responses to Token Women. In: American Journal of Sociology, 82(5), S. 965–990.

Kessler, Suzanne J./McKenna, Wendy (1978): Gender: An Ethnomethodological Approach. Chicago: University of Chicago Press.

Knapp, Gudrun-Axeli (1995): Unterschiede machen: Zur Sozialpsychologie der Hierarchisierung im Geschlechterverhältnis. In: Becker-Schmidt, Regina/Knapp, Gudrun-Axeli (Hrsg.): Das Geschlechterverhältnis als Gegenstand der Sozialwissenschaften. Frankfurt a. M.: Campus, S. 163–194.

Krais, Beate (2011): Die männliche Herrschaft: ein somatisiertes Herrschaftsverhältnis. In: Österreichische Zeitschrift für Soziologie 36(4), S. 33–50.

Lapeyre, Nathalie (2006): Les professions face aux enjeux de la féminisation. Toulouse: Octarès.

Lapeyre, Nathalie (2011): Le discours sur la dévalorisation: Féminisation des métiers de la justice, la dévalorisation en questions. In: Mekki, Mustapha (Hrsg.): La féminisation des métiers de la justice. Paris: Economica, S. 79–92.

Lapeyre, Nathalie/Le Feuvre, Nicky (2005): Féminisation du corps médical et dynamiques professionnelles dans le champ de la santé. In: Revue française des Affaires Sociales, 1, S. 59–81.

Laqueur, Thomas (1990/1992): Auf den Leib geschrieben: Die Inszenierung der Geschlechter von der Antike bis Freud. Frankfurt a. M.: Campus.

Le Feuvre, Nicky/Lapeyre, Nathalie/Cacouault, Marlaine/Pico, Geneviève (2003): La féminisation des professions libérales: l'exemple des femmes médecins et avocats. Toulouse, Rapport final au Service des Droits des femmes et de l'égalité.

Le Feuvre, Nicky/Walters Patricia (1993): Égales en Droit? La féminisation des professions juridiques en France et en Grande-Bretagne. In: Sociétés Contemporaines 16, S. 41–62.

Lebon, Gustave (1881): L'homme et les sociétés, leurs origines et leurs histoires. Paris: Éditions Jean-Michel Place.

Leidner, Robin (1991): Serving Hamburgers and Selling Insurances: Gender, Work and Identity in Interactive Service Jobs. In: Gender & Society 5(2), S. 154–177.

Leidner, Robin (1993): Fast Food, Fast Talk: Service Work and the Routinization of Everyday Life. Berkeley: University Press of California.

Lengersdorf, Diana (2016): Der männliche Normalarbeiter unter Druck. Zum Wandel von Männlichkeitskonstruktionen in Organisationen. In: Lengersdorf, Diana/Meuser, Michael (Hrsg.): Männlichkeiten und der Strukturwandel von Erwerbsarbeit in globalisierten Gesellschaften. Diagnosen und Perspektiven. Weinheim und Basel: Beltz Juventa, S. 73–90.

Lengersdorf, Diana/Meuser, Michael (2016a): Männlichkeiten und der Strukturwandel von Erwerbsarbeit in globalisierten Gesellschaften. Diagnosen und Perspektiven. Weinheim und Basel: Beltz Juventa.

Lengersdorf, Diana/Meuser, Michael (2016b): Der Strukturwandel von Erwerbsarbeit und die Transformation von Männlichkeiten – Eine Einleitung. In: Ders. (Hrsg.): Männlichkeiten und der Strukturwandel von Erwerbsarbeit in globalisierten Gesellschaften. Diagnosen und Perspektiven. Weinheim und Basel: Beltz Juventa, S. 7–14.

Lévi-Strauss, Claude (1964/1976a): Das Rohe und das Gekochte. Frankfurt a. M.: Suhrkamp.

Lévi-Strauss, Claude (1966/1976b): Vom Honig zur Asche. Frankfurt a. M.: Suhrkamp.

Lévi-Strauss, Claude (1968/1976c]): Der Ursprung der Tischsitten. Frankfurt a. M.: Suhrkamp.

Lévi-Strauss, Claude (1971/1976d): Der nackte Mensch. Frankfurt a. M.: Suhrkamp.

Lichtblau, Klaus (1992): Eros und Kultur. Zur Geschlechterproblematik in der deutschen Soziologie der Jahrhundertwende. In: Ostner, Ilona/Lichtblau, Klaus (Hrsg.): Feministische Vernunftkritik. Ansätze und Traditionen. Frankfurt a. M.: Campus, S. 12–38.

Linton, Ralph (1936/1979): Mensch, Kultur und Gesellschaft. Stuttgart: Hippokrates.

Linton, Ralph (1945/1967): Rolle und Status. In: Hartmann, Heintz (Hrsg.): Moderne amerikanische Soziologie: neuere Beiträge zur soziologischen Theorie. Stuttgart: Enke, S. 251–254.

Littré, Émile (1883): Dictionnaire de la langue française. Paris: Hachette.

Loos, Martina (2006): Symptom: Konflikte. Was interdisziplinäre Konflikte von Krankenpflegern und Ärztinnen über Konstruktionsprozesse von Geschlecht und Profession erzählen. Frankfurt a. M.: Mabuse.

Lüth, Paul (1986): Medizin in unserer Gesellschaft. Voraussetzungen, Änderungen, Ziele. Weinheim: Edition Medizin VCH.

Marry, Catherine (2001): La féminisation de la profession d'ingénieur: une comparaison France-Allemagne. In: Bouffartigue, Paul (Hrsg.): Les cadres. La grande rupture. Paris: La Découverte, S. 281–296.

Marry, Catherine (2004): Les femmes ingénieurs, une révolution respectueuse. Paris: Belin.

Maydell (von), Jost (1970): Probleme einer Feminisierung der Lehrerrolle. Eine Untersuchung der Vorstellungen von PH-Studenten über ihren künftigen Beruf. Von der Fakultät für Geistes- und Staatswissenschaften der Technischen Universität Hannover zur Erlangung des Grades eines Doktors der Philosophie genehmigte Dissertation.

Mead, George H. (1934/1968): Geist, Identität und Gesellschaft aus der Sicht des Sozialbehaviorismus. Frankfurt a. M.: Suhrkamp.

Mead, Margaret (1935): Sex and Temperament in Three Primitive Societies. New York: Morrow.

Mead, Margaret (1949/1991): Mann und Weib: das Verhältnis der Geschlechter in einer sich wandelnden Welt. 2. Auflage. Frankfurt a. M./Berlin: Ullstein.

Menz, Armin (1976): Der Beitrag Talcott Parsons' zur Medizinsoziologie. Darstellung, Diskussion und Weiterentwicklung seiner Grundkonzeption sowie deren Anwendung in der Bundesrepublik Deutschland. Inaugural-Dissertation zur Erlangung des Akademischen Grades eines Dr. phil. Vorgelegt dem Fachbereich 12 Sozialwissenschaften der Johannes-Gutenberg-Universität Mainz.

Menzer, Ursula (1992): Subjektive und objektive Kultur. Georg Simmels Philosophie der Geschlechter vor dem Hintergrund seines Kultur-Begriffs. Pfaffenweiler: Centaurus.

Meuser, Michael (1991): Die Frau in „Gemeinschaft und Gesellschaft". In: Clausen, Lars/Schlüter, Cersten (Hrsg.): Hundert Jahre „Gemeinschaft und Gesellschaft". Ferdinand Tönnies in der internationalen Diskussion. Opladen: Leske + Budrich, S. 375–391.

Meuser, Michael (2005): Männlichkeitskonstruktionen ohne Hegemonieanspruch? Gemeinsamkeiten und Differenzen ost- und westdeutscher Männlichkeiten. In: Schäfer, Eva (Hrsg.): Irritation Ostdeutschland. Geschlechterverhältnisse seit der Wende. Münster: Westfälisches Dampfboot, S. 147–153.

Meuser, Michael (2007a): Herausforderungen. Männlichkeit im Wandel der Geschlechterverhältnisse. Köln: Rüdiger Köpfe.

Meuser, Michael (2007b): Geschlechterverhältnisse im Wandel. Männlichkeiten im Spannungsfeld von Hegemonie und Egalität. In: Lehner, Erich/Schnabler, Christa (Hrsg.): Gewalt und Männlichkeit. Wien: LIT, S. 45–56.

Meuser, Michael (2008): Ernste Spiele. Zur Konstruktion von Männlichkeit im Wettbewerb der Männer. In: Baur, Nina/Luedtke, Jens (Hrsg.): Die soziale Konstruktion von Männlichkeit. Hegemoniale und marginalisierte Männlichkeiten in Deutschland. Opladen: Barbara Budrich, S. 33–44.

Meuser, Michael (2010a): Geschlecht und Männlichkeit. Soziologische Theorie und kulturelle Deutungsmuster. 3. Auflage. Wiesbaden: VS.

Meuser, Michael (2010b): Geschlecht, Macht, Männlichkeit – Strukturwandel von Erwerbsarbeit und hegemoniale Männlichkeit. In: Erwägen Wissen Ethik 21(3), S. 325–336

Meuser, Michael/Scholz, Sylka (2011): Krise oder Strukturwandel hegemonialer Männlichkeit? In: Bereswill, Mechthild/Neuber, Anke (Hrsg.): In der Krise? Männlichkeiten im 21. Jahrhundert. Münster: Westfälisches Dampfboot.

Meuser, Michael/Scholz, Sylke (2012): Herausgeforderte Männlichkeit. Männlichkeitskonstruktionen im Wandel von Erwerbsarbeit und Familie. In: Baader, Meike Sophia/Bilsen, Johannes/Tholen, Toni (Hrsg.): Erziehung, Bildung und Geschlecht. Männlichkeiten im Fokus der Gender-Studies. Wiesbaden: VS, S. 23–40.

Miller, Karen-Lee/Kontos, Pia (2012): The intraprofessional and interprofessional relations of neurorehabilitation nurses: a negotiated order perspective. In: Journal of Advanced Nursing 69(8), S. 1797–1807.

Morgan, David H. J. (1992): Discovering Men. London und New York: Routledge.

Morris, John McLean (1953): The syndrome of testicular feminization in male pseudohermaphrodites. In: American Journal of Obstetrics and Gynecology 65, S. 1192–1211.

Mucchielli, Roger (1988): L'analyse de contenu, des documents et des communications. Paris: Esf.

Müller, Peter (1894): Über die Zulassung der Frauen zum Studium der Medizin. Aus einem Zyklus von populär-wissenschaftlichen, vom Lehrkörper der Berner Hochschule gehaltenen Vorträgen. Hamburg: Verlagsanstalt und Druckerei Actien-Gesellschaft.

Myrdal, Alva/Klein, Viola (1956/1962): Die Doppelrolle der Frau in Familie und Beruf. 2. Auflage. Köln: Kiepenheuer & Witsch.

Niel, André (1973): L'analyse structurale des textes. Paris: Mame.

Nieschlag, Eberhard/Behre, Hermann (Hrsg.) (2000): Andrologie. Grundlagen und Klinik der reproduktiven Gesundheit des Mannes. 2. Auflage. Berlin: Springer.

Nieschlag, Eberhard/Behre, Hermann/Nieschlag, Susann (Hrsg.) (2009): Andrologie. Grundlagen und Klinik der reproduktiven Gesundheit des Mannes. 3. Auflage. Berlin: Springer.

Nohl, Arnd-Michael (2012): Interview und dokumentarische Methode: Anleitungen für die Forschungspraxis. Wiesbaden: VS.

Nöth, Winfried (2000): Handbuch der Semiotik. 2. erweiterte Auflage. Stuttgart: Metzler.

Oevermann, Ulrich (2000): Die Methode der Fallrekonstruktion in der Grundlagenforschung sowie der klinischen und pädagogischen Praxis. In: Kraimer, Klaus (Hrsg.): Die Fallrekonstruktion. Sinn verstehen in der sozialwissenschaftlichen Forschung. Frankfurt a. M.: Suhrkamp, S. 58–156.

Ostner, Ilona (1978): Beruf und Hausarbeit. Die Arbeit der Frau in unserer Gesellschaft. Frankfurt a. M.: Campus.

Ostner, Ilona/Krutwa-Schott, Almut (1981): Krankenpflege – ein Frauenberuf? Bericht über eine empirische Untersuchung. Frankfurt a. M.: Campus.

Park, Katherine/Nye, Robert A. (1991): Destiny is Anatomy, Review of Laqueurs Making Sex: Body and Gender from the Greeks to Freud. In: The New Republic 18(57), S. 53–57.

Parsons, Talcott (1939/1964): Die akademischen Berufe und die Sozialstruktur. In: Parsons, Talcott/Rüschemeyer, Dietrich (Hrsg.): Beiträge zur soziologischen Theorie. Berlin: Hermann Luchterhand, S. 160–179.

Parsons, Talcott (1942/1964): Alter und Geschlecht in der Sozialstruktur der Vereinigten Staaten. In: Parsons, Talcott/Rüschemeyer, Dietrich (Hrsg.): Beiträge zur soziologischen Theorie. Berlin: Hermann Luchterhand, S. 84–108.

Parsons, Talcott (1943/1964): Das Verwandtschaftssystem in den Vereinigten Staaten. In: Parsons, Talcott/Rüschemeyer, Dietrich (Hrsg.): Beiträge zur soziologischen Theorie. Berlin: Hermann Luchterhand, S. 65–83.

Parsons, Talcott (1951/1970): The Social System. London: Routledge & Kegan Paul.

Parsons, Talcott (1956): The American Family: Its Relations to Personality and to the Social Structure. In: Parsons, Talcott/Bales Robert Fredd (Hrsg.): Family, Socialization and Interaction Process. Glencoe: The Free Press, S. 3–33.

Parsons, Talcott (1964/2005): Sozialstruktur und Persönlichkeit. 8. Auflage. Frankfurt a. M.: Klotz.

Perrot, Michelle (1978): De la nourrice à l'employée. Travaux de femmes dans la France du XIXe siècle. In: Le Mouvement social 105, S. 3–10.

Piret, Anne/Nizet, Jean/Bourgeois, Étienne (1996): L'analyse structurale. Une méthode d'analyse de contenu pour les sciences humaines. Brüssel: De Boeck Université.

Pleck, Joseph H. (1981): The Myth of Masculinity. Cambridge: MIT Press.

Pleck, Joseph H. (1984): The Theory of Male Sex Role Identity. Its Rise and Fall, 1936 to the Present. In: Lewin, Miriam (Hrsg.): In the Shadow of the Past: Psychology Portrays the Sexes. New York: Columbia University Press, S. 205–225.

Pöge, Kathleen (2019): Paare in Widerspruchsverhältnissen: Die partnerschaftliche Arbeitsteilung von Ärztinnen beim Übergang zur Elternschaft. Wiesbaden: VS.

Pringle, Rosemary (1993): Male Secretaries. In: Williams, Christine (Hrsg.): Doing ‚Women's Work'. Men in Nontraditional Occupations. Newbury Park: Sage, S. 128–151.

Pringle, Rosemary (1998): Sex and Medicine. Gender, Power and Authority in the Medical Profession. Cambridge: Cambridge University Press.

Propp, Vladimir (1928/1975): Morphologie des Märchens. München: Hanser.

Propp, Vladimir (1946/1987): Die historischen Wurzeln des Zaubermärchens. München: Hanser.

Pross, Helge (1978/1984): Die Männer. Eine repräsentative Untersuchung über die Selbstbilder von Männern und ihre Bilder von der Frau. 2. Auflage. Reinbek bei Hamburg: Rowohlt.

Quervain (de), Francis (1923): Ein Fall von Pseudohermaphrodismus masculinus. In: Schweizerische medizinische Wochenschrift, 53, S. 563.

Quigley, Charmian A./Bellis (de), Alessandra/Marschke, Keith B./El Awady, Mostafa/Wilson, Elisabeth/French, Frank S. (1995): Androgen Receptor Defects: Historical, Clinical, and Molecular Perspectives. In: Endocrine Reviews 16(3), S. 271–321.

Renneville, Marc (2000): Le langage des crânes. Une histoire de la phrénologie. Paris: Sanofi-Synthélabo.

Reskin, Barbara/Roos, Patricia (1990): Job Queues, Gender Queues. Explaining Women's Inroads into Male Occupations. Philadelphia: Temple University Press.

Ridgeway, Cecilia L. (2001): Interaktion und die Hartnäckigkeit der Geschlechter-Ungleichheit in der Arbeitswelt. In: Heintz, Bettina (Hrsg.): Geschlechtersoziologie. Opladen: Westdeutscher Verlag, S. 250–275.

Rohrmann, Tim (2014): Männer in Kitas: Zwischen Idealisierung und Verdächtigung. In: Budde, Jürgen/Thon, Christine/Walgenbach, Katharina (Hrsg.): Männlichkeiten – Geschlechterkonstruktionen in pädagogischen Institutionen. Opladen, Berlin und Toronto: Barbara Budrich, S. 67–84.

Rubin, Gayle S. (1975): The Traffic in Women: Notes on the 'Political Economy' of Sex. In: Reiter, Rayna R. (Hrsg.): Toward an Anthropology of Women. New York und London: Monthly Review Press, S. 157–210.

Rüling, Anneli (2007): Jenseits der Traditionalisierungsfallen. Wie Eltern sich Familien- und Erwerbsarbeit teilen. Frankfurt a. M.: Campus.

Rüling, Anneli (2008): Das Stillen: Traditionalisierung der Arbeitsteilung durch naturalisierende Deutungen von Geschlecht? In: Rehberg, Karl-Siegbert (Hrsg.): Die Natur der Gesellschaft: Verhandlungen des 33. Kongresses der Deutschen Gesellschaft für Soziologie in Kassel 2006. Teilband 1 und 2. Frankfurt a. M.: Campus, S. 4774–4786, www.ssoar.info/ssoar/bitstream/handle/document/18517/ssoar-2008-ruling-das_stillen.pdf?sequence=1 (Abfrage: 06.04.2022).

Sander, Kirsten (2009): Profession und Geschlecht im Krankenhaus: soziale Praxis der Zusammenarbeit von Pflege und Medizin. Konstanz: UVK.

Sargent, Paul (2000): Real Men oder Real Teachers? Contradictions in the Lives of Men Elementary Teachers. In: Men and Masculinities 2(4), S. 410–433.

Saussure, Ferdinand (de) (1916/2001): Grundfragen der Allgemeinen Sprachwissenschaft. 3. Auflage. Berlin: De Gruyter.

Schagen, Udo (1996): Frauen im ärztlichen Studium und Beruf: Quantitative Entwicklung und politische Vorgaben in DDR und BRD. In: Meinel, Christoph/Renneberg, Monika (Hrsg.): Geschlechterverhältnisse in Medizin, Naturwissenschaft und Technik. Bassum und Stuttgart: Verlag für Geschichte der Naturwissenschaften und der Technik, S. 325–334.

Schegloff, Emanuel A. (1987): Between Micro and Micro: Contexts and Other Connections. In: Alexander, Jeffrey C./Giesen, Bernhard/Munch, Richard/Smelser, Neil J. (Hrsg.): The Micro-Macro Link. Berkeley und Los Angeles: University of California Press, S. 207–234.

Schellnock, Julia (2014): Ausdrucksformen der Krise um 1900. Interferenzen der Krisenwahrnehmung mit einer Weiblichen Kultur. In: Soziologie Magazin 9(1), S. 72–86.

Schiebinger, Londa (1991/1993): Schöne Geister: Frauen in den Anfängen der modernen Wissenschaft. Stuttgart: Klett-Cotta.

Schinkel, Willem/Tacq, Jacques (2004): The Saussurean Influence in Pierre Bourdieu's Relational Sociology. In: International Sociology 19(1), S. 51–70.

Schluchter, Wolfgang (1974): Legitimationsprobleme der Medizin. In: Zeitschrift für Soziologie 3(4), S. 375–396.

Schmersahl, Katrin (1998): Medizin und Geschlecht. Zur Konstruktion der Kategorie Geschlecht im medizinischen Diskurs des 19. Jahrhunderts. Opladen: Leske + Budrich.

Schnell, Rüdiger (2002): Sexualität und Emotionalität in der vormodernen Ehe. Köln, Weimar und Wien: Böhlau.

Scholz, Sylka (2004): Männlichkeiten erzählen. Lebensgeschichtliche Identitätskonstruktionen ostdeutscher Männer. Münster: Westfälisches Dampfboot.

Scholz, Sylka (2007): Der soziale Wandel von Erwerbsarbeit. Empirische Befunde und offene Fragen. In: Bereswill, Mechthild/Meuser, Michael (Hrsg.): Dimensionen der Kategorie Geschlecht: Der Fall Männlichkeit. Münster: Westfälisches Dampfboot, S. 51–67.

Scholz, Sylka (2008a): Männlichkeit und Erwerbsarbeit bei ostdeutschen Männern. Paradoxe Identitätskonstruktionen. In: Baur, Nina/Luedtke, Jens (Hrsg.): Die soziale Konstruktion von Männlichkeit. Hegemoniale und marginalisierte Männlichkeiten in Deutschland. Opladen: Barbara Budrich, S. 105–121.

Scholz, Sylka (2008b): „Sozialistische Helden". Hegemoniale Männlichkeit in der DDR. In: Scholz, Sylka/Willms, Weertje (Hrsg.): Postsozialistische Männlichkeiten in einer globalisierten Welt. Münster: LIT, S. 11–35.

Scholz, Sylka (2012): Männlichkeitssoziologie. Studien aus den sozialen Feldern Arbeit, Politik und Militär im vereinten Deutschland. Münster: Westfälisches Dampfboot.

Scholz, Sylka (2017): Männlichkeitsforschung: die Hegemonie des Konzepts „hegemoniale Männlichkeit". In: Kortendiek, Beate/Sabisch, Katja/Riegraf, Birgit (Hrsg.): Handbuch interdisziplinäre Geschlechterforschung. Wiesbaden: Springer, S. 419–428.

Scholz, Sylka (2010): Hegemoniale Weiblichkeit? Hegemoniale Weiblichkeit! In: Erwägen Wissen Ethik 21(3), S. 396–398.

Schwalbe, Julius (1918): Über das medizinische Frauenstudium in Deutschland. Leipzig: Georg Thieme.

Segal, Bernard E. (1962): Males Nurses: A Case Study in Status Contradiction and Prestige Loss. In: Social Forces 41(1), S. 31–38.

Simmel, Georg (1890/1989): Zur Psychologie der Frauen. In: Dahme, Heinz-Jürgen (Hrsg.): Aufsätze 1887 bis 1890. Über sociale Differenzierung. Die Probleme der Geschichtsphilosophie (1892), Gesamtausgabe, Band 2., Frankfurt a. M.: Suhrkamp, S. 66–102.

Simmel, Georg (1892/1999): Das Jubiläum der Frauenbewegung. In: Köhnke, Klaus (Hrsg.): Das Wesen der Materie nach Kant's Physischer Monadologie. Abhandlungen 1882–1884. Rezensionen 1883–1901. Gesamtausgabe, Band 1, Frankfurt a. M.: Suhrkamp, S. 284–293.

Simmel, Georg (1902/1995): Weibliche Kultur. In: Kramme, Rüdiger/Rammstedt, Angela/Rammstedt, Otthein (Hrsg.): Aufsätze und Abhandlungen 1901–1908. Gesamtausgabe, Band 7., Frankfurt a. M.: Suhrkamp, S. 64–83.

Simmel, Georg (1911/2001a): Das Relative und das Absolute im Geschlechter-Problem. In: Kramme, Rüdiger/Rammstedt, Angela (Hrsg.): Aufsätze und Abhandlungen 1909–1918. Gesamtausgabe, Band 1. Frankfurt a. M.: Suhrkamp, S. 224–250.

Simmel, Georg (1911/2001b): Weibliche Kultur. In: Kramme, Rüdiger/Rammstedt, Angela (Hrsg.): Aufsätze und Abhandlungen 1909–1918. Gesamtausgabe, Band 1. Frankfurt a. M.: Suhrkamp, S. 251–289.

Simmel, Georg (1896/2004): Der Frauenkongreß und die Sozialdemokratie. In: Köhnke, Klaus/Jaenichen, Cornelia/Schullerus, Erwin (Hrsg.): Miszellen, Glossen, Stellungnahmen, Umfrageantworten, Leserbriefe, Diskussionsbeiträge 1889–1918. Anonyme und pseudonyme Veröffentlichungen 1888–1920, Gesamtausgabe, Band 17. Frankfurt a. M.: Suhrkamp, S. 39–45.

Söll, Anne (2015) (Hrsg.): Der Mann in der Krise? Visualisierungen von Männlichkeit im 20. und 21. Jahrhundert. Köln, Weimar und Wien: Böhlau.

Stein, Leonard (1967): The Doctor-Nurse Game. In: Archives of General Psychiatry 16(6), S. 669–703.

Stein, Leonard/Watts, David T./Howell, Timothy (1990): The doctor-nurse game revisited. In: New England Journal of Medicine 322, S. 546–549.

Stollberg, Michael (2003): A Woman Down to Her Bones. The Anatomy of Sexual Difference in the Sixteenth and Early Seventeenth Centuries. In: Isis, 94, S. 274–299.

Strauss, Anselm L./Schatzmann, Leonard/Ehrlich, Danuta/Bucker, Rue/Sabshin, Melvin (1963): The hospital and its negotiated order. In: Freidson, Eliot (Hrsg.): The Hospital in Modern Society. New York: Free Press, S. 147–169.

Strauss, Anselm/Schatzmann, Leonard/Bucker, Rue/Ehrlich, Danuta/Sabshin, Melvin (1963): Psychiatric Ideologies and Institutions. London: Free Press.

Sullerot, Évelyne (1968): Histoire et sociologie du travail féminin. Paris: Gonthier.

Sutherland, Eleanor (1963): Verschiedene Aspekte zum Syndrom der ‚testikulären Feminisierung'. Inaugural-Dissertation zur Erlangung des Doktorgrades der Medizin einer Hohen Medizinischen Fakultät der Eberhard-Karls-Universität zu Tübingen.

Svensson, Roland (1996): The interplay between doctors and nurses – a negotiated order perspective. In: Sociology of Health & Illness 18(3), S. 379–398.

Sydie, Rosalind (1987): Natural Women, Cultured Men. A Feminist Perspective on Sociological Theory. Vancouver: UBC Press.

Taehwan, Kim (2002): Vom Aktantenmodell zur Semiotik der Leidenschaft. Eine Studie zur narrativen Semiotik von A. J. Greimas. Tübingen: Gunter Narr.

Teubner, Ulrike (2009): Technik – Arbeitsteilung und Geschlecht. In: Aulenbacher, Brigitte (Hrsg.): Arbeit, Perspektiven und Diagnosen der Geschlechterforschung. Münster: Westfälisches Dampfboot, S. 176–192.

Tholen, Toni (2008): Männlichkeit(en) literatur- und kulturwissenschaftlich erforschen. Diskussion. In: Scholz, Sylka (Hrsg.): Postsozialistische Männlichkeiten in einer globalisierten Welt. Münster: LIT.

Tikhonov Sigrist, Natalia (2009): Les femmes et l'université en France, 1860–1914. In: Histoire de l'éducation 122, S. 53–70.

Tönnies, Ferdinand (1991): Gemeinschaft und Gesellschaft. Grundbegriffe der reinen Soziologie. 8. Auflage. Darmstadt: Wissenschaftliche Buchgesellschaft.

Topinard, Paul (1879): Anthropologie. Paris: C. Reinwald & Compagnie.

Tripier, Pierre (2010): Everett Cherrington Hughes: dimension de genre et différences sexuées. In: Chabaud-Rychter, Danielle/Descoutures, Virginie/Varikas, Eleni/Devreux, Anne-Marie (Hrsg.): Sous les sciences sociales, le genre. Relectures critiques de Max Weber à Bruno Latour. Paris: La Découverte, S. 219–230.

Ulmi, Marianne (1989): Frauen-Fragen Männer-Gedanken. Zu Georg Simmels Philosophie und Soziologie der Geschlechter. Zürich: Verein feministische Wissenschaft.

Voß, Heinz-Jürgen (2009): Das differenzierte Geschlechterverständnis der Antike. In: Gender 2, S. 61–74.

Voß, Heinz-Jürgen (2010): Making Sex Revisited. Dekonstruktion des Geschlechts aus biologisch-medizinischer Perspektive. Bielefeld: transcript.

Voss-Dahm, Dorothea (2011): Erwerbsverläufe von Frauen in Einzelhandel. Gründe für die Entstehung geschlechterspezifischer Ungleichheit im Betrieb. In: Klammer, U./Motz, Markus (Hrsg.): Neue Wege – Gleiche Chancen: Expertisen zum Ersten Gleichstellungsbericht der Bundesregierung. Wiesbaden: VS.

Walby, Sylvia (1990): Theorizing Patriarchy. Oxford und Cambridge: Blackwell.

Weber, Marianne (1907/1989): Ehefrau und Mutter in der Rechtsentwicklung. 2. Auflage. Eine Einführung. Tübingen: Mohr.

Weber, Marianne (1919): Frauenfragen und Frauengedanken. Tübingen: Mohr.

Weber, Max (1921/1972): Wirtschaft und Gesellschaft. 5. Auflage. Tübingen: Mohr.

Weber, Max (1923/1991): Wirtschaftsgeschichte. Abriß der universalen Sozial- und Wirtschaftsgeschichte. 5. Auflage. Berlin: Duncker & Humblot.

Wernet, Andreas (2009): Einführung in die Interpretationstechnik der Objektiven Hermeneutik. 3. Auflage. Wiesbaden: VS.

West, Candace/Fenstermaker, Sarah (1995): Doing Difference. In: Gender & Society 9(1), S. 8–37.

West, Candace/Zimmermann, Don H. (1987): Doing Gender. In: Gender & Society 1(2), S. 125–151.

Wetterer, Angelika (1992): Profession und Geschlecht: über die Marginalität von Frauen in hoch qualifizierten Berufen. Frankfurt a. M.: Campus.

Wetterer, Angelika (1995): Das Geschlecht (bei) der Arbeit. Zur Logik der Vergeschlechtlichung von Berufsarbeit. In: Pareso, Ursula/Braun, Friederike (Hrsg.): Konstruktion von Geschlecht. Pfaffenweiler: Centaurus, S. 199–224.

Wetterer, Angelika (1999): Ausschließende Einschließung – marginalisierende Integration. Geschlechterkonstruktion in Professionalisierungsprozessen. In: Neuser, Aylâ/Wetterer, Angelika (Hrsg.): Vielfältige Verschiedenheiten. Geschlechterverhältnisse in Studium, Hochschule und Beruf. Frankfurt a. M.: Campus, S. 223–253.

Wetterer, Angelika (2002): Arbeitsteilung und Geschlechterkonstruktion. „Gender at Work" in theoretischer und historischer Perspektive. Konstanz: UVK.

Wetterer, Angelika (2003): Rhetorische Modernisierung. Das Verschwinden der Ungleichheit aus dem zeitgenössischen Differenzwissen. In: Knapp, Gudrun-Axeli/Wetterer, Angelika (Hrsg.): Achsen der Differenz. Gesellschaftstheorie und feministische Kritik II. Münster: Westfälisches Dampfboot, S. 286–319.

Wetterer, Angelika (2005): Rhetorische Modernisierung & institutionelle Reflexivität: Die Diskrepanz zwischen Alltagswissen und Alltagspraxis in arbeitsteiligen Geschlechterarrangements. In: Freiburger FrauenStudien. Zeitschrift für Interdisziplinäre Geschlechterforschung 16, S. 75–96.

Wetterer, Angelika (2006): Ordentlich in Unordnung? Widersprüche im sozialen Wandel der Geschlechterverhältnisse. In: Österreichische Zeitschrift für Soziologie 31(4), S. 5–22.

Wetterer, Angelika (2008): Konstruktion von Geschlecht: Reproduktionsweisen der Zweigeschlechtlichkeit. In: Becker, Ruth/Kortendiek, Beate (Hrsg.): Handbuch Frauen- und Geschlechterforschung. Theorie, Methoden, Empirie. Wiesbaden: VS, S. 126–136.

Wetterer, Angelika (2009): Arbeitsteilung & Geschlechterkonstruktion – Eine theoriegeschichtliche Rekonstruktion. In: Aulenbacher, Brigitte (Hrsg.): Arbeit, Perspektiven und Diagnosen der Geschlechterforschung. Münster: Westfälisches Dampfboot, S. 42–63.

Wicks, Deidre (1998): Nurses and doctors at Work. Rethinking professional boundaries. Buckingham: Open University Press.

Wikander, Ulla (1998): Von der Magd zur Angestellten. Macht, Geschlecht und Arbeitsteilung 1789–1950. Frankfurt a. M.: Fischer.

Williams, Christine (1991): Gender Differences at Work: Women and Men in Nontraditional Occupations. Berkeley: University of California Press.

Williams, Christine (1993): Doing ‚Women's Work'. Men in Nontraditional Occupations. Newbury Park: Sage.

Witzel, Andreas (1982): Verfahren der qualitativen Sozialforschung. Überblick und Alternativen. Frankfurt a. M.: Campus.

Witzel, Andreas (1989): Das problemzentrierte Interview. In: Jüttenmann, Gerd (Hrsg.): Qualitative Forschung in der Psychologie. Grundfragen, Verfahrensweisen, Anwendungsfelder. Heidelberg: Asanger, S. 227–256.

Witzel, Andreas (2000): Das problemzentrierte Interview. In: Forum Qualitative Sozialforschung/Forum: Qualitative Social Research 1(1), http://nbn-resolving.de/urn:nbn:de:0114-fqs0001228 (Abfrage: 06.04.2022).

Wobbe, Theresa (1998): Marianne Weber (1870–1954). Ein anderes Labor der Moderne. In: Honneger, Claudia/Wobbe, Theresa (Hrsg.): Frauen in der Soziologie. Neun Portraits. München: C. H. Beck, S. 153–177.

Wobbe, Theresa (2011): Max Weber – Eine Soziologie ohne Geschlecht? In: Wobbe, Theresa/ Berrebi-Hoffmann, Isabelle/Lallement, Michel (Hrsg.): Die gesellschaftliche Verortung des Geschlechts. Diskurse der Differenz in der deutschen und französischen Soziologie um 1900. Frankfurt a. M.: Campus, S. 47–67.

Wunder, Heide (1993): „Jede Arbeit ist ihres Lohnes wert." Zur geschlechtsspezifischen Teilung und Bewertung von Arbeit in der Frühen Neuzeit. In: Hausen, Karin (Hrsg.): Geschlechterhierarchie und Arbeitsteilung. Zur Geschichte ungleicher Erwerbschancen von Männern und Frauen. Göttingen: Vandenhoeck & Ruprecht, S. 19–40.

Zahn-Harnack (von), Agnes (1928): Die Frauenbewegung. Geschichte, Probleme, Ziele. Berlin: Deutsche Buch-Gemeinschaft.

Zehender, Wilhelm (von) (1875): Über den Beruf der Frauen zum Studium und praktischer Ausübung der Heilwissenschaft. Vortrag gehalten am 15. Februar 1875 in der Aula der Universität Rostock. München: Stiller'sche Hof- und Universitätsbuchhandlung.

Zich, Meike (2010): Die Validität der Aussagen über die Feminisierung der Gesundheitsversorgung. Dissertation zur Erlangung des Doktorgrades der Zahnmedizin an der Medizinischen Fakultät der Universität Ulm.

Ziegeler, Beate (1993): Weibliche Ärzte und Krankenkassen: Anfänge ärztlicher Berufstätigkeit von Frauen in Berlin 1893–1935. Weinheim: Deutscher Studien.

Zimmer, Annette/Krimmer, Holger/Stallmann, Freia (2007): Frauen an Hochschulen: Winners among loosers. Zur Feminisierung der deutschen Universitäten. Opladen: Budrich.

Anhang A: Berufstätige Ärzte und Ärztinnen nach Jahr in der BRD[205]

Jahr	Gesamtzahl Ärzt:innen	Gesamtzahl Ärztinnen	Frauenanteil (%)
2017	385149	180497	46,9
2016	378607	175901	46,5
2015	371302	170685	46,0
2014	365247	166230	45,5
2013	357252	160869	45,0
2012	348695	154546	44,3
2011	342063	149669	43,8
2010	333599	143553	43,0
2009	325945	137574	42,2
2008	319697	132613	41,5
2007	314912	128009	40,7
2006	311230	134354	43,2
2005	307577	120501	39,2
2004	306435	118468	38,7
2003	304117	116136	38,2
2002	301060	114022	37,9
2001	297893	111504	37,4
2000	294676	109316	37,1
1999	291171	107257	36,8
1998	287032	104490	36,4
1997	282737	102015	36,1
1996	279335	100228	35,9
1995	273880	97353	35,6
1994	267186	94057	35,2
1993	259981	90155	34,7
1992	251877	85565	34,0

---

205 Die Daten der Tabellen in den Anhängen A, B und C beruhen auf: Statistiken der BÄK; Statistisches Jahrbuch; Statistisches Jahrbuch der BRD; Statistisches Jahrbuch der DDR; Statistisches Jahrbuch des Deutschen Reiches.

Jahr	Gesamtzahl Ärzt:innen	Gesamtzahl Ärztinnen	Frauenanteil (%)
1991	244238	81981	33,6
1990	195254	56582	29,0
1989	188225	52782	28,0
1988	177001	47700	27,0
1987	171487	44999	26,2
1986	165015	41857	25,4
1985	160902	39761	24,7
1984	153895	36172	23,5
1983	147467	33971	23,0
1982	146221	33013	22,6
1981	142934	31410	22,0
1980	139431	30127	21,6
1979	135711	28655	21,1
1978	130033	25819	19,9
1977	125274	25289	20,2
1976	122075	24523	20,1
1975	118726	23970	20,2
1974	114661	23110	20,2
1973	110980	22087	19,9
1972	107403	20922	19,5
1971	103910	20192	19,4
1970	99654	19100	19,2
1969	93934	17332	18,5
1968	90882	16499	18,2
1967	88559	15775	17,8
1966	86700	15185	17,5
1965	85801	14739	17,2
1964	84203	14095	16,7
1963	83025	13862	16,7
1962	82097	13429	16,4
1961	76175	11797	15,5
1960	74603	11346	15,22
1959	72785	10750	14,8
1958	71036	10436	14,7
1957	69543	9983	14,4
1956	68313	9698	14,2
1955	70902	11175	15,8
1954	70348	11255	16,0

Jahr	Gesamtzahl Ärzt:innen	Gesamtzahl Ärztinnen	Frauenanteil (%)
1953	68909	10627	15,4
1942	75960	9426	12,4
1939	59454	5843	9.8
1937	55539	4211	7,6
1935	52644	3612	6,9
1932	52518	3391	6,5
1930	50671	2856	5,7
1929	47534	2421	5,1
1928	46736	2416	5,2
1927	43583	1739	4,0
1925	47904	2572	5,4
1910	33600	168	0,5
1909	30558	82	0,3

Anhang B: Berufstätige Ärztinnen nach Arztgruppen und Jahr in der DDR

Jahr	Gesamtzahl	Allgemeinmedizin	Anästhesiologie
1989	21860 (53,5%)	6070 (64,2%)	857 (52,3%)
1988	22065 (53,0%)	6075 (63,7%)	881 (52,1%)
1987	21292 (52,6%)	5853 (63,3%)	843 (52,3%)
1986	20587 (52,5%)	5609 (62,8%)	781 (52,8%)

Jahr	Chirurgie	Gynäkologie und Geburtshilfe	Innere Medizin
1989	673 (17,7%)	1565 (55,1%)	3011 (49,0%)
1988	692 (17,5%)	1574 (54,2%)	3047 (48,7%)
1987	681 (17,7%)	1505 (53,6%)	2949 (48,0%)
1986	654 (17,8%)	1450 (53,1%)	2840 (48,5%)

Jahr	Pädiatrie	Orthopädie	Pathologie
1989	3133 (73,6%)	362 (34,6%)	85 (23,4%)
1988	3127 (73,6%)	361 (34,3%)	88 (22,9%)
1987	3013 (73,3%)	354 (34,9%)	90 (23,0%)
1986	2871 (73,5%)	344 (36,7%)	87 (24,0%)

Jahr	Neurologie Psychiatrie	Röntgenologie Radiologie	Urologie
1989	96 (14,7%)	484 (47,7%)	96 (14,7%)
1988	94 (13,7%)	481 (47,6%)	94 (13,7%)
1987	84 (12,7%)	462 (47,0%)	84 (12,7%)
1986	82 (13,1%)	418 (45,2%)	82 (13,1%)

Anhang C: Berufstätige Ärztinnen nach Arztgruppen und Jahr in der BRD

Jahr	Allgemeinmedizin	Anästhesiologie	Augenheilkunde
2017	20807 (47,8%)	10482 (43,1%)	3578 (47,7%)
2016	20485 (47,0%)	10043 (42,7%)	3469 (47,0%)
2015	20143 (46,2%)	9632 (42,1%)	3402 (46,6%)
2014	19539 (45,2%)	9190 (41,6%)	3288 (46,0%)
2013	19222 (44,5%)	8881 (41,4%)	3231 (45,7%)
2012	18938 (43,7%)	8559 (41,1%)	3162 (45,3%)
2011	18544 (41,0%)	8206 (40,7%)	3105 (44,9%)
2010	18162 (42,1%)	7823 (40,3%)	3020 (44,4%)
2009	17735 (41,3%)	7542 (40,0%)	2954 (43,7%)
2008	17403 (40,7%)	7336 (40,0%)	2877 (43,3%)
2007	17107 (40,0%)	7135 (39,9%)	2829 (42,8%)
2006	16690 (39,5%)	6908 (39,7%)	2740 (41,9%)
2005	16221 (38,7%)	6708 (39,6%)	2717 (41,6%)
2004	15021 (36,9%)	6559 (39,8%)	2663 (41,2%)
2003	14445 (36,8%)	6418 (39,8%)	2632 (40,7%)
2002	14037 (36,3%)	6287 (40,2%)	2613 (40,8%)
2001	13511 (35,7%)	6135 (40,3%)	2591 (40,6%)
2000	12969 (35,1%)	6000 (40,5%)	2568 (40,5%)

Jahr	Allgemeinmedizin	Anästhesiologie	Augenheilkunde
1999	12683 (34,8%)	5816 (40,5%)	2543 (40,4%)
1998	12134 (34,1%)	5584 (40,5%)	2528 (40,1%)
1997	11614 (33,7%)	5354 (40,7%)	2493 (40,0%)
1996	11051 (33,3%)	5084 (40,8%)	2428 (39,7%)
1995	9834 (33,1%)	4676 (41,4%)	2356 (39,5%)
1994	8941 (33,0%)	4547 (40,9%)	2283 (39,2%)
1993	8231 (33,2%)	4305 (40,8%)	2212 (39,0%)
1992	7894 (33,4%)	4063 (40,9%)	2080 (38,3%)
1991	7806 (33,3%)	3832 (41,4%)	2026 (38,4%)
1990	2843 (18,5%)	3010 (40,1%)	1213 (29,3%)
1989	2685 (17,8%)	2788 (40,1%)	1156 (28,6%)
1988	2622 (17,5%)	2560 (40,0%)	1123 (28,4%)
1987	2603 (17,4%)	2400 (40,5%)	1075 (28,0%)
1986	2540 (17,1%)	2225 (40,9%)	1042 (27,7%)
1985	2525 (17,0%)	2044 (40,4%)	1012 (27,3%)
1984	2467 (16,9%)	1918 (41,2%)	1002 (27,6%)
1983	2403 (16,7%)	1807 (41,4%)	996 (27,9%)
1982	2406 (17,0%)	1716 (42,2%)	984 (28,0%)
1981	2164 (16,2%)	1615 (42,6%)	913 (27,0%)
1980	2254 (17,4%)	1439 (43,9%)	879 (26,7%)
1979	1890 (17,8%)	1337 (45,0%)	863 (26,6%)
1978	–	1129 (38,9%)	814 (25,0%)

Jahr	Allgemeinmedizin	Anästhesiologie	Augenheilkunde
1977	–	1081 (41,7%)	767 (24,0%)
1976	–	999 (41,8%)	698 (22,9%)
1975	–	867 (41,9%)	681 (22,9%)
1974	–	752 (41,9%)	640 (22,8%)

Jahr	Chirurgie	Frauenheilkunde und Geburtshilfe	Neurologie
2017	7548 (20,4%)	12381 (67,2%)	3270 (45,5%)
2016	7125 (19,7%)	12046 (66,0%)	3011 (44,2%)
2015	6715 (19,0%)	11668 (64,8%)	2763 (42,8%)
2014	6285 (18,3%)	11216 (63,5%)	2543 (41,7%)
2013	4128 (20,4%)	10806 (62,3%)	2319 (40,5%)
2012	3960 (19,7%)	10473 (61,1%)	2082 (38.8%)
2011	3774 (19,0%)	10054 (59,6%)	1916 (37,8%)
2010	3649 (18,4%)	9671 (58,3%)	1768 (36,8%)
2009	3449 (17,6%)	9259 (56,6%)	1619 (35,7%)
2008	3275 (16,9%)	8874 (55,0%)	1481 (35,0%)
2007	3133 (16,1%)	8482 (53,2%)	1372 (34,3%)
2006	2990 (15,3%)	8103 (51,3%)	1235 (33,3%)
2005	2819 (14,5%)	7673 (49,2%)	1125 (31,7%)
2004	2673 (14,0%)	7340 (47,4%)	996 (30,6%)
2003	2497 (13,4%)	7016 (45,6%)	875 (30,7%)
2002	2343 (12,9%)	6727 (44,2%)	804 (30,4%)
2001	2196 (12,5%)	6397 (42,5%)	744 (30,7%)

Jahr	Chirurgie	Frauenheilkunde und Geburtshilfe	Neurologie
2000	2056 (12,1%)	6068 (41,0%)	672 (30,2%)
1999	1930 (11,7%)	5799 (39,7%)	706 (31,0%)
1998	1811 (11,3%)	5447 (38,0%)	562 (28,7%)
1997	1698 (10,9%)	5119 (36,4%)	488 (27,6%)
1996	1609 (10,5%)	4785 (34,9%)	429 (27,0%)
1995	1459 (10,2%)	4460 (33,2%)	410 (27,2%)
1994	1405 (10,0%)	4226 (32,2%)	376 (27,3%)
1993	1330 (9,7%)	3977 (31,1%)	336 (26,5%)
1992	1270 (9,6%)	3613 (29,5%)	292 (25,7%)
1991	1217 (9,5%)	3397 (28,5%)	258 (25,7%)
1990	598 (6,4%)	2014 (21,5%)	217 (24,4%)
1989	539 (6,1%)	1832 (20,4%)	200 (26,1%)
1988	510 (6,0%)	1704 (19,5%)	188 (26,1%)
1987	477 (5,8%)	1565 (18,4%)	170 (24,8%)
1986	435 (5,4%)	1473 (17,6%)	174 (25,2%)
1985	409 (5,2%)	1397 (17,0%)	179 (26,2%)
1984	393 (5,2%)	1297 (16,2%)	181 (26,4%)
1983	386 (5,2%)	1266 (16,2%)	183 (26,0%)
1982	382 (5,1%)	1218 (15,9%)	161 (27,3%)
1981	382 (5,2%)	1207 (16,1%)	163 (26,3%)
1980	326 (4,9%)	1120 (15,8%)	151 (26,4%)
1979	328 (5,0%)	1074 (15,6%)	145 (26,3%)

Jahr	Chirurgie	Frauenheilkunde und Geburtshilfe	Neurologie
1978	314 (4,8%)	1028 (15,1%)	-
1977	318 (4,9%)	990 (15,0%)	-
1976	331 (5,2%)	942 (15,0%)	-
1975	299 (4,8%)	898 (14,9%)	-
1974	268 (4,6%)	835 (15,1%)	-

Jahr	Pathologie	Psychiatrie und Psychotherapie	Radiologie
2017	656 (38,4%)	5697 (51,6%)	3023 (35,4%)
2016	619 (36,9%)	5523 (51,2%)	2857 (34,7%)
2015	583 (35,3%)	5298 (50,7%)	2708 (34,0%)
2014	554 (34,5%)	5063 (50,2%)	2593 (33,5%)
2013	534 (33,8%)	4858 (49,7%)	2488 (33,0%)
2012	500 (32,6%)	4626 (48,8%)	2407 (32,6%)
2011	477 (31,8%)	4415 (48,5%)	2295 (31,9%)
2010	453 (30,9%)	4124 (47,6%)	2209 (31,6%)
2009	426 (29,6%)	3897 (47,0%)	2104 (30,9%)
2008	396 (28,2%)	3662 (46,6%)	2043 (30,5%)
2007	390 (28,2%)	3441 (45,9%)	2009 (30,3%)
2006	381 (27,2%)	3264 (45,7%)	1913 (29,6%)
2005	355 (25,9%)	3071 (45,2%)	1880 (29,4%)
2004	354 (25,1%)	2847 (44,7%)	1827 (28,9%)
2003	339 (24,3%)	2651 (44,2%)	1776 (28,4%)

Jahr	Pathologie	Psychiatrie und Psychotherapie	Radiologie
2002	327 (23,5%)	2471 (44,2%)	1721 (27,9%)
2001	313 (22,7%)	2271 (43,8%)	1666 (27,3%)
2000	304 (22,4%)	2053 (43,4%)	1598 (27,0%)
1999	285 (21,4%)	1817 (43,4%)	1572 (26,7%)
1998	283 (21,5%)	1584 (42,1%)	1503 (26,3%)
1997	269 (21,1%)	1438 (42,3%)	1422 (25,6%)
1996	256 (20,3%)	1251 (41,5%)	1388 (25,8%)
1995	253 (20,3%)	1082 (40,8%)	1277 (26,0%)
1994	242 (19,9%)	942 (38,9%)	1267 (25,3%)
1993	219 (18,5%)	813 (38,0%)	1198 (24,6%)
1992	215 (18,5%)	688 (37,0%)	1099 (23,8%)
1991	203 (18,0%)	576 (35,2%)	1035 (23,3%)
1990	122 (16,1%)	492 (34,7%)	621 (17,9%)
1989	114 (15,6%)	407 (33,9%)	573 (17,3%)
1988	101 (14,6%)	347 (33,0%)	521 (16,4%)
1987	103 (15,0%)	280 (31,8%)	474 (15,6%)
1986	92 (13,9%)	242 (31,0%)	453 (15,2%)
1985	89 (13,8%)	230 (32,7%)	420 (14,4%)
1984	78 (12,6%)	195 (31,9%)	410 (14,2%)
1983	77 (13,0%)	175 (33,9%)	381 (13,7%)
1982	67 (11,8%)	166 (34,1%)	378 (13,6%)
1981	72 (12,6%)	164 (35,7%)	372 (13,4%)

Jahr	Pathologie	Psychiatrie und Psychotherapie	Radiologie
1980	59 (11,4%)	166 (29,5%)	330 (12,6%)
1979	50 (10,0%)	105 (29,9%)	311 (12,2%)
1978	48 (8,4%)	-	278 (10,4%)
1977	52 (9,3%)	-	264 (10,1%)
1976	52 (10,4%)	-	259 (10,4%)
1975	44 (9,6%)	-	237 (10,1%)
1974	27 (6,8%)	-	206 (9,4%)

Jahr	Urologie	Hals-Nasen-Ohren-heilkunde	Haut- und Ge-schlechtskrankheiten
2017	102 (17,3%)	2321 (36,9%)	3305 (55,6%)
2016	989 (16,8%)	2269 (36,2%)	3211 (54,8%)
2015	931 (16,1%)	2211 (35,6%)	3102 (53,8%)
2014	854 (15,2%)	2130 (35,0%)	2978 (52,7%)
2013	789 (14,3%)	2051 (34,5%)	2908 (52,1%)
2012	728 (13,5%)	1995 (33,7%)	2843 (51,5%)
2011	700 (13,2%)	1911 (32,9%)	2751 (50,8%)
2010	648 (12,5%)	1847 (32,4%)	2666 (50,2%)
2009	606 (11,8%)	1812 (32,2%)	2615 (49,8%)
2008	572 (11,4%)	1762 (31,7%)	2546 (49,2%)
2007	527 (10,7%)	1737 (31,2%)	2475 (48,4%)
2006	504 (10,3%)	1689 (30,6%)	2427 (47,9%)
2005	461 (9,6%)	1651 (30,2%)	2363 (47,2%)

Jahr	Urologie	Hals-Nasen-Ohren-heilkunde	Haut- und Ge-schlechtskrankheiten
2004	437 (9,2%)	1620 (29,6%)	2286 (46,5%)
2003	409 (8,8%)	1583 (29,2%)	2228 (45,8%)
2002	379 (8,3%)	1560 (29,1%)	2168 (45,4%)
2001	357 (8,0%)	1530 (28,8%)	2127 (45,2%)
2000	329 (7,5%)	1489 (28,3%)	2082 (45,0%)
1999	310 (7,2%)	1438 (27,6%)	2025 (44,8%)
1998	292 (7,0%)	1412 (27,3%)	1893 (42,7%)
1997	276 (6,8%)	1348 (26,6%)	1931 (44,5%)
1996	256 (6,5%)	1313 (26,2%)	1881 (44,4%)
1995	229 (6,1%)	1228 (25,4%)	1797 (44,3%)
1994	216 (5,9%)	1187 (25,2%)	1749 (44,5%)
1993	191 (5,4%)	1128 (24,6%)	1675 (44,2%)
1992	168 (5,0%)	1032 (23,5%)	1580 (43,8%)
1991	147 (4,5%)	1002 (23,4%)	1515 (43,9%)
1990	60 (2,3%)	479 (14,8%)	983 (37,5%)
1989	40 (1,6%)	443 (14,2%)	94 (37,3%)
1988	38 (1,6%)	413 (13,6%)	925 (37,5%)
1987	33 (1,4%)	381 (12,8%)	898 (37,2%)
1986	28 (1,2%)	344 (11,8%)	854 (36,7%)
1985	31 (1,4%)	333 (11,4%)	848 (36,7%)
1984	26 (1,2%)	316 (11,0%)	823 (36,1%)
1983	23 (1,1%)	315 (11,1%)	791 (35,4%)

Jahr	Urologie	Hals-Nasen-Ohren-heilkunde	Haut- und Ge-schlechtskrankheiten
1982	24 (1,2%)	306 (10,8%)	764 (34,6%)
1981	20 (1,0%)	278 (10,0%)	721 (33,3%)
1980	18 (1,0%)	272 (10,0%)	665 (31,6%)
1979	31 (1,7%)	260 (9,7%)	643 (30,4%)
1978	24 (1,3%)	228 (8,1%)	554 (26,7%)
1977	13 (0,8%)	237 (8,2%)	525 (25,5%)
1976	14 (0,9%)	226 (8.0%)	499 (24,4%)
1975	21 (1,4%)	226 (8,0%)	493 (24,3%)
1974	16 (1,2%)	201 (7,4%)	455 (23,4%)

Jahr	Innere Medizin	Kinder- und Jugendmedizin
2017	19984 (37,5%)	8660 (58,9%)
2016	19037 (36,5%)	8412 (58,2%)
2015	18106 (35,6%)	8115 (57,3%)
2014	16981 (34,6%)	7748 (56,5%)
2013	16238 (33,8%)	7519 (55,9%)
2012	15411 (32,8%)	7263 (55,1%)
2011	14405 (31,6%)	6970 (54,3%)
2010	13409 (30,5%)	6692 (53,5%)
2009	12696 (29,7%)	6437 (52,7%)
2008	12099 (29,0%)	6233 (52,1%)
2007	11548 (28,2%)	6055 (51,4%)
2006	11077 (27,5%)	5902 (50,7%)

Jahr	Innere Medizin	Kinder- und Jugendmedizin
2005	10598 (26,7%)	5728 (49,9%)
2004	10038 (26,0%)	5631 (49,3%)
2003	9701 (25,6%)	5568 (49,0%)
2002	9287 (25,09%)	5551 (49,1%)
2001	8925 (24,6%)	5511 (49,1%)
2000	8533 (24,1%)	5520 (49,3%)
1999	8378 (24,1%)	5518 (49,4%)
1998	8016 (23,6%)	5484 (49,7%)
1997	7737 (23,2%)	5425 (49,6%)
1996	7409 (22,8%)	5360 (49,7%)
1995	6961 (22,4%)	5222 (49,6%)
1994	6782 (22,1%)	5161 (49,7%)
1993	6620 (22,1%)	5069 (49,8%)
1992	6330 (21,8%)	4970 (49,8%)
1991	6121 (21,8%)	4935 (50,3%)
1990	3569 (15,9%)	2506 (38,8%)
1989	3363 (15,6%)	2419 (38,8%)
1988	3210 (15,4%)	2369 (39,3%)
1987	3137 (15,4%)	2360 (39,8%)
1986	3030 (15,2%)	2296 (39,7%)
1985	2999 (15,3%)	2272 (39,9%)
1984	2940 (15,4%)	2254 (40,2%)

Jahr	Innere Medizin	Kinder- und Jugendmedizin
1983	2941 (15,7%)	2271 (41,0%)
1982	2929 (15,8%)	2230 (40,9%)
1981	2876 (15,7%)	2257 (41,7%)
1980	2664 (15,4%)	2129 (41,7%)
1979	2615 (15,5%)	2142 (42,1%)
1978	2361 (14,3%)	1987 (41,4%)
1977	2362 (14,9%)	1992 (42,0%)
1976	2218 (14,7%)	1964 (42,8%)
1975	2143 (14,8%)	1923 (43,6%)
1974	1971 (14,54%)	1892 (45,1%)

Anhang D: Tabellarische Kurzdarstellung der Interviewten

Innere Medizin

Nachname, Vorname	Funktion	Organisationstyp	Ort des Interviews	Dauer des Interviews (Minuten)
Idelberger, Matthias	Assistenzarzt	Universitätsklinikum	Wohnung der Interviewerin, Wohnzimmer	69:01
Igel, Friedrich	Oberarzt	Universitätsklinikum	Haus des Interviewten, Wohnzimmer	100:43
Ilsemann, Theodor	Assistenzarzt	Universitätsklinikum	Universitätsklinikum, kollektives Arbeitszimmer	51:03
Imlauer, Douglas	Oberarzt	Universitätsklinikum	Universitätsklinikum, Pausenraum	47:51
Ichareon, Sonchai	Oberarzt	Klinikum	Haus des Interviewten, Arbeitszimmer	62:10
Ingenfeld, Kurt	Assistenzarzt	Universitätsklinikum	Haus des Interviewten, Ess- und Wohnzimmer	53:03
Ingold, Dirk	Assistenzarzt	Universitätsklinikum	Universitätsklinikum, Arbeitszimmer	73:59
Isbrecht, Christian	Assistenzarzt	Krankenhaus	Wohnung des Interviewten, Küche	109:07
Isenberg, Konstantin	Oberarzt	Universitätsklinikum	Universitätsklinikum, Arbeitszimmer	95:34
Ittner, Markus	Assistenzarzt	Universitätsklinikum	Wohnung des Interviewten, Küche	129:07

Pädiatrie

Nachname, Vorname	Funktion	Organisationstyp	Ort des Interviews	Dauer des Interviews (Minuten)
Kaffenberger, Thorsten	Assistenzarzt	Klinikum	Klinikum Cafeteria	62:27
Kagelmacher, Georg	Assistenzarzt	Klinikum	Haus des Interviewten, Küche	90:42
Kammerhoff, Olaf	Facharzt	Universitätsklinikum	Universitätsklinikum, Besprechungsraum	57:12
Keilbach, Ronny	Assistenzarzt	Klinikum	Haus des Interviewten, Esszimmer	70:46
Kessler, Karl	Assistenzarzt	Klinikum	Wohnung der Interviewerin, Wohnzimmer	134:53
Killian, Tobias	Assistenzarzt	Klinikum	Wohngemeinschaft des Interviewten, Küche	126:57
Kochmann, Gero	Oberarzt	Klinikum	Haus des Interviewten, Esszimmer	58:04
Krause, Lutz	Oberarzt	Klinikum	Klinikum, Arbeitszimmer	71:05
Kriwitz, Lukas	Oberarzt	Klinik	Klinik, Arbeitszimmer	48:83
Kupfer, Jan	Facharzt	Klinikum	Wohnung des Interviewten, Esszimmer	97:07

Chirurgie

Nachname, Vorname	Funktion	Organisationstyp	Ort des Interviews	Dauer des Interviews (Minuten)
Schaak, Walid	Assistenzarzt	Universitätsklinikum	Wohnung der Interviewerin, Wohnzimmer	62:35
Schacht, Julian	Oberarzt	Klinikum	Klinikum, Arbeitszimmer	59:50
Schaden-wald, Manfred	Leitender Oberarzt	Universitätsklinikum	Universitätsklinikum, Arbeitszimmer	50:59
Schatt-schneider, Moritz	Oberarzt	Klinikum	Klinikum, Arbeitszimmer	59:43
Scheer, Maximilian	Oberarzt	Universitätsklinikum	Universitätsklinikum, Besprechungsraum	64:33
Schellen-berg, Werner	Oberarzt	Krankenhaus	Krankenhaus, Arbeitszimmer	54:29
Scheune-mann, Ralph	Oberarzt	Universitätsklinikum	Haus des Interview-ten, Esszimmer	100:41
Schiefer-decker, Jesko	Oberarzt	Universitätsklinikum	Wohnung der Interviewerin; Wohnzimmer	75:46
Schübel, Herbert	Leitender Oberarzt	Universitätsklinikum	Universitätsklinikum, Arbeitszimmer	106:03
Schweitzer, Martin	Oberarzt	Universitätsklinikum	Universitätsklinikum, Cafeteria	31:20

Anhang E: Alphabetisch geordnete Kurzbiografien

In der strukturalen Interviewanalyse werden die Kurzbiografien anhand der Sequenzen, die in Barthes' Beschreibungsebenen als Funktionen *(fonctions)* codiert wurden, verfasst. Diese Kurztexte bleiben sprachlich so nah wie möglich am Transkript.

Um die Anonymität der Interviewpartner zu gewährleisten, wurden nachfolgend die Namen der Städte und der Bundesländer durch allgemeingehaltene geografische Indikatoren ersetzt. Alle Interviewpartner erhielten einen Nachnamen, dessen erster bzw. erste Buchstaben auf den jeweiligen Fachbereich hinweisen: „K" für die Kinderheilkunde, „I" für die Innere Medizin und „Sch" für die Chirurgie.

Idelberger, Matthias: Ursprünglich wollte Matthias Idelberger Flugzeugpilot werden. Als das nicht klappte, entschied er sich dafür, etwas anderes auszuprobieren – nämlich den Arztberuf. Nach dem praktischen Jahr bewarb er sich auf der Station für Innere Medizin, wo er als Student vier Monate lang gearbeitet hatte. Nach einem fünfminutigen Vorstellungsgespräch begann er dort als Assistenzarzt. Während der Probezeit war er zunehmend psychisch überbelastet. Daher wurde er gleich in der ersten Zeit zwei Monate lang krankgeschrieben. Anschließend wurde er schrittweise wieder in den Beruf eingegliedert. Zum Zeitpunkt des Interviews macht er eine Rotation in der Gastroenterologie und will den Facharzt für Innere Medizin weiter vorbereiten.

Igel, Friedrich: Friedrich Igel stammt aus einer sehr christlichen Familie und ist der zweite von insgesamt sechs Kindern. Im Kindergarten und in der ersten und zweiten Klasse wollte er Krankenwagenfahrer werden. In der dritten Klasse überlegte er sich dann, dass er Notarzt werden möchte. Später setzte sich dann die Idee fest, Arzt zu werden. Lange überlegte er, so wie sein Onkel Missionsarzt in Afrika zu werden. Vor dem Abitur nahm er am Medizinertest teil und war unter den besten 2%. Während des Studiums wollte er Herzspezialist werden und schrieb seine Doktorarbeit an der Schnittstelle zwischen Herzchirurgie und Pathologie. Im praktischen Jahr wurde er von der Inneren Medizin ernüchtert und war frustriert, sodass er anschließend die achtzehn Monate Arzt-im-Praktikum in der Pathologie ableistete. Da er sein Leben letztendlich nicht hinter dem Mikroskop verbringen wollte, begann er als Assistenzarzt auf der Intensivstation und arbeitete dann einige Zeit als Funktionsoberarzt in der Notaufnahme. Parallel dazu wurde er in der Arbeitsgruppe seines Doktorvaters aufgenommen. Er übernahm dann seine Leitung, als der Chef in ein anderes Universitätsklinikum wechselte. Zum Zeitpunkt des Interviews ist er seit zwei Jahren Oberarzt auf der Intensivstation. Als er gerade mit seinem Studium fertig geworden war, lernte er seine Frau über eine christliche Hochschulgruppe kennen. Damals hatte sie gerade angefangen, Medizin zu studieren. Ihre gemeinsame Tochter ist sechzehn Monate alt.

Ilsemann, Theodor: Theodor Ilsemann kam auf die Idee, Medizin zu studieren, weil seine Eltern Ärzte waren und er in der Schule den Biologieunterricht spannend fand. Während seines Zivildienstes in einem Kinderkrankenhaus bewarb er sich für das Studium und bekam einen Platz in Süddeutschland, den er aber nicht antreten konnte. Nach dem Zivildienst bewarb er sich erneut und erhielt diesmal einen Studienplatz in einer Großstadt im Norden Deutschlands. Während des Studiums machte er Praktika in der Schweiz, in Österreich sowie in Indien. Nachdem er ein Urlaubssemester genommen hatte, um in Amerika umherzureisen, verbrachte er ein Tertial des Praktischen Jahrs in Südamerika und ein Tertial in den USA. Während er für das Staatsexamen lernte, entschied sich dafür, Innere Medizin zu studieren. Relativ bald danach fing er in seinem Heimuniversitätsklinikum an, als Assistenzarzt zu arbeiten. Seit fünf Jahren rotiert er nun dort zwischen den Stationen, sodass er nächstes Jahr seinen Facharzt machen kann. Er hat eine endokrinologische Studie publiziert und daraus seine Doktorarbeit gemacht. Zum Zeitpunkt des Interviews hofft er, sie bald zu verteidigen.

Imlauer, Douglas: Douglas Imlauer wurde Ende der 1970er Jahre in der DDR geboren. Er war kein besonders fleißiger Student. Nachdem er das Praktische Jahr im östlichen Teil Deutschlands und in Italien gemacht hatte, bewarb er sich auf zwanzig verschiedene Stellen, da es wegen der Abschaffung der AIP[206] gerade wenig Stellen gab. Er bekam einen Vertrag als Assistenzarzt in einem Universitätsklinikum in der Nähe einer norddeutschen Großstadt, die er sich eigentlich gewünscht hätte. Dort zog er innerhalb von sechs Jahren seinen Facharzt in der Inneren Medizin durch und machte anschließend eine Weiterbildung für internistische Intensivmedizin und eine für Kardiologie. Ein Jahr vor dem Zeitpunkt des Interviews wurde er Oberarzt an diesem Universitätsklinikum.

Inchareon, Sonchai: Nachdem er als Fünfjähriger das Spiel „Dr. Wackelzahn" geschenkt bekommen hatte, wollte Sonchai Inchareon seine gesamte Kindheit lang Zahnarzt werden. Weil er als Jugendlicher die Naturwissenschaften am interessantesten fand, machte er vor dem Zivildienst den Medizinertest. Aufgrund seiner guten Ergebnisse hatte er freie Studienwahl und entschied sich

---

206 Arzt im Praktikum.

dafür, erstmal in seiner Heimatstadt[207] zu bleiben. Bis zum Ende des Studiums war er davon überzeugt, sich in einem chirurgisch-handwerklichen Fach zu spezialisieren und schrieb seine Doktorarbeit in der Unfallchirurgie. Während des Praktischen Jahres beschließen er und seine Freundin, Kinder zu bekommen. Das erste Tertial verbrachte er in der Inneren Medizin und merkte, dass es sein Ding war. Er entschied sich dafür, HNO[208] zu werden. Als er sein chirurgisches Pflichttertial im Herkunftsland seines Vaters – in Asien – machte, sagte ihm seine Freundin, dass sie schwanger war. Er kehrte gleich nach Abschließen des Tertials nach Deutschland zurück, machte das Staatsexamen, bewarb sich in der Abteilung für Innere Medizin der Poliklinik seiner Heimatstadt und fing direkt an, zu arbeiten. Ein Jahr nach der Geburt ihrer ersten Tochter heiratete er seine Freundin. Zwei weitere Jahre später bekamen sie ihre zweite Tochter. Vier Jahre später bewarb er sich als Assistentsarzt in einem lokalen Krankenhaus, wo er trotz nicht abgeschlossener Facharztausbildung mit 33 als Oberarzt eingestellt wurde und zu einem der drei Betreuer der Intensivmedizin, der Notaufnahme und einer allgemeinen Station ernannt wurde.

Ingenfeld, Kurt: Kurt Ingenfeld ist der Sohn eines Juristen und einer Ärztin aus dem Ruhrgebiet. Nach dem Wehrdienst studierte er Jura in Süddeutschland Nach einem Semester wechselte er in die Medizin in Norddeutschland. Nach dem Physikum machte er ein Praktikum in den USA in einer Forschungseinrichtung für Tumorbiologie. An seiner Doktorarbeit in der molekularen Gastroenterologie arbeitete er insbesondere während eines Forschungs- und Studienjahrs in den USA. Nach dem zweiten Staatsexamen reiste er acht Wochen lang in Südamerika herum. Anschließend fing er an, an der Uniklinik zu arbeiten, wo er zum Zeitpunkt des Interviews tätig ist. Anfangs arbeitete er auf einer Station, aber ging dann für zwei Jahre ins Labor. In diesem Zeitraum betrieb er Wissenschaft und arbeitete einen Tag in der Woche nebenher in einer Ambulanz. Seit dem Sommer ist er wieder in der Klinik. Zum Zeitpunkt des Interviews ist er in der Notaufnahme tätig.

Ingold, Dirk: Dirk Ingold ist der Sohn einer Krankenschwester und eines Landwirts. Er ist mit vier Geschwistern auf einem Bauernhof groß geworden. Er schrieb sich zunächst parallel als Student in der Humanbiologie und in der Medizin ein, bevor er sich nach einer Unterrichtswoche für die Medizin entschied. Nach dem zweiten Staatsexamen bewarb er sich in den Universitätskliniken dreier Großstädte, wo seine Frau eine Stelle in der politischen Bildung finden konnte. Seine erste Stelle als Assistenzarzt bekam er in einer Station für Kardiologie. Nachdem er ein halbes Jahr Elternzeit genommen hatte, wurde sein Vertrag nicht

---

207 Eine Großstadt in Nordrhein-Westfalen.
208 Hals-Nasen-Ohrenarzt.

verlängert. Er wechselte in die Station für allgemeine innere Medizin im gleichen Universitätsklinikum. Zum Zeitpunkt des Interviews ist er in der Ambulanz für Gastroenterologie tätig.

Isbrecht, Christian: Christian Isbrecht ist in einem Akademikerhaushalt aufgewachsen. Sein Vater war Physiker und seine Mutter Hausärztin. Schon in der Kindheit bekam er das Ärztedasein mit. Lange Zeit wusste er nicht, was er werden möchte, aber irgendwann zeigte sich, dass die Naturwissenschaften ihm mehr lagen als Sozialwissenschaften oder Geisteswissenschaften. Daher wollte er sich zur Physik hin orientieren. Nach dem Abitur war er immer noch unentschlossen und machte erstmal Zivildienst in einem Krankenhaus. Während des Zivildienstes entschied er, dass er Medizin studieren wollte und meldete sich an der Uni an. Nach dem Physikum bewarb er sich als Gasthörer an einer spanischen Universität. Dort lernte er eine Französin kennen. Während eines Kurzurlaubs zum Jahreswechsel hatte er einen schweren Autounfall. Er wurde an Kopf und Hand verletzt und operiert. Er verbrachte daher einen Großteil des Studienjahrs in Spanien damit, sich davon zu erholen. Nach dem Studium wollte er erstmal seine Doktorarbeit weiterschreiben, aber sie verlief im Sande. Er entschied sich um und stieg ins Berufsleben ein. Er bekam eine Stelle in der Abteilung für Innere Medizin des Krankenhauses, wo er sein Tertial verbracht hatte. Dort schloss er die Ausbildung zum Allgemeinen Internisten ab. Zum Zeitpunkt des Interviews arbeitet er weiterhin dort auf einer der internistischen Stationen. Er will die Subspezialisierung für Hämatologie und Onkologie bald abschließen und dann auch seine zweite Doktorarbeit fertigschreiben. Sein langfristiges Ziel ist es, mit seiner Lebensgefährtin und ihren zwei gemeinsamen Töchtern nach Frankreich zu ziehen.

Isenberg, Konstantin: Konstantin Isenberg ist der Sohn einer Nervenärztin und eines Internisten. Da seine Eltern nicht wollten, dass er drei Jahre in der Armee verbringt, kam ein Medizinstudium in DDR-Zeiten für ihn nicht infrage. Als Jugendlicher wollte er Medizintechniker werden. Als die Wende kam, entschied er sich dafür, erstmal Zivildienst im Krankenhaus zu machen, wo seine Schwester als Krankenschwester arbeitete. Nach den achtzehn Monaten AIP wurde er im Uniklinikum, wo er studiert hatte, als Assistenzarzt übernommen. Nach sechs Jahren machte er seinen Facharzt für Allgemeine Innere Medizin. Zwei Jahre später schloss er die Subspezialisierung als Nephrologe ab. Nach drei weiteren Jahren wurde er gefragt, ob er Oberarzt auf der Station werden wollte. Deswegen wurde er innerhalb von 18 Monaten habilitiert. Zum Zeitpunkt des Interviews arbeitet er als Oberarzt in der Nephrologie. Seine Ehefrau – eine Unfallchirurgin – hat er während einer Nachtschicht in der Notaufnahme kennengelernt. Zusammen haben sie zwei Söhne, die zum Zeitpunkt des Interviews ein und vier Jahre alt sind.

Ittner, Markus: Markus Ittners Eltern und seine vier Großeltern sind Ärzte. Deswegen hatte er als Kind immer Kontakt zu diesem Beruf. Sein Zivildienst machte er in einem Krankenhaus. Da sein Abitur nicht gut genug war, um durch die zentrale Vergabestelle einen Studienplatz zu bekommen, studierte er ein Semester lang Zahnmedizin, bevor er zur Humanmedizin wechselte. Am Anfang des Studiums lernte er im Anatomie-Kurs seine Freundin kennen, als sie am gleichen Teil einer Leiche rumschschnitten. Alle Praktika und der Großteil des Praktischen Jahres machte er im Ausland. In Deutschland absolvierte er nur ein Tertial in der Frauenheilkunde. Nach dem zweiten Staatsexamen und der Abgabe der Doktorarbeit wählten er und seine Freundin zwei Stadtstaaten aus. Er bewarb sich dort für Assistenzstellen in der Gynäkologie und in der Inneren Medizin. Beide bekamen Zusagen aus Krankenhäusern der gleichen Stadt und fingen an, dort zu arbeiten: er in der Inneren Medizin, sie in der Gynäkologie und Geburtshilfe. Zum Zeitpunkt des Interviews will er seinen Facharzt für Innere Medizin fertigmachen und dann wahrscheinlich einen zweiten Facharzt in der Lungenheilkunde anschließen.

Kaffenberger, Thorsten: Bis zum Abitur wollte Thorsten Kaffenberger Chemie oder Verfahrenstechnik studieren. Die Zeit, die er mit Schwerstbehinderten im Zivildienst verbachte, und ein Besuch bei einem befreundeten Arzt in Amerika, brachten ihn auf die Idee, Medizin zu studieren. Im achten Semester machte er eine einsemestrige Weltreise, und nutzte diese Zeit, um seine Famulatur in Australien und in Kalifornien zu machen. Da es schwierig war, einen Job in Deutschland zu bekommen, ging er mit seiner damaligen Freundin – mittlerweile Frau – nach dem zweiten Staatsexamen in die Schweiz. Sie blieben dort für die gesamte Facharztzeit. Ihre ersten zwei Kinder wurden dort geboren. Ihr drittes Kind bekamen sie nach ihrer Rückkehr nach Deutschland. Zum Zeitpunkt des Interviews arbeitet er seit fünf Jahren als Facharzt für Pädiatrie und macht eine Zusatzausbildung in der Kinderlungenheilkunde.

Kagelmacher, Georg: Georg Kagelmacher ist der Sohn eines Medizinprofessors und einer Psychoanalytikerin. Als Kind nahm er schon oft Telefonate mit Patienten an, wenn seine Eltern weg waren – zum Teil mit Selbstmordgefährdeten. Als Jugendlicher liest er die Bibel und meldet sich beim evangelischen Konfirmationsunterricht. In diesem Rahmen muss er an dem Nachmittag in einem Altenpflegeheim, wo die Schwerstpflegefälle liegen, ehrenamtlich arbeiten. Später macht er auch Schulpraktikum in einem Altenheim. Ab da will er Altenpfleger werden. Da er einmal sitzen geblieben war und zu spät eingeschult wurde, ist er schon achtzehn in der zehnten Klasse. Er hört die Schule auf und erstrebt eine Ausbildung zum Krankenpfleger. Im Rahmen des Zivildiensts macht er einen Kurzlehrgang im Rettungsdienst und wird Rettungssanitäter. Anschließend beginnt er eine Ausbildung als Krankenpfleger. Nach ein paar Monaten hörte er auf und geht wieder zurück in den Rettungsdienst, als hauptberuflicher Rettungssanitäter. Nach zweieinhalb Jahren erlebt er seine erste Geburt und denkt, dass er jetzt eigentlich alles gesehen hat, was man in diesem Beruf sehen muss. Daher entscheidet er sich dafür, das ‚Asusabitur' nachzumachen. Er schmeißt seinen Job und macht sein Abitur innerhalb von zwei Jahren fertig mit dem Ziel Geschichte zu studieren. Er bekommt einen guten Abschnitt und macht den Medizinertest. Nachdem er das Medizinstudium mit eins abgeschlossen hat, will er in die Gerontologie. Dort wurde ihm eine Stelle angeboten. Er bewirbt sich parallel in der Pädiatrie. Als beide Arbeitsverträge bei ihm vorliegen, trifft er eine Aus-dem-Bauch-raus-Entscheidung und unterschreibt für die Pädiatrie. Zum Zeitpunkt des Interviews macht er eine Weiterbildung zum pädiatrischen Intensivmediziner.

Kammerhoff, Olaf: Olaf Kammerhoff ist der Sohn einer Kinderärztin. Er ist in der ehemaligen DDR groß geworden. Zwischen fünf und siebzehn Jahre alt spielt er Geige an einer Musikhochschule, aber entscheidet sich gegen eine musikalische Laufbahn, als sein Lehrer in Rente geht. Nach dem Zivildienst in einem Krankenhaus geht er nach Israel und verbringt dort anderthalb Jahre als Freiwilliger in einem Friedensdienst. Mit 23 Jahren beginnt er sein Medizinstudium. Ungefähr anderthalb Jahre nach dem Physikum fängt er parallel zum Studium die Doktorarbeit in der Kinderheilkunde an. Zum Zeitpunkt des Interviews hat er seine Facharztausbildung für Kinder- und Jugendmedizin vor einem Jahr beendet. Er hat schon eine Zusatzbezeichnung als Palliativmediziner erhalten und denkt, dass er in anderthalb Jahren mit der klinischen Ausbildung als Hämatom-Onkologe fertig sein wird.

Keilbach, Ronny: Nach dem Abitur wollte Ronny Keilbach einen Zivildienst in einem Kindergarten machen und anschließend die Metropole im Rhein-Main-Gebiet verlassen, wo er geboren und groß geworden ist, um Medizin zu studieren. Jedoch wird er vom Kreiswehrersatzamt ausgemustert. Er kann früher als geplant mit dem Studium beginnen und bekommt einen Studienplatz in seiner Heimatstadt. Nachdem er eine kritische Rückmeldung bei der mündlichen Prüfung beim zweiten Staatsexamen erhalten hat, jobbt er fast zwei Jahre lang bei einer niedergelassenen Anästhesistin, bei der er als Student eine Famulatur gemacht hatte. Schließlich entscheidet er sich dafür, seine Facharztausbildung für Kinderheilkunde in Bayern zu machen. Diese schließt er innerhalb von vier Jahren ab. Nachdem er als Kinderarzt ein gutes Jahr lang in einer Praxis gearbeitet hatte, beginnt er eine Zusatzweiterbildung in der Allergologie und in der Kinderpneumologie. Zum Zeitpunkt des Interviews denkt er, dass er sie innerhalb des kommenden Jahres abschließen wird. Danach wird er nach einer Praxisstelle suchen.

Kessler, Karl: Als kleines Kind hatte Karl Kessler eine schwere Erkrankung, weswegen er zu regelmäßigen Nachuntersuchungen in einem süddeutschen Herzzentrum musste. Mit ungefähr zwölf Jahren wurde ihm klar, dass er Kinderkardiologe werden möchte. Daher entschied er sich dafür, die Waldorfschule zu verlassen und musste eine Klasse im Gymnasium wiederholen. Als er sein Berufsfelderkundungspraktikum auf der Säuglingsstation des Herzzentrums machte, merkte er, dass Ärzte im Vergleich zu den Krankenschwestern sehr wenig Zeit mit den Kindern verbrachten. Daher wollte er von nun an Kinderkrankenpfleger werden. Ihm wurde jedoch bei einer Schwesternschule gesagt, dass es keine männlichen Krankenpfleger gab. Er machte stattdessen das Abitur fertig. Da seine Note durchschnittlich war, bewarb er sich dann bei der ZVS deutschlandweit. Kurz vor Semesterbeginn bekam er einen Teilstudienplatz in Nordostdeutschland. Nachdem er beim zweiten Versuch das Physikum bestand, wechselte er die Universität und kehrte in die süddeutsche Großstadt zurück, aus der er stammte. Im ersten oder zweiten Semester ging er zum leitenden Oberarzt in der pädiatrischen Abteilung des Herzzentrums, wo er als Kind Patient gewesen war, und bekundete sein Interesse, seine Doktorarbeit dort zu machen. Er wurde als Doktorand in einem vom BMBF geförderten kinderkardiologischen Netzwerk aufgenommen. Als er sein Studium beendet hatte, war die Dissertation schon fertig geschrieben und konnte gleich eingereicht werden. Ein Monat danach fing er an, im Herzzentrum auf einer Forschungsstelle zu arbeiten. Nach einem Jahr wechselte er in die Klinik. Ein halbes Jahr später wurde klar, dass er Vater werden würde. Seine Frau – eine promovierte Juristin – und er entschieden sich, zusammen Süddeutschland für eine ostdeutsche Großstadt zu verlassen, weil sie dort einen Kitaplatz hätten und daher beide arbeiten könnten. Drei oder vier Monate nach der Geburt ihrer Tochter zogen sie um. Zwei Monate später bekam er ein Stellenangebot und er fing an, auf einer Neugeborenenstation zu arbeiten. Nach einem Konflikt mit seinen Vorgesetzten wurde er am letzten Tag der Probezeit gekündigt. Anschließend bekam er eine schwere Atemwegserkrankung mit Aufenthalt im Krankenhaus und blieb vier Monate lang krankgeschrieben. Nachdem er seine Gesundheit und sein Selbstvertrauen wiedererlangt hatte, bewarb er sich in verschiedenen Kliniken. Er bekam eine Stelle in einer Klinik außerhalb der Großstadt, in der er wohnt. Zum Zeitpunkt des Interviews will er dortbleiben, um seinen Facharzt zu machen.

Killian, Tobias: Tobias Killian wuchs als Kind zweier Ärzte auf und hatte regelmäßig umfangreichen Einblick in den Beruf. Während der Abiturzeit baute er einen Sanitätszug des Roten Kreuzes in seiner Heimatstadt mit auf. Eigentlich war sein ganz großer Wunsch, Meeresbiologie zu studieren. Da ihm aber während eines Praktikums in diesem Bereich von Professoren und Studenten gesagt wurde, dass es für Meeresbiologen sehr selten Jobs in Deutschland gäbe, entschied er sich dafür, Medizin zu studieren. Zu Beginn seines FSJ[209] in einem Krankenhaus bekam er einen Studienplatz im Nachrückverfahren, den er nicht annehmen konnte. Daher dufte er ein Jahr später aussuchen, wo er studieren würde. Er wählte die Universitätsstadt in der Nähe aus, sodass er dann parallel zum Studium immer noch beim Roten Kreuz aktiv bleiben konnte. Schon vor dem Physikum rutschte er über das Rote Kreuz in die Kinderbetreuungsschiene. Den Rest des Studiums machte er noch, aber er fand immer wieder Jobs in der Kinderbetreuung und bei Ferienfreizeiten. Er besuchte auch pädagogische Vorlesungen und Seminare. Mit Ach und Krach kam er irgendwie durch das Medizinstudium durch. Nach dem PJ[210] machte er ein Jahr Pause, um seine Doktorarbeit fertigzuschreiben und in der Kinderbetreuung zu jobben. Er fing dann fast gleichzeitig in einem Kinderzirkus und in einer Kinderklinik an, zu arbeiten. Zum Zeitpunkt des Interviews weiß er noch nicht, ob er nach dem Facharzt dortbleiben oder eher Richtung Küste gehen wird.

Kochmann, Gero: Gero Kochmann kommt aus einer kinderreichen Familie, denn er ist mit drei Brüdern aufgewachsen. Als Kind war er schon immer naturwissenschaftlich interessiert und wollte Naturforscher werden. In der Oberstufe hatte er zwar ein bisschen Kontakt zur Medizin, weil er im Sanitätsdienst vom Roten Kreuz ehrenamtlich tätig war, aber er hatte noch keinen richtigen Plan. Als er sich schließlich für ein Medizinstudium entschied, musste er warten, um den Medizinertest nachzuholen. Während dieses Leerlaufs machte er die Rettungssanitäterausbildung und fuhr den Rettungswagen. Zum Zeitpunkt des Interviews ist er seit sechzehn Jahren, mit PJ siebzehn Jahren, an derselben Klinik tätig. Er hatte schon während der Facharztausbildung als Pädiater angefangen, sich für den Schwerpunkt Kindergastroenterologie zu interessieren. Drei Jahre nach dem Facharzt hatte er die Zusatzbezeichnung Kinder-Gastroenterologe erhalten und dann auch eine Oberarztposition bekommen – dies ohne Doktortitel.

Krause, Lutz: Nachdem er sein Abitur auf dem zweiten Bildungsweg nachgeholt hatte, fing Lutz Krause mit 25 Jahren mit dem Studieren an. Während des Studiums arbeitete er als Arzthelfer in einer Kinderarztpraxis. Dort machte er auch seine eineinhalb Jahre AIP. Da er anschließend keine Stelle im Kinderzentrum der Stadt finden konnte, zog er mit seiner damaligen Freundin und mit ihrem Sohn, in eine ungefähr hundert Kilometer entfernte Kleinstadt, wo er die Assistenzarztzeit in einer Kreisklinik beginnen konnte. Nach zwei Jahren wechselte er in eine Klinik, die in der Großstadt liegt, wo er studiert hatte. Er machte seinen Facharzt zum Kinderarzt fertig und wurde zwei Jahre später in dieser Klinik Oberarzt.

---

209 Freiwilliges Soziales Jahr.
210 Praktisches Jahr.

Zum Zeitpunkt des Gesprächs hat er die Stelle gekündigt, denn in zwei Monaten übernimmt er die Kinderarztpraxis, wo er als Student als Arzthelfer gejobbt hat.

Kriwitz, Lukas: Als Sohn eines Arztes ist Lukas Kriwitz der Älteste unter vier Geschwistern. Nachdem sein Arbeitsvertrag nach zwei Jahren als Assistentsarzt in einem ostdeutschen Universitätsklinikum nicht verlängert worden war, ging er nach England. Dort verbrachte er drei Jahre durchweg in der Pädiatrie und kam mit seiner Frau – eine deutsche Psychiaterin, die er von der Studienzeit kannte – zusammen. Nach dreieinhalb Jahren kehrte er nach Deutschland zurück, weil seine schwangere Frau das Kind nicht in England bekommen wollte. Er schloss seinen Facharzt für Pädiatrie im Osten Deutschlands ab und machte dann eine Spezialisierung in der Neugeborenenmedizin. Nach vier Jahren kündigte er seine Stelle, trennte sich von seiner Frau und ging nach England zurück. Nach vier Monaten kehrte er nach Deutschland zu seiner Frau zurück und arbeitete als Honorararzt. Nach einem Jahr bewarb er sich im Krankenhaus, wo er zum Zeitpunkt des Interviews tätig war. Dort machte er eine zweite Spezialisierung in der Lungenheilkunde für Kinder. Am Anfang des Jahres haben er und seine Frau noch ein Kind bekommen.

Kupfer, Jan: Lange zog Jan Kupfer zwei verschiedene Berufswege in Erwägung: die Diplomatentätigkeit oder die Medizin. Nach dem einen Jahr Zivildienst, das er in der chirurgischen Abteilung eines Krankenhauses verbrachte, wollte er Chirurg werden. Er verließ Südwestdeutschland und ging in eine Großstadt in Nordostdeutschland, um näher bei seiner dänischen Freundin zu sein. Während des Studiums reiste er nach Südamerika und Westafrika, um für ein paar Monate in Kinderheimen als Freiwilliger zu arbeiten. Irgendwann dachte er, dass ihm der Kinderarztberuf Spaß machen könnte und so machte er eine Famulatur im Kinderkrankenhaus und in einer Kinderarztpraxis. Danach entschied er sich dafür, den Facharzt in der Pädiatrie zu machen. Nach dem praktischen Jahr bewarb er sich in der Großstadt, wo er studiert hatte, und bekam eine Stelle an der Uniklinik, wo er das pädiatrische Tertial gemacht hatte. Nach eineinhalb Jahren lief die Stelle aus, weil er keine Forschung betrieb. Er bewarb sich wieder an anderen Kliniken und kam dann an die große Kinderklinik, wo er zum Zeitpunkt des Interviews seit vier Jahren als Assistenzarzt tätig ist. Er plant, erstmal dort zu bleiben, um die Subspezialisierung für Kinderneurologie zu machen. Seine Ehefrau ist eine Ärztin, die er am Ende des Studiums auf einer Party kennengelernt hat. Mit ihr zusammen hat er ein zweijähriges Kind.

Schaak, Walid: Als gebürtiger Türke kam Walid Schaak im dritten Jahr seines Medizinstudiums zu Besuch in eine deutsche Metropole. Im Sommer danach machte er dort ein Praktikum. Sein fünftes Studienjahr verbrachte er dort als Erasmus-Student. Nachdem er seinen Abschluss in der Türkei fertiggemacht hatte, kam er wieder nach Deutschland und arbeitete als Doktorand sowie als Postdoc im Labor. Zum Zeitpunkt des Interviews ist er Assistentsarzt in der Chirurgie in einem Universitätsklinikum in einer kosmopolitischen Metropole.

Schacht, Julian: Julian Schacht ist in einer Arztfamilie in der DDR aufgewachsen. Als er sein Abitur machte, war da genau die Wende. Im ersten Jahr bewarb er sich für einen Medizinstudienplatz in Westdeutschland und wurde nach dem Auswahlgespräch nicht genommen. Sein Jahr Zivildienst machte er in einer Nervenklinik. Im zweiten Jahr bewarb er sich im Osten und kriegte einen Studienplatz. Während seines Studiums in einer Kleinstadt an der Ostsee lernte er seine heutige Frau kennen, die HNO ist, und mit der er vier Kinder hat. Zum Ende des Studiums guckte er sich mal die Neurochirurgie an und entschied, dass das das war, was machen wollte. Während des AIP und der Assistenzzeit wechselte er mehrmals die Stelle. Dann bekam er eine Zusage von einer frisch aufgemachten Abteilung für Chirurgie in der Nähe der Heimatstadt seiner Frau. Dort blieb er mehrere Jahre und machte den Facharzt. Als eine Oberarztstelle in dem Haus frei wurde, wo seine Frau tätig war, wechselte er dahin. Zum Zeitpunkt des Interviews ist er fünf Jahre in diesem Krankenhaus.

Schadenwald, Manfred: Manfred Schadenwald hatte seinen ersten Kontakt zu Krankenhäusern im Zivildienst. Während seines Medizinstudiums jobbte er als Pflegehelfer in einer Station für innere Medizin, um sich das Studium selbst zu finanzieren. Im Rahmen seines Praktischen Jahres war er zweimal im Ausland, einmal in Österreich und einmal in den USA. Seit dem AIP war er nur in chirurgischen Abteilungen. Im kleinen Haus, wo er begann, war er fast zwei Jahre. Dann ging er an die süddeutsche Universität zurück, wo er studiert hatte. Nach fünf Jahren ging er in den Norden, weil seine Frau dort wohnte. Dort machte er seine Ausbildung zum Facharzt weiter. Letztendlich machte er drei Fachärzte im chirurgischen Fachgebiet. Sechs Jahre nach Hauswechsel wurde er zum Oberarzt ernannt. Nach vier weiteren Jahren wurde er leitender Oberarzt in dieser Klinik.

Schattschneider, Moritz: Moritz Schattschneider konnte wegen seiner Augen die Ausbildung zu seinem Wunschberuf – Berufspilot – nicht machen. Beim Zivildienst reifte bei ihm der Gedanke heran, Medizin zu studieren. Direkt am Anfang des Studiums lernte er seine Frau kennen. Zur Chirurgie kam er, nachdem er die Idee einer Hausarzttätigkeit aufgegeben hatte. Während des PJ bewarb er sich in dem Hause, wo er zum Zeitpunkt des Interviews arbeitet. Er wurde als Arzt im Praktikum eingestellt und danach als Assistenzarzt übernommen. Für die Facharztreife musste er ein Jahr in einem anderen Krankenhaus verbringen, bevor er in sein ursprüngliches Haus zurückkommen durfte. Er wurde zum Funktionsoberarzt und dann zum regulären Oberarzt ernannt. Ein Jahr vor dem Interview ist Moritz Schattschneider zum zweiten Mal Vater geworden.

Scheer, Maximilian: Maximilian Scheer ist der Sohn von zwei Lehrern. Er hat immer in der Nähe der westdeutschen Großstadt gewohnt, wo er geboren worden ist. Im Gymnasium übersprang er die zehnte Stufe und wechselte direkt in die elfte Klasse. Kurz vor dem Abitur bekam er gute Ergebnisse beim Medizinertest, aber auf Wunsch seiner Mutter fing er eine kaufmännische Ausbildung bei einem großen Chemiekonzern an. Nach sechs Wochen schmiss er die Ausbildung und begann ein Medizinstudium. Viele Jahre arbeitete er als HiWi[211] im anatomischen Institut, wo er seine Doktorarbeit vorbereitete. Da er Neurobiologe werden wollte, unterschrieb er am Ende des Studiums einen Arbeitsvertrag bei einem bekannten Professor. Bevor er diese Stelle antrat, machte er das praktische Jahr im Uniklinikum seiner Heimatstadt. Der Tertial in der Neurochirurgie war für ihn sehr prägend und führte zur Änderung seiner Berufswahl. Maximilian Scheer hatte seine AIP und die Facharztausbildung in der Neurochirurgie in diesem Uniklinikum gemacht. Zum Zeitpunkt des Interviews ist er dort als Oberarzt tätig. Kurze Zeit nach seiner Scheidung von seiner ersten Ehefrau – eine ehemalige Patientin – begann Maximilian Scheer eine Beziehung mit einer Krankenschwester aus seiner eigenen Abteilung. Als sie frisch verheiratet waren, bekam sie nach zwölf Semestern Wartezeit einen Studienplatz in der Medizin angeboten, aber unglücklicher Weise kam eine Woche später ihr erstes Kind zur Welt. Drei Jahre danach bekamen sie ein zweites Kind. Zum Zeitpunkt des Interviews ist das jüngste Kind drei Jahre alt ist und seine Frau hat ihr Studium wiederaufgenommen.

Schellenberg, Werner: Werner Schellenberg ist in einer ostdeutschen Arztfamilie aufgewachsen. Als Kind besuchte er seinen Vater im Krankenhaus und sah, was er machte. Während der Schulzeit absolvierte er ein Praktikum im Krankenhaus. Er verpflichtete sich für drei Jahre in der Armee, damit er im Lazarett arbeiten konnte. Er verbrachte dort ein Jahr in der Chirurgie und lernte die Grundlagen des Schwesternberufs. Sein Medizinstudium begann er 1989. Seine Promotion konnte er nicht abschließen, weil seine Betreuerin wegen Altlasten aus der DDR-Zeit entlassen wurde. Nach dem Staatsexamen arbeitete er in der Chirurgie als Arzt im Praktikum in verschiedenen Krankenhäusern in den Neuen Bundesländern. Seine Chirurgieausbildung machte er in der Klinik, wo er zum Zeitpunkt des Interviews als Oberarzt tätig ist. Dort traf er eine Ärztin, die er heiratete und mit der er Zwillinge bekam. In der Zeit zwischen ihrer Geburt und seiner sechsmonatigen Elternzeit machte er eine Subspezialisierung in der Proktologie. Zum Zeitpunkt des Interviews hofft er, seine Promotion bald zu Ende zu führen. Er würde sich gerne in der Gegend als Proktologe niederlassen, denn mit der Familie bauen sie gerade ein altes Haus aus.

---

211 Wissenschaftliche Hilfskraft.

Scheunemann, Ralph: Ralph Scheunemanns ist in der Nähe einer westlichen deutschen Metropole in einer Akademikerfamilie groß geworden: sein Vater und sein Bruder sind promovierte Chemiker und seine Mutter hat Medizin studiert. Ein halbes Jahr vor dem Abitur fiel ihm der Test für die medizinischen Studiengänge in die Hände. Während seiner zwanzig Monate Zivildienst in einem von einem Nonnenorden betriebenen Krankenhaus lernte er seine Ehefrau kennen, die dort im Rahmen ihrer Ausbildung in der Krankengymnastik ein Pflegepraktikum macht. Nachdem er sich vertieft mit der Virologie beschäftigt hatte und eine Zeit lang mit dem Gedanken gespielt hatte, Neonatologie zu machen, fiel seine Entscheidung zur Neurochirurgie am Ende des Studiums. Nach seinem AIP arbeitete er in einem neurochirurgischen Forschungsprojekt in Süddeutschland, bis er sich in Kliniken rundum bewarb. Er stieg in einer anderen Uniklinik in die Neurochirurgie ein und machte dort den Facharzt, die Intensivweiterbildung sowie die Habilitation. 2010 ging er mit Kind und Kegel auf eine Insel in der Karibik, wo er zwei Jahre lang lebte, wohnte und arbeitete. 2012 kehrte er zurück zu seinem Chef aus dem früheren Forschungsprojekt, der jetzt Direktor der neurologischen Abteilung eines ostdeutschen Universitätsklinikums ist. Zum Zeitpunkt des Interviews ist Ralph Scheunemann seit einem Jahr dort.

Schieferdecker, Jesko: Schon als kleines Kind hatte Jesko Schieferdecker den Wunsch, Arzt zu werden. Sein Wunsch verfestigte sich in seiner Schulzeit. Seinen Wehrdienst konnte er in der DDR auf zwei Jahre verkürzen, indem er als Hilfspfleger in einem Krankenhaus arbeitete. 1990, zwei Jahre nach dem Abitur, fing er an, Medizin zu studieren. Während des Studiums interessierte er sich schnell für die Herzkreislaufmedizin und beschloss nach seinem ersten Praktikum, Herzchirurg zu werden. Seine Frau lernte er während des Studiums kennen. Nach ihrem Studium bekamen sie beide eine AIP-Stelle im gleichen Krankenhaus in Nordostdeutschland, aber seine Frau trat die Stelle nicht an, denn sie war schwanger und erwartete Zwillinge. Noch während der Ausbildung zum Facharzt wechselte er in eine der größten deutschen Universitätskliniken Deutschlands. Fünf Jahre lang arbeitete er 150 Kilometer von der Wohnung entfernt, wo seine Frau und die Kinder lebten. Ab Ende ihrer Erziehungszeit machte seine Frau ihre AIP-Zeit halbtags. Danach lebten sie zwei Jahre lang alle zusammen in der Großstadt. Die Ausbildung zum Herzchirurgen schloss er 2003 ab und wurde anschließend zum Oberarzt in seiner Abteilung ernannt. Im gleichen Jahr zog seine Familie ohne ihn in den Ort, wo die Eltern seiner Frau wohnten. Sie machte ihre Facharztausbildung als Internistin und die Kinder gingen in die Grundschule. Seit 2007 wohnen alle wieder in der Großstadt zusammen.

Schübel, Herbert: Als Kind hatte Herbert Schübel einen ganz klaren Berufswunsch: Tierarzt. Als Jugendlicher entdeckte er Hans Killians beschreibende Bücher aus der Chirurgie und wusste dadurch schon in der siebten oder achten

Klasse, dass er Chirurg werden wollte. Nach dem Abitur wurde er für das Auswahlgespräch des Medizinstudiums ausgelost und bekam dann gleich einen Studienplatz. Nachdem er bei der Bundeswehr gewesen war, studierte er in einer süddeutschen Universitätsstadt. Das chirurgische Tertial des Praktischen Jahres machte er in den USA. Seine tierexperimentelle Doktorarbeit machte er in seiner Heimatuniversität und bekam dann dort eine Stelle als Assistenzarzt. Nach einem guten halben Jahr wurde sein dortiger Mentor Chefarzt in einer niedersächsischen Klinik. Er wurde dort als Assistenzarzt übernommen und machte seinen Facharzt in der Allgemeinchirurgie. Anschließend wechselte er zweimal das Haus, um zwei weitere chirurgische Spezialisierungen abzuschließen, sodass er insgesamt drei Facharztprüfungen machte. Anschließend bekam er eine Stelle als Oberarzt in einem ostdeutschen Universitätsklinikum. Bei jedem Wechsel kam seine Frau mit.

Schweitzer, Martin: Seit er als Kind wegen Knieproblemen mit Orthopäden zu tun hatte, wollte Martin Orthopäde werden. Dieser Berufswunsch wurde durch Praktika und Arbeitsverträge in einem privaten Fachkrankenhaus für Orthopädie verfestigt. Diesem Haus blieb er bis zum Abschluss der Facharztausbildung, also über fünfzehn Jahre, verbunden. Immer in demselben Haus arbeitend spezialisierte Martin sich auf den Einbau und den Ausbau von Endoprothesen. Aufgrund seiner Fähigkeit infizierte Endoprothesen zu wechseln, konnte er von dem kleinen Krankenhaus aus eine Anstellung als Oberarzt an einem Universitätsklinikum finden. Zum Zeitpunkt des Interviews arbeitet er seit zwei Jahren dort in der Unfallchirurgie. Nach seiner Spezialisierung als Unfallchirurg will er in fünf Jahren Chefarzt sein, und dann auch mehr Zeit für seine drei Mädchen und seine Frau – eine Radiologin, die er im Studium kennengelernt hat – haben.